21世纪物流管理系列教材

Logistics Management Classics

Logistics Strategic Management

物流战略管理

（第二版）

赵　旭　刘进平　编著

中国人民大学出版社
· 北京 ·

前言

战略管理是智慧与计谋的结晶。战略管理理论自20世纪80年代引入我国之后，在我国的企业发展中起到了重要作用。一种共识逐渐形成：任何行业或者企业要想取得长远发展，都需要战略管理理论的指导。

近十几年来，持续的环境变化已成为物流企业在战略上不断求新、求变，追求竞争优势的压力和动力。首先，物流需求不断朝高度化方向发展，高水准的物流服务逐渐普及，并成为物流经营的一种标准。其次，全球经济一体化与复杂多变的经营环境使物流企业之间的竞争日益激烈。在这一背景下，企业该如何根据自身的经营特点适时、有效地制定物流战略，成为企业谋求长远发展的重大课题。

2009年2月25日，国务院总理温家宝主持召开国务院常务会议，审议并原则通过《物流业调整和振兴规划》，确定了物流业的“四要”发展方向及振兴物流业的九大工程。2014年6月11日召开的国务院常务会议通过《物流业发展中长期规划》，确定12项重点工程，提出到2020年基本建立现代物流服务体系，提升物流业标准化、信息化、智能化、集约化水平，提高经济整体运行效率和效益。在近10年的时间里，国家对物流业的定位从最初的“意见”和“建议”到现在的“调整振兴规划”以及“中长期规划”，可见物流业的发展已经得到国家的高度重视，这对加快我国经济发展、提高我国经济实力具有重要的战略意义。

2009年，教育部高等学校物流类专业教学指导委员会将物流战略管理纳入本科物流管理专业及物流工程专业的核心课程。

物流业是融合运输、仓储、货运代理和信息等行业的复合型服务产业，涉及领域广，吸纳就业人数多，促进生产、拉动消费作用大。但是我国物流业总体水平相对落后，严重制约国民经济效益的提高。要加快发展现代物流，首先需要树立物流意识，认识到物流战略的意义，深入了解物流战略管理，以建立现代物流服务体系，使物流服务促进其他产业发展。

政府、企业及学术界都认识到物流的战略意义，但纵观现有的物流战略管理专著，多偏向于物流管理及一般企业的战略管理。本书意在鲜明地把物流管理和战略管理进行有效整合和系统剖析，从而提供一本教师易教，学生易学、易懂，且能反映物流战略管理知识和实践的最新发展的教材。

本书在借鉴和吸收国内外物流学的基本理论和最新研究成果的基础上，根据作者的物流教学经验和物流实践经历，运用案例教学，从物流企业战略的视角出发，以阐述物流战略管理的基本概念为核心，强调物流企业战略对企业生存发展的影响，深入浅出地介绍物流战略管理的基本理论和方法，使读者能够系统掌握物流战略管理的基本知识，深入了解物流战略管理各层次的管理方法和技术，并能根据企业战略环境和资源等对物流企业战略系统进行初步规划和设计。

本书的主要特色体现在以下几个方面：

1. 对物流管理和战略管理的基本理论进行系统的整合和创新，形成了独具特色的系统性的物流战略管理理论。本书从物流企业的角度，站在战略高度对物流管理与战略管理进行系统整合与深刻剖析，吸取战略管理中适合物流企业经营的理论精华，进一步依据物流企业的自身特点及物流战略环境对其加以改进和创新，按照认识事物的一般性到特殊性的规律进行不断的整合，形成了独具特色的物流战略管理的基本理论。

2. 加入了大量与物流相关的案例。本书注重理论与实践的结合，提供了诸多启发性的案例，有针对性地结合物流和航运企业的运作实践，描述了企业基本背景和所要解决的问题，并给出具体的解决方案，从而帮助学生加深理解所学知识。

3. 设计了模拟物流企业战略决策的情境案例。本书从读者亲身体验的角度设计了一些情境案例，使读者亲历其中的角色，编制方案，体会企业如何进行战略管理。这为读者综合运用所学的理论知识并有效分析解决实际问题提供了平台，可以极大地培养学生对物流战略管理的兴趣。

4. 第二版针对环境变化的特点，本着“理念先进、体系完善、方法实用”的原则，在尽量保持上一版特色、结构和内容体系不变的前提下，努力在物流行业政策指导、物流战略管理案例等方面有所更新和补充。

第二版由大连海事大学交通运输管理学院赵旭和刘进平两位教师编写。硕士研究生杜筱昕、王晓伟、张晶、于佩那、郝帅、周巧琳、高苏红、吕泽军等参与了资料搜集整理及修改工作。

本书是在作者进行长期研究并积累了丰富的研究成果的基础上撰写的。物流战略管理的理论与方法仍在研究与发展之中，本书尚有待不断充实与完善。由于作者水平有限，不可避免地存在不尽如人意和纰漏之处，希望读者予以指正。

目 录

第1篇　物流战略管理基础

第1篇 物流战略管理基础

随着中国经济的快速发展，物流在国民经济中的重要性日益突出。现代物流已经成为“第三方利润源”，是企业降低成本、取得竞争优势的重要来源。无论是政府还是企业都已经意识到物流管理对提高企业经济效益的重要性。各地政府、相关部门、行业都先后开展城市物流规划、企业物流管理试点等工作，物流被认为是新的经济增长点。同时，现代信息技术和物流技术的进步为企业推行现代物流管理准备了充分的技术条件。

睿智的企业家从战略的高度认识到，未来企业发展的战略构思与设计必须尽早建立在已发生变革的社会技术基础之上。因此，制定物流战略并进行物流战略管理变为一个重要的前提。了解物流企业的战略管理，就要深入分析物流企业的不同层级战略，尤其要针对企业在实际发展中遇到的外部宏观环境、产业竞争环境、内部资源和能力现状等客观因素，确立其发展战略目标，并在市场竞争中形成适应企业发展的物流战略，制定以顾客为中心、满足客户需求的内外部资源和能力匹配的整合方案，从而实现良好的企业绩效。

第1章 战略管理概述

战略管理是企业在市场竞争中求生存、谋发展的重要条件，而物流与企业的发展密不可分。将物流与企业的生存和发展直接联系起来，对物流的发展和企业竞争力的提高具有重要意义。要准确、完整地掌握物流战略管理的技能，企业就必须首先了解战略管理的基本知识。本章通过介绍战略管理的基本概念及方法，为以后物流战略的学习打下良好的基础。

引 例

党的十八大报告提出了建设海洋强国的国家战略目标，它标志着我国经济发展的重点由陆域经济转向海洋经济，海洋强国已被纳入国家全面发展的大战略之中。

海洋强国是指在开发海洋、利用海洋、保护海洋、管控海洋方面拥有强大综合实力的国家。当前，我国经济已发展成为高度依赖海洋的外向型经济，对海洋资源、空间的依赖程度大幅提高，管辖海域外的海洋权益也需要不断加以维护和拓展，这些都需要通过建设海洋强国加以保障。

资料来源：《十八大报告中首提海洋强国具有重要意义》，新华网（http：//www.qh.xinhuanet.com/2012-11/11/c_113657965.htm）。

1.1 战略的内涵和特征

1.1.1 企业战略的内涵

（一）战略概念的演变

战略（strategy）一词最早是军事方面的概念。在西方，“strategy”一词源于希腊语“strategos”，意为军事将领、地方行政长官，后来演变成军事术语，指军事将领指挥军队作战的谋略。在中国，战略内涵历史久远。春秋时期孙武的《孙子兵法》被认为是中国最早对战略进行全局筹划的著作。在现代，战略一词被引申至政治和经济领域，其含义演变为泛指统领性的、全局性的、左右胜败的谋略、方案和对策。战略是一个组织长期的发展方向和范围，组织通过战略在不断变化的环境中调整资源配置来取得竞争优势，从而实现利益相关方的期望。

20世纪60年代，企业界开始明确地引进战略概念。现在，战略一词开始泛化，其应用面非常广泛，尤其是在经济领域，战略问题已经成为决定企业竞争成败的关键与核心。

（二）企业战略的定义

不同的学者对企业战略有不同的定义。

最早提出企业战略的是哈佛的工商业史学家艾尔弗雷德·钱德勒（Alfred D. Chandler）。他在《战略与结构》一书中对战略作出初步定义：战略是“一个企业根本长期目的和目标的确定，以及为实现这一目标所需要采取的行动路线和资源配置”。该定义包含了战略的三大要素：设定目的、分配资源、找出实现目的的方法。

战略管理大师安索夫（Ansoff）认为：战略构造应是一个有控制、有意识的正式计划过程，战略通过逐级分解而贯彻。

哈佛大学教授安德鲁斯（Andrews）认为：企业战略是一种决策方式，决定和揭示企业的目的和目标，提出实现目的的重大方针与计划，确定企业该从事的经营业务，明确企业的经济类型与人文组织类型。

美国管理学教授奎因（Quinn）认为：战略是一种模式和计划，它将一个组织的主要目的、政策和活动按照一定的顺序结合起来，形成一个紧密的载体。

管理大师彼得·德鲁克（Peter F. Drucker）则认为：“战略规划是从事下列各项工作的一个持续的过程：系统地进行目前企业的（承担风险的）决策，并尽可能地了解这些决策的未来性；系统地组织执行这些决策所需的努力；通过有组织的系统的反馈，对照期望来衡量这些决策的成果。”德鲁克认为，有一些规划导致目前的行动，它们才是真正的战略决策。

本书对企业战略的定义为：企业战略是企业面对剧烈变化的经营环境，为了完成自己的使命及实现其预定的目标，在充分考虑主客观因素的前提下而拟定的对企业整体性、长期性、指导性问题的决策方案。

（三）企业战略的构成要素

企业战略是在企业经营范围内科学制定的；同时，企业战略又是制定各种计划的基础。更具体地讲，战略是在符合和保障实现企业使命的条件下，在充分利用环境中存在的各种机会和制造新机会的基础上，确定企业与环境的关系，规定企业的经营范围、成长方向和竞争对策，合理地调动企业结构和分配企业的全部资源，从而使企业获得某种竞争优势。从企业战略制定的要求来看，战略就是充分利用企业的机会和威胁去评价企业现在和将来的环境，用优势和劣势去评价企业内部条件，进而选择和确定企业总体目标，选择和制定实现目标的行动方案。企业战略的构成要素主要包含以下几个方面。

1. 经营范围

经营范围说明企业属于哪个特定行业和领域，企业在所处行业中其产品与市场地位是否占有优势。

2. 资源配置

企业在本质上是一定资源的集合体，正是这些资源在时空上按一定的规则动态地组合在一起，才构成了企业及其运作的基础和前提。离开了一定的资源和有序而动态的组合，企业就不可能存在和运作。

3. 竞争优势

竞争优势是企业成败的关键。所谓竞争优势，是指一个企业占领某个比其竞争对手优越的市场位置。一个企业是否能创造和保持竞争优势，对于维持其生存和发展至关重要。

4. 协同作用

协同作用指明了一种联合作用的效果。协同作用常被描述为 1＋1＞2 的效果，这表明企业内各经营单位联合所产生的效益，要大于各经营单位各自努力所创造的效益总和。

1.1.2 企业战略的特征

企业战略是设立远景目标并对实现目标的轨迹进行的总体性、指导性谋划，属宏观管理范畴，具有指导性、全局性、长远性、竞争性、系统性、风险性六大特征。

1. 指导性

企业战略界定了企业的经营方向、远景目标，明确了企业的经营方针和行动指南，并筹划了实现目标的发展轨迹及指导性的措施、对策，在企业经营管理活动中起着导向的作用。

2. 全局性

企业战略立足于未来，通过对国内外政治、经济、文化及行业等经营环境的深入分析，结合自身资源，站在系统管理高度，对企业的未来发展轨迹进行全面的规划。

3. 长远性

“今天的努力是为明天的收获”，“人无远虑、必有近忧”。兼顾短期利益，企业战略着眼于对长期生存和长远发展的思考。企业战略需要确立远景目标，并围绕远景目标经历一个持续、长远的奋斗过程。除根据市场变化进行必要的调整，制定的战略不能朝令夕改，要具有一定的稳定性。

4. 竞争性

竞争是市场经济不可回避的现实，也正是因为有了竞争才确立了战略在经营管理中的主导地位。面对竞争，企业需要进行内外环境分析，明确自身的资源优势，通过设计适当的经营模式，形成特色经营，增强企业的对抗性和战斗力，推动企业长远、健康地发展。

5. 系统性

立足长远发展，企业战略确立了远景目标。企业战略围绕远景目标设立阶段目标及实现各阶段目标的经营策略，以形成一个环环相扣的战略目标体系。同时，根据组织关系，企业战略由公司层战略、事业单位战略、职能部门战略三个层级组成。公司层战略是企业总体的指导性战略，决定企业的经营方针、投资规模、经营方向和远景目标等战略要素，是战略的核心。

6. 风险性

企业作出任何一项决策都存在风险，战略决策也不例外。只有市场研究深入，行业发展趋势预测准确，设立的远景目标客观，各战略阶段人、财、物等资源调配得当，战略形态选择科学，制定的战略才能引导企业健康、快速地发展。反之，仅凭个人主观判断市场，设立的目标过于理想化或对行业的发展趋势预测有偏差，制定的战略就会产生误导，甚至给企业带来破产的风险。

1.1.3 企业战略的重要性

（1）企业战略可以保证企业有计划地实现其战略目标。企业战略是根据其战略思想，为达到战略目标，对企业的发展方向、途径、范围、实施步骤、阶段目标进行的科学规划。每个企业都应根据外部环境的变化和企业自身的特点，提出具有自己特殊风格的方针，根据总体规划所规定的时间、进度和要求，按期完成阶段目标，从而实现其战略总目标。

（2）企业战略可以促使企业经营决策科学化、制度化、系统化。企业通过战略制定、战略执行、战略评价和战略控制，促使企业经营决策科学化、制度化、系统化，真正建立起信息系统、参谋系统、决策系统、执行系统和反馈系统，使其具有各自不同的特点和功能，从而构成一个完整的有机体，适应企业外部环境的变化。

（3）企业战略可以有效地利用资源，实现系统的最优化目标。企业要充分研究内部条件和外部环境，在对企业所拥有的各种经营资源进行有效配置的同时，也要对外部环境资源进行有效利用。根据系统分析原理，运用定性与定量的方法，构造企业总体目标的优化模型，通过多方案比较论证，最后确定系统的最优化模型，以谋求企业的长远发展和实现系统的最优化目标。

（4）企业战略可以增强企业的市场竞争力。企业战略以战略观念为指导，在市场经济中集中表现为质量观念、效果观念、竞争观念和开拓创新观念。企业通过信息反馈系统及时把握市场信息，通过对企业外部环境的判断和内部条件的分析，及时调整经营方案，修订经营目标，改变竞争手段，提高应变能力，保持企业对环境的动态适应性和相对稳定性，使企业立足当前，求胜长远。

因此，企业战略规划的制定必须基于现实并超出现实，但必须控制在所能及的范围内，这种基于实际的可行性是企业制定战略规划时必须把握的尺度，基于实际而又不失先进性的战略才是企业的最佳选择，只有这样才能使企业在市场竞争中立于不败之地。

1.2 战略管理理论的产生与发展

1.2.1 战略管理理论的产生背景

战略管理理论的发展经历了一个比较曲折的过程。其背景主要是：

(1) 企业环境由相对稳定型向相对激变型转化，使企业的生存发展受到了很大威胁。从 20 世纪 60 年代开始，商品经济市场化倾向和市场经济竞争态势日趋突出，同行业的同类商品的同质化市场竞争、不同行业但作用相近的替代品的市场竞争均呈现恶性化走向，从而使人们深刻地认识到，环境的需求是企业存在的理由。这样，如何捕捉环境的变化，如何使自己更好更自觉地适应环境，就成为企业管理的一项新使命。而当时的企业管理理论基本上是针对相对稳定的环境建立起来的，这就使战略管理成为企业管理理论体系中一个亟待填补的空白。

(2) 企业的规模日益壮大，管理层次越来越多，管理幅度也越来越大。根据美国《福布斯》杂志的资料，早在 1983 年，世界上 10 家最大企业的年收入都在 270 亿美元以上。这种超大规模的经济实力连世界上许多小国都望尘莫及。在企业内，从总经理到作业线的班组长的管理层，已不是几个层级可以描述的。在实际的管理跨度中，也是今非昔比，一个总经理往往要经营十几个事业部。这些方面的变化使大企业的有效性和管理性变得相当重要，使大企业效率更低、更难管理。

(3) 企业与社会的联系越来越紧密，企业所承担的社会责任也大大提高。虽然没有足够的证据证明企业承担的社会责任大小与企业的经营有直接的对应关系，但企业与社会的关系遵循这样一个原则：如果企业拒绝为社会承担相应的社会责任，社会就会通过法律或行政手段来迫使企业这么做。随着社会的不断进步，这种关系表现得更为显著。因此，企业在考虑未来发展时，必须充分注意它的活动对社会产生怎样的正面与负面影响，否则，企业将为自己的行为承担责任。

(4) 企业从本地化经营、一业为主向国际化、多元化经营发展。为了避免或减少企业风险，获取规模经济或稳定收入，许多企业在不同的行业寻找最佳发展机会。在这种条件下，产业间的相互关联和波及效果势必影响和决定企业的发展前景，企业竞争从本地化、国内化过渡到国际化、全球化。因此，对产业不进行战略分析似乎是不可思议的事情。

1.2.2 战略管理理论的发展

研究企业战略管理理论的发展历史，有利于人们自觉加强企业战略管理，不断提高企业竞争力，对企业发展具有积极作用。企业战略管理理论的发展，可以分为三个阶段：第一个阶段是早期战略思想阶段；第二个阶段是竞争战略理论阶段；第三个阶段是动态竞争战略理论阶段。

（一）早期战略思想阶段

在此阶段，虽然没有出现完整的战略理论体系，但产生了很精彩的战略思想。

1. 计划与控制阶段

20世纪初，计划与控制管理制度开始出现。科学管理创始人泰罗强调，要通过计划工作挑选、培训和组织工人，以便增加产量。法约尔对企业内部的管理活动进行整合，将工业企业中的各种活动划分成六大类：技术活动、商业活动、财务活动、安全活动、会计活动和管理活动，并提出了管理的五项职能：计划、组织、指挥、协调和控制，其中，计划职能是企业管理的首要职能。这可以说是最早出现的企业战略思想。1938年，美国经济学家切斯特·巴纳德在《经理人员的职能》一书中，首次将组织理论从管理理论和战略理论中分离出来，认为管理和战略主要是与领导人有关的工作。巴纳德还认为，要使组织存在和发展，不仅要具备明确的目标、协作的意愿和良好的沟通这三个基本要素，而且必须符合组织效力和组织效率这两个基本原则。组织效力是指组织实现其目标的能力或实现其目标的程度；组织效率是指组织在实现其目标的过程中满足成员个人目标的能力和程度。这种关于组织与环境相匹配的主张成为现代战略分析方法的基础。

2. 长期计划阶段

长期计划阶段开始于20世纪50年代初期。战后经济的发展、市场购买能力的提高、技术进步的刺激，创造了大量的需求和新的经营机会。企业管理人员对美好前景的热切追求，促使他们建立大胆进取的目标，以寻求更快的成长。这样，长期计划受到重视。长期计划管理制度的重点是预测企业的成长，在此基础上，制定企业的长期计划。

60年代初，美国著名管理学者钱德勒的《战略与结构》一书问世，揭开了企业战略问题研究的序幕。在这部著作中，钱德勒给企业战略管理下了明确的定义。他认为：企业战略是影响和决定企业的基本长期目标与目的，它选择企业达到既定目标所遵循的路线，并为实现这些目标对企业已有资源进行最优化配置。

3. 战略计划阶段

由于经营环境的变化，从20世纪60年代后期开始，战略计划成为公司生死攸关的大事，并取代了长期计划职能，战略正式进入企业经营管理领域。

企业战略计划的核心在于制定有效的经营战略，以适应市场的变化。其基本假定是：过去长期计划运用的延续性预测已经不够。在不连续的经营时代，企业必须不断进行战略调整，制定新的经营方针，以求对市场和竞争对手作出迅速反应，不断进入新的产品市场领域。因此，战略计划不仅重视对市场环境的预测，而且重视对竞争对手和市场的了解，以把握环境变化对企业的影响。

60年代，哈佛大学的安德鲁斯对战略进行了四个方面的界定，将战略划分为四个构成要素，即市场机会、公司实力、个人价值观和渴望、社会责任。其中，市场机会和社会责任是外部环境因素，公司实力与个人价值观和渴望则是企业内部因素。他还主张公司应通过更好地配置自己的资源，形成独特的能力，以获取竞争优势。1965年，安索夫出版了第一本有关战略的著作《企业战略》，首次将战略划分为企业总体战略和经营战略两大类，成为现代企业战略理论研究的起点。其主要观点是：战略构造应是一个有控制、有意识的正式计划过程；由组织中的高层管理者负责；企业战略一旦形成，要通过目标、项目、预算的逐级分解得以实施。

4. 战略管理阶段

战略管理阶段兴起于20世纪70年代中后期。它所依据的假定是：面对迅速变化的外部环境，过去有一定周期的战略计划制度已不能满足应付变革的需要。企业战略决策者为了应对外来的“战略突变”和迅速出现的机会与威胁，必须摆脱计划周期的束缚，改变重计划不重实施的习惯做法，转为制定、评价和实施战略并重，在实施战略计划上下工夫，灵活而又富有创造性地实施战略管理。

1979年，安索夫出版《战略管理》一书，系统提出了战略管理模式，他认为战略行为是一个组织与其环境的交互过程以及由此而引起的组织内部变化的过程。从此以后，很多学者积极地参与企业战略理论的研究。

（二）竞争战略理论阶段

随着企业战略理论和企业经营实践的发展，企业战略理论的研究重点逐步转移到企业竞争方面。特别是20世纪80年代以来，西方经济学界和管理学界一直将企业竞争战略理论置于学术研究的前沿地位，从而有力地推动了企业竞争战略理论的发展。企业竞争战略理论涌现出三大战略学派：行业结构学派、核心能力学派和战略资源学派。

1. 行业结构学派

行业结构学派的创立者和代表人物是迈克尔·波特（Michael E. Porter）

教授。波特的杰出贡献在于，实现了产业组织理论和企业竞争战略理论的创新性兼容，并把战略制定过程和战略实施过程有机地统一起来。1980 年，他提出，企业在考虑竞争战略时必须将企业与所处的环境相联系，而行业是企业经营最直接的环境；每个行业的结构又决定了企业的竞争范围，从而决定了企业的潜在利润水平。在这种思路下，企业战略的核心是获取竞争优势，而获取竞争优势的因素有两个：一是企业所处行业的盈利能力，即行业的吸引力；二是在行业内的相对竞争地位。因此，企业要获得竞争优势，就必须选定有吸引力的行业。这就是说，战略管理的一项首要任务就是选择有潜在高利润的行业。围绕这一命题，该学派采用了各种方法和技巧，分析企业所处行业的状况。其中，最著名的方法是波特的五力模型。这一模型说明，行业的盈利能力主要取决于供应商、购买者、当前的竞争对手、替代产品及行业的潜在进入者五种因素。企业需要考虑的第二个战略任务就是，如何在已选定的行业中进行自我定位。企业的定位决定了其盈利能力是高于还是低于行业的平均水平。在行业不理想、平均盈利能力低的情况下，定位适当的企业仍然可以获得较高的盈利。此时，企业可以结合具体形势，选择适当的战略，以增强或削弱其在行业内的竞争地位。总成本领先、差异化和集中三种战略则为最常用的一般战略。波特教授在其 80 年代出版的两本著作《竞争战略》和《竞争优势》中详尽地说明了这种战略过程。

2. 核心能力学派

1990 年，普拉哈拉德（C. K. Prahalad）和哈默尔（Hamel）在《哈佛商业评论》上发表了《企业核心能力》一文。随后，越来越多的研究人员开始对企业核心能力理论进行研究。所谓核心能力，就是所有能力中最核心、最根本的部分，它可以通过向外辐射作用于其他各种能力，影响其他能力的发挥和效果。一般来说，核心能力具有如下特征：（1）可以使企业进入各种相关市场参与竞争；（2）能够使企业具有一定程度的竞争优势；（3）不会轻易地被竞争对手所模仿。

1991 年，科利斯（Collis）指出，不管核心能力的确切概念是什么，核心能力指的是关乎企业战略地位的基本资源。

1992 年，奎因指出，企业应该持续地在具有核心能力的业务上进行投资，而将不具备核心能力的业务进行外包。外包非核心活动可使企业提高管理注意力，加大对绩效显著工作的资源分配，而将相对劣势的工作交给外部组织。类似地，企业通过专注于具有核心能力的产品生产或服务，将非核心业务或职能通过合同的形式外包出去，既可降低成本又可提高质量。

1998 年，蒂斯（Teece）认为，核心能力是指许多有差别的技能、补偿资产和惯例的集合。它可以在某些领域为企业提供一种竞争能力，强化企业的竞争优势。

综上所述，依据核心能力理论，企业必须将有限的资源集中在核心业务上，强化自身的核心能力，而将自身不具备核心能力的业务，以合同的形式（外包）或非合同的形式（战略联盟或合作）交由外部组织去完成。

3. 战略资源学派

战略资源学派打破了经济利润来自垄断的传统经济学思想，认为企业资源与能力的价值性和稀缺性是其经济利润的来源。

所谓价值性，意指企业的资源与能力能帮助企业开发新的机会和抵御威胁，给企业带来价值的增值。然而，并非所有的资源与能力都有价值。能让企业捕捉更多的机遇或化解企业风险的资源和能力才是有价值的，才能带来经济利润。如果众多的企业都拥有某种有价值的资源与能力，这种资源与能力就不可能成为企业竞争优势和经济利润的来源，相反，它是企业竞争均势的源泉。只有当资源和能力是一种稀缺资源时，拥有这种资源与能力的企业才能因此获得经济利润。

战略资源学派认为，企业战略的主要内容是如何培育企业独特的战略资源，以及最大限度地优化配置这种战略资源。在企业竞争实践中，每个企业的资源和能力是各不相同的，同一行业中的企业也不一定拥有相同的资源和能力。这样，企业战略资源和运用这种战略资源的能力方面的差异，就成为企业竞争优势的源泉。因此，企业竞争战略的选择必须最大限度地有利于培植和发展企业的战略资源，而战略管理的主要工作就是培植和发展企业对其战略资源的独特的运用能力，即核心能力，而核心能力的形成需要企业不断地积累战略制定所需的各种资源，需要企业不断学习、不断创新、不断超越。只有在核心能力达到一定水平后，企业才能通过一系列整合形成自己独特的，不易被人模仿、替代和占有的战略资源，才能获得和保持持续的竞争优势。

（三）动态竞争战略理论阶段

随着21世纪的到来，全球众多企业面临的竞争环境更加易于变化和难以预测。面对竞争环境的快速变化、产业全球化竞争的加剧、竞争者富于侵略性的竞争行为，传统战略管理的理论方法无法满足现实商业生活中企业战略管理决策的需要。于是，近年来，一些管理学者提出了新的战略理论，即动态能力论和竞争动力学方法。

1. 动态能力论

该理论的提出主要基于以下认识：过去的战略理论是由从企业战略的层次上对企业如何保持竞争优势的分析所构成的，而对企业怎样和为什么要在快速变化的环境中建立竞争优势却论述不多。动态能力论则主要是针对基于创新的竞争、价格/行为竞争、增加回报以及打破现有的竞争格局等而提出的。它强调了在过去的战略理论中未受到重视的两个方面：第一，“动态”的概念是指企业重塑竞争力以使其与变化的经营环境保持一致的能力，当市场的时间效应和速度成为关键、技术变化的速度加快、未来竞争和市场的实质难以确定时，就需要企业有特定的对创新的反应能力。第二，“能力”这一概念强调的是战略管理适当地使用、整合和再造企业内外部的资源和能力以满足环境变化的需要。

2. 竞争动力学方法

竞争动力学方法是在竞争力模式理论、企业能力理论和企业资源理论的基础上，通过对企业内外部影响企业经营绩效的主要因素——企业之间的相互作用、参与竞争的企业质量、企业的竞争速度和灵活性进行分析，来回答在动态的竞争环境条件下，企业应怎样制定和实施战略管理决策，才能获得超过平均水平的收益和维持竞争优势。

近年来，竞争动力学的研究和分析在国外受到越来越多的关注，而且有关这方面的研究成果被普遍地应用在战略管理的实践中。第一，它研究处于竞争状态的企业之间的竞争作用，这种竞争作用产生的原因，以及竞争作用发生的可能性；第二，它研究和分析影响企业竞争或对竞争进行反应的能力要素；第三，它还对不同条件下的竞争结果进行了分析和对比。

3. 动态竞争的主要特点

（1）动态竞争是高强度和高速度的竞争，每个竞争对手都在不断地建立自己的竞争优势和削弱对手的竞争优势，竞争对手之间的战略互动（strategic interactions）明显加快。

（2）任何一个抢先战略都有可能被竞争对手的反击行动所击败。

（3）任何竞争优势都是暂时的，而不是长期可以保持的。

（4）竞争战略的有效性不仅取决于时间领先，更重要的是及时地建立新优势。

（5）在静态竞争条件下，竞争战略的主要目的是建立、保持和发挥竞争优势，主要对成本与质量、时间和专有技术、建立进入壁垒、规模优势等四个领域的竞争有直接贡献，但在动态竞争条件下，上述四个领域所建立起来的优势都是可以打破的。

成熟的战略管理理论认为，战略管理是由环境分析、战略制定、战略实施、战略控制等四个不同阶段组成的动态过程，这一过程是不断重复、不断更新的。理论上，通常都是按上述的顺序对企业的战略管理进行分步研究。但是，在实际应用中，这几个步骤往往是同时发生的，或是按不同于上述顺序进行的。这要求企业的管理者必须创造性地设计、应用战略管理系统，并且这一系统应该有足够的弹性，以适应企业所面临的时刻变化着的外部环境。这一动态过程理论上称为战略管理过程。

资料　企业战略管理的十大理论学派

1. 设计学派

这一学派以安德鲁斯教授及其同仁为代表。设计学派认为，企业战略的形成必须由企业高层经理负责，而且战略的形成应当是一个精心设计的过程，它既不是一个直觉思维的过程，也不是一个规范分析的过程；战略应当清晰、简明，易于理解和贯彻。

2. 计划学派

计划学派以安索夫教授为杰出代表。计划学派认为，战略的形成是一个受控制的、有意识的、规范化的过程。战略行为是对其环境的适应过程以及由此导致的企业内部结构化的过程。

3. 定位学派

其杰出代表人物是迈克尔·波特教授。定位学派认为，企业在制定战略的过程中必须要做好两个方面的工作：一是企业所处行业的结构分析；二是企业在行业内的相对竞争地位分析。

4. 创意学派

创意学派认为战略形成过程是一个直觉思维、寻找灵感的过程。

5. 认知学派

认知学派认为，战略的形成是基于处理信息、获得知识和建立概念的认知过程。其中，后者是战略产生的最直接、最重要的因素，而在哪一阶段取得进展并不重要。

6. 学习学派

学习学派与以往学派的不同之处在于，它认为战略是通过渐进学习、自然选择形成的，可以在组织上下出现，并且战略的形成与贯彻是相互交织在一起的。

7. 权力学派

权力学派认为，战略制定不仅要注意行业环境、竞争力量等经济因素，而且要注意利益团体、权力分享等政治因素。

8. 文化学派

文化学派认为，企业战略根植于企业文化及其背后的社会价值观念，其形成过程是将企业组织中各种有益的因素进行整合以发挥作用。

9. 环境学派

环境学派强调的是企业组织在其所处的环境里如何获得生存和发展，该学派提醒人们关注环境因素。

10. 结构学派

结构学派把企业组织看成一种结构，是由一系列行为和特征组成的有机体；把战略制定看成一种整合，是由其他各种学派的观点综合而成的体系。

资料来源：明茨伯格等：《战略历程：纵览战略管理学派》，18页，北京，机械工业出版社，2002。

1.3 战略管理过程及其特点

1.3.1 战略管理的过程

战略管理是对一个企业的未来发展方向制定决策和实施这些决策的动态管

理过程。一个规范的、全面的战略管理过程大体可分解为五个阶段：

（1）战略环境分析——了解组织所处的环境和相对竞争地位。

（2）确定企业使命与战略目标——确立企业使命，制定企业战略目标。

（3）战略制定——根据环境特点与战略目标，制定各种可行方案。

（4）战略评价与选择——检验战略的有效性。

（5）战略实施与控制——战略的执行与修正。

战略管理过程可用图 1—1 来表示。

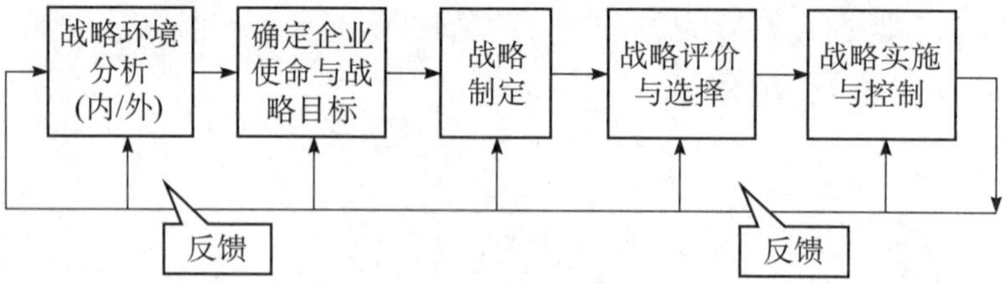

图 1—1　战略管理过程

1. 战略环境分析

（1）外部环境分析。战略分析要了解企业所处的环境（包括外部、内部环境）正在发生哪些变化，这些变化给企业将带来更多的机会还是威胁。企业外部环境一般包括下列因素或力量：法律因素、经济因素、技术因素、社会因素以及企业所处行业中的竞争状况。进行企业外部环境分析，是为了适时地寻找和发现有利于企业发展的机会，以及可能存在的威胁，以便在选择和制定战略时能够利用外部条件所提供的机会，而避开对企业产生威胁的因素。

（2）内部环境分析。企业的内部环境即企业本身所具备的条件，也就是企业所具备的素质，它包括生产经营活动的各个方面，如生产、技术、市场营销、财务、研究与开发、员工情况、管理能力等。内部环境分析需要了解企业自身所处的地位，具有哪些资源以及战略能力；还需要了解与企业有关的利益和利益相关者的期望，在战略制定、评价和实施过程中，这些利益相关者会有哪些反应，这些反应又会对组织行为产生怎样的影响和制约。

2. 确定企业使命与战略目标

企业使命和战略目标是企业战略制定和评估的依据。企业使命是企业在社会进步和经济发展中所应承担的角色和责任。一般来说，一个企业的使命包括两方面的内容，即企业哲学和企业宗旨。所谓企业哲学，是指一个企业为其经营活动或方式所确立的价值观、态度、信念和行为准则，是企业在社会活动及经营过程中起作用的抽象反映。所谓企业宗旨，是指企业现在和将来从事什么样的事业活动，以及应成为什么性质的企业或组织类型。企业在制定战略之前，必须先确定企业使命。这是因为企业使命的确定过程，常常会从总体上引起企业发展方向、发展道路的改变，从而使企业战略发生变化；此外，确定企业使命也是制定企业战略目标的前提，是战略方案选择和制定的依据，是分配企业资源的基础。

3. 战略制定

在制定战略过程中，需要确定战略选择方案，当然是可供选择的方案越多越好。企业可以从对企业整体目标的保障、中下层管理人员积极性的发挥以及企业各部门战略方案的协调等多个角度考虑，选择自上而下的方法、自下而上的方法或上下结合的方法来制定战略方案。

4. 战略评价与选择

战略评价就是通过评价企业的经营业绩，审视战略的科学性和有效性。

第一步是评估战略备选方案。一个企业可能会拟定出多种战略方案，这就需要对每种方案进行鉴别和评价，以选出适合企业自身的方案。除了运用一定的战略评价方法评价选择战略，一般来说，在战略决策过程中，企业对外部环境的依赖程度、管理者对待风险的态度、企业过去的战略、企业中的权力关系，以及企业的中层管理人员和职能人员等，也会影响战略决策者的战略选择。评估备选方案通常使用两个标准：一是考虑选择的战略能否发挥企业的优势，克服劣势，能否利用机会，将威胁降到最低程度；二是考虑选择的战略能否被企业利益相关者所接受。需要指出的是，实际上并不存在最佳的选择标准，管理层及利益相关团体的价值观和期望在很大程度上影响着战略的选择。此外，对战略的评价最终还要落实到战略收益、风险和可行性分析的财务指标上。

第二步是选择战略，即确定最终的战略决策，制定准备实施的战略。一个跨行业经营的企业的战略选择应当解决两个基本的战略问题：一是企业的经营范围或战略经营领域，即规定企业从事生产经营活动的行业，明确企业的性质和所从事的事业，确定企业以什么样的产品或服务来满足哪一类顾客的需求；二是企业在某一特定经营领域的竞争优势，即确定企业提供的产品或服务，要在什么基础上取得超过竞争对手的优势。

公司战略态势的选择会对企业的未来产生重大的影响，因而制定这一决策必须非常慎重。在实际工作中，企业管理者往往在对各项可能的战略态势进行全面评价以后，发现好几种方案都是可以选择的。在这种情况下，会有一些因素对最后决策产生影响，虽然这些因素在不同的企业和不同的环境中起到的作用是不同的，但了解这些因素对企业管理者制定合适的战略方案来说是非常必要的。总的来说，影响企业的因素有：

（1）企业过去的战略。对大多数企业来说，过去的战略常常被当成战略选择过程的起点。这样，一个很自然的结果是，进入考虑范围的战略数量会受到企业过去战略的限制。由于企业管理者是过去战略的制定者和执行者，因此，他们常常不愿改变既定战略，这就要求企业在必要时撤换某些管理人员，以减少目前失败的战略对企业未来战略的影响。

（2）管理者对风险的态度。企业管理者对风险的态度影响着企业战略态势的选择。风险承担者一般采取进攻性的战略，会对环境的变化作出主动的反应。风险回避者一般采取防御性战略，只有当环境迫使他们作出反应时他们才被动应对。风险回避者相对来说更注重过去的战略，而风险承担者则有着更为广泛的选择。

（3）企业对外部环境的依赖性。企业总是生存在一个受到股东、竞争者、客户、政府、行业协会和社会的影响的环境中。企业对这些环境力量中的一个或多个因素的依赖程度也影响着企业战略管理的过程。对环境的较高依赖程度通常会减少企业在其战略选择过程中的灵活性。此外，当企业对外部环境的依赖性特别大时，企业还得邀请外部环境中的代表参与战略态势的选择。

（4）企业文化和内部权势关系。任何企业都存在着或强或弱的文化。企业文化和战略态势的选择是一个动态平衡、相互影响的过程。企业在选择战略态势时不可避免地要受到企业文化的影响。只有充分考虑到与目前的企业文化和未来的企业文化相互包容和相互促进，企业战略才能成功地实施。另一方面，企业中总存在着一些非正式的组织。由于种种原因，某些组织成员会支持某些战略，而反对另一些战略。这些成员的看法有时甚至能够影响战略的选择，因此在企业中，战略态势的决策或多或少都会打上这些力量的烙印。

（5）时期性。时期性指对战略态势决策的时间限制。时间限制的压力不仅减少了能够考虑的战略方案的数量，而且限制了可以用于评价的方案的信息和数量。有研究表明，在时间压力下，人们倾向于把否定的因素看得比肯定的因素更重要，往往作出更加具有防御性的策略。此外，时期性还指战略的时期着眼点。战略规划期长，则对外界环境的预测相对复杂，因而在作战略选择时不确定性因素更多，这会使战略方案决策的复杂性大大增加。

（6）竞争者的反应。在战略态势的选择中，还必须分析和预计竞争对手对本企业不同战略方案的反应，企业必须对竞争对手的反击能力作出恰当的估计。在寡头垄断的市场结构中，或者当市场上存在着一个极为强大的竞争者时，竞争者反应对战略选择的影响更为重要。

当用多个指标对多个战略方案进行评价产生不一致的结果时，最终的战略选择可以考虑以下几种方法：

- 根据企业目标选择战略。企业目标是企业使命的具体体现，因而，可以选择对实现企业目标最有利的战略方案。
- 聘请外部专家。企业聘请外部咨询专家进行战略选择，专家们凭借广博而丰富的经验，能够提供较客观的看法。
- 提交上级管理部门审批。对于中下层机构的战略方案，提交上级管理部门能够使最终选择的方案更加符合企业整体战略目标。

第三步是制定战略政策和计划，即制定有关研究与开发、资本需求和人力资源方面的政策和计划。

5. 战略实施与控制

战略实施与控制主要涉及以下一些问题：如何在企业内部各部门和各层次

间分配及使用现有的资源；为实现企业目标，还需要获得哪些外部资源以及如何使用；为实现既定的战略目标，需要对组织结构做哪些调整；如何处理可能出现的利益再分配与企业文化的适应问题；如何进行企业文化管理，以保证企业战略的成功实施，等等。

一般来说，可从以下三个方面来推进战略的实施：

（1）制定职能策略，如生产策略、研究与开发策略、市场营销策略、财务策略等。在这些职能策略中，要能够体现出策略推出步骤、采取的措施、项目以及大体的时间安排等。

（2）对企业的组织机构进行构建，使机构能够适应所采取的战略，为战略实施提供一个有利的环境。

（3）要使领导者的素质及能力与所执行的战略相匹配，即挑选合适的企业高层管理者来贯彻既定的战略方案。

在战略的具体化和实施过程中还需进行有效控制。也就是说，将经过信息反馈的实际成效与预定的战略目标进行比较，如二者有显著的偏差，就应当采取有效的措施进行纠正。需要根据战略执行的实际情况，对相应环节做出调整。战略调整就是根据企业的发展变化，即参照实际的经营事实、变化的经营环境、新的思维和新的机会，及时对所制定的战略进行调整，以保证战略对企业经营管理进行指导的有效性。战略调整包括调整公司的战略展望、公司的长期发展方向、公司的目标体系、公司的战略以及公司战略的执行等内容。当由于原来分析不周、判断有误，或是环境发生了预想不到的变化而产生偏差时，甚至可能需要重新审视环境，制定新的战略方案，进行新一轮的战略管理过程。

企业战略管理的实践表明，战略制定固然重要，战略实施同样重要。一个良好的战略仅是战略成功的前提，有效的战略实施才是企业战略目标顺利实现的保证。另一方面，虽然企业没有制定出合适的战略，但是在战略实施中，如果能够克服原有战略的不足，也有可能最终促成战略的成功。当然，对于一个不完善的战略选择，在实施中如果不能将其扭转到正确的轨道上，就只有失败的结果。

1.3.2 战略管理过程的特点

1. 战略管理过程的各环节不可分割

战略管理各项内容之间的界限是一种概念上的界限，实际不会分得如此清晰。战略环境分析、确定企业使命与战略目标、战略制定、战略评价与选择、战略实施与控制，基本上勾画了战略管理的内容，但在过程中并不一定严格按照这个顺序进行，在几项内容中存在很多的交叉影响和循环。例如，在考虑应该采取什么样的战略行动时，往往会涉及另外两个问题：这些行动实施起来是不是有满意的结果？如何实施这些行动？公司战略和组织使命的选择和制定也应反映到公司目标中。它们对公司的发展方向有着重要的意义。目标体系的建立需要考虑当前的经营业绩、提高当前经营业绩的战略手段，以及当公司面临挑战时公司实际所能获得的成绩。公司战略的选择和制定与下列问题相互交织：公司长期发展方向的选择，公司是否在所有的关键财务领域和战略领域建立了目标体系。显而易见，制定组织使命、建立公司目标体系和制定公司的战略发展方向及任务要结合起来作为一个整体，而不能割裂开来。

2. 战略管理任务与管理者密切相关

战略管理任务的完成并不是同管理者的其他责任和职责分离开来的，比如日常的经营管理，处理公司所面临的危机，参加管理会议，审查信息，处理人员方面的问题，承担特殊的任务和履行民事义务，等等。因此，从整个公司的成败这个角度来讲，对战略进行管理是至关重要的一项管理职能，但具体而言，并不是所有的管理者都面临这个问题。

3. 战略的制定和实施需要管理者所付出的时间无定数

各种变化的发生是无序的，也是不可预见的。各类事件的发生可能是独立的，也可能是一系列的。它们对战略的影响可能是易于估计的，也可能很难预测。因此，对公司战略计划的评价和调整，有时可能要花费大量的时间。此外，权衡实施战略变革的时机也有很多的技巧。

4. 战略管理是一个持续不断的反馈过程

战略管理使每个人都取得对战略起支持作用的成绩，作出最大贡献，不断地改善当前战略的内容和执行效果，从而使当前的战略渐入佳境。管理者往往将他们绝大多数的精力花在一点一滴地改善公司的战略上，而不是花在对当前的战略进行根本变革上。过多的变化往往会干扰公司的员工，在顾客中造成一片混乱，这通常是没有必要的。在大多数情况下，不断地改善当前战略的执行情况往往会有更好的结果。持之以恒地改善一个优秀战略的执行状况，是通向战略管理的成功之路。

1.3.3 战略管理的层次

战略管理不仅要确定企业整体目标以及实现这些目标的方法，而且要确定企业内每一层次、每一类业务以及每个部门的目标及其实现方法。因此，企业战略一般分为三个层次，即公司层级（企业总体）战略、事业层级（竞争）战略、职能层级战略。企业总体战略由企业的最高管理层制定；竞争战略由企业内各事业部或经营单位制定；职能战略由各职能部门制定。对企业战略进行层次划分的意义在于，既保持了企业方向与战略的统一性和整体性，调动企业资源以最大限度地符合企业长期发展目标的要求，又能适应分权管理的要求，提高企业活动的灵活性，使决策更好地适应市场。图 1—2 是战略管理层次从高到低的示意图。表 1—1 示意了企业战略的构成。

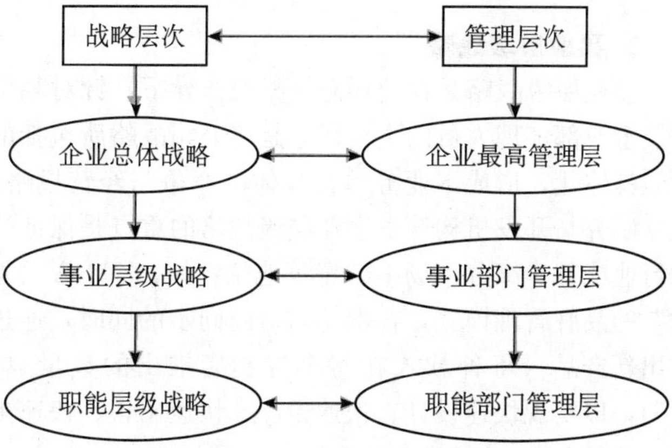

图 1—2 战略管理的层次

表 1—1 企业战略的构成表

企业战略	企业总体战略	企业发展（扩张）战略	增强型战略	
			一体化战略	纵向一体化战略
				横向一体化战略
			多元化战略	相关多元化战略
				不相关多元化战略
			战略联盟	
		企业稳定战略	无变化战略、利润战略	
		企业紧缩战略	转向战略、放弃战略等	
	事业层级战略	总成本领先战略		
		差异化战略	（1）产品质量差异化战略；（2）产品性能差异化战略；（3）销售服务差异化战略；（4）品牌差异化战略	
		集中战略		
	职能层级战略	研发战略、营销战略、生产战略、人力资源战略		

1. 企业总体战略

企业总体战略是战略开发的最高层面，也叫企业层面战略或者公司层级战略。企业总体战略是指为实现企业总体目标，对企业未来发展方向作出的长期性和总体性战略。它是统筹各项分战略的全局性指导纲领，是企业最高管理层指导和控制企业的一切行为的最高行动纲领。企业总体战略包括发展（扩张）战略、稳定战略、紧缩战略。企业战略管理中有许多可供选择的战略类型，不仅因为企业决策者的视角不同，而且因为企业具有不同的层面、不同的内在特质和不同的外部环境，会在不同的条件下选择不同的战略。一般来说，总体战略管理主要关注两个问题：其一是企业应该做些什么，涉及如何确定企业的性质和宗旨，选择企业的活动范围和重点。显然，这是企业生存和发展的根本问题。其二是企业怎样去发展这些业务。主要的关注点在于如何决定各个战略单位的设立及其目标和资源配置。

2. 事业层级战略

事业层级战略是在公司总体战略指导下，针对某个特定战略单位的战略计划。事业部经理人员的主要任务是将公司战略所包括的企业目标、发展方向和措施具体化，形成本业务单位具体的竞争与经营战略，如推出新产品或服务、建立研究与开发机构等。事业层级战略的重点是保证战略经营单位在它所从事的行业或某一细分市场中的竞争地位。如，ZARA公司采取“快速、少量、多款”的品牌管理模式，在保持与时尚同步的同时，通过组合开发新款式，快速推出新产品（每种款式在每个专卖店推出的数量只有几种，人为造成“缺货”），以实现快速设计、快速生产、快速出售、快速更新的目标，从而找到了其成功的方向。

可见，事业层级战略是在企业总体战略基础上，特别是在共同的企业使命的前提下，根据各个事业部所面临的机会和挑战、自身条件等作出的战略决策。事业部一般拥有自己的职能部门，要有效实施事业层级战略，还需要将事业层级战略分解到各个职能部门，所以职能部门也可以理解为战略执行部门。

3. 职能层级战略

职能层级战略不仅要秉承企业总体战略的使命和要旨，更重要的是在事业层级战略的指导下，针对某一特定职能单位的性质制定战略执行计划。因此，与其说是职能战略还不如说是执行战略，它的关注重点是如何提高企业资源利用效率。它由一系列详细的方案和计划构成，涉及企业的各个职能领域，其主要内容包括：（1）如何贯彻事业层级发展目标；（2）职能目标的确定及论证；（3）确定职能发展的重点、阶段和主要措施；（4）职能战略实施中的风险分析和应变能力分析，等等。

4. 各种战略的关系

企业总体战略主要是解决企业的长期发展方向问题，并为确保企业的发展提供根本的保障。企业总体战略的核心是要对“业务范围、战略基础、核心竞争力、资源配置、经营目标”五个问题给出答案。企业的业务范围既包括企业提供的产品和服务种类，也包括企业参与的市场范围。从这个角度来看，企业要回答是否进行多元化和国际化的问题。在此基础上，进一步对事业层级及职能层级战略提出要求。企业的战略基础指企业在发展中的根本策略是严格控制成本实行总成本领先战略，还是鼓励创新实行差异化战略，或者集中于某个特定市场实行集中战略。在核心竞争力问题上，要明确企业发展必须具备的核心竞争力以及这些核心竞争力的培养方法和获取途径。在资源配置问题上，企业要制定出人才、资金、权力在企业内部进行配置的原则，以巩固和加强企业的战略基础。最后，企业总体战略要给出今后几年内的经营目标，包括市场目标和财务目标。

事业层级战略要明确市场角色：企业在市场上是一个不断寻求创新、改进产品和服务的探索者；或者是一个以模仿能力著称、迅速跟进的跟随者；或者是一个以精益生产、成本控制为特长的分析者；或者是一个坚守阵地的防御者，如表1—2所示。明确市场角色之后，事业部必须在深刻分析竞争对手实力和策略的基础上，制定相应的竞争战略。

表1—2 成功企业的不同市场角色定位

市场角色	代表企业	特点
探索者	索尼	以先进的数字影音技术不断带给人们出乎意料的新颖产品
跟随者	松下	具备超强的模仿能力，总是能在最短的时间内推出与探索者相似的产品，这样就有效避免了开发新产品的风险和推广新产品的开支
分析者	戴尔	通过高效率的运营管理，生产出高质量、低价格的产品，来争夺已经成熟的市场
防御者	麦当劳	在世界范围里仅提供以可乐、汉堡包为主的西式快餐，通过在这个狭窄领域的经营建立绝对的竞争优势

职能层级战略是为企业总体战略和经营战略服务的，所以必须与事业层级战略和经营战略相配合。比如，如果事业层级战略确立了差异化的发展方向，要培养创新的核心能力，那么企业的人力资源战略必须体现对创新的鼓励；重视培训，鼓励学习；把创新贡献纳入考核指标体系；在薪酬方面加强对各种创新的奖励。

1.4 战略性思维

战略性思维是指思维主体（个人或集团）对关系事物全局的、长远的、根本性的重大问题的谋划（分析、综合、判断、预见和决策）的思维过程。战略性思维涉及的对象大多是复杂的政治、经济、文化系统和人与自然的复合系统及复杂过程。

1.4.1 战略性思维的要素

战略性思维作为一个系统整体，包含三大组成部分：

第一，主体对战略问题的思考和谋划。

第二，战略性思维的产品，包括形成战略目标、战略计划、战略方针等。

第三，战略计划的实施、反馈和修正。

三者的关系是：主体对战略问题的思考和谋划催生战略性思维的产品，使其指导和服务于战略实践；主体对战略问题的思考和谋划主要是主体头脑中与战略问题相关的信息的加工活动；战略计划的实施则是改造世界的主体的能动的物质活动，战略计划的反馈与修正是主观逐渐符合客观的过程。

1.4.2 战略性思维的主要特征

1. 前瞻性

战略性思维立足现实、面向未来，它要面对企业发展的长期问题，有的战略考虑的是几年，甚至是几十年的问题。战略性思维的前瞻性是相对于客观对象的动态发展过程而言的，以对客体未来发展趋势的科学把握为基础，从而科学预测事物变化发展的前景，使人的主观更加符合不断变化的客观。

2. 全局性

战略性思维是一种全局性思维方式，它要求把战略作为一个整体，思考它的布局和运作的协调性，从而实现其整体功能效果。所以，战略性思维是从整体出发纵观全局、总揽全局、驾驭全局，一切着眼于全局。

3. 重点性

重点性是针对系统整体中的局部，但不是一般的局部，而是起关键决定性作用的局部，如抓主要矛盾、矛盾的主要方面，抓过程中的主要阶段和影响系统各要素由一种相变状态转化为另一种相变状态的集体协同行为。

4. 复杂性

鉴于主体思维过程的复杂性、客体对象的复杂性与不确定性、主客关系的复杂性，战略性思维是从客观到主观、从主观到客观，从真理到价值、从价值到真理，从知到行、从行到知，从物质到精神、从精神到物质，从认识事物到改造事物的全过程中的思维活动。

5. 创造性

战略性思维的创造性集中体现为领导者能产生新思想，提出新认识，发现新方法，制定新的符合事物变化发展规律的战略目标和规划。战略性思维主要是对未来发展问题的思考，而未来发展问题又大多会面临新矛盾、新问题，因此，当前领导者制定新的发展战略，必然要面临许多复杂的新矛盾和新问题。

6. 开放性

战略性思维的开放性主要指信息的开放性。当前，世界变得越来越开放和一体化。因此，无论是哪个国家还是哪个地区，想关起门来自我封闭地实现发展根本是不可能的。现代领导者的战略性思维必须是面向全国、面向世界、面向未来的开放性思维。

7. 自觉性

战略性思维的自觉性指思维主体确立战略目标、选择信息、加工信息的能动性。战略性思维不是一种盲目的、被动的思维活动，而是一种充分发挥领导者主观能动性、积极性和创造性的思维活动。

1.4.3 提高战略性思维能力的途径

1. 通过调查研究获取战略决策所需要的充足而准确的信息

能够正确把握住事物的现状和运动变化的发展趋势是战略性思维的前提，如果思维主体获取的信息失真或者信息量不足，就不能准确地判断对象的现状，更不能准确地预测对象未来的发展趋势，导致作出错误的战略决策。实践表明，任何战略决策的成功，必须以大量的调查研究、情报部门和统计部门的工作为基础，依据不准确的信息作出的战略决策必然是错误的。

2. 思维主体必须具备较高的理论素质或信息储备

思维主体应具有科学的世界观、方法论、知识、经验，关键是主体信息库中存有应对特定战略问题的方案，并能够在战略决策过程中提取出来加以应用。具体包括以下几个方面：

（1）加强理论学习，掌握科学的世界观、方法论。

（2）具有广阔的视野、丰富的知识以及合理的价值取向。战略管理者不仅应当尽可能多地拥有历史、政治、经济、文学、科技、法律等方面的学识，还要学习有关领导科学、现代管理科学、决策科学和军事战略等知识。任何战略性思维的出发点和归宿都脱离不了一定的价值取向。没有政治头脑，战略性思维就失去了灵魂。

（3）专业知识。不同领域和不同行业的战略制定应以特定的专业知识为基础。

（4）积累丰富的经验。

（5）发挥参谋、智囊机构的作用，利用外脑。

（6）多方案备选。

（7）人机结合。

（8）民主科学的决策机制。战略问题关系重大，通过集体讨论作出的决策，犯错误的概率小于个人独裁的决策。

（9）战略性思维必须与群众路线相结合。

3. 应用科学的方法遵循科学的思维方式及相应的思维程序来加工获得的信息

即使用于战略决策的信息是准确的、充分的，思维主体的素质较高，但如果加工处理信息的方法、模式和程序不正确，用不科学的、不适宜对象的方法加工信息同样会产生错误的战略决策。因而要学会运用系统科学的五要素分析方法，如要素分析、结构分析、系统与环境的输入与输出分析、整体分析及系统的动态演化分析。

4. 崇尚实践，勇于实践

战略性思维能力作为战略管理者的一种素质，不可能在课堂上直接培训出来，而必须从实践中锻炼出来。因此，要提高战略管理者的战略性思维能力，最终还是要靠实践。

物流实践的过程就是战略决策者不断探索物流战略发展规律的过程，只有专注于物流业务的实践过程，勇于在物流实践中探索物流发展的内在规律，才能找出影响和制约物流战略制定的因素，最终制定出符合企业自身的物流发展战略。这个过程对于培养战略决策者具有过硬的领导者素质和战略性思维能力意义重大。

关键术语

战略　　企业战略　　战略管理理论

战略管理过程　　战略性思维

复习思考题

1. 什么是战略？
2. 企业战略有哪些特征？
3. 为什么企业战略对公司的发展非常重要？
4. 战略管理理论是怎样发展的？不同战略管理理论的各自特点是什么？
5. 简述战略管理的过程及特点。
6. 战略管理的层次是怎样的？不同层次有哪些不同的战略？
7. 战略性思维的特征有哪些？
8. 如何提高战略性思维能力？

案例分析

21 世纪海上丝绸之路建设的战略意义

21 世纪海上丝绸之路，在传承古代海上丝绸之路和平友好、互利共赢价值理念的基础上，被注入新的时代内涵。建设 21 世纪海上丝绸之路的根本目的是使欧亚各国经济联系更加紧密、相互合作更加深入、发展空间更加广阔，以实现区域内各国共同发展、共同繁荣、和谐共处。从改革开放政策来看，21 世纪海上丝绸之路建设是中国全方位开放体系的需要，有助于完善中国全面开放的格局；从经济开放角度来看，21 世纪海上丝绸之路建设是对中国开放型经济体系的补充和完善；从国际秩序的建设和发展来看，21 世纪海上丝绸之路建设有利于构建一个新的公平合理的国际秩序。总而言之，21 世纪海上丝绸之路建设，是我国在新时期面对特定的国际国内形势提出的一项具有国家发展战略意义的决策，对于国内的政治稳定、经济发展和社会和谐具有重大意义，对于国际新秩序的形成与国际和平也将发挥重要作用。21世纪海上丝绸之路建设，不仅对于经济和商贸发展至关重要，对社会和文化的发展也必将产生重大影响。

(1) 建设21世纪海上丝绸之路，是新时期促进国内经济转型发展，扩大、优化对外开放格局的又一动力源。历经30余年的改革开放，现在我国经济已发展成为外向型经济，30余年对外开放的实践既积累了相当的开放资源和优势，营造了良好的开放环境和格局，同时也产生了一定的困境：一是伴随着我国传统的劳动力资源价格、原材料资源价格等优势的逐渐缩小甚至丧失，我国曾经以低廉价格为优势的商品出口面临很大制约；二是近年来欧美发达国家市场出现一定程度的疲软，以及过分依赖欧美市场，使我国的对外开放面临困境。建设21世纪海上丝绸之路，顺应经济全球化和区域一体化潮流，将有效扩大我国对外开放水平，拓展经济发展的腹地与市场，促进经济结构调整和转型升级，增强经济内生动力和抗风险能力。

(2) 建设21世纪海上丝绸之路，是深化全球发展、建立国际经济政治新秩序的重大战略部署。当前，世界经济文化发展呈现两个特点：一个是经济社会发展的全球化，另一个是经济社会发展的区域化。全球化与区域化二者并行不悖，都是经济社会发展一体化的重要内容，区域化发展是全球化发展的一部分或是一种形式，但是，区域化的作用是全球化所不能替代的。海上丝绸之路建设的一个重要目的在于扩大、加深同周边国家的经济文化交流，促进国际关系区域化的发展，营造良好的外部特别是周边环境。建设21世纪海上丝绸之路，是和平发展的善意信号，是睦邻、安邻、富邻周边外交战略的具体体现。它将成为我国与沿线各国之间开拓新的合作领域、深化互利合作的战略契合点。通过大力发展经贸联系，在扩大我国经济影响力的同时，使周边国家更全面、更客观地认识中国，了解中国，从而形成双方互信局面，为推动构建和平稳定、繁荣共进的周边环境奠定基础。推动海上丝绸之路沿线国家和地区的发展，不仅具有一般意义上区域化发展的意义，而且具有建设国际新秩序的全球化发展的意义。

(3) 建设21世纪海上丝绸之路，是向外界展示中国价值观念，扩大中华民族文化软实力，提升我国国际影响力的重要途径。通过这条海上丝绸之路，沿线国家可以更加深入全面地认识改革开放30余年后的中国，可以更直接地感知和了解优秀的中华文明，进而接纳甚至吸收其优秀的成分，这种文化认同和接纳为政治、经济的交流提供了重要支撑和坚实基础。海上丝绸之路的沿线各国在历史上都不同程度地受到中华民族优秀文化的影响，在此基础上建设21世纪海上丝绸之路，对进一步扩大我国软实力的国际和区域影响，提高我国国际影响力至关重要。另外，文化和价值的交流有利于打破东西方以各自为中心的自恋情结，让西方看到东方文明古国不仅拥有灿烂的历史文化和文明，在新时期也形成了现代文明和优秀文化；同时，也让东方国家看到西方国家在突飞猛进地发展，有利于吸收其先进的文化和优秀的价值观念。

总之，建设21世纪海上丝绸之路，旨在共同打造政治互信、经济融合、文化包容的命运共同体和利益共同体。这一战略构想已成为我国全方位对外开放格局的重要组成部分，对于发挥我国作为世界第二大经济体的带动力，拓展和平发展的广阔空间，实现中华民族伟大复兴的“中国梦”，具有重大的战略意义。

资料来源：张勇：《建设21世纪海上丝绸之路的战略意义》，载《中国海洋大学学报》，2014 (5)，13～18页。

问题讨论

1. 分析21世纪海上丝绸之路建设的战略内涵。
2. 21世纪海上丝绸之路建设的战略意义有哪些？谈谈你的理解。

第2章 物流战略管理概述

本章重点讲解物流战略的基本概念与基础理论。首先介绍物流战略的含义及特征，进而分析其内容、类型及整合思想。然后探讨物流战略管理的内涵，并基于物流战略的发展特点讨论物流战略管理过程。最后引入物流战略发展的新思路。通过本章的阅读，读者可以对物流战略管理有系统的、初步的认识。

引 例

随着经济全球化的发展，各地区港口都在向第四代港口转变，港口物流应该逐步朝综合物流方向发展。目前，上海港、天津港正在向综合物流运营商转型，这也是国际国内港口大的发展趋势。大连港作为环渤海地区、东北地区及东北亚地区的重要港口，应立足港口所服务的腹地区域，向综合物流运营商发展，重点向区域综合物流运营商转型。

资料来源：曾凡平：《大连港集团综合物流运营商发展战略研究》，中国知网（http：//www. cnki. net/）。

2.1 物流战略的内涵

2.1.1 物流的发展历程

（一）物流理论的发展过程

早在1915年，阿奇·萧在《市场流通中的若干问题》一书中就提到物流一词，并提出“物流是与创造需求不同的一个问题”，不过，当时的物流还只是销售过程中的物流。此后，物流的产生与发展大体上经过了以下四个阶段。

1. 第一阶段——探索阶段

第二次世界大战期间，美军后勤供应系统采用托盘、集装箱、叉车等先进的运输工具和装卸手段，将大量的军用物资源源不断地从美国本土运送到指定的目的地，再有序地配送到各个战场。这其中美军有效地创立和运用了“运筹学”（operation research）和“后勤”（logistics）的理论思想，也使人们认识到，物流的统筹管理和系统活动，可以提高运输效率，降低运送成本。机动灵活、准时有效，这便是人们首次发现的物流系统的价值。第二次世界大战以后，人们将用于军事的物流系统的运作方法和技术，移植到民间的经贸往来活动中，这为企业注入了新的管理方法和结构模式。

2. 第二阶段——系统化阶段

随着社会分工和市场竞争的进一步发展，企业家发现通过降低人工和材料成本、扩大销售追求规模效益达到一定程度时，其产品竞争性和利润空间就不会再扩大，反而会随着竞争的加剧导致利润逐步向社会平均利润靠拢。为追求利润，他们发现降低物流成本可以提高工作效率，引导需求，拉动生产，从而物流管理被誉为企业的“第三利润源”。20 世纪 80 年代以后，物流的重点由商品储运上升到一体化物流的高度。第三方物流企业在分销中的作用越来越大，全球涌现出众多跨国物流企业。

3. 第三阶段——信息化、网络化、智能化阶段

现代物流与信息技术及计算机网络技术初步结合，能更加合理、有效、充分地使用和配置资源，这进一步促进了企业的可持续发展。信息技术特别是网络技术的发展，为物流发展提供了强有力的支持，使物流朝信息化、网络化、智能化方向发展，物流企业能为客户提供更高质量的物流服务。为满足物流国际化、服务形式多样化和快速反应的要求，物流信息系统和电子数据交换技术（EDI）、卫星定位系统、条形码技术及无线射频技术（RFID）等在物流领域中得到越来越广泛的应用。

4. 第四阶段——现代物流阶段

1997 年东南亚金融风暴之后，人们发现以现代物流为支柱产业的新加坡和中国香港有着较强的抵御危机的能力。这一发现奠定了现代物流在世界经济中的基础地位，提升了现代物流的发展空间。

（二）我国物流的发展历程

中国的现代物流起源于改革开放初期，20 世纪 90 年代中期得到快速发展，并成为中国经济发展和投资的新热点。现代物流在中国的发展大致经历了以下几个阶段。

1. 20 世纪 80 年代以前：酝酿期

在这个时期，中国尚未引入物流的概念，只有流通业、运输业、仓储业和

邮政业等与物流密切相关的行业，基本上称作多式联运，被形容为“人在家中坐，收发全国货”，“一票到底、门到门式”的服务。

2. 20世纪80年代初期至90年代初期：引入期

物流发展的理念被引入运输行业，并被列入“十一五”国民经济发展规划纲要。在这个时期，中国经济实现了从计划经济向市场经济的转变。产品和服务的商业化与市场化，使市场竞争日益加剧，各类企业都逐渐意识到现代物流的重要作用，但是这时还没有出现现代物流运作和现代物流企业。

3. 20世纪90年代中期至90年代末期：发展期

发达国家的跨国公司开始全面进入中国市场，制造业开始本地化，跨国公司传播的物流理论刺激了对物流的需求。与此同时，物流市场开始开放，一批“三资”物流企业产生，传统的储运企业开始朝综合物流企业方向发展，产生了一批新的民族物流企业。从某种意义上说，跨国公司带动了物流需求，促进了物流市场的产生。

4. 20世纪末至21世纪初：全面发展期

政治、经济、技术和管理因素的综合影响，极大地促进了中国物流事业的全面发展，中国物流真正进入全面发展时期。

（三）物流战略管理的发展阶段

1. 启蒙阶段（第二次世界大战期间）

第二次世界大战期间，美国陆军通过对运筹学和军事后勤理论的研究，保证了战争时期大量物资合理、及时、足量的运输和调度，对战争的胜负起到了极其重要的作用。物流战略的思想在这一期间得到了最充分的体现。有些国家开始把物流系统作为一个非常重要的国民经济发展环节来看，并将物流产业上升到战略的高度进行研究。这一时期萌发的一些基本思路为物流战略的发展定下了一个前瞻性的基调。

2. 形成阶段（20世纪60年代至70年代中期）

第二次世界大战之后，世界经济走上正常的发展轨道，但是大多数企业对物流的管理很薄弱。单就企业管理而言，物流的各项职能被分散在企业的各个职能部门，这就割裂了本应连续的物流过程。各部门有限的职责使得管理者只注重本部门效率的提高，还不能真正做到从战略的高度着眼于整个企业的长远发展。

随着物流管理水平的上升，很多企业为进行有效的成本管理，将物流管理分为物资管理和配送管理两个部分。随后将生产时间表的制定纳入物流部门，从而使物流与生产充分结合在一起，营销部门的有些业务也被纳入到物流职能中去。因此，相应的组织结构产生了很大的变动，物流管理者的职位得到了提升，出现“物流主管”的头衔，物流业务由副总裁级的领导来监督和控制。这样一来，物流管理就具有了战略的视野，能综合其他部门的业务提出有利于企业长远发展的具有前瞻性的战略措施。越来越多的企业将物流管理上升到战略管理的高度对其进行重新审视。

3. 成熟阶段（20 世纪 70 年代末至 80 年代）

70 年代末，交通运输业管制政策放松，促成了运输企业向物流服务提供者的转变，市场上出现了越来越多的物流服务主体和物流服务项目。第三方物流服务商以全方位的物流服务提供者的身份脱颖而出，社会物流力量基本形成，生产企业考虑与承运人建立一种长期的伙伴关系，以求降低物流成本，共同受益。这些专业化物流公司的产生和社会物流力量的壮大给了它们更广阔的视角和更充沛的精力去研究物流战略决策问题。高级物流管理者明显增多，并且越来越多地参与到企业的计划和决策中去。物流战略的研究开始多样化、系统化，物流战略成为企业的战略问题之一。

4. 深化发展阶段（20 世纪 90 年代至今）

90 年代，物流管理者的注意力开始从企业内部转移到企业外部，他们在探究制约企业效益的因素的过程中，发现只有整合好与上下游企业之间的资源，才能进一步发掘物流这一第三利润源所带来的效益。因此，物流管理战略研究的视角从单一企业内部扩展到企业的外部，开始研究本企业与外部企业的共生性问题，这是物流战略发展过程中一个非常重要的节点。

供应链管理的出现将一体化概念从单个公司或者有限数量的上下游公司扩展到整个供应链上的所有企业。物流管理者必须将其战略眼光扩展到整个供应链的范围，才能更好地通过提升供应链竞争力的方式来实现自我的发展。整个社会也开始强调物流战略的重要性。物流成为企业发展战略极其重要的一部分，并且各个企业作为供应链上的一个节点也都积极采用物流信息技术、培训和咨询来改造企业的物流组织结构和方式以服从整体战略。物流的协调组织能力已经成为某些供应链的核心竞争力。此外，这一阶段还对企业的结构和行为进行诊断，同时结合人力资源结构的调整来实施物流战略。

2.1.2 物流战略的定义及类型

（一）物流战略的定义

库珀（Cooper）、英尼斯（Innis）和迪克逊（Dickson）将物流战略定义如下："一个通过提高价值与客户服务而实现竞争优势的统一的、综合的和集成的计划过程。该计划过程通过对物流服务的未来需求进行预测和对整个供应链的资源进行管理（如何实现目标），实现优异的客户满意度（希望实现什么）。这种计划过程是在企业总体目标和计划的背景下进行的。"物流战略通过识别物流过程的相互依赖性将整个物流过程的功能进行优化，并对各个物流功能进行分配。物流战略的概念来源于企业物流活动的实践。不同的学者或实际工作者由于自身的管理经历和对物流的认识不同，会对物流战略有不同的定义。本书认为：物流战略是指为寻求物流的可持续发展，就物流发展目标以及达成目标的途径与手段而制定的具有长远性、全局性的规划与谋略。

（二）物流战略的分类

1. 按照物流研究的着眼点分类

主要有行业物流战略、物流企业战略和企业物流战略，三者的关系如图2—1所示。

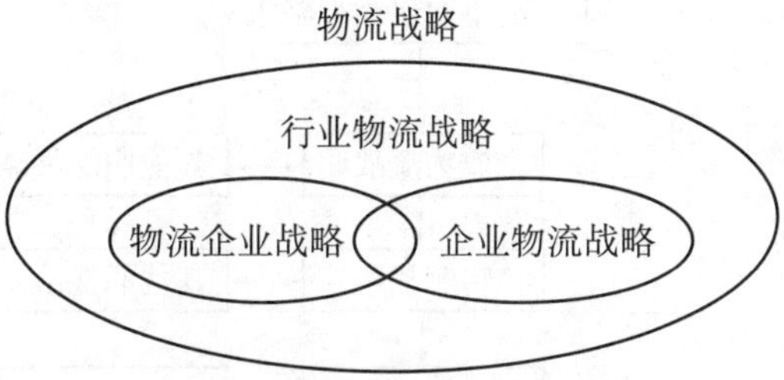

图2—1 物流战略关系示意图

从一个行业整体的角度审视行业内发生的物流活动称为行业物流。在一般情况下，同一行业的各个企业往往在经营上是竞争对手，但为了共同的利益，在物流领域中却又常常进行协作，共同促进物流系统的合理化。因此，行业物流战略就定义为基于行业内部既竞争又合作的关系，从行业角度为协调行业内各企业长远发展所作出的有利于物流行业系统生存和发展的指导性战略。其主要目的就是通过谋求行业的长远发展来保证行业内部每个物流企业的既得利益。

国内外有许多行业设有自己的行业协会或学会，并对本行业的物流进行研究。在行业的物流活动中，有共同的运输系统和零部件仓库以实行统一的集体配送；有共同的新旧设备及零部件的流通中心；有共同的技术服务中心对本行业维护人员进行培训；有统一的设备机械规格，采用统一的商品规格、统一的法规政策和统一的报表等。行业物流系统化的结果使行业内的各个企业都得到相应的利益。

物流企业战略是指物流企业管理者在对企业外部环境和内部条件分析的基础上，为求得企业生存与发展而制定的长远谋划。它是物流企业战略思想的集中体现，是确定物流企业规划的基础。与一般的企业发展战略相似，其目的都是更好地实现企业的核心功能。它的特殊性在于，一个物流行业的企业是以提供完善的物流服务为目标的，通过提供优质的物流服务来实现自身的利润。

物流企业战略并不是简单地局限于与直接物流操作业务有关的战略，它是通过对物流核心业务的把握，制定的包括库存战略、运输战略等在内的，以企业全面发展为目的的战略体系，主要有公司层级战略、事业层级战略、职能层级战略以及功能战略。

企业物流战略是指针对企业内部物流的目标、任务和方向而制定的相对具体的部门规章和措施，是企业为了更好地开展供应物流、生产物流及销售物流等物流活动而制定的更具体、操作性更强的行动指南。它服从于企业战略的要求，是企业战略的重要组成部分。

本书的主要研究对象为物流企业战略，通过制定物流企业各个层级的战略方案以明确企业的长远持续发展之策。

图 2—2 为物流企业战略和企业物流战略的关系图。

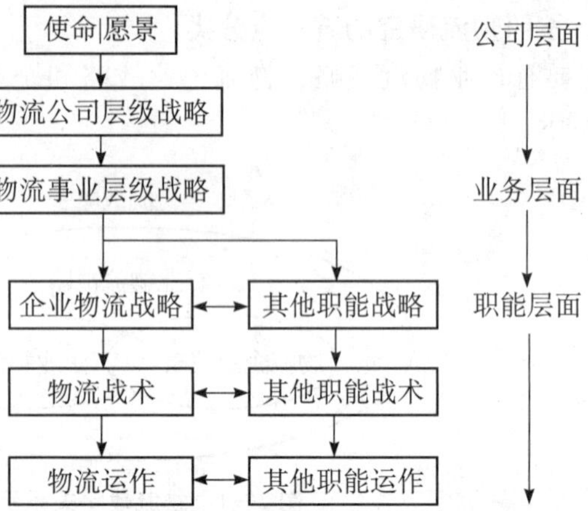

图 2—2　物流企业战略和企业物流战略的关系图

物流企业战略与企业物流战略的共性在于：

（1）目的性。两者的制定与实施服务于一个明确的目的，那就是引导本企业在变化的竞争环境里生存与发展。

（2）长期性。即在环境分析与科学预测的基础上，展望未来，为现代企业谋求长期发展的目标与对策。

（3）竞争性。企业必须面对未来进行全局性设计和谋划，设计竞争战略以保持企业的竞争优势，从而使其制定的物流战略具有对抗性。

（4）系统性。任何战略都有一个系统的模式，既要有一定的战略目标，也要有实现这一目标的途径和方针，还要制定出政策和规划。两者构成了一个战略网络系统，与整个企业的运作密切联系。

（5）风险性。两者考虑的是企业的未来，具有很多不确定性，因而存在风险。两者均要求决策者根据环境的变化及时调整战略以应对风险。

物流企业战略与企业物流战略的最大区别在于：物流企业战略更具指导性和全局性。物流企业战略界定了物流企业的经营方向、远景目标，明确了物流企业的经营方针和行动指南，并筹划了实现目标的发展轨迹及指导性的措施与对策。它立足于未来，通过对国内外政治、经济、文化及行业等经营环境的深入分析，结合自身资源，站在系统管理的高度，对企业的远景发展轨迹进行全面的规划。而企业物流战略目标必须服从物流企业战略目标。企业物流战略在其制定之初就是从企业的职能层面制定的相对具体的部门政策和措施，是更具体、操作性更强的行动指南。

2. 按照物流企业的战略层次分类

（1）物流公司层级战略。这是物流企业最高层次的战略。它是为实现物流企业总体目标，对物流企业未来发展方向所作的总体性的战略。它是统筹物流企业各项分战略的全局性指导纲领，包括扩张型战略（如增强型战略、多元化战略、一体化战略、物流战略联盟）、稳定型战略、收缩型战略。

（2）物流事业层级战略。当一个物流企业从事多种不同的物流服务时，建立战略事业单位有利于计划和控制。物流战略事业单位代表一种单一的物流服务事业或相关的业务组合，每一个事业单位都应当有自己独特的使命和竞争对手。因此，物流公司的经营可以看作一种事业组合，每一个事业单位都有明确定义的物流服务和细分市场，并制定明确定义的战略。事业组合中的每一个事业单位按照自身能力和竞争的需要开发自己的战略，这些可供选择的战略包括总成本领先战略（如精益物流战略）、差异化战略（如敏捷物流战略）、集中战略（如即时物流战略，包括即时采购与即时销售）等。

（3）物流职能层级战略。物流职能层级战略是指物流企业中的各职能部门制定的用以指导职能活动的战略。职能层级战略一般可分为营销战略、人事战略、财务战略、生产战略、研究与开发战略、公关战略等。物流职能层级战略是为企业总体战略和事业层级战略服务的，所以必须与企业总体战略和事业层级战略相配合。例如，物流企业确立了精益物流的发展战略，要以低成本来获得优质的客户服务质量，企业的研究与开发战略就要树立低成本目标，在物流服务研发上体现出总成本领先的优势，针对物流服务的各个环节制定精益的物流战略。

3. 按照物流的功能分类

（1）物流运输战略。是指以最少的时间和费用完成物品的运输任务。

（2）物流配送战略。核心是对物流配送各功能环节的战略管理。

（3）仓储管理战略。是对仓库及仓库内的物资所进行的管理，是仓储机构为了充分利用仓储资源和提供高效的仓储服务所进行的计划、组织、协调和控制过程。具体来说，仓储管理战略包括仓储资源获得战略、仓储商务管理战略、仓储流程管理战略、仓储作业管理战略、保管管理战略、安全管理战略等。

（4）物流信息战略。是指运用计划、组织、指挥、协调、控制等基本职能对物流信息进行搜集、检索、研究、交流和提供服务，并有效地运用人力、物力和财力等基本要素以便达到物流管理的总体目标。

（5）客户服务战略。在物流业的竞争中，由于技术和管理方法的水平差距有限，物流企业的核心竞争力在于提供高水平的、与众不同的物流服务，从而吸引新客户，留住老客户。因此，必须重视提高物流服务的水平和层次，竞争的重点要从服务价格转移到服务内容的非同质性上来。对于物流企业来说，制定合理的客户服务战略是必要的，对物流需求的了解和认识应当是长远的、战略层次上的。

4. 按照物流企业的发展方向分类

（1）紧缩战略，又称撤退战略。是指企业在一定时期内缩小物流规模或取消某些物流服务项目的一种战略。

（2）稳定战略，又称维持战略。是指企业在原来经营领域中逐渐取得优势地位，内部条件和外部环境又没有发生重大变化的一种巩固成果、维持现状的战略。

（3）成长战略，又称发展战略。是指物流企业在现有基础上朝更高一级方向发展的战略。成长战略包括增值战略（专注于增加顾客价值）、多样化或专业化战略（设置产品宽度）、增长战略（追求规模经济和改进服务）、全球化战略（在全球市场上购买、储存和运送物料）等。

2.1.3 物流战略的内容

物流战略的基本内容包括：物流系统的使命与战略目标、物流战略导向、物流战略优势、物流战略类型、物流战略态势，以及物流战略措施和物流战略步骤等内容。其中，物流系统的使命与战略目标、物流战略优势和物流战略态势是物流战略设计的基本要点。

（1）物流系统的使命与战略目标。物流系统的使命主要是指该系统在社会经济发展中所承担的责任或主要目的。物流系统的战略目标是由物流系统的宗旨引导的，表现为物流系统的目的，并可在一定时期内实现的量化成果或期望值。物流系统的战略目标对物流战略基本要点的设计与选择有重要的指导作用，它是物流战略规划中各种专项策略制定的基本依据。物流系统的战略目标应体现出纲领性、多元性、指导性、激励性、阶段性等基本特点。

（2）物流战略优势。是指物流系统在战略上形成的有利形势和地位。构成物流战略优势的主要方面有：产业优势、资源优势、地理优势、技术优势、组织优势和管理优势。在物流系统成功的关键因素上形成差异化优势或相对优势，是取得物流战略优势的有效方式，当然也要注意发掘潜在优势，关注未来优势的建立。

（3）物流战略态势。是指物流系统的运营能力、资源状况、管理方略的不断演变和推进趋势。它反映了企业参与社会物流系统运作时，在客观上物资、人力资源表现出来的竞争力与实力，以及在主观上智慧谋略表现出来的动态运作状况。

2.1.4 物流战略的整合思想

物流整合是指在物品流通过程中，有效整合商品移动、商品储存等物流作业，或者有效整合流通信息（含订单、货运单据、发票等），提高流通效率，降低流通成本，进而提高顾客服务水准。

（1）任何顾客服务均应以产生获利性交易为原则。

（2）任何物流整合均须考量物流总成本观念。

（3）任何物流整合的成功都是基于整合企业间真诚地合作、公平地分担成本与分享成果。

整合是现代物流发展的首要问题，完善综合服务功能和发掘第三利润源都需要物流系统的整合。整合需要树立正确的整合观。

物流环节是企业利润流失的一个主要环节，因此它成为人们发掘的第三利润源。然而，大多数物流业内人士在所从事的物流领域不自觉地形成了一种微观物流系统观。如果我们没有一种系统性的宏观思维，就不可能认识到物流系统的全部意义。物流系统的整合观就是对物流系统进行整合的基本观点，是行业的领导者和企业的管理者对现代物流业进行宏观综合管理的基础。它被用来探索、描述和解释物流系统的种种相互联系。现代物流系统的整合表现在以下几个方面。

1. 现代物流系统的行业整合

物流企业不同于传统概念上作为经济基本细胞的企业，而是一种更深层意义上的整合服务体，构筑这种服务体之间的联系不只是表现为各个实体的合并，更重要的是依赖于各个实体内部软环境的相互融合和联系，这些联系在相互影响、相互促进中动态平衡地发展，形成了物流系统的整合发展。

物流企业作为服务功能实体，其最基本的物流管理包括对企业提供货物给顾客所需的行动进行计划、实施和控制，因此，在物流管理任务中包括许多不同的活动。开始时，物流企业每个职能部门都是相对独立地发挥作用，每一项活动的管理重点都放在减少成本上，经营到一定程度后，企业逐渐认识到至少在生产、流通以及财务部门之间需要有一定的合作，于是逐步把各职能融入一个整体，建立起一种高效的内部职能整合机制。这时它们的主要目标是提供相互配合的物流服务以满足顾客需求。从这个意义上来说，各种活动之间的成本均衡点必须予以评估，以发现潜在的绩效改善途径。

如果要通过提升整体竞争力来应对市场全球化和经济一体化的挑战，那么整合物流管理是企业实现竞争战略的重要手段。物流服务整合对于企业甚至整个供应链上的企业联盟大幅降低成本具有极为重要的意义。

2. 现代物流系统的企业内部整合

现代物流系统的边界难以界定，因为这是一个动态发展的系统。从行业来看，现代物流系统包含了大部分的矿业、生产制造业、商业、交通运输业、金融银行业，并且还在不断地扩张。因而建立现代物流系统的首要问题是整合产业资源。

在形式上，产业界已经形成了五个物流体系：以海洋运输为代表的运输物流体系、以商品加工和配送为代表的仓储物流体系、以服务型竞争战略为代表的制造商物流体系、以海空港集散为代表的口岸物流体系和以电子商务为代表的配送物流体系。交通运输业是物流系统的一个重要组成部分，不同运输方式之间的条块分割迫切要求物流系统的行业整合。

3. 现代物流系统的供应链功能整合

如果把供应链看作一个完整的运作过程对其进行整合管理，就有可能避免或减少各个环节之间的延误和浪费，就有可能在更短的时间内，用更少的总成本实现增值，这就是供应链管理的基本思路。由此可见，它所涉及的不仅是企业内部的管理问题，还包括企业之间的协作和责任分担问题。供应链网络可以通过共享资源满足客户需求，进一步降低成本，更好地运营资产和增加利润。价值链联盟是有组织的商务网络，在共同分享信息以及追求目标市场的客户时共享利益。价值链联盟作为一个统一的联盟，共同注重目标机会，其运行效果超过了那些联系不够紧密的竞争性网络。这些先进联盟运作的关键要素是技术、数字化商务、资源共享、节约成本和信任水平等。这些公司稳步地发展到了高级阶段，其领导地位是那些缺乏远见、只注重内部管理的公司无法超越的。

供应链基本思想的一个重要方面是将链上的其他企业（如供应商）看成可以共同击败真正竞争对手（其他供应链的联盟成员）的合作伙伴，而不是将其视为竞争者。这一思想的本质是力图通过相互间的责任分担来获得共同利益。这种合作关系的基础是共同的目标、相互信任、信息的自由交流和知识革新成果的共享。利用电子商务技术优化供应链整合，首先要完成企业内部业务流程一体化，然后再向企业外的合作伙伴延伸，实现信息共享，最终达到生产、采购、库存、销售、财务和人力资源管理的全面整合，使物流、信息流、资金流发挥最大效能，把理想的供应链运作变为现实。

案例 2—1　交通运输系统资源整合的内涵

以交通运输系统与区域经济间的互动发展为基础，交通运输系统资源的整合以运输方式资源整合、运输网络资源整合、运输组织资源整合为主体，以人力资源整合、信息资源整合、技术资源整合为支撑，如图 2—3 所示。

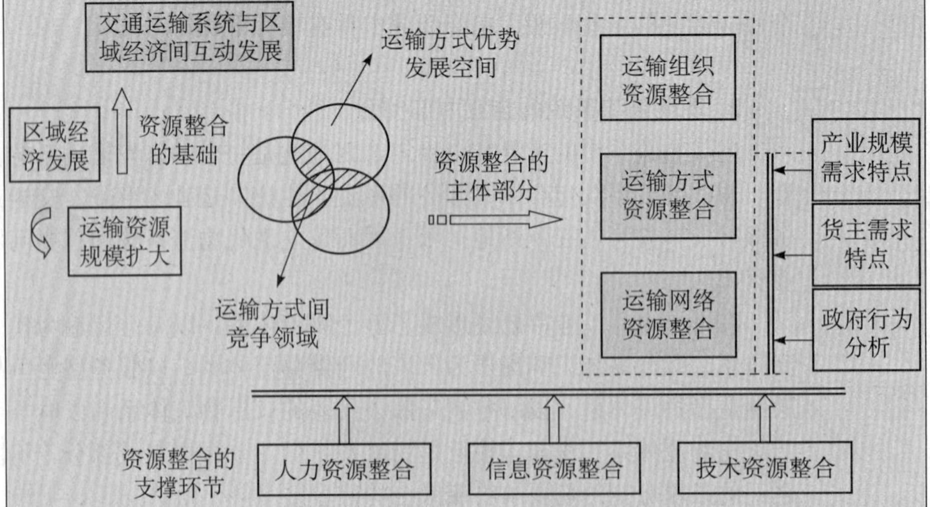

图 2—3　交通运输系统资源整合的内涵

从区域经济发展的角度来考虑，交通运输系统资源整合就是在现有的资源存量条件下，对资源重组优化，以满足区域经济发展对交通运输的要求。

1. 运输方式资源整合

交通运输方式资源整合，既可以使每一种运输方式在各自的空间中最大限度地发挥其优势，也可在各种交通运输方式的竞争领域实现有效的功能定位与分担，做到错位竞争，以实现各种运输方式的共同发展。

2. 运输网络资源整合

当今世界运输的趋势向联合运输发展，形成了集装箱运输与驮背运输等复合运输系统，大宗物资的运输需要依赖铁路、公路、水路等运输方式组成的联合运输网络来完成。只有通过各种运输方式间合作，才能形成顺畅衔接、有效合作的运输网络。运输网络资源的有效整合，能使各种运输方式取长补短、有机结合，使运输系统的整体功能最大化。

3. 运输组织资源整合

从交通运输的组织管理来看，各种运输方式按照市场经济规律，对自身系统的内部资源进行整合，对系统内部的机制进行改革，优化资源配置，在统一的运输市场中实现运输组织的相互联合、协作运营，以及合并或兼并。

4. 支撑环节资源整合

交通运输系统的发展还基于信息、技术、人力、政策等软因素的支撑。因此，交通运输系统主体资源的整合也依赖于这些软因素资源的有效整合，交通运输系统资源整合涉及技术、信息、人力等资源的整合，这些资源的整合是交通运输系统资源整合的支撑环节。交通运输技术资源整合是指将各种先进技术应用于交通运输业，如改进集装箱装卸桥以提高码头集装箱装卸速度，通过技术资源整合可以提高交通运输业效率以及现代化程度。交通运输信息资源整合一方面可以通过智能调度提高交通基础设施的利用效率，扩大运输供给；另一方面可通过交通监控系统、交通事故信息分析系统、公众信息发布系统、交通诱导系统等信息网络系统的应用保障交通安全、缓解拥堵、节约能源。交通运输系统的发展归根结底是人在起作用，因此，加强人力资源整合，实现人尽其才，是实现交通运输系统资源优化配置的最有效途径之一。

2.2 物流战略管理的内涵

2.2.1 物流战略管理的重要性

现代物流对于优化资源配置，提高经济运行质量，促进企业改革发展，推进中国经济体制与经济增长方式的转变，具有十分重要的意义。现代物流业将成为中国经济发展的重要产业和新的经济增长点。物流战略对现代物流业的发展起着不可替代的引导作用。物流战略管理的重要性具体体现在以下几方面。

1. 物流的涉及面非常广泛，需要进行战略管理

物流涉及企业的生产、供应、销售及服务各个方面，几乎涵盖了企业所有的经营活动过程，是一项庞大而复杂的管理活动。企业物流管理还包括库存、运输等要素，对这些要素都有单个或局部的规划。但是，由于缺乏整体的沟通和协调，只从局部利益考虑，再加上局部资源的有限性，往往不可避免地破坏了企业物流系统的有效性。所以，必须有一个更高层次的、全面的、综合的物流战略，只有围绕企业战略进行通盘考虑，才能把企业的物流管理纳入有序的轨道。

2. 物流过程本身存在背反现象，需要战略的协调

物流过程由很多环节组成，物流系统的一个重要特性就是这些环节之间往往存在效益背反现象。只要有物流活动，在降低物流成本时都会面临这一问题。从微观上看，有物流各要素的效益背反，有企业内部的效益背反；从中观上看，有企业与企业之间的效益背反；从整个社会看，有资源配置不合理所导致的效益背反。效益背反产生的原因是多方面的，有主观的、客观的、外在的、内在的，但其根本原因是物流的若干功能要素之间存在着损益的矛盾。物流成本效益背反是企业有效降低成本的障碍，是降低成本过程中的陷阱，但它又是客观存在的。如果没有共同的准则可以遵循，任由各个环节独立发展，就可能强化背反现象。

3. 企业物流由谁来做，需要由战略管理来决定

有些企业的物流活动如果由自己完成，可能没有专业的物流企业做有效，这时候就要考虑业务外包。一方面，由于第三方物流商拥有专业技术并能实现客观的节约，把物流外包给它们，可以为企业提供专门的技术和成本效益；另一方面，如果选择业务外包，企业在一定程度上削弱对物流业务活动的控制，就有一定的风险。那么，物流是否外包？到底外包给谁？这需要企业从战略高度进行系统的认证和规划。

4. 要跨越低水平的发展阶段，实现企业物流跨越式的发展，需要战略的指导

我国企业的现代物流建设刚刚起步，与国外大型跨国公司有几十年的差距，如果要迅速追赶，就需要跨越发达国家用几十年时间经历的低水平发展阶段。就现有的物流技术而言，实现这一跨越是完全有可能的。当然，这需要对企业的物流管理进行系统规划，从战略高度把握现代物流发展的特点，提出切实可行的办法，实现企业物流的跨越式发展。

5. 物流战略对企业竞争力意义重大

现代物流是企业生产经营活动的重要组成部分，不同的物流决策会导致供应链客户服务水平的差异。企业物流发展水平反映了该企业对供应和销售进行服务的组织化和系统化的程度。企业的经营者越来越清楚地认识到物流与生产、销售紧密相连，如图2—4所示，它已成为支撑企业竞争力的三大支柱之一。

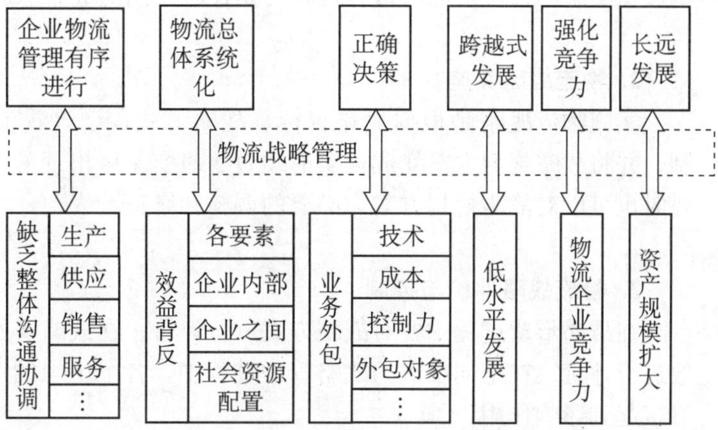

图2—4 物流战略在企业发展中的重要地位

6. 物流企业需要进行战略管理

我国企业越来越关注物流成本的节约，目睹了物流活动的专业化给企业带来的良好绩效，很多企业把物流活动外包给第三方物流商，因此第三方物流商的规模和数量在这几年里有了很快的增长。一项调查显示，资产规模超过1 000万元的企业就需要进行战略管理。如今，我国有很多大型的第三方物流企业。物流企业都应该树立战略管理的意识，为企业的长远发展提供动力。

2.2.2 物流战略管理的内涵

物流战略管理是物流经营者在物流系统管理过程中，通过物流战略形成、战略实施、战略评价与战略控制等环节，调节物流资源与组织结构，最终实现物流系统的宗旨和战略目标的一系列动态过程的总和。

第三方物流企业物流战略管理的实质就是运用战略进行物流链管理。从物流战略管理的过程来看，一般可划分为三个环节。

1. 物流战略形成

物流战略形成一般有两种方式：一种是战略方案规划方式，即在战略实施前制定一个完整的规划方案，必要时在实施过程中作少量的修正。这种战略形成过程其内容不宜过细，否则成本过高，同时也会制约下属经营活动的自由性和创造性。战略的这种形成方式的特点在于：在战略实施前有一个明确的战略方案体系，比较容易达成共识，有利于取得一致行动，能较好地体现战略的本质和作用。

另一种是战略逻辑渐进方式，即在战略实施前，只有一个战略指导思想，在战略实施过程中根据环境变化和战略逻辑的指导不断修正，逐渐完善战略体系。这种战略形成的思路是，认为战略环境处在变化之中，要完全掌握战略的内容，信息成本过高，花费时间较长，在很多情况下也没有必要。所以，战略纲领在实施的过程中随时进行修正，是比较实用的战略形成方式。

2. 物流战略实施

实施物流战略是根据战略目标、战略方式，设计物流组织结构和运行机制，并将战略规划方案变成现实的绩效。对实施中出现的问题要及时解决，必要时也可以对战略规划方案作必要的调整和修正。

3. 物流战略评价与控制

在战略形成过程中要对战略方案进行评价；在战略实施过程中要对阶段绩效进行评价；在不同层次的战略管理过程中，各个组织的评价结论对战略控制直接起到影响作用。

其中，物流战略形成是战略管理的首要环节，它指导并决定了整个物流系统的运行。战略评价工作渗透在物流战略管理各个阶段之中。依照第 1 章的战略管理过程，结合以上三个环节，物流战略管理的过程可以用图 2—5 来表示。

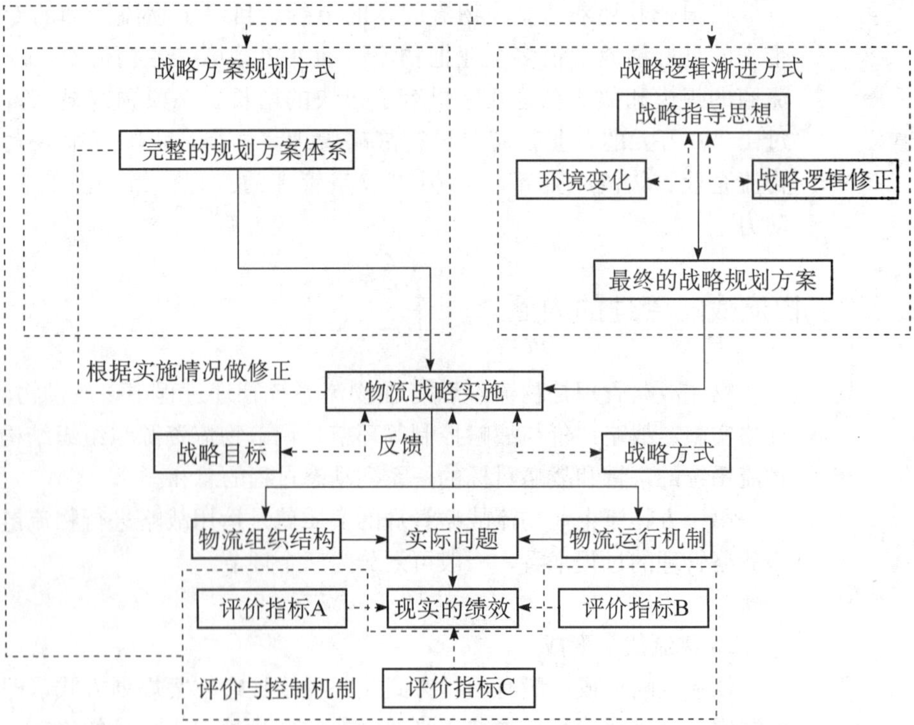

图 2—5 物流战略管理的过程

2.2.3 物流战略管理的作用

随着现代科学技术的迅猛发展和全球经济一体化趋势的加剧，各国都面临着前所未有的机遇和挑战。现代物流作为一种先进的组织方式和管理技术，被认为是除降低物资消耗、提高劳动生产率以外企业的第三利润源，在国民经济和社会发展中发挥着重要作用。

物流领域存在大量潜力，能提高企业的生产率，帮助企业获取成本优势。因此，卓越的物流管理可以通过独特的顾客服务在市场上赢得竞争优势，如图2—6所示。

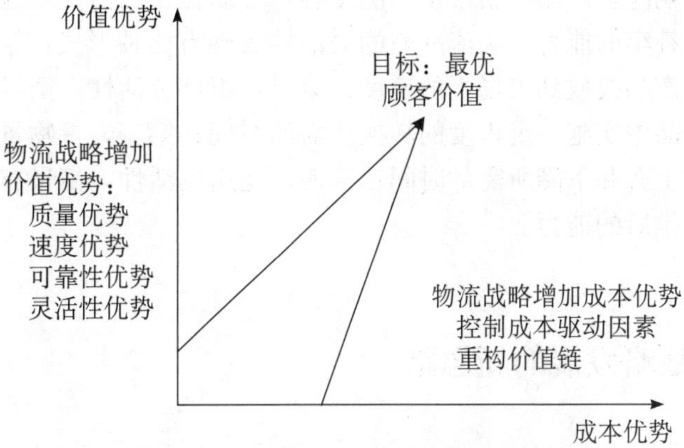

图2—6 物流战略强化企业竞争优势

1. 物流战略增加成本优势

企业获取成本优势有两种主要方法：（1）控制成本驱动因素。企业可以在控制总成本中占有较大比例的价值活动的成本驱动因素方面获得优势。（2）重构价值链。企业可以采用不同的、效率更高的方式来设计、生产、营销或采购。随着多品种、小批量生产时代的到来，通过传统的大规模生产使得包括生产成本在内的所有固定成本在更大的产量上分摊，并以此获取成本优势（生产率优势）将变得越来越不现实。在许多企业中，物流成本占整个产品成本的很大一部分，企业可以通过物流战略对这一重要的成本驱动因素进行控制来获得成本优势。另一方面，企业通过对物流战略各实施要素资源的重组，不断优化物流管理，缩减物流提前期，使企业获得更高的生产效率，同时降低包括库存持有成本在内的企业物流成本。

2. 物流战略增加价值优势

（1）质量优势。产品质量是物流战略最重要的一环，产品的运输缺陷、仓储缺陷等都是物流运作中存在质量问题的表现。优秀的企业物流管理能够有效地对原材料、半成品和产品的流动过程进行管理和控制，最终确保顾客能够得到质量优异的产品。

（2）速度优势。物流总前置时间是指从顾客下订单的那一刻起到顾客收到所订购产品为止所需的时间。它可以用来衡量顾客得到一个给定产品和服务所需时间的长短，也是体现速度优势的最重要的指标。卓越的物流战略管理可以大大改善这一指标，使企业获得速度优势。

（3）可靠性优势。企业如果不能提供瞬时可得的产品，就必须告诉客户运送产品或者提供服务所需的时间，交货的可靠性程度体现着企业兑现这些承诺的能力。对于物流战略而言，可靠性的意义在于使顾客相信企业的流程是稳健的、可预测的。

（4）灵活性优势。从降低成本的角度来看，以同样的方法在同一时间做事固然很好，但是很少有哪个市场能够有这样理想的经营方式。企业物流系统需要响应新产品和新市场，满足客户不断变化的需要，这就意味着它必须具有亡羊补牢的能力。物流战略的灵活性表现有四种形式：第一，产品灵活性，衡量新产品投放到市场上的速度；第二，组合灵活性，衡量在某个产品系列的不同产品中实施一定程度的转换所需的时间；第三，货物量灵活性，衡量响应总需求上升和下降所需的时间；第四，运送灵活性，衡量有意识把交货时间提前或者推后的能力。

2.3 物流战略发展的新思路

随着经济全球化步伐的加快，科学技术尤其是信息技术、通信技术的发展，本土生产、全球采购、全球消费趋势逐步加强，现代物流的发展呈现出新的特点。物流业需要探讨物流战略发展的新思路以应对日益增加的竞争压力和知识爆炸对传统企业经营模式造成的冲击。

2.3.1 绿色物流

（一）绿色物流的含义

绿色物流是从环境和可持续发展的角度建立起来的环境共生型物流管理系统。它以降低环境污染、减少资源消耗为目标，利用先进的物流技术规划和实施运输、仓储、装卸搬运、流通加工、配送、包装等物流活动。随着供应链管理理论的发展，绿色供应链、生态供应链的概念应运而生。绿色物流理论主要是将原来“资源→产品→废弃物排放”的开环型物质单向流动模式，转为“资源→产品→再生资源”的闭环型物质流动模式。进入 21 世纪，物流业必将把有效利用资源和保护地球环境放在发展的首位，建立信息流与物质流循环的绿色物流系统。

（二）绿色物流的实施战略

日益严峻的环境问题和日趋严格的环保法规，使企业为了持续发展，必须积极解决经济活动中的环境问题，改变危及企业生存和发展的生产方式，建立并完善绿色物流体系，通过绿色物流来追求竞争优势。企业发展绿色物流应从以下战略层面进行考虑。

1. 树立绿色物流发展观念，创新经营模式

绿色物流对于企业而言并不是一个口号，而是企业物流业务活动发展模式的重大转变，这一发展思路的确定必将要求众多物流环节做出各种各样的调整来适应绿色物流战略的推广。因此，确定绿色物流发展思路是发展绿色物流首先要解决的问题，是进一步发展规划的基础，进而通过对企业内外部环境的分析，形成属于企业自身的绿色物流发展模式。这些举措对于物流企业的长期经营发展乃至形成自身的核心竞争力具有不可替代的作用。

2. 树立绿色物流品牌发展战略

通过将绿色物流产品品牌化，可以为企业带来很多潜在的利益。一方面，企业可以通过自身的绿色形象在新的市场环境中提高产品的竞争力；另一方面，由于企业本身也承担着相应的社会责任，对公众的消费行为发挥着引导和强化作用，因此，通过绿色物流产品的品牌推广，可以促进社会对企业的认同和企业对市场的开拓，从而提高企业的市场份额。

3. 探索绿色物流联盟化及市场培育扩展方案

绿色物流企业作为市场主体，其先进的经营理念能否维持取决于市场上其他主体对绿色物流的认可程度。绿色物流企业应当通过自身绩效的改善来改变其他市场主体对绿色物流的偏见，通过这种途径使绿色物流的经营者联盟化、经营行为产业化，从而吸引更多的企业参与到绿色物流产业中。绿色物流企业之间逐渐扩大的各种供应链关系对于彼此的发展具有深远的意义。

4. 开发绿色物流技术

实现绿色物流不仅依赖于绿色物流观念的树立、绿色物流经营的推行，更离不开绿色物流技术的应用和开发。没有先进物流技术的发展，就没有现代物流的立足之地；同样，没有先进绿色物流技术的发展，就没有绿色物流的立足之地。然而，我们的物流技术与绿色要求有较大的差距，如在物流机械化、物流自动化、物流信息化及网络化方面，与西方发达国家大概有10～20年的差距。因此，要大力开发绿色物流技术，否则绿色物流无从谈起。

5. 制定绿色物流法规

绿色物流是当今经济可持续发展的一个重要组成部分，它对社会经济的不断发展和人类生活质量的不断提高具有重要意义。正因为如此，绿色物流的实施不仅是企业的事情，还需要政府采取措施对现有的物流体制加强管理。在一些发达国家，政府非常重视并制定政策法规，从宏观上对绿色物流进行管理和控制，尤其是控制物流活动的污染发生源。物流活动的污染发生源主要表现在：运输工具的废气排放，流通加工的废水排放，一次性包装的丢弃，等等。

6. 加强对绿色物流人才的培养

绿色物流作为新生事物，对各专业人员的素质要求较高。因此，要实现绿色物流的目标，当务之急是培养和造就一批熟悉绿色物流理论和实务的物流人才。相关大专院校和科研机构应有针对性地开展绿色物流人才的培养和训练计划，努力为绿色物流业输送更多合格人才；还可以通过调动企业、大学以及科研机构相互合作的积极性，促进产学研的结合，使大学与科研机构的研究成果转化为指导实践的基础，提升企业物流从业人员的理论水平。

2.3.2 逆向物流

（一）逆向物流的含义

逆向物流有广义和狭义之分。狭义的逆向物流是指由于环境问题或产品过时等原因而对产品、零部件或物料回收的过程。它是将经济活动中失去原有使用价值并且有再利用价值的部分加以分拣、加工、分解，使其成为有用的资源重新进入生产和消费领域。广义的逆向物流除了包含狭义的逆向物流的定义，还包括废弃物物流的内容，其最终目标是减少资源使用，以达到废弃物减少的目标，同时使正向以及回收的物流更有效率。

（二）逆向物流战略的重要性

1. 提高潜在事故的透明度

逆向物流在促使企业不断改善品质管理体系方面具有重要的地位。ISO 9001 将企业的品质管理活动概括为一个闭环式过程——计划、实施、检查、改进，逆向物流恰好处于检查和改进两个环节之间，承上启下，作用于两端。企业在退货中暴露出的品质问题，将透过逆向物流资讯系统不断传递到管理层，这样管理者可以在事前及时改进品质管理，以消除产品的质量隐患。

2. 提高顾客价值，增加竞争优势

在当今顾客驱动的经济环境下，顾客价值是决定企业生存和发展的关键因素。众多企业通过逆向物流提高顾客对产品或服务的满意度，赢得顾客的信任，从而增加其竞争优势。一方面，对于最终顾客来说，逆向物流能够确保不符合订单要求的产品及时退货，有利于消除顾客的后顾之忧，增加其对企业的信任感及回头率，扩大企业的市场份额。要赢得顾客，就必须保证顾客在整个交易过程中心情舒畅，而逆向物流战略是达到这一目标的有效手段。另一方面，对于供应链上的企业客户来说，上游企业采取宽松的退货策略，能够减少下游客户的经营风险，改善供需关系，促进企业间战略合作，强化整个供应链的竞争优势。特别是对于过时风险比较大的产品，退货策略所带来的竞争优势更加明显。

3. 降低物料成本

减少物料耗费，提高物料利用率是企业成本管理的重点，也是企业增效的重要手段。然而，传统管理模式下的物料管理仅仅局限于企业内部物料，不重视企业外部废旧产品及其物料的有效利用，造成大量可再用性资源的闲置和浪费。由于废旧产品的回购价格低、来源充足，对这些产品回购加工可以大幅降低企业的物料成本。

4. 改善环境行为，塑造企业形象

随着人们生活水平和文化素质的提高，环境意识日益增强，消费观念发生巨大变化，顾客对环境的期望越来越高。另外，由于不可再生资源的稀缺性以及环境污染日益加重，各国都制定了环境保护法规，为企业的环境行为规定了约束性标准。企业的环境业绩已成为评价企业运营绩效的重要指标。为了改善企业的环境行为，提高企业在公众中的形象，许多企业纷纷采取逆向物流战略，以减少产品对环境的污染及资源的消耗。

案例 2—2　废旧家电的逆向物流管理

有关专家提出，通常家用电器使用的年限大致为：电视机 8～12 年，电冰箱 13～16 年，洗衣机 12 年，空调 5～7 年。在拥有十几亿人口的中国，家电生产数量和销售量都很大，在不久的将来，我国家电产品每年的报废数量将超过 5 000 万台，回收任务繁重。

逆向物流是对物品逆向流动的一个概括，狭义的逆向物流主要是指对产品的回收、简单处理过程，而广义的逆向物流涉及资源的重新利用、资源的节约、废弃物的合理处置、产品的改造及维修等，以达到减少浪费、节约成本等目的。对家用电器回收的物流管理正属于广义逆向物流管理的范围。

资料来源：王超虹：《废旧家电逆向物流运作模式选择研究》，中国知网（http：//www. cnki. net/）。

2.3.3　农村物流

（一）农村物流的含义

农村物流是一个相对于城市物流的概念，它是指为农村居民的生产、生活以及其他经济活动提供运输、搬运、装卸、包装、加工、仓储及其相关活动。

农村物流不同于农业物流、农产品物流以及农产品流通等概念。表 2—1 是这四者之间的对比。

表 2—1　　农村物流与农业物流、农产品物流以及农产品流通的比较

比较项目	农村物流	农业物流	农产品物流	农产品流通
农用生产资料销售物流（上游）	不包括	包括	不包括	不包括
农用生产资料销售物流（末端）	包括	包括	不包括	包括
农产品生产物流	包括	包括	不包括	包括
农产品销售物流（上游）	包括	包括	包括	包括
农产品销售物流（下游）	不包括	包括	包括	不包括
农村日用消费品销售物流（上游）	不包括	不包括	不包括	不包括
农村日用消费品销售物流（末端）	包括	不包括	不包括	包括
农村耐用消费品销售物流	包括	不包括	不包括	不包括
农村基本建设相关物流	包括	不包括	不包括	不包括
涉农乡镇企业物流	包括	包括	部分包括	包括
非涉农乡镇企业物流	包括	不包括	不包括	不包括

（二）农村物流发展战略

针对农村物流的不同层面，需要制定不同的发展战略。农村物流包括以下几个层面。

1. 农村物流基础设施建设战略

农村物流所面临的农村市场最大的特点就是基础设施严重滞后，主要表现为物流节点少，设施设备落后，道路系统不完善，普遍存在农村公路路况差，有些偏远山区不通公路等现象，不能适应现代物流发展的需要。因此，加强连接城镇乡村的公路网建设是发展农村物流的重中之重，是战略布局首先要解决的问题。

2. 国家惠农战略的跟进与现有网络布局的有效利用

农村物流企业应当充分利用国家出台的一系列惠农政策，争取政策和资金的支持，完善物流设施建设，拓展业务服务功能，从而构建完善的现代物流服务体系，促进农村经济繁荣发展。农村邮政物流系统的建立与完善，不仅会对生产企业的市场规模、市场格局产生重要影响，更重要的是会对农村经济的繁荣起到推动作用，促进农民增产增收。对于从事农村物流经营的企业而言，必须充分围绕邮政网络进行战略布局。

3. 农产品物流设备和技术的研发战略

在物流设备的研究改进中，物流企业要加强对适合农产品运输、储藏的设备的生产和开发，大力引进和消化国外先进技术，加强对符合农产品绿色物流需要的设备的研制开发，满足农产品物流多样化需要，使物流设施在农产品流动过程中不仅能保护其使用价值，同时又能创造价值，提高农产品流通效率。在现代技术的使用过程中，我们要利用信息技术、自动化技术等实现农产品流通手段和交易方式的现代化，加快农产品流通标准化进程，实现农产品流通业

由劳动密集型向技术密集型转变。

4. 农村物流人才储备战略

人才在物流的经营过程中所发挥的作用是非常巨大的，但是农村在吸引人才方面不存在特别的优势。对于从事农村物流的企业而言，如何对企业人才进行中长期的战略布局至关重要，企业作为农村物流活动的主体必将通过不断获得新的利润来吸引更多的人才流向企业。因此人才储备战略是一个复杂的系统工程。

5. 农村物流信息化建设战略

农村物流信息技术已经成为实现农村经济高速、健康、可持续发展的重要推动力。目前，邮政企业还存在农村物流信息技术基础设施薄弱、信息资源分散、信息人才缺乏等三大突出问题，这些问题成为制约农村物流信息化的瓶颈，科学谋划和大力推进农村物流信息化建设的任务依然艰巨。对于物流企业而言，通过自身优势资源的不断积聚构建信息化网络是构建农村物流信息化平台的第一步，是至关重要的。

2.3.4 应急物流

（一）应急物流的含义

自然灾害、公共卫生事件等给人类造成的重大损失，因信息的不完备而导致的决策失误，因国际环境复杂化而引起的供应链复杂化和冗长，为维护消费者权益而实行的召回政策等都促使物流体系中一个新的门类——应急物流的产生。

应急物流在生活中处处可见。对国家而言，战时后勤物资供应、2008年北京奥运会、2010年上海世博会；对社会而言，每年的春运、旅游黄金周等；对企业而言，销售高峰期、决策者失误等，都会带来应急物流的需求。结合已有的实践与研究结论，应急物流是指由于突发性因素导致的以追求时间效益最大化和灾害损失最小化为目的的特种物流活动，包括由突发性因素产生的应急物流需求和满足这些需求而进行的应急物流供给活动。

（二）应急物流发展战略

1. 政府应起中心协调作用

大灾害和突发事件发生时，政府应该起中心协调作用，调动社会各方面的资源来处理突发事件。应对突发事件，政府要制定一些规章和强制性的措施来调动各方面的资源，协调各方面的力量。

国际组织有时候能发挥中心协调的作用，但在很多情况下，还是需要依靠一个国家中央政府的统一协调才能行之有效。

2. 建立应急预案是关键

面对各种自然灾害，需要制定一个备用计划，即应急预案。尤其是在物流运营当中，管理者面临很多不可控的因素和意外情况，随时随地要准备好一个备用的应对计划。这涉及运作、沟通、资源分配、个人责任、职责分工等，在备用计划的基础之上要制定好相关的规则并且分配清楚应急各方的职责，部门间不要相互妨碍。同时，要及时培训相关专业人员，灾害发生后，要把这些人立即整合起来，分配好他们的职责。

3. 确保应急物流通道畅通

建立应急物流体系，还必须维持应急物流通道的畅通。应急物流通道是指应急物流网络中联络贯通诸节点的交通线路、配套设施设备及相关管理手段和保障机制，是应急物流体系最重要的构成要素之一。如果没有畅通的物流通道，应急物流体系就是僵死的系统，无法进行有效运作。

应急物流通道的规划管理是保障应急物流畅通运行的关键。在应急物流物质基础具备的情况下，只有通过统筹规划、强化管理，才能真正提高应急物流通道的保障能力，使通道运行畅通有序。

应急物流通道保障机制是指有关应急物流通道建设和管理的国家法律、地方法规和配套规章制度体系，以及政府制定的政策措施和各种技术标准等。建立完善配套的应急物流通道保障机制，对于应急物流通道各项职能的正常发挥和有序发展具有重要意义。

4. 关注港口、机场等安全策略

港口和机场对于发生紧急状态的国家来说，是一个极为重要的求生通道，是保证国际救援物资、设施设备、人员及时到达的一个重要途径，因此保证其安全的重要性是不言而喻的。

案例 2—3

海上通道受外界环境影响很大，人为环境和自然环境等因素极易造成海上通道的突发事件。海啸、暴雨、台风等都可能在极短时间内造成船舶倾覆、人员伤亡等事故。此外，由船舶自身引起的海上通道突发事件也屡见不鲜，如船舶碰撞、船舶失去动力、触礁、仪器设备失灵等情况，这类突发事件的发生会带来人员伤亡和货物损失，需要调用更多的资源及时对事故做出响应，高效完成救援工作。

资料来源：赵丹：《海上通道应急反应机制研究》，大连海事大学硕士论文，2012。

5. 加强应急物流的信息化建设

在发达国家，GPS（全球定位系统）技术已经开始应用于交通运输和道路工程之中，而我国在这方面刚刚起步。采用GPS能够提高应急物流运输过程中车辆调度的管理水平。据调查，GPS系统在“5·12”汶川大地震中起到了关键作用。

关键术语

物流战略	物流战略管理	物流整合思想
绿色物流	逆向物流	农村物流
应急物流		

复习思考题

1. 什么是物流战略?
2. 物流在我国是怎样发展的?
3. 物流战略发展有哪些阶段?
4. 比较物流企业战略与企业物流战略的异同。
5. 物流战略的内容包括哪些?
6. 简述现代物流系统的行业整合、企业内部整合与供应链功能整合的表现。
7. 分析物流战略管理对经济、社会的重要性。
8. 简述物流战略管理的内涵及过程。
9. 简述绿色物流的概念及其战略措施。
10. 从企业的角度分析逆向物流的重要性。
11. 举例说明回收与废弃物物流在逆向物流中的地位。
12. 举例说明应急物流发展战略。

案例分析

中国（上海）自由贸易试验区发展战略

中国（上海）自由贸易试验区（China (Shanghai) Pilot Free Trade Zone），简称上海自由贸易区或上海自贸区，是中国政府设立在上海的区域性自由贸易园区，也是中国大陆境内第一个自由贸易区，位于浦东境内，属中国自由贸易区范畴。该试验区于2013年8月22日经国务院正式批准设立，于9月29日上午10时正式挂牌。2014年12月，上海自贸区由原先的28.78平方公里扩至120.72平方公里。

1. 上海自由贸易区的功能定位

(1) 金融服务区：外高桥。外高桥将联动森兰区域。依托区域先发优势，促进外高桥逐步融入上海市北部地区（尤其是浦东新区北部城区），打造以国际贸易服务、金融服务、专业服务功能为主，商业、商务、文化多元功能集成的国际商贸城。

(2) 航运交易区：洋山。凭借毗邻临港地区中心区、重装备产业区和物流园区的区位优势，加强与临港新城各功能区之间的联动发展，充分利用洋山深水港得天独厚的深水岸线和航道条件，依托上海自贸试验区和国际航运发展综合试验区的政策叠加优势，打造具有全球竞争力的国际航运服务功能区。

（3）航空商贸区：浦东机场。依托浦东国际机场的亚太航空枢纽地位，发挥客流、商流、物流密集的独特优势，考虑与周边国际旅游度假区、商飞基地等区域的联动发展，在强化国际航空服务的同时，拓展高端商务、商贸等功能，打造具有全球竞争力和吸引力的国际航空服务和现代商贸功能区。

2. 上海自由贸易区的发展机遇

（1）金融开放创造机遇。允许符合条件的外资金融机构设立外资银行，符合条件的民营资本与外资金融机构共同设立中外合资银行；在条件具备时，适时在试验区内试点设立有限牌照银行。建议允许区内符合条件的中资银行（含分行、支行）从事离岸业务。

在试验区内外汇管制基本放开的背景下，区内银行不仅可以经营人民币业务，同时也可以直接开展外币有关业务，这将给中国银行的国际化经营带来明显的促进作用。政策首次提出允许民营资本与外资金融机构成立合资银行，这必将对民营资本进入金融业起到有力推动作用。

（2）探索在试验区内设立国际大宗商品交易和资源配置平台，开展能源产品、基本工业原料和大宗农产品的国际贸易。

平台经济是一种宏观的经济发展模式，即一个城市或区域具有汇集国内外贸易、金融、物流、信息交易活动的服务功能和集散功能，从而具备强大的国内外资源配置能力。国际大宗商品交易平台的建立和运营，不仅能使上海成为亚太地区国际大宗商品交易和流转的一个主要市场和节点，而且有可能对主要大宗商品的国际交易价格产生示范性影响。这不仅能提高上海在国际贸易方面的功能和效应，也可能使上海成为国际贸易中的一个重要结算平台，进一步提升上海在全球经济活动中的资源配置能力。

（3）金融创新带来最大机会。允许上海自贸区先行先试大额可转让存单发行。条件成熟时，放开区内一般账户小额外币存款利率上限。这是本轮利率市场化改革浪潮中，央行首次就放开存款利率管制作出具体要求。尽管放开的是外币存款利率，但其对于人民币利率的放开亦有借鉴价值。利率在管制上的放开必然给市场带来金融创新的机会，比如，现在监管部门重点讨论的大额存单、可转换存单、资产证券化等新产品，以及随之带来的一级、二级市场交易以及与人民币利率挂钩的新产品等。

3. 上海自由贸易区的战略分析

（1）中国自由贸易区的战略目标。通过自由贸易区不断增加我国经济发展所需要的各种战略资源；规避我国多边框架协议所面临的困难，努力强化我国的新兴产品市场；营造稳定的市场环境，不断提升我国服务业和制造业企业的核心竞争力；扩大我国对外投资的区域范围，提高国内企业的经营管理水平；为日后的货币联盟、政治合作打下坚实的基础；不断提高我国的影响力。

（2）中国自由贸易区的战略方向。利用自由贸易协定为我国优势产品拓展新兴市场。近年来，我国对外贸易相对依存度较高，各国与我国的贸易摩擦十分明显，尤其是美国和部分欧洲国家。除此之外，世界贸易组织各成员所提出的反倾销案件中，与我国有关的案件数量最大，目前已经超过600件。因此，我国必须借助自由贸易协定为我国优势产品拓展新兴市场。

利用自由贸易协定实现我国企业“走出去”战略。通过自由贸易协定的签署，企业能够充分利用各项投资优惠政策，不断扩大对外贸易，加快走出去的步伐，进而帮助我国全面转变对外贸易的方式，削弱对我国产品的限制，最终实现国际经济发展的高度融合。

利用自由贸易协定在周边国家建立经济长期发展的区域性外部环境。与周边国家签署自由贸易协定，有利于我国与周边国家建立起健康友好、长期合作的双边贸易关系，同时，稳定和谐的周边经济贸易关系，对于我国的经济、政治等诸多方面都有重大的战略意义。

资料来源：1. 孙阁斐：《中国自由贸易区战略分析研究》，中国知网（http：//www.cnki.net/）。

2.《上海自贸区建设的机遇》，人民网（http：//finance.people.com.cn/n/2014/1209/c1004－26171089.html）。

3.《中国（上海）自由贸易试验区总体方案》。

4.《关于金融支持中国（上海）自由贸易试验区建设的意见》。

问题讨论

1. 分析上海自由贸易试验区发展战略的构成要素。

2. 分析上海自由贸易试验区的战略目标与战略发展方向，谈谈你的理解。

第3章 物流战略管理的环境分析

物流战略管理的环境分析是物流战略研究的首要环节，必须通过对影响物流发展的各种环境因素进行分析，才能有效构建发展战略。本章从外部和内部两个层面或视角，应用PEST模型、波特五力模型等对物流战略管理的环境进行分析，介绍SWOT分析法，为物流战略的选择提供依据。

引 例

A公司是一家全球化高科技企业，享有国家扶持政策，周边金融环境宽松，研发能力强，产品性能处于同类产品的中上水平，生产设备先进，其产品因物美价廉、种类繁多而在消费者当中拥有不错的口碑。随着经营业绩的提升，公司资金开始紧张，管理不完善、销售渠道也不够完善、对市场反应慢等问题逐渐显现。同时，由于该公司所处行业技术进步快，新的替代产品开始出现，以前积极主动的供应商明显减少。

A公司具有哪些优势和劣势以及机会和威胁？

资料来源：《战略转型：公司如何进行SWOT分析》，中金网（http：//news.cnfol.com/130315/101,1598,14629003,00.shtml）。

3.1 外部环境分析

3.1.1 宏观环境分析

宏观环境又称一般环境，是指在国家或地区范围内对一切行业部门和企业都产生影响的各种因素或力量。在分析某个企业集团或行业所处的背景时，通常采用PEST这四个因素，即政治的（political）、经济的（economic）、社会的（social）、技术的（technological）因素。物流宏观环境分析中的各种因素并不完全等同于国家宏观社会经济因素。它们是以国家宏观社会经济因素为基础，结合物流的特点而确定的指标。

1. 政治要素

政治要素，是指对组织经营活动具有实际或潜在影响的政治力量和有关法律、法规等因素。当政治制度与体制、政府对组织所经营业务的态度发生变化时，当政府颁布了对企业经营具有约束力的法律、法规时，企业的经营战略必须随之作出调整。法律环境主要包括政府制定的对企业经营具有约束力的法律、法规，如反不正当竞争法、税法、环境保护法以及外贸法规等。政治、法律环境实际上是和经济环境密不可分的一组因素。处于竞争中的企业必须仔细研究政府的政策和思路，如国家的税法、反垄断法以及取消某些管制的趋势，同时了解与企业相关的国际贸易规则、知识产权法规、劳动保护和社会保障措施等。这些法律和政策能够影响各个行业的运作和利润。

例如，2014 年的乌克兰危机和随之而来的欧盟对俄罗斯的严厉制裁对德国企业产生深刻的影响。据路透社当时的报道，德国商会对 300 家德国企业进行调查发现，有 1/3 的受访企业表示对俄营业额出现不同程度的下降，最多达 50%。

2008 年 8 月 1 日开始实施的《中华人民共和国反垄断法》被用来调整我国各行各业的垄断行为，包括航运市场的垄断行为。它有助于规范航运市场秩序，有助于防止类似集装箱码头装卸作业费（THC）问题的发生。从其他国家和地区的经验来看，对航运业实行反垄断豁免有利于国际航运和贸易的发展。另外，由于航运业投资规模大，过度竞争导致的运价波动不利于行业发展，因此也有必要对航运业实行反垄断豁免，允许市场形成一定程度的集中，实现规模经济效益。反垄断豁免可以说是国际立法惯例，是各航运发达国家航运管制立法的核心。这些法律和政策使我国航运业拥有合法的垄断权，从而实现有效竞争。

资料　我国发展物流业的相关政策

改革开放以来，稳定的政治局面为经济发展奠定了基础。政府大力支持发展物流产业，并将物流业的发展列入“十五”规划以及国务院有关部委的工作日程。

2001 年 3 月，原国家经贸委、铁道部、交通部、信息产业部、外经贸部、民航总局六部委联合下发了《关于加快我国现代物流发展的若干意见》，明确了我国现代物流发展的指导思想与总体目标。这是我国有关现代物流业发展的第一个政策性、指导性文件。

2004 年 8 月，国家九部委联合制定发布了《关于促进我国现代物流业发展的意见》，各地方政府也纷纷制定和实施了相关的政策措施，积极推进物流产业的发展。

2005 年 10 月，《中共中央关于制定“十一五”规划的建议》中提出要“制定和完善促进服务业发展的政策措施，大力发展金融、保险、物流、信息和法律服务等现代服务业，运用现代经营方式和信息技术改造提升传统服务业，提高服务业的比重和水平”，大力发展物流产业。此外，温家宝总理在国家产业结构调整、发展现代服务业的讲话中，把现代物流业与现代金融业放在前两位。

2009 年 4 月 24 日，国家发展和改革委员会正式发布《物流业调整和振兴规划》，这份 2009—2011 年的三年规划将作为物流产业应对国际金融危机影响、促进平稳较快发展、培育新经济增长点的行动方案。该规划确定了振兴物流业的九大重点工程，包括：（1）多式联运和转运设施工程；（2）物流园区工程；（3）城市配送工程；（4）大宗商品和农村物流工程；（5）制造业和物流业联动发展工程；（6）物流标准和技术推广工程；（7）物流公共信息平台工程；（8）物流科技攻关工程；（9）应急物流工程。

2011 年，营业税改征增值税试点方案的出台，是事关物流业的又一项重要政策。该政策以建立健全有利于科学发展的税收制度，促进经济结构调整，支持现代服务业发展为指导思想。本着统筹设计、分步实施，规范税制、合理负担，全面协调、平稳过渡三大原则改变我国税制，对我国物流业有深远影响。

2012 年，财政部、国家税务总局印发的《关于物流企业大宗商品仓储设施用地城镇土地使用税政策的通知》规定，对物流企业大宗商品仓储设施用地减半征收城镇土地使用税。

2014 年 9 月 12 日，国务院印发《物流业发展中长期规划（2014—2020 年）》，部署加快现代物流业发展，建立和完善现代物流服务体系，提升物流业发展水平，为全面建成小康社会提供物流服务保障。中长期规划确定了 12 项重点工程，提出到 2020 年基本建立现代物流服务体系，提升物流业标准化、信息化、智能化、集约化水平，提高经济整体运行效率和效益。

资料来源：根据相关物流政策文件整理。

案例 3—1　丹麦大型跨国物流集团与政府的合作政策

丹麦是一个小国，但在国际运输物流产业中具有较强的竞争力，拥有如 A. P. 穆勒这样的大型跨国集团，其运输物流业发展的政策主要体现在企业和政府的合作上，内容包括公共法规、知识掌握、资金渠道、政府与企业互动以及国际竞争条件等方面。

（1）公共法规。对运输产业的管理应在国际范畴内进行。丹麦企业和政府积极参与国际相关运输法规的制定，通过与各国协调关税及认证来发展环保的运输。

（2）知识掌握。为便于产业创新，通过大学、技术研究部门和产业之间的紧密合作来加强对物流和运输的研究。政府机构对研究部门与产业界共同进行的研究项目提供资助，同时推行运输物流师教育。

(3) 资金渠道。中间融资、风险基金和丹麦工业发展基金均向运输业倾斜。政府制定货物运输税收政策时考虑企业的全球竞争力，并强调要降低公司税。

(4) 政府与企业互动。发展基础设施，解决瓶颈问题，建立多式运输中心。建立 Femern Strait 的永久运输线。提高海关效率，管理好保税仓库。政府与企业就运输中的环境问题加强对话。

(5) 国际竞争条件。在国际上强调运输企业和运输工具同业之间的平等竞争。政府在国际上积极反对贸易壁垒和国家补贴以改善丹麦企业的市场进入条件。为方便多式运输，运输部保证放开铁路货物运输，同时调查是否需要修订丹麦港口的一些法律，以适应新战略。

资料来源：《丹麦运输物流业发展的经验值得借鉴》，载《水路运输文摘》，2002 (11)，26 页。

2. 经济要素

经济要素，是指一个国家的经济制度、经济结构、产业布局、资源状况、经济发展水平以及未来的经济走势等。构成经济环境的关键要素包括利率、通货膨胀率与就业率、人均 GDP 的长远预期等。

30 多年来，我国经济体制改革和对外开放取得了举世瞩目的成就。我国经济持续平稳较快发展，开放型经济已步入协调发展、提升价值的新阶段。2014 年，我国外贸进出口总值达 26.43 万亿元，比 2013 年增长 2.3%。其中，出口 14.39 万亿元，增长 4.9%；进口 12.04 万亿元，下降 0.6%。我国经济的快速发展带动了需求的增长，从而促进物流业的发展。

尽管受经济危机的影响，我国经济在保持较平稳发展的情况下，GDP 仍然保持 7%以上的增长率，我国的实体经济和以实体经济为依托的物流货运行业都不会产生剧烈波动。宏观经济的变化不会影响道路物流行业的整体发展方向，只会带来行业的结构性调整，服务出口的道路物流需求将有一部分逐渐被服务内需所取代，能够快速调整业务结构适应市场变化的企业有望在这一轮金融危机中获得发展先机。

为缓解金融危机对我国经济产生的不利影响，国家出台一系列经济刺激措施，并实行适度宽松的财政政策和货币政策。社会固定资产投资有加速迹象，尤其是国家出台 4 万亿元的经济刺激方案，直接促进了基础建设步伐的加快，并对下游产业及物流产业产生了重大影响。道路物流龙头企业作为物流运输的先锋力量，必将获益丰厚。

和平、发展、合作成为当今时代的潮流，世界政治力量的对比有利于保持国际环境的总体稳定，经济全球化趋势深入发展，科技进步日新月异，生产要素流动和产业转移加快，我国与世界经济的相互联系和影响日益加深，国内国际两个市场、两种资源相互补充，外部环境总体上对我国发展有利。经济全球化与一体化趋势明显，各国之间加强相互往来，致力于和平发展和以发展经济为主旋律的综合国力的提升，为我国经济社会和物流产业的发展提供了一个良好的国际环境。

案例 3—2　金融危机对航运业的影响

伴随全球社会整体不断快速发展，在美国等欧美国家金融危机的影响下，我国物流产业受到了相应的冲击。一方面造成整体物流行业市场的不稳定，另一方面产生了相应的经济损失，非常不利于社会整体经济增长，阻碍了我国物流行业可持续高效发展。金融危机给我国物流行业带来的影响具体如下：

（1）贸易量的减少直接导致物流市场需求量降低。全球性的金融危机不仅对我国造成影响，同时也危及其他国家，这样就造成整体贸易量的降低。能源、钢铁等的需求量不同程度下滑，导致我国下游的物流产业受到严重冲击。

（2）物流市场价格降低，波动比较明显。我国社会内部受到金融危机的影响，造成国内客户面临不同程度的经营压力，为了能够获得生意，部分客户大幅压低物流价格，这样就导致物流市场经济效益的降低。同时，金融危机带来的影响导致市场需求降低，也引发物流市场价格普遍下滑。在物流企业资金难以收回的情况下，企业内部资金链将会出现不同程度的断裂，部分企业将会面临倒闭的危险，非常不利于我国国民经济的增长。

（3）物流业投资增长趋缓，物流企业融资困难。整个物流市场的不景气，导致投资者失去信心，对进入该产业保持谨慎态度，以此来规避风险。银行放款也比较谨慎，广大中小企业因为自身信用等级不高和银行授信不足，难以直接从商业银行获得融资服务。国内商业银行基于历史原因，主要服务于国有企业和信用等级高的大型企业。很多物流企业由于资金链脆弱，资金严重短缺，面临倒闭的危险。

资料来源：官健：《金融危机对中国物流行业的影响》，载《科技创业家》，2014（1）（上），223 页。

3. 社会要素

社会要素，是指组织中成员的民族特征、文化传统、价值观念、宗教信仰、受教育水平以及风俗习惯等因素。构成社会环境的要素包括人口规模、年龄结构、种族结构、收入分布、消费结构和水平、人口流动性等。其中，人口规模直接影响着一个国家或地区市场的容量，年龄结构则决定了消费品的种类及推广方式。

每一个社会都有其核心价值观，它们常常具有高度的持续性。这些价值观和文化传统是历史的沉淀，通过家庭繁衍和社会教育来传播延续，因此具有一定的稳定性。每一种文化都是由许多亚文化组成的，它们由具有共同语言、共同价值观体系及共同生活经验或生活环境的群体所构成。不同的群体有不同的社会态度、爱好和行为，从而表现出不同的市场需求和不同的消费行为。

自然环境是指企业业务涉及地区市场的地理、气候、资源、生态等环境。不同地区的企业由于所处自然环境的不同，对于企业战略会有一定程度的影响。进入21世纪，物流业必将把有效利用资源和维护地球环境放在发展的首位，建立信息流与物资流循环化的绿色物流系统。目前，世界各国都尽力把推广绿色物流作为物流业发展的重点，积极开展绿色环保物流的专项技术研究，促进新材料的开发和应用，进行回收物流的理论研究和实践，并积极出台相应的绿色物流政策和法规，努力为物流的绿色化和可持续发展奠定基础。

完善的物流基础设施是现代物流发展不可缺少的物质基础，主要包括交通运输基础设施、综合物流运输线路、物流节点、物流技术装备、物流信息化水平等。一个国家或地区的物流基础设施的规模和水平关系到当地物流运作的效率与质量，也是吸引企业投资发展的重要考虑因素。目前，我国已经建成由铁路、公路、水路、航空和管道运输组成的综合运输体系，基础设施投入逐年增加，初步缓解了交通运输全面紧张的局面。

完善的物流人才学历教育和培训体系是现代物流业不断发展的根本保证。近年来，我国的物流人才培养已经取得了长足的进展。特别是2000年以来，物流专业学历教育规模迅速扩大，物流教育层次逐渐齐全，物流职业资格教育和短期培训迅速启动和开展。

由于近年来现代物流理念的传播，特别是第三方物流成功案例的涌现，越来越多的客户开始重视物流外包，进一步理解物流服务的价值。物流的客户关系从价格博弈关系向双赢的合作伙伴关系转变。

案例3—3　青岛港建设的人文环境分析

在以青岛为中心的500公里半径范围内，人口密度为世界其他海港大城市所少见，为国际航运中心建设提供了上佳的人文环境。

1. 海洋教育基础雄厚

21世纪是海洋的世纪，在人类对陆地资源了解和开发程度逐步深化的情况下，海洋这个占地球总面积3/4的巨大宝藏的重要性日益显现出来。山东半岛城市群濒临海洋，拥有从事海洋科学研究的得天独厚的地理条件。特别是青岛地处黄海之滨，以中国海洋大学和国家海洋局有关院所为核心，业已形成较为雄厚的海洋科研的基础和力量。

2. 鲁商精神正在崛起

商帮是具有一定地域、行业和文化认同感的商业群体。明清以来公认的五大商帮，鲁商名列其中，鲁商把山东人的豪爽和儒家教化融为一体，以“诚信”、“义德”为本，正在受到越来越多的重视和关注，新鲁商们自身的认同感也在加强，鲁商精神的巨大能量已经成为山东经济发展的主要驱动力。

3. 邮轮经济展示城市魅力

邮轮经济已成为世界上一些港口城市的重要增长点。山东省人文荟萃、人杰地灵、风景优美，适宜开展邮轮服务。目前，青岛正致力建设国际邮轮母港和邮轮靠泊码头，尽早加入国际邮轮网络，从而吸引大量国际邮轮抵达，通过为邮轮公司和邮轮乘客提供高质量的服务而获得邮轮经济效益，分享因邮轮产业的高速发展而带来的巨大邮轮经济效益。青岛作为 2008 年奥运会帆船比赛的举办城市，中国“帆船之都”的形象业已初显，该城市抓住奥运契机，立足于“山、海、城、文、商”的鲜明特色，打造度假旅游、海上旅游、观光旅游、文化旅游、节会商务旅游、体育健身旅游、邮轮旅游等七大精品旅游，推动青岛的旅游经济迅速发展。

资料来源：迟焕然，吕靖：《山东半岛东北亚国际航运中心发展战略研究》，173 页，北京，人民交通出版社，2009。

4. 技术要素

技术要素不仅包括那些引起革命性变化的发明，还包括与企业生产有关的新技术、新工艺、新材料的出现和发展趋势以及应用前景。在过去的半个世纪里，最迅速的变化就发生在技术领域，微软、惠普、通用电气等高科技公司的崛起改变着世界和人类的生活方式。同样，技术领先的医院、大学等非营利组织具有比没有采用先进技术的同类组织更强的竞争力。

物流技术与装备水平，如物流运输技术、仓储技术、信息技术、包装技术与配送技术、工业发展状况水平和综合一体化运输、多式联运技术与装备等，会影响到物流运作中的机械化、自动化水平，对物流资源的整合、物流成本的下降和物流效率的提高具有重要作用。例如，亚马逊公司的物流系统十分完善，它的成功之处在于：将库存控制在最低水平，采取组合包装技术，根据不同商品类别建立不同的配送中心。我国物流设施与装备技术水平较低，物流运作中机械化、自动化水平低下，物流作业效率低下。物流装备工业比较落后，较大的自动化物流设施供应商比较少，20 世纪 90 年代初仅有 8 家，对于自动化控制程度较高的立体化仓库、无人导引自动车、自动输送分拣和控制系统等提供较少。

物流的信息平台主要包括行业网站、物流业务管理系统、仓储配送管理系统、内部办公系统、呼叫中心系统，适时嵌入物流电子数据交换系统、供应链管理系统、全球卫星定位系统、地理信息系统、射频技术系统、条形码技术、智能标签技术、自动化仓库管理技术、物流数据库等数码信息技术服务功能。这些供应链管理技术在物流企业中不断得到应用，提升了物流运作效率和客户服务水平。

集装箱运输的发展以及船公司的壮大，使得船公司有能力采用大型集装箱船舶，以降低营运成本。船公司采用大型集装箱运输船舶以降低营运成本的发展趋势正在继续。船舶的进一步大型化，意味着适应船舶的港口土工建筑规模、港口设备尺度和性能以及航道和港口水域水深都要进一步增加。由于船舶大型化在降低运输成本方面获得的效益，难以抵消为适应这类船舶改扩建港口、添置大型设备以及浚深航道和港口水域而导致的港口费用的提高，可能会制约船公司采用更大型船舶。因此，无论是国际集装箱运输的枢纽港还是地区性的海运中心港口，为适应船舶大型化而进行的港口发展规划都应该审慎而行。

案例 3—4　港口业的宏观环境

1. 政策环境

目前，世界各国政府都对港口放松管制，港口私有化趋势明显。政府职能由直接经济活动向社会福利活动方面转变，政府更加注重港口发展的可持续性，即环境、健康与安全方面的管理，而对港口商业活动的影响则主要体现在对基础设施的投资和一定程度上的保护与扶持政策。这使得港口企业原来相对垄断的经营环境被打破，越来越多的投资者获得了市场准入权。

2. 经济环境

世界贸易量 90%以上通过海运完成，而港口是国际海陆间物流通道的重要枢纽和节点，也是国际贸易的服务中心和综合物流分拨配送中心，因此港口产业受经济贸易影响尤为深远。在全球经济日益一体化的今天，经济的高速发展、对港口管理和发展的强烈欲望，成为提高港口未来经济活力的驱动器。发展港口，尤其是提升港口集装箱码头吞吐能力乃是当务之急。

3. 航运市场环境

对港口最直接而敏感的影响来自航运市场的变化。目前航运市场的发展出现了三大趋势：货物集装化、船舶大型化和航运联盟的形成。这些都对港口的结构与布局、设施与设备、运营效率与集疏运能力提出了新的要求。由此，现有港口将出现两极分化，那些具备竞争优势条件、适应航运市场变化、能够吸引大的货主与承运人的港口将成为枢纽港和干线港，其他港口只能充当喂给港和支线港，甚至失掉业务机会。

4. 技术环境

信息革命被喻为继农业革命和工业革命之后的第三次革命，它影响着社会经济的各个领域，正在改变传统港口物流的运行方式。它使港口企业对业务环节进行深层次的整合，缩短了流程时间，降低了物流成本。因此，当今港口对信息技术的依赖性前所未有，只有那些紧跟信息技术的发展、保持信息通畅并能提供良好信息与通信基础设施的港口企业才能在竞争中显示出优势。

3.1.2　行业环境分析

行业环境又称为运营环境，是指直接影响物流企业实现其目标的外部力量。与物流企业宏观环境相比，行业环境对于物流企业有着更直接、更现实的影响。

行业环境分析就是对行业整体的发展状况和竞争态势进行详细分析，并确定该物流企业在行业中的地位。按波特的分类标准，物流企业受到以下五种竞争力量的影响，如图 3—1 所示，即供应商的议价能力、购买者的议价能力、潜在进入者的威胁、替代品的威胁，以及行业内现有企业的竞争。

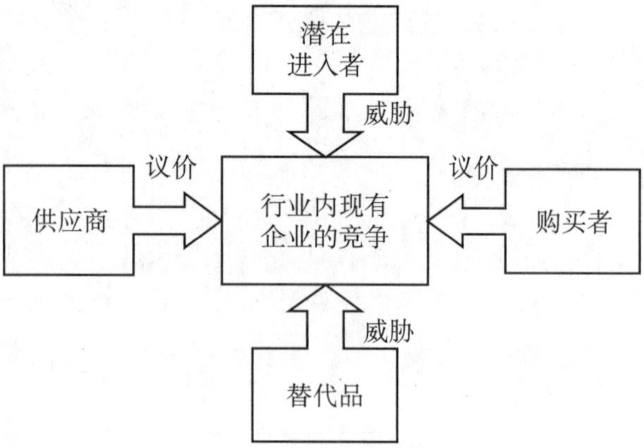

图 3—1　波特五力模型

1. 潜在进入者的威胁

潜在进入者的威胁大小主要取决于行业进入壁垒和现有企业反击的强烈程度等因素，前者的高低主要取决于制度壁垒以及行业内企业的规模经济壁垒、资金壁垒、转换成本壁垒、技术壁垒、人才壁垒、产品差异化壁垒等方面。

（1）制度壁垒。主要来自三个方面：一是国家针对交通、运输、仓储等物流业制定的管理法律、法规、规章、制度等，这是进入物流行业的基本条件；二是政府对交通运输等行业采取的管制措施，特别是长期政府管制措施具有重要作用；三是条块分割所带来的制度差异障碍。

（2）规模经济壁垒（包含市场渠道或网络）。由于该行业企业一般需要达到较大的经济规模才能有效经营，因而需要较大的固定资产等投资，而且即使具有发挥规模经济的服务能力，也会由于刚刚进入市场，需要比原先进入的企业付出更多的代价才能够得到相同的市场份额。传统的第三方物流的规模经济性不太明显，现代意义的第三方物流却需要较高的规模经济性，特别是随着经济的全球化，越来越多的企业需要提供大范围甚至覆盖全球的物流服务，而建立一个全球物流服务网络需要大量的人财物与时间投入。

（3）资金壁垒。对于准备进军第三方物流的企业来说，巨大的资金投入、网络构建以及不完善的金融市场，构成其行业进入的最大资金障碍。2004 年签署《内地与香港关于建立更紧密经贸关系的安排》（CEPA）时，香港物流协会对旗下 1 000 多家会员企业进行的一次随机调查显示，98%的会员认为 CEPA 给香港物流业带来了商机，其中 42%的企业表示将考虑把公司的部分运作转移到内地或在内地以独资或者合资形式设立分公司，然而到 2014 年，仅有 60 余家企业付诸实施，注册资金门槛太高是一个重要因素。目前内地从事海运要求注册资金 500 万元，如果一个第三方物流公司要经营海、陆、空运，则注册资金要达到 1 000 万元，这对中小物流企业来说是一个较高的门槛。

（4）转换成本壁垒。在物流模式的转换方面，为这些拥有部分物流能力的企业设计物流模式，除考虑企业的战略和现有物流能力等因素，还应充分考虑物流模式转换成本、收益与风险。较高的设施处理成本和人员分流成本、第三方（或联盟方）选择成本、监察成本、协调成本、集成成本、体制成本等物流转换成本，也成为转换成本壁垒的重要方面。

（5）技术壁垒。信息网络技术是现代物流的核心和基本条件，物流企业必须借助条形码与自动识别技术、射频技术、电子数据交换技术、数据仓库、网络技术、移动通信手段、全球卫星定位系统、地理信息系统、基于互联网的物流信息管理系统等物流信息技术，才能及时将运输、仓储、配送、装卸、加工等多个物流环节整合在一起，创造现代物流服务价值。拥有这些技术设备不仅需要大量的资金投入，也需要较长的建立与完善时间，它们构成了物流产业的主要技术壁垒。

（6）人才壁垒。物流企业在提供物流系统设计、物流运作策划、供应链管理、物流信息管理和运作等方面，需要具有物流专业知识和技能以及丰富实践经验的策划、组织、管理、协调、运作等方面的物流专门人才或专家，而作为新兴产业的现代物流业，目前专业人才严重不足，这是物流产业的人才壁垒。

（7）产品差异化壁垒。物流服务的产品差异化壁垒主要来自物流服务的内容（单一的储运功能与多功能组合式或集成式物流服务）、服务的地理范围（全球、国际、地区、地方性）、物流服务的水平（基本水平服务、标准化水平服务、高水平个性化服务）、物流服务的成本效率与完成质量、物流服务期限（短期、中期与长期）以及通过特定地域服务、广告与品牌效应以及长期良好合作获得顾客高度认同等方面。

在物流产业中，处于不同市场的主体在提供物流服务方面具有较大的差别，这种差别形成了物流产业不同市场的进入壁垒。比如，小型承运人专门在一定地域（服务区域）内提供特定货物（冷冻品、计算机、家具及危险品）的特定服务（服务差异化）。它们活跃在对专业能力、技术、设施有特殊要求的较小市场范围，而在这一领域的竞争不如其他地方激烈。这些专业公司也十分依赖于客户市场，因为它们的运输能力与运输设施不容易转移到其他领域里去，行业进出的壁垒很高。总体而言，物流方面的服务差异主要体现在服务内容、服务范围、服务形式、服务期限和服务质量等方面。部分航运业务的进入壁垒如表3—1所示。

表3—1 部分航运业务的进入壁垒

船型	进入壁垒	关键因素
半潜船	技术壁垒较高	经验丰富的船舶设计、装卸方案设计工程师团队和勤勉专业的船员队伍
	客户忠诚度高	长期优秀的运输记录，持续的客户关系维护，全面的客户解决方案
	市场规模不大且船舶专用性高	在对手之前发布实施造船方案
大型重吊船	具有一定的技术和商务壁垒	装卸方案设计与勤勉专业的船上施工团队
	船台短缺，替代运力不足	尽快建造大型重吊船，抓住海油工程的市场机会

续前表

船型	进入壁垒	关键因素
大型多用途船	适用于特定贸易模式的航线资源	具有“集装箱出、干散货进”的航线资源
汽车船	与优质客户的长期关系	与日韩大厂的长期客户关系，从海运向门到门的一体化物流服务
	船队规模	足够的规模有利于承揽关键客户，并且保持较高的双程营运率

2. 替代品的威胁

对物流企业来说，其替代品的威胁主要来自所要服务的企业自营物流服务及其他物流企业提供的物流服务。物流服务替代品威胁主要取决于替代品与现有物流服务的相对性价比以及用户使用替代品的欲望或偏好。

企业本身存在着物流服务的自营与外包决策问题，进行外包与自营决策，主要受到物流对企业成功的影响程度、自身物流设施和资金等能力、企业对物流的管理能力、物流系统总成本、物流系统的顾客服务能力或水平、外包物流的利与弊和对物流企业服务能力的认识等因素的影响，企业对这些因素进行综合权衡考虑，从而对自营与外包物流作出选择。一般来说，企业采用第三方物流服务能够带来诸多好处，同时也必然伴随着一些风险。采用第三方物流的优越性主要表现在以下几个方面：有利于企业集中主业，减少物流方面的相关投资，降低企业物流成本，提高顾客服务水平，借助物流企业的运输和分销网络进入新的市场等。同时，使用第三方物流也会给企业带来如下风险：可能会使企业降低甚至丧失对物流的控制能力，削弱企业的顾客关系管理能力，发生企业有关战略内容被泄密的危险，对第三方物流企业的依赖可能带来连带经营风险与机会主义风险等。

3. 供应商的议价能力

供应商主要通过其提高投入要素价格与降低单位价值的能力，来影响行业中现有企业的盈利能力与产品竞争力。

在物流产业内，存在大量无资产型物流公司，它们以及一些资产型物流公司为了提供综合性物流服务，常常需要从外部购买一些基础性或片断性物流服务，这就存在物流产业内部的物流供应与采购问题。这些基础性传统物流企业或其他提供片断物流服务的企业就成为提供综合性一体化物流服务企业的供应商，一体化物流服务企业通过整合运输、仓储、流通加工等基础物流服务提供者，为其客户提供综合物流服务。因此，现代物流企业在物流服务的再次分包或采购中就需进行供应商管理，而供应商的议价力量和它们之间的相互关系会影响到现代物流企业的竞争能力、市场地位与竞争优势，也会影响到整个物流产业的竞争程度与企业之间的竞合关系。

对供应商的控制和管理水平是现代物流服务获得成功的关键因素之一。综合性物流企业在整合基础性传统物流企业资源与能力的基础上为客户提供特定的物流服务。因此，作为供应商的基础性物流企业在现代一体化物流业务活动中起着非常重要的作用。

4. 购买者的议价能力

购买者主要通过压价与要求提供较高的产品或服务质量，来影响行业中现有企业的盈利能力。

物流服务用户企业对物流服务具有很强的依赖性，如果关键信息共享，个性化服务特点很明显，转换成本较高，议价能力自然就会下降。尽管用户企业也可以通过建立物流子公司或自己的物流部门自营物流活动，但由于其专业技能的限制和业务的专一性，无论从技术上还是从经济上都很难对物流企业造成真正的威胁。

5. 行业内现有企业的竞争

行业内现有企业间的竞争是五种竞争力量中最重要的一个。对于大多数行业来说，行业吸引力或盈利水平主要取决于行业内现有企业的竞争状态。

虽然物流产业是一个有着广阔发展前景的产业，但同时也面临国内外竞争者强大的压力。先期成立的物流企业既面临来自国外物流企业的巨大威胁，又面临来自国内正在进行现代化转型的传统物流企业的冲击，还面临着积极进行社会化变革的大型生产与流通企业自营物流体系的竞争，以及大型财团投资物流项目形成的新型第三方物流企业的挑战。具有现代物流管理理念的新型第三方物流公司的兴起，一方面给原有的物流企业形成了较大的竞争压力，另一方面又成为物流市场的重要组成部分，在开拓市场增加产业需求、促进产业升级改善产业结构、增加竞争动力增强企业竞争优势等方面具有积极的作用。

国际集装箱运输业的竞争十分激烈。《国际集装箱化》杂志上的文章称，2012 年排名前 20 的集装箱航运公司控制了近 76%的市场占有率，但国际集装箱运输业的经营仍然十分分散，全球共有超过 450 名承运人。就提供服务的国际航线而言，我国航运企业须与广泛的世界性、地区性承运人竞争。表 3—2 列出了我国航运企业的主要竞争对手及其特点。

表 3—2　我国航运企业的主要竞争对手及其特点

竞争对手	竞争对手的特点
世界性承运人	通常可利用具有较大运载能力的船舶，在东—西市场及所选定的地区市场的大部分航线构建范围广泛的服务网络。这些承运人一般配备大型船舶（4 500～10 000 TEU），可在主要港口提供直接收货服务，并通过位于地区中心的中转枢纽提供运往其他港口的服务。
地区性承运人	一般专注于主要南—北航线市场，或地区性市场（如东亚、中东、北美洲或非洲西部等地）的多条规模较小的航线。这些承运人多数在特定市场上，向世界性承运人提供更全面的港口直接收货服务。
航运公司联盟	联盟制定的运价对若干航线的整体运费具有重要影响，可能直接影响各航线的供需平衡。

案例 3—5 中海集运企业的竞争环境

1. 集运业内部竞争

在集装箱运输领域，从事远洋运输的大多是资产雄厚的大型集运公司，如马士基、达飞、长荣等，这些公司势均力敌，谁都无法彻底击垮对方。另外，集装箱运输业由于固定资产专业化程度高，清算价值低，退出壁垒也相对较高，即使企业经营不善，但由于很难退出，也只能在行业内继续经营，这就加剧了行业内的竞争态势。

2. 集运业潜在进入者

由于近年来集运业的迅猛发展，一些原本不涉及集装箱运输的航运企业纷纷开辟集装箱航线，参与到集运业的竞争之中，这无疑会给原有的集运企业带来冲击。但是，这些企业的发展前景不是十分有利。以国内为例，首先，这些潜在或新进入者大多从事内贸或近海集装箱的运输，且规模一般不大，对于主营国际航线的中海集运来说影响不是很大。其次，随着国家对企业贷款的进一步限制，新进入者融资渠道受到限制，缺少进一步发展所需的资金支持，集运业进入门槛升高。最后，航运业历来都有排斥新进入者的传统。许多原有集运企业早已结成了联盟，对于新进入者来说，游离于联盟之外，其生存环境不容乐观。

可以看出，虽然目前众多潜在或新进入者加入到集运业的竞争中，但对原有集运企业特别是对中海集运的影响不是很大。

3. 集运服务替代品

对集运服务来说，其服务替代品主要就是航运业内部的如散货运输服务等其他运输服务形式。基于运输成本和货物价值的考虑，此类既可通过散货船又可通过集装箱船运输的货物不是很多，也就是说，其他航运服务对集运服务的替代性不大，这是由集运服务的优越性所决定的。通过集运可以提高装卸效率，缩短船舶在港时间；可以降低货损、货差，提高货运质量；可以提供标准运输单元，推动商品包装的标准化，构建全球物流网络，易于实现“门到门”的运输。由以上分析可以得出结论：集运服务替代品对集运服务的影响不大。

4. 集运业资源供应者

集运业的资源供应者主要是指那些为集运企业提供经营发展所必需的如船舶、集装箱、燃油等资源的企业和行业。由此可见，船舶制造业、集装箱制造业、燃油供应业等都是集运业的资源供应者。

至 2008 年 1 月，中海集运订造船舶 23 艘，总共 169 022 TEU，其中很多都是超过 8 000 TEU 的大型集装箱船舶。造船价格的不断上涨无疑加重了包括中海集运在内的集运企业的成本负担。由此可见，集运业资源供应者对于集运业的发展有一定影响。

5. 集运服务购买者

集装箱服务的购买者称为托运人。大部分托运人是货主或其代理人。小货主由于购买力不强，只能被动接受集运企业的报价。大货主则不同，由于其占据大量货物，议价能力提升，增加了其与集运企业讨价还价的资本，必然要求集运企业降低运费或提供更优质的服务。虽然集运企业与大货主签订的运输合同大都保密，但我们可以猜想到，其合同确定的运费率必然大大低于集运企业公布的运费率。大货主在不同集运企业中选择运价最低、服务最好的企业作为长期合作伙伴，这必然使行业竞争更加激烈。因此，购买者的议价能力会对中海集运的发展产生一定的影响。

资料来源：隋军，王彬：《中海集运竞争环境分析及应对策略》，载《世界海运》，2008（3），1～3页。

3.2 内部环境分析

3.2.1 物流企业内部资源与能力

资源就是企业在生产运营过程中投入的要素，例如，资金、设备、人力、专利、品牌与技术等，它可以归类为有形资源与无形资源，或有形资源、无形资源与人力资源。其中，有形资源主要是指企业的实物资产和金融资产，前者主要包括企业的厂房、设备、土地等固定资产，后者主要包括企业的筹资和借款。无形资源主要是指企业的知识产权、技术诀窍、企业形象、品牌、专利、商标、交易秘诀、专用知识、商誉和企业文化等。人力资源是企业所拥有的人员数量和质量，其中，后者是经过投资开发而形成的存在于企业员工体内的，能够推动企业发展的体力、智力、知识、经验和技能。

能力本来是一个心理学范畴，通常指胜任某项活动的本领，最初用来指个体和个体特征，后来也用来指团体和团体特征，例如企业组织的管理协调能力。所有能力都是建立在观察、想象、思维、记忆等基本能力基础之上的，与智力、知识、经验、技能等有着紧密的联系，是看不见、摸不着的，必须通过个人或组织的技能或业务活动等载体或形式表现出来。

企业能力是指企业为完成一定任务或活动而对一组资源进行组织和运用所表现或发挥出来的能量，它是一组互补的知识、技能或组织制度的复合体，是人们对人力及其他资源（人与人、人与其他资源）进行相互协调的复杂模式。它是企业组织部署或配置利用资源以实现预期目标的技能，其核心是企业对资源的组织管理方式，根源于企业员工的知识、经验与技能，本质上是一种知识转换系统，通常表现为企业获取资源的能力、生产运营能力、技术研发能力、市场营销能力、基本管理能力（包括计划、组织、人力资源管理、领导、控制）、企业文化力等。

企业的资源与能力之间存在着非常紧密的联系，人们在一些情况下很难将二者严格区分开来。在正常情况下，企业离散的资源不会独自发挥作用，必须经过协调、组织、管理，才能发挥最大的效能与效率。一般来说，企业能力通常在企业内部形成，而资源则可以在市场上获得，是在能力影响下发挥作用的资产。在实践中，资源与能力之间常常发生紧密的联系。一方面，能力的有效应用依赖于企业资源的储备；另一方面，资源的获得与运用依赖于企业的能力，要想使资源产生一定的预期变化，需要经历一定的时间和付出相应努力。企业行为与活动结果是企业资源特别是作用于其上的企业能力的产物，所以企业独特、有价值的关键能力与资源是企业获得优异绩效以及形成竞争优势的保证。

物流企业的有形资源主要包括物流企业的设施与设备、资金实力、人员数量、物流业务运作网络等；无形资源主要包括物流技术特别是信息技术、品牌、专利、企业声誉、企业文化和形象、人员素质、客户资源、社会关系网络（例如与政府机构、其他物流企业的关系）等。物流企业的能力主要包括物流服务运营能力，如运输、仓储保管、配送、装卸、流通加工、物流产品设计、物流系统规划与咨询能力等，物流企业职能管理能力，如物流营销管理、财务管理、技术与研发管理、供应商与客户关系管理、物流运作协调管理能力等，

物流企业基本管理能力包括计划、组织、人力资源管理、领导、控制能力等，以及物流企业战略管理能力、企业文化建设能力等。从另一个角度来看，物流企业能力又可以分为企业战略选择与决策能力、组织能力、技术能力、学习能力等，也可以分为市场能力、技术能力、组织协调与管理能力、应变创新能力等。物流企业内部资源与能力组成结构如表 3—3 所示。

表 3—3　　物流企业内部资源与能力组成结构

企业资源与能力	类别	主要内容
资源	有形资源	设施与设备、资金实力、人员数量、物流业务运作网络
	无形资源	物流技术特别是信息技术、品牌、专利、企业声誉、企业文化和形象、人员素质、客户资源、社会关系网络（例如与政府机构、其他物流企业的关系）
能力	服务运营能力	运输、仓储保管、配送、装卸、流通加工、物流产品设计、物流系统规划与咨询能力
	职能管理能力	物流营销管理、财务管理、技术与研发管理、供应商与客户关系管理、物流运作协调管理能力
	基本管理能力	计划、组织、人力资源管理、领导（激励沟通）、控制能力
	其他能力	物流企业战略管理能力、企业文化建设能力

通过与其他物流企业特别是竞争对手的相关方面进行比较，可以看出该物流企业在资源与能力方面的优势与劣势，这对于物流企业制定有关战略对策具有非常重要的意义。表 3—4 给出了一些企业资源与能力的例子。

表 3—4　　企业资源与能力的一些例子

有形资产	无形资产	组织能力
盐田国际的集装箱码头设施	马士基在航运市场树立的品牌	盐田国际的集装箱装卸过程
中国租船公司的现金储备	法国达飞轮船公司的声誉	沃尔玛的采购和进货物流服务

续前表

有形资产	无形资产	组织能力
中外运的船舶舱位预订系统	日本邮轮的企业组织文化	马士基在全球的多式联运协调
中远航运的特种船只	中远物流的管理团队	UPS 在全球的快递服务组织

3.2.2 物流企业的核心资源

1. 物流企业核心资源的价值链分析

物流企业的核心资源是物流企业核心竞争力的基础，是能够形成企业持续竞争优势的关键成功因素，主要包括物流企业的文化与核心价值观体系、物流企业的组织与管理体系（包含经营机制、管理制度、结构等因素）、物流技术与信息系统、企业物流服务运作能力、市场营销能力、企业员工的知识与能力、企业品牌等智力资产以及某些领域内独特的物流运作能力等。这些难以复制或模仿的关键资源，以及长期来看更为重要的、对这些资源进行配置与利用的企业独特能力，形成了物流企业持久的竞争优势。

根据企业价值链理论，物流企业的核心资源主要表现在其优于竞争对手的持续独特的物流市场竞争力，即物流服务设计、运作、营销、客户服务及其管理等基本价值活动能力，而这些独特物流服务能力的形成，必须建立在物流企业自身的物流基础设施、技术开发、人力资源管理以及其他资源与活动能力的基础上。正是通过这些价值活动，形成了物流企业独具特色的物流服务功能，在为企业客户创造出独特的价值的同时，也给企业带来丰厚的超额利润和持久的竞争优势。换句话说，物流企业的竞争优势正是来自企业的各类价值活动，根源于各类价值活动能力及其所依托的优势资源。

如图 3—2 所示，物流企业的基本价值活动包括物流服务产品设计、物流服务运营、市场营销、客户服务。在物流企业的辅助价值活动中，采购是指在企业整个价值链各项活动中的外购投入，往往遍及整个企业，包括各项活动所需的原材料、易耗品、机器设备、办公设备设施以及建筑物等。技术开发不仅是指研究开发中的技术开发活动，而且包括每项价值活动所使用的技术活动，可以广泛地分为改善产品、服务或流程的各种技术活动。一个企业的技术水平直接关系到企业物流服务产品的功能、质量、资源利用及企业运行效率。人力资源管理包括各种设计人员的招聘、雇佣、培训、开发、报酬与激励等活动，它不仅对单个基本的和辅助的价值活动起作用，而且支撑着整个价值链，通过员工们的知识技能与积极性等方面来影响企业的竞争优势。企业基础设施（基础性职能管理活动）包括企业的总体管理、计划、财务、质量管理、企业管理信息系统、企业文化、法律、政府事务及其他管理活动，它通过整个价值链而不是单个价值活动起辅助作用。

物流企业的各项价值链活动相互之间是紧密联系的，正是这种联系形成了企业的竞争优势。当然，各项活动实际上对企业竞争优势的形成所起的作用是不同的。物流企业既要站在最终用户或客户的角度与立场来评价物流企业的价

企业基础设施				
人力资源管理	人力资源计划、组织结构设计	人才招聘、录用、培训	项目合作、专家咨询	人才选拔、培训、招聘
技术开发	物流管理系统的开发	在相关物流和供应链研究技术条件下所能提供的物流服务	原有的物流服务的改进和提供新的物流服务	物流服务的技术、流程与设备的开发
采购	采购类型及投资水平的确定	确认新供应商资格	采购不同规格的原材料	监督供应商绩效
	客户物流需求分析、定制客户物流服务方案以及物流服务产品的持续改进（服务项目的延伸、完善与创新）	客户企业物料及产品的运输、仓储、库存管理、搬运装卸、包装加工等延后处理、信息服务	广告、促销、销售队伍、定价、渠道选择、渠道关系	客户关系管理及客户服务水平定位，物流服务差错与意外情况处理，记录、处理、跟踪一般性客户投诉并提出改进服务的建议，客户满意度调查
	物流服务产品设计		市场营销	客户服务

利润

利润

图3—2　物流企业的价值链分析模型

值链，使企业的整个价值体系实现最优化，又要按照价值链的各个环节，逐项比较自身和主要竞争对手之间的差异，找到企业价值链中具有相对竞争优势的关键环节，明确它们与形成企业竞争优势之间的因果关系，从而找到企业竞争优势的源头，发现企业的核心资源要素。

2. 物流企业核心资源的评价标准

尽管各公司的核心资源有所差异，但衡量和评价核心资源能否形成可持续竞争优势的标准是相同的，即物流企业适应市场的核心资源必须具有在较长时期内获得超平均利润的与众不同的特质，并且很难被竞争者效仿。核心资源具体有以下五个方面的评价标准：

（1）是否具有价值性，即不仅能够持续不断地创造顾客感知的价值，而且能够使物流企业在创造价值和降低成本方面比其竞争对手做得更好，给企业带来增值或超常规的利润回报。或者说，能够首先为顾客，最终为企业创造价值。核心资源应当是企业价值创造的主要来源，从某种程度上说，持续不断地创造价值是核心资源的使命，只有这样，核心资源的存在才有其经济现实性。

（2）是否具有延展性，即具有强大的辐射作用，企业可以凭借该资源平台延伸出产品族或产业族，并支撑它们的持续发展。具体来说，就是从横向上看，企业某一方面的核心资源可以在相关领域衍生出许多有竞争力的技术或产品，从而为企业带来规模优势和经济效益；从纵向上看，能够沿着企业活动价值链将其能量持续扩展到各个节点直至最终产品上。

（3）是否具有领先性或独特性（或异质性），即凭借该资源能够构筑起企业独特的战略性资源，凭借产品、技术、研发、生产运营、组织、营销等资源要素或它们的组合具有的独特优势，构建起较完善的个体资源体系，保持其在较长时间内的行业领导地位，或者和竞争对手相比具有局部领先性或差异化特征，实现企业之间的异质性和效率差异，能够获取绝对或比较优势，最终体现在企业拓展的一系列产品或服务上。

（4）是否具有刚性和持久性，即具有较强的稳定性、路径依赖性和持久作用性。核心资源是企业在长期的经营实践中以特定的方式、沿特定的发展轨迹逐步积累起来的；同时，核心资源与企业实体密不可分，深深地打上了企业的烙印，具有较强的稳定性和刚性。核心资源一旦形成，就具有较强的可持续性，能在较长时期内发挥作用。

（5）是否具有难以模仿性或难以替代性，即具有缄默性、难以复制性、难以交易性和难以替代性。核心资源实质上是一种基于隐性知识的、难以言明的资源，它所蕴含的各项特征和内容太多、太复杂，难以用语言形象、清晰地描述出来，其内部因果关系的模糊性、形成过程的复杂性以及积累获得的路径依赖性和时间压力下的非经济性，决定了它的难以复制性、难以交易性和难以替代性。凭借该资源，企业可以防止战略性资源被其他组织获取。

以上这五个方面就是核心资源评价的内在标准，由此，我们可以设计出物流企业核心资源的评价识别指标体系，据此识别出需要培育和加强的核心资源。

3.2.3 物流企业竞争力

物流企业竞争力，是指在市场经济环境中，物流企业获取和配置资源、形成并保持企业竞争优势、获得稳定超额收益的能力。它是企业面向市场和顾客，合理运用内外部的经营资源，提供市场和顾客所需要的产品和服务，在与竞争对手的角逐中建立起竞争优势的能力。它是基于企业自身的稀缺性资源与能力在市场活动中表现出优良业绩的内部支撑力。物流企业竞争力实际上是一个通过比较而得到的相对的概念，是企业具有的较竞争对手更强的获取、创造、应用知识等稀缺资源并获得更好经营业绩的能力。

根据物流企业竞争力的表现层次，可以将其分为有形竞争力和无形竞争力。有形竞争力表现为由成本、规模、品牌等优势而形成的市场竞争优势，无形竞争力是指形成并维持有形竞争力并使其在一定时期内持久存在的企业更为深入的内部能力因素。只有对物流企业竞争力进行科学的评估，才能使企业对自身状况有一个正确的了解，并通过与竞争对手的比较，找出物流企业竞争力中存在的优势与劣势，以便更有效地制定相应的战略措施，培养并提高企业的竞争力。

能够形成物流企业竞争优势的竞争力主要包括以下几个方面：

(1) 物流企业的市场竞争能力或市场实力，主要体现为物流服务产品或物流运作的市场竞争力。企业竞争主要集中在市场竞争，市场竞争优势和市场竞争能力是企业竞争力的突出表现，也是竞争力评估的重要方面之一。对其衡量主要采用市场销售额及其增长率、市场占有率及其增长率、市场覆盖率、投资收益率、销售利润率、市场应变能力、行业或区域市场影响率、品牌知名度、服务满意度等指标，以及企业物流服务产品相对于竞争对手在技术性能、质量、成本、价格等方面所具有的优越性。

(2) 企业技术能力或技术实力，特别是信息技术能力。它是衡量物流企业技术发展状况及其革新、技术改造的投入、水平及产出效率的重要方面，是企业进步的基础与关键条件，常常可能成为企业发展的瓶颈因素。对其衡量主要采用技术装备现状及其更新水平、设备技术领先程度、物流信息系统建设水平、技术人员比重、技术开发经费比重、开发创新能力、技术改造资产比重、专利拥有比例等指标。

(3) 财务实力或财务管理能力，主要包括企业内部财务控制管理能力和资本运营能力。其衡量指标有反映财务效益状况的净资产收益率，反映资产营运状况的总资产周转率、固定资产周转率、应收账款周转率，偿债能力如资产负债率，发展能力如资本积累率或增长率、固定资产成新率、近几年利润平均增长率、长期发展能力预测等。

(4) 人力资源开发与管理能力。人力资源是物流企业最宝贵的资源，对其开发与管理会直接影响到企业的持续发展与繁荣，人力资源开发与管理能力主要包括企业在人才招聘、培训、使用、考核、激励方面的能力。其衡量指标包括企业管理人员、技术人员与一般员工的数量比例，员工文化程度或人员素质结构，员工知识技能培训状况，人事匹配状况，员工工作满意度等。

(5) 组织协调与管理能力。物流企业的竞争力很大程度上要依赖于企业在物流运作中对内部组织网络（包括项目、职能部门和分支机构）的管理能力，以及与供应商、客户企业及其分销商、零售商和最终顾客、竞争对手、政府或其他利益相关者的关系处理与协调能力。因此，组织协调与管理能力的强弱，直接关系到企业竞争优势的发挥。对这方面能力的衡量主要采用均衡率、聚合力、信息沟通水平、物流服务的满足率、组织结构合理性或适用性、企业文化建设状况等指标。

(6) 战略管理能力，即企业对外部环境的适应程度，以及根据外部环境的特征、变化规律来制定企业总体规划的能力，主要包括对外部环境的洞察、预测、响应或适应能力，以及根据环境变化及时有效地规划或调整企业战略发展方向与策略的能力，可以采用市场响应速度、战略规划成功率等指标大致衡量。

物流企业竞争力如表 3—5 所示。

表3—5　　物流企业竞争力

企业能力类型	竞争力内容
市场竞争能力	市场销售额及其增长率、市场占有率及其增长率、市场覆盖率、投资收益率、销售利润率、市场应变能力、行业或区域市场影响率、品牌知名度、服务满意度
技术能力	技术装备现状及其更新水平、设备技术领先程度、物流信息系统建设水平、技术人员比重、技术开发经费比重、开发创新能力、技术改造资产比重、专利拥有比例
财务管理能力	净资产收益率、总资产周转率、固定资产周转率、应收账款周转率、资产负债率、资本积累率或增长率、固定资产成新率、近几年利润平均增长率、长期发展能力预测
人力资源开发与管理能力	管理人员、技术人员与一般员工的数量比例，员工文化程度或人员素质结构，员工知识技能培训状况，人事匹配状况，员工工作满意度
组织协调与管理能力	均衡率、聚合力、信息沟通水平、物流服务的满足率、组织结构合理性或适用性、企业文化建设状况
战略管理能力	市场响应速度、战略规划成功率

案例3—6　中远特种船运输的能力优势

1. 规模能力

中远拥有国内规模最大、位居世界前列的特种船队。船队装备比较先进，吨位和结构多样化，航线覆盖全球，同时还拥有多用途船、杂货船、半潜船和重吊船等多种类型的船舶，能够为客户提供多样化、一揽子的运输服务，满足客户全方位的运输需求。

2. 品牌能力

经过多年的潜心经营，中远在特种船运输方面与众多客户建立了稳固的合作关系，在业内树立了良好的品牌形象，并成功打造了波斯湾、红海、西非、孟加拉、南美等“金牌”航线，具有很强的竞争力，占有较高的市场份额。同时，公司通过两艘具有世界最先进水平的半潜船几年来的成功运营，在海上工程市场占据了突出的地位，享有良好的声誉，为公司在该领域的发展奠定了良好的基础。

3. 人才管理能力

中远航运拥有一支知识全面、经验丰富、训练有素的特种船专业人才队伍。公司的高级管理人员都拥有多年的航运经营、船舶管理和企业管理经验，经历过多个航运市场周期，对国际及国内的市场变化和客户需求有非常深刻的了解和认识。公司的航运经营和船舶管理人员都有着丰富的市场经验和较高的管理水平，能够使船舶保持较佳的运营状态，并能为客户设计个性化的运输方案，满足客户的差异化需求。

4. 服务能力

中远航运拥有符合国际标准的安全质量管理体系，在特种杂货运输领域建立了较高的服务水准，能为客户提供高质量的服务，不仅能保证最少的货损、货差，而且能够提供最具效率的运输和装卸。同时，公司还通过增加服务的附加值和提升供应链服务，满足客户不断增长的服务需求。另外，公司以高密度的固定航线为客户提供稳定、及时、便捷的运输服务。

5. 经营网络能力

中远航运不仅可以充分利用中远集团的全球网络，而且还根据经营的需要，通过设立市场分部、向国外派驻经营揽货人员、与国内外代理建立战略合作关系等方式，初步构建了全球市场网络和高效的揽货体系。

资料来源：邱波，于文豪：《中远特种船运输的发展》，载《世界海运》，2008（4），6～8页。

3.2.4 物流企业核心竞争力

一般来讲，核心竞争力是企业长期形成的，蕴含在企业内质中的，支撑企业过去、现在和未来的竞争优势，并能使企业长时间内在竞争环境中取得主动的核心能力。它不仅仅表现为企业拥有的关键技术、产品、设备或企业特有的运行机制，更为重要的是能够体现上述技能与机制之间的有机融合。企业核心竞争力是占据核心地位的、影响全局的竞争力，是产品竞争力、营销竞争力、研发竞争力和管理竞争力等的统领。例如，大田集团把物流市场运作能力作为自己的核心竞争力，以快速为龙头，以空运为主导，带动普通货运的发展，建立了独特的大田物流服务体系。

核心竞争力是企业持续发展的动力源泉，它与一般意义上的竞争力有很大区别，其特点主要体现在以下几个方面：

(1) 客户价值性：一种核心竞争力必须能够给客户带来有效的价值。

(2) 差异性：一个企业拥有的核心竞争力必须是独一无二的，即其他企业所不具备的，至少是暂时不具备的，这是企业成功的重要因素。

(3) 可拓展性：核心竞争力具有一定的拓展性，能为企业打开多种产品市场提供帮助。

(4) 难以模仿性：核心竞争力是企业集体累积性学习的结果，深深地打上了企业组织的烙印，这种能力难以复制。

(5) 持久性：核心竞争力不会在短期内贬值或者消失，并能够通过动态的发展得以维持。

物流企业核心竞争力不仅具有一般企业核心竞争力的基本特征，还具有行业自身的其他特征。物流企业核心竞争力体现在市场、技术和管理等三个层面：市场层面主要分析物流企业的核心业务（主营领域）和核心产品（主要产品）；技术层面主要分析物流企业的优势技术和专长；管理层面主要分析物流企业核心竞争力的发展能力。

对物流企业核心竞争力而言，在市场层面实际上是物流市场运作能力；在技术层面主要是物流体系创新能力；在管理层面实际上是物流运营管理能力，如图 3—3 所示。

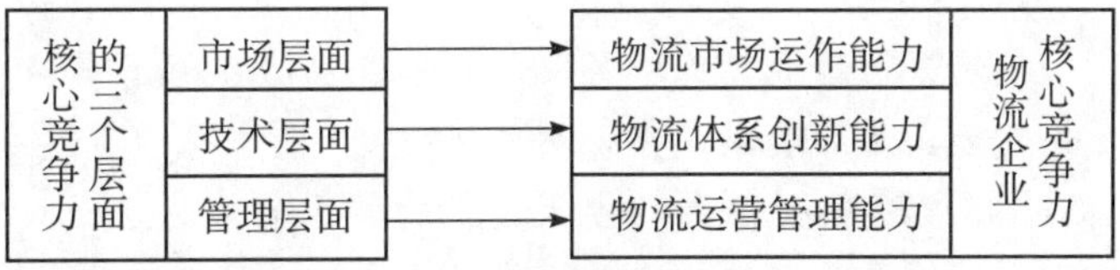

图 3—3 物流企业核心竞争力分析图

物流企业最主要的核心竞争力有以下三种：

（1）物流市场运作能力：具体表现为物流服务品牌忠诚度高、市场占有率高、订单完成率高、运作成本低、运作时效性好、适应新业务快、意外处理能力强、服务柔性化强等。

（2）物流运营管理能力：包括内部管理能力和外部管理能力。其中内部管理能力包括企业规模经济（网络化）、订单管理、库存管理、运输优化等方面。外部管理能力包括信息服务、客户关系管理、公共关系管理、品牌提升等方面。

（3）物流体系创新能力：主要表现为物流创新服务的研究与开发、物流体系综合规划等。

以上三种核心竞争力的具体表现如表 3—6 所示。

表 3—6　　物流企业三种核心竞争力的表现

共同特征	类别	具体表现	
客户价值性 差异性 可拓展性 难以模仿性 持久性	物流市场运作能力	物流服务品牌忠诚度高、市场占有率高、订单完成率高、运作成本低、运作时效性好、适应新业务快、意外处理能力强、服务柔性化强等	
	物流运营管理能力	内部管理能力	企业规模经济（网络化）、订单管理、库存管理、运输优化等
		外部管理能力	信息服务、客户关系管理、公共关系管理、品牌提升等
	物流体系创新能力	物流创新服务的研究与开发、物流体系综合规划等	

案例 3—7 港口物流的核心竞争力

港口物流是特殊形态下的综合物流体系，作为物流过程中的一个不可替代的重要节点，完成整个供应链物流系统中基本的物流服务和衍生的增值服务。港口物流的核心竞争力可以用图 3—4 的树形模型来表示。

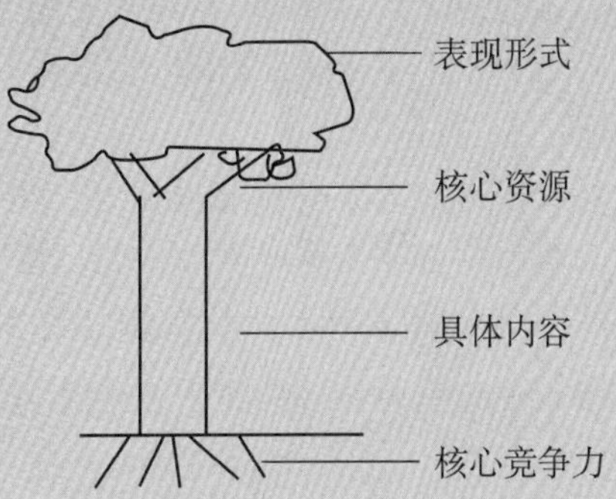

图 3—4 核心竞争力的树形模型

1. 树冠——表现形式

港口物流提供的服务，如便捷、高效、吞吐量大等货物运输能力，通关效率，装卸效率，集疏运便捷程度等是核心竞争力的表现形式。

在竞争日趋激烈的今天，货物转运功能的基础设施建设、信息化水平和服务体系是港口物流的三个必要条件。随着客户对物流效率要求的提高，港口物流应加强基础设施建设，进一步缩短货物停留的时间，同时做到准确、安全。随着中国对外贸易业务的逐年增多，港口物流的市场机会也在增大，通过加强基础设施建设能够使港口具有更大的容量来吸纳更多的业务。

对于物流效率和港口容量的问题，在加大基础设施投入的同时也要注重物流供应链信息化的建设。基础设施建立的是实体供应链，而信息化能够通过虚拟供应链的形式优化现有的基础设施。在硬件设备等同的条件下，通过信息化手段优化效率除了能够满足客户对货物运输的要求，也能够使货物运输在各个节点上安全、准确，同时还会大大降低管理成本。

物流行业发展到今天，已经形成了多维交错的运输渠道，现代化港口物流不应单一地发展水路运输，货物到港后的其他短途运输也是近年来港口物流周边服务的重要内容，建设与其他城市相通的公路、铁路使客户对该港口更具有依赖性。

2. 树枝——核心资源

港口物流的先进技术、优秀人才、完善的市场网络、优惠的政策支持等是其核心资源。

高效率双小车起重机、无人驾驶自动导引小车系统（AGVS）、自动化集装箱堆栈系统、对集装箱物流的跟踪与监控、自动化大门通道系统、无线终端等先进技术与设备的应用，大大提高了港口物流的效率，改进了其服务质量。

对港口物流企业来说，专业的管理型与技术型人才是员工队伍中的核心力量。

优惠的政策是对港口物流发展的强有力的支持。自1990年起，我国先后设立了15个保税区，并赋予其优惠政策和最大的开放度，使其具有“境内关外，自由免税”的性质。2009年4月8日，交通运输部与国家发改委联合下发《关于延续港口设施保安费政策的通知》，决定延续港口设施保安费政策，收取范围、标准和使用管理仍按原规定不变，从而保证了我国港口履行国际公约工作的顺利开展，以及我国对外贸易活动的顺利进行。

3. 树干——具体内容

科学决策能力、人力资源管理能力、完善的生产管理体制、资本运作能力是核心竞争力的主要内容。具体表现为法律、专家咨询，人力资源计划及其组织结构设计，集装箱码头的装卸、储存、拆装箱管理系统，水路运输、中转、多式联运、货运代理、船舶代理服务系统，业务网络拓展及营销等。

4. 树根——核心竞争力

经营管理能力是港口物流的根本，是其核心竞争力的体现。

3.3 SWOT 分析模型

SWOT 分析法（也称 TOWS 分析法、道斯矩阵）即态势分析法，20 世纪 80 年代初由美国旧金山大学的管理学教授韦里克提出，经常用于企业战略制定、竞争对手分析等场合。

3.3.1 SWOT 分析模型的含义

SWOT 分析是一种通过综合考虑企业内部条件和外部环境的各种因素而选择最佳经营战略的方法。其中：S 代表企业内部的优势（strength）；W 代表企业内部的劣势（weakness）；O 代表企业外部环境的机会（opportunity）；T 代表企业外部环境的威胁（threat）。

优劣势分析主要着眼于企业自身的实力及其与竞争对手的比较，而机会和威胁分析则将注意力放在外部环境的变化及对企业的可能影响上。在 SWOT 分析时，应把所有的内部因素（即优劣势）集中在一起，然后用外部的力量来对这些因素进行评估。

SWOT 分析模型的结论可以帮助企业明确优势、去除劣势、把握机会、规避威胁，从而做到以扬长避短的方式去争取竞争的胜利，把握住稍纵即逝的机会，并通过对机会的把握来实质性地规避威胁。同时，管理咨询人员借助 SWOT 分析模型概括主要事实，并在内部和外部分析的基础上进行预测，了解所服务的企业客户所面临的主要和次要问题，作出有利于企业发展的战略决策。

3.3.2 SWOT 分析的步骤

（1）确认当前的战略。

（2）确认企业外部环境的变化（波特五力或者 PEST）。

（3）根据企业资源组合情况，确认企业的关键能力和关键限制。

（4）按照通用矩阵或类似的方式打分评价。把识别出的所有优势分成两组，分的时候以两个原则为基础：它们是与行业中潜在的机会有关，还是与潜在的威胁有关。用同样的办法把所有的劣势分成两组，一组与机会有关，另一组与威胁有关。

（5）将结果在 SWOT 分析图上定位，如图 3—5 所示。或者用 SWOT 分析表，如图 3—6 所示，将上述分析出的优势和劣势按机会和威胁分别填入表格。

（6）进行战略分析。

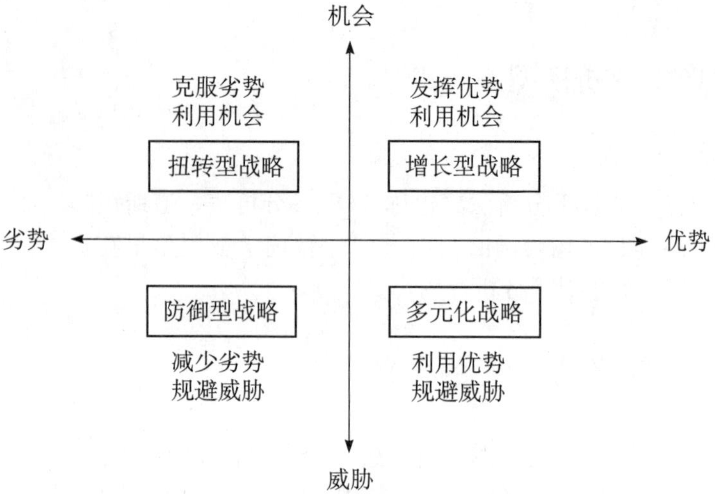

图 3—5　SWOT 战略分析的框架

内部因素

外部因素	优势	劣势	
	2. 利用	3. 改进	机会
	4. 监视	1. 消除	威胁

图 3—6　SWOT 分析表

3.3.3　SWOT 案例分析

在此，以 A 物流公司为例，对其进行 SWOT 分析。该公司是某省最大的物流配送运营企业，主要分析其汽车物流业务。A 公司通过对自己所处的竞争环境的分析，对其优势、劣势、机会、威胁进行了概括，如表 3—7 所示。

表 3—7　A 物流公司 SWOT 分析所考虑的因素

	潜在外部机会（O）	潜在外部威胁（T）
外部环境	1. 集团公司巨大的物流规模。 2. 本地区尚无专业化的汽车物流企业。 3. 潜在的市场和客户。 4. 当地政府出台了加快物流发展的政策。 5. 公司地区 GDP 连年以两位数增长，人均可支配收入增长快。	1. 实力雄厚的物流公司进入汽车物流市场。 2. 客户需求的个性化趋势。 3. 竞争对手依托信息技术大力建设物流信息网，发展物流信息，吸引高端客户。 4. 竞争对手依托更先进的物流配送网络体系发展即时（JIT）配送，吸引高端客户。

	潜在内部优势（S）	潜在内部劣势（W）
内部环境	1. 良好的财务资源（资金）。 2. 用户的良好印象（品牌）。 3. 适应力强的经营战略及其他（企业文化）。 4. 拥有比较完善、可控性强的纵向组织物流营销系统。 5. 技术基础好。	1. 与竞争对手相比，管理有待改进。 2. 人员整体素质有待提高。 3. 信息系统等基础工作有待完善和提高。 4. 在主要经营的物流业务上，定价缺乏自主权。 5. 计划经济遗留下来的以及不断改组造成的不良资产多。

A物流公司通过对照分析，根据SWOT战略的框架制定了该公司的战略。公司试图将战略建立在其优势的基础上并消除劣势。当一个公司不具备利用机会去避免威胁所需的技能时，就可以从SWOT分析中识别必要的资源，采取措施获得优势并减少劣势。公司战略选择矩阵要求公司在进行战略选择时主要考虑“公司战略的基本目标”和“公司获得发展的资源来源”，从而提出可供选择的多种组合战略方案，如图3—7所示。

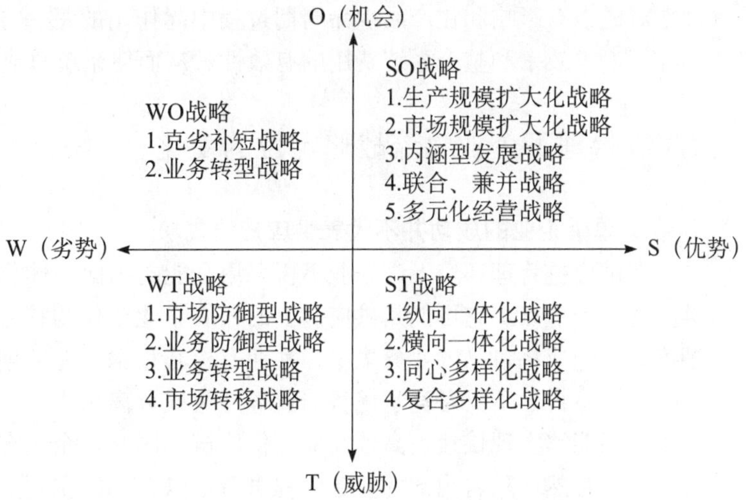

图3—7　A公司的SWOT组合战略方案

由实例可见，SWOT分析简便、实用、有效，通过对照，能够把企业外部环境中的机会和威胁、企业内部环境中的优势和劣势联系起来进行综合分析，使管理者更加直观、正确地制定企业战略。

3.4　供应链管理下的物流战略管理环境

3.4.1　供应链管理的内涵

供应链的概念主要包括以下几个方面：

（1）供应链的参与者：供应商、制造商、经销商、物流商等。

（2）供应链活动：原材料采购、运输、加工制造、送达顾客、产品回收等。

（3）供应链中的三种流：物流、信息流和资金流。

（4）供应链的拓扑结构：链条、网络、网链等。

由此可以认为，供应链是包括原材料采购、运输、加工制造、送达顾客以及产品回收等一系列增值活动所构成的网链结构，物流、信息流和资金流在提供这些活动的供应商、制造商、经销商、物流商之间贯穿始末。

供应链强调围绕核心企业的网链关系，由核心企业的供应商、供应商的供应商，以及用户的用户组成一个统一的整体。供应链成员之间不再是传统的交易关系，而是长期合作、信息共享、风险与利益共担的战略伙伴关系，供应链可以根据动态联盟的形成和解体进行快速的重构和调整。可以通过供应链管理来促进企业间的联合，进而提高企业的快速反应能力。供应链管理是一种集成的管理思想和方法，是从由供应商、制造商、分销商、零售商直到最终用户所构成的整个供应链的角度对传统企业内各业务部门间及企业之间的职能进行系统的、战略性的协调，以提高供应链及各个企业的长期绩效。可见，供应链管理把对成本有影响和在产品生命周期过程中起作用的每一方都考虑在内，其目的在于追求效率和整个系统费用的有效性，从而使系统总成本达到最小。

3.4.2 供应链管理下企业物流战略定位的变化

1. 单个企业的成功并不代表供应链的成功

在供应链管理环境下，企业不再采用全能的纵向一体化模式而是成为供应链上的一个节点，它可能是供应链上的核心企业或作为核心企业的供应商、经销商等。企业将自己的业务集中在其拥有核心技术、能够创造最大附加值的环节上，而将自己不具备竞争优势的业务外包或分离出去，并建立企业与上下游厂商之间能够实现快速、高效反应的供应链。因此，企业在进行供应链管理的过程中，必然伴随着内部的业务流程再造，以企业的主要业务流程或作业任务为改造对象，以充实和完善企业的核心业务为中心，以实现企业的价值增值为目标，重新设计企业业务流程，拆除在市场、设计、生产、销售、财务和人事等不同职能之间的“围墙”，构筑新的企业组织结构和分工体系，形成既能对市场需求作出快速反应又有较强盈利能力的企业组织，从而成为能够给整个供应链带来价值增值的重要节点企业。

2. 信息化导致供应链企业业务流程的变化

在供应链管理环境下，利用信息技术作为支持平台，信息可以实现实时共享，从而使原有的工作流程发生变化。在传统信息处理工作中，纸质媒介是主体，因此顺序处理的工作流程是最为可靠的方式；而在供应链管理环境下，借助于强大的数据库和网络信息技术，实现了企业内部工作流程的并行处理。以生产和采购业务流程为例，生产部门制定生产计划以后，采购部门就可以通过企业内部数据库读取计划内容，计算出所需的原材料和零配件的数量，迅速地制定出采购计划并同时查询数据库，获取最佳供应商的信息，及时地发出采购要约。更进一步，通过电子商务或 EDI 将采购信息发送出去，直接由供应商进行处理，因此，供应链管理与传统的业务流程相比发生了巨大变化。

3. 资源外部化对供应链企业提出新的要求

在供应链管理环境下，横向一体化的理念改变了传统的思维模式，将企业的资源概念进行了很大的扩展，更加倾向于企业外部资源配置联盟，加强了企业间业务流程的紧密性，对供应链上下游企业之间的业务进行了重新分配和调整，有些环节甚至不再需要，从而使企业之间的业务流程发生了相应变化。例如，在供应链管理环境下，通过电子商务 B2B 的形式，供应商可以直接了解提供给制造商的原材料的消耗情况，在库存量即将到达订货点时就可以提前做好供货的准备工作，从而大大缩短订货提前期。可见，供应链节点企业之间的动态联盟关系，使得上下游企业之间为处理采购和供应而设置的部门、岗位和流程需要重新设计。

3.4.3 供应链管理下的物流战略管理新环境

企业竞争环境的变化导致企业管理模式的转变，在新的竞争环境下出现了供应链管理思想。新的竞争环境体现了企业竞争优势要素的改变。20 世纪 70 年代以前，成本是主要的竞争优势，80 年代是质量，90 年代是交货时间，即所谓基于时间的竞争。21 世纪初，这种竞争优势就会转移到所谓的敏捷性上来。在这种环境下，企业的竞争就表现为如何以最快速度响应市场要求，满足不断变化的多样化需求，即企业必须在实时的需求信息下，快速组织生产资源，把产品送到用户手中，并提高产品的用户满意度。信息时代的到来、信息资源的开放性打破了企业的界限，建立了一种超越企业界限的新的合作关系，为创造新的竞争优势提供了有利的条件。因此，供应链管理的出现迎合了这种趋势，顺应了新的竞争环境的需要，使企业从资源的约束中解放出来，创造出新的竞争优势。

供应链管理实质上是一个扩展企业的概念，扩展企业的基本原理和思想体现在以下几个方面：

（1）横向思维（战略联盟）。

（2）核心能力。

（3）资源扩展/共享。

（4）群件与工作流（团队管理）。

（5）竞争性合作。

（6）同步化运作。

（7）用户驱动。

作为新型的管理理念和管理运作技术，供应链管理（SCM）理论改变了企业间的供求模式，引起了企业间相关物流形态的变化。在 SCM 下，物流战略管理面临全新的环境，如表 3—8 所示。

表 3—8　　SCM下物流战略管理的新环境

竞争的需求	竞争特性	物流战略要素
产品的开发、制造和交货速度	敏捷性	通过畅通的运输通道快速交货
货源动态重组	合作性	通过即插即用的信息网络获得信息共享与知识支持
物流系统对变化的实时响应能力	柔性	多种形式的运输网络、多点信息获取途径
用户服务能力的要求	满意度	多样化产品、亲和服务、可靠的质量

3.4.4 供应链管理下物流战略管理的新特点

1. 信息共享

通过企业间的协同合作，SCM可以降低成本、减少库存、缩短生产时间和周期、实现社会资源优化配置和客户满意，以达到各方利益的最大化。而要实现这些目标，必须保证供应链上各个节点之间的信息共享和整条链上的信息流通。用户需求信息完全、无失真的传递是发挥SCM效用的基本前提。SCM下的物流战略管理本身已不再作为一个单独的个体存在，而是纳入到整个SCM的过程中，其活动应与链上各节点保持同步。SCM系统是一个集成的系统，同时也是一个开放的系统。物流部门通过共享信息，可实现与开放系统中各方的无缝连接。

2. 协同合作

（1）供应链管理中的合作思想。供应链自提出发展到现在，经历了一个演化的过程。早期的观点认为，供应链是制造企业中的一个内部过程，其概念局限于企业的内部操作和自身资源的利用等方面。随着企业商贸活动的扩大和管理的进步，SCM逐渐注意到企业之间的联系及供应链的外部环境，此时对供应链中所有成员的关系和操作的一致性予以考虑，供应链的概念由此日趋完善。现在，供应链更强调围绕核心企业各成员之间的网链关系。哈里森（Harrison）提出的供应链是“采购原材料，将它们转化为中间产品和成品，并且将成品销售给用户的功能网链”，此定义强调了供应链的战略伙伴关系。此外，菲利普（Phillip）和温德尔（Wendell）认为供应链中战略关系很重要，通过建立战略伙伴关系，可以与重要的供应商和用户更有效地开展工作。可见，建立战略合作伙伴关系已成为SCM的重点，而强调内外资源的集成与优化利用，充分体现出SCM在供应、生产计划、物流和需求四个领域中的合作机制。

（2）SCM环境下物流战略管理的协同合作。SCM环境下的物流战略管理将关注的焦点从单纯的物流职能部门扩展到整条供应链上的所有部门，并注重加强与各部门成员的协同合作。SCM的合作思想贯穿于整个管理过程，并渗透到各个成员的具体运作之中。电子商务和SCM为现代物流的发展提供了良好的契机，企业内部自建物流、第三方物流、第四方物流等成为新型物流配送模式。无论何种模式，都充分体现出 SCM 的协同思想和合作机制。

那些实力较强，且原先已具备较为完善、畅通的销售网络和渠道的企业，较多采用了自建物流体系的方法。这种模式将物流职能作为企业核心职能的组成部分，在企业整合内部资源要素的过程中，突破以往“单独作战”的局限，与企业内各业务部门加强联系，注重综合管理，最大限度地发挥要素合作和资源重组的优势。

第三方物流是由供方与需方以外的物流企业提供物流服务的业务模式，又称外包式物流配送。这种模式为较多中小企业所采用，效益明显，已成为电子商务环境中物流战略管理的主流模式。第三方物流企业不仅在供应链后端要根据客户的要求圆满完成配送任务，而且还负责供应链前端生产商生产材料的运输，即起到原材料供应商与厂家之间纽带的作用。可以说，第三方物流贯穿于整条供应链之中，应该重视与各成员的协同。

第三方物流战略与 SCM 的共性是，将关注焦点从物流流程的某一职能扩展到跨职能、跨行业，以信息技术和组织调整作为整个流程变化的推动器，努力使物流管理流程绩效获得巨大改善。

供应链物流战略管理和第三方物流并没有特别的必然联系。供应链物流战略管理并不一定要用第三方物流模式，第三方物流也不一定要操作供应链物流业务。不过两者之间应当联系起来，利用各自的优势，协调配合进行运作。供应链物流战略管理业务最好能够承包给第三方物流公司去运作，以提高效率、降低成本、提高质量。第三方物流公司如果承包了供应链物流战略管理的业务，就应当根据供应链的特点，按照供应链的管理目标去运作，切实实现供应链物流战略管理的目标。

第四方物流是一个供应链集成商，它调集、组织、管理自己的和具有互补性服务的提供商的资源、能力和技术，以提供一个综合的供应链解决方案。实施第四方物流，可开展多功能、多流程的供应链业务，其范围远远超出传统外包运输管理和仓储运作的物流服务。与第三方物流相比较，第四方物流的参与者更多，服务范围更广，包括生产企业、供应商、运输企业、电子商务、网络工程、客户，乃至第三方物流等。它作为客户间的连接点，通过协调各方提供多样化服务，为整条供应链的客户带来利益。这种综合性供应链解决方案可有效应对客户多样化和复杂化的需求，集中所有资源为客户解决问题。

3. 形式灵活、多样化

SCM 适应于变化的需求，基于 SCM 的物流战略管理也应是灵活的、多样化的。如前面所提到的，电子商务物流模式多种多样，不同的企业可根据不同的情况和客户的实际需要选择采用不同的模式。此外，在电子商务的不同链段区间，物流战略管理的层次也不尽相同。这就要求物流经营者自身进行多重定位，适时转换角色，针对客户圈、市场需求、服务规模、产品种类、数量等条件确定相应的物流服务方案。

关键术语

宏观环境　　行业环境　　内部资源
核心资源　　PEST 模型　　波特五力模型
SWOT 分析　　核心竞争力

复习思考题

1. 促进我国物流发展的宏观政策有哪些？
2. 经济要素是如何影响我国物流企业发展的？
3. 船舶大型化对技术条件提出了哪些要求？
4. 以某物流公司为例，分析其经营的宏观环境。
5. 内部环境分析包括哪些方面？
6. 运用波特五力模型，对某航运企业进行分析。
7. 有形资源和无形资源之间的差别是什么？相对于无形资源来说，有形资源是否与创造竞争优势之间的关系更加紧密？
8. 什么是能力？物流企业如何创造自己的能力？
9. 物流企业如何确定自己的内部优势和劣势？
10. 如何确定物流企业的核心竞争力？
11. 以某物流企业为例，对其进行 SWOT 分析。
12. 供应链管理环境下的物流战略管理有哪些特点？

案例分析

沃尔玛 SWOT 分析

1. 优势（strengths）

沃尔玛是著名的零售业品牌，它以物美价廉、货物繁多和一站式购物而闻名。沃尔玛的销售额近年明显增长，它在全球进行扩张（例如，收购了英国的零售商 ASDA）。

沃尔玛的一个核心竞争力是由先进的信息技术所支持的国际化物流系统。例如，在该系统的支持下，每一件商品在全国范围内的每一间卖场的运输、销售、储存等物流信息都可以清晰地看到。信息技术也加强了沃尔玛高效的采购过程。

沃尔玛的一个焦点战略是人力资源的开发和管理。优秀的人才是沃尔玛在商业上成功的关键因素，为此它投入时间和金钱对优秀员工进行培训并建立忠诚度。

2. 劣势（weaknesses）

沃尔玛建立了世界上最大的食品零售帝国。尽管它在信息技术上拥有优势，但由于其巨大的业务拓展，可能导致它对某些领域的控制力不够强。因为沃尔玛的商品涵盖了服装、食品等多个领域，所以它可能更加专注于某一领域的竞争对手的劣势。该公司是全球化的，但是目前只开拓了少数几个国家的市场。

3. 机会（opportunities）

沃尔玛采取收购、合并或者战略联盟等方式与其他国际零售商合作，专注于欧洲或者大中华区等特定市场。沃尔玛的卖场当前只开设在少数几个国家，因此，拓展市场（如中国、印度）可以带来大量的机会。

沃尔玛可以通过新的商场地点和商场形式来获得市场开发的机会。接近消费者的商场和购物中心内部的商店可以使过去仅仅是大型超市的经营方式多样化。

沃尔玛的机会存在于对现有大型超市战略的坚持。

4. 威胁（threats）

沃尔玛在零售业的领头羊地位使其成为所有竞争对手的赶超目标。它的全球化战略使之可能在其业务国家遇到政治上的问题。

多种消费品的成本趋于下降，原因是制造成本降低，而造成制造成本降低的主要原因是生产外包（外包给世界上的低成本地区）。这就导致了价格竞争，并在一些领域内造成了通货紧缩，而恶性价格竞争是沃尔玛面临的一个威胁。

资料来源：《SWOT分析模型》，MBA智库百科（http：//wiki.mbalib.com）。

问题讨论

应用SWOT矩阵对沃尔玛的经营环境进行分析，并提出适应其发展的相关战略。

第4章 物流战略目标的设定

明确战略目标对于企业来说至关重要，而对于从事与物流行业相关业务的企业来说，制定正确合理的物流战略目标对于企业的长远发展具有极其深远的意义。本章首先探讨物流企业的使命及物流的战略性定位，进而通过物流决策三角形制定出战略目标体系，最后介绍如何制定战略目标。

引 例

渤海物流园区在锦州市物流发展中起着非常重要的作用，园区以锦州港、高天地方铁路、疏港公路为依托，建设以集散港口集装箱货物、大宗货物为主的转运配送中心，为欧亚大陆桥国际物流及国内大宗货物运输提供中转服务。因此，在规划中将渤海物流园区的功能定位为：以锦州港为依托，以铁路、公路为支撑，充分利用其地理位置和便利的交通等优势，将其建设成为面向东北中西部、内蒙古东部的规模较大、功能齐全、高效的现代化区域性国际物流中心。

资料来源：《渤海物流园区介绍》，中国锦州网（http：//www.cnjz.net）。

4.1 物流企业的战略愿景和使命定位

有效的战略决策是从公司必须朝哪个方向发展——这一愿景的确定开始的。

4.1.1 物流企业的战略愿景

企业战略愿景从字面意思上可以理解为：企业未来理想状态下的发展方向。它的基本含义是指企业战略家对企业的前景和发展方向的描述。物流企业战略愿景的含义基本同上。愿景是一个组织的领导用于统一组织成员的思想和行动的有力武器。企业愿景由核心理念和未来展望两部分组成。其中，核心理念是企业存在的根本原因，是企业的灵魂，是企业的精神，是企业的凝聚力，是激励员工不断进取的永恒力量。未来展望则代表企业追求的目标，它随着企业经营环境的改变而改变。

安得物流的战略愿景为："为员工创造机会，为客户创造优势，为股东创造回报。"德邦物流的企业愿景为："成为中国人首选的国内物流运营商。"宝供物流的企业愿景为："创造世界一流的物流企业。"

确定公司的战略愿景不仅需要文字方面的功夫——提出一个有吸引力、朗朗上口的公司口号，而且是一项深入思考"要使公司取得成功，必须向何处发展"这一问题的活动——包括选择公司参与竞争的市场，使公司走上战略性发展的轨道并沿着这一轨道发展下去。战略愿景描述了公司将要遵循的发展路径。

案例 4—1　中国远洋物流公司的战略愿景

中国远洋物流有限公司由中远集团全资控股，是居中国市场领先地位的国际化第三方物流企业。中国远洋物流有限公司以"做最强的物流服务商，做最好的船务代理人"为战略愿景，致力于为国内外广大客户提供现代化物流，国际船舶代理，国际多式联运，公共货运代理，空运代理，集装箱场站管理，仓储，拼箱，铁路、公路和驳船运输，项目开发与管理以及租船经纪等服务。公司连续三次在"中国货运业大奖"评选中荣获多项最佳奖。

中国远洋物流有限公司秉承"一切为了客户满意"的服务理念，以发展现代物流事业为己任，以科学管理为手段，以高素质人才队伍为基石，以国际化物流服务体系为依托，以传统运输代理业务为基础，悉心建设以现代科技为支撑的物流操作平台，努力做大做强综合性的运输服务体系，为广大客户实现价值最大化架设安全、便捷的通道。随着电子商务大潮席卷全球，公司紧跟时代的步伐，"无界"电商平台应运而生，为顾客提供更加优质的服务。2014 年 7 月，物流电商界新锐"无界"正式上线。作为国内最全面、最专业的物流商务平台，"无界"不仅为客户提供方便快捷、价格优惠的海运服务，同时也提供包括报关清关、国内外长短途陆运等在内的全面延伸服务，真正实现全球范围内的点到点运输。

资料来源：中国远洋物流有限公司网站（http：//www. cosco-logistics. com）。

4.1.2　物流企业的使命

企业使命是管理者为企业确定的长期发展的总方向、总目标、总特征和总指导思想。企业使命阐明了企业的基本性质和存在理由，说明其宗旨、经营哲学、信念、原则等，揭示了企业长期发展的愿景，为企业战略目标的确定提供依据。它反映了企业管理者的价值观和企业形象，揭示了本企业与行业内其他企业在目标上的差异，界定了企业的主要产品和服务范围，以及企业试图满足的顾客的基本需求。

从概念上可以看出，企业愿景与企业使命有着本质的区别。企业愿景考虑的是企业未来的发展前景和发展方向，而企业使命考虑的则是企业的业务，即考虑如何将经营重点放在已有的业务活动上，放在满足客户的需求上。

案例4—2 物流公司的企业使命举例

（1）宝供物流的企业使命：为客户提供优质高效的物流供应链服务的全面解决方案，以支持客户的发展，为推动行业发展和员工进步作出不懈的努力。作为回报，我们会得到不断提高的市场占有率和合理的利润。

（2）大连港的企业使命：以港兴市，产业报国。

（3）中海集运的企业使命：建设成为世界一流的集装箱航运物流企业。

（4）TNT速递的企业使命：我们是一个全球团队，由强有力的员工组成，他们以一种可持续的方式将企业、市场和人们联系在一起。

（5）东方物流的企业使命：不断为员工、客户和社会创造价值，实现共赢。

（6）顺丰速运的企业使命：成为最值得信赖和尊敬的速运公司。

（7）申通快递的企业使命：让客户享受快递新生活，让员工实现个人价值，让企业担当社会责任。

（8）DHL的企业使命：提升客户业务价值，吸引保留卓越人才，敢于承诺超值回报，树立企业公民形象。

（9）UPS的企业使命：对客户——为全世界的顾客提供包裹递送或者其他服务，以增进和顾客的关系。对员工——成为备受尊重的老板，注重员工福利，让他们在一个公正、富有挑战性、有益、合作的环境中施展自己的才能，并提供晋升的机会。

（10）德邦物流的企业使命：物畅其流，人尽其才。

资料来源：根据各公司网站资料整理。

一般来说，企业使命的表述应该包括以下三个方面的内容。

1. 企业生存的目的

生存定位从技巧上来讲应该说明企业要满足顾客的某种需求，而不是说明企业要生产某种产品。

物流业是一个大、中、小型企业共存并竞争的产业，其集中度不需要很高，物流企业要想长远发展，需要进行生存定位。物流服务的提供是可分离的。物流产品可分为多种子产品，分别提供运输、仓储、配送、报关、系统设计等服务，这些子产品可由不同的企业分别完成。中小型物流企业在数量和比重上都占有举足轻重的地位，在多数国家物流领域中，它们分布在采购、仓储、运输、货代、配送、销售、电子商务等环节，与大型物流企业一道构成地区、国家或全球性的物流体系。

从需求方面来说，我国产业大多集中度偏低，除石化、钢铁、自来水等一些自然垄断行业，其他的产业市场集中度都低于10%。产业规模程度低，具有物流需求规模小、批次多、区域性强的特点。我国零售企业经营产品多样化，意味着物流需求呈现小型化、多样化特点，这些分散化的物流需求有助于中小型物流企业提供个性化的服务。

2. 企业经营哲学

企业经营哲学是企业对经营活动本质性认识的高度概括，是包括企业的基础价值观、企业内共同认可的行为准则以及企业共同的信仰等在内的管理哲学。企业经营哲学的主要内容通过企业对外部环境和内部环境的态度来体现。

经营理念是企业在经营活动中所体现的价值理念，作为一种企业的价值观和信念，它影响着企业的各种经营活动，从而影响了企业的生存和发展。物流企业的经营理念需从两方面来分析：一是物流企业与客户要建立一种什么样的关系，是短期还是长期的合作关系；二是对物流服务成本的看法，是从降低本企业的成本出发还是从降低客户企业的成本出发。

案例 4—3　宜家的经营哲学与物流理念

1. 美好生活

宜家的商业理念是提供种类繁多、美观实用、老百姓买得起的家居用品。

在大多数情况下，设计精美的家居用品通常是为能够消费得起的少数人提供的。从一开始，宜家走的就是另一条道路。我们决定站在大众的一边。这意味着响应全世界人民对家居用品的需要：有着各种不同的品位、梦想、渴望和收入的人们的需要；希望改善他们的家庭和日常生活的人们的需要。

生产精美的家具并不难：只要让顾客付钱，即可办到。以低价生产美观、结实耐用的家具就不那么简单了，需要另辟蹊径。

2. 产品系列

宜家产品系列在几个方面可谓种类繁多。首先，宜家产品系列在功能上种类繁多：从植物和客厅家居用品，到玩具和整个厨房，你可以找到所需要的一切。其次，宜家产品系列在风格上种类繁多。浪漫主义者与简约主义者都可以找到自己需要的东西。

以高价制造优质产品，或者，以低价制造劣质产品，任何人都可以做到这一点。但是，以低价制造好产品，你就必须找到既节约成本又富有创新的方法。因此，在宜家，我们做事的方式有些与众不同。

3. 低廉价格

低价格是宜家的理想和商业理念的基石。宜家产品背后的思想就是低价格会使种类繁多、美观实用的家居用品为人人所有。我们不断力求将每一件事情做得更好、更简单、更有效率，并且始终更具有成本效益。

4. 瑞典传统

瑞典设计方法是宜家产品系列的基础。迄今为止，宜家产品系列都是在瑞典开发出来的。通过对颜色和材料的选择，宜家产品系列虽然不是最流行的，但却是现代的、实用的，不失美观，是以人为本和儿童友好型的，代表着清新、健康的瑞典生活方式。这些方法与宜家在瑞典南部斯莫兰的起源有着密切的关联，在那里，人们以勤劳、生活节俭和最大限度地利用有限资源而著称。

宜家发展稳健而迅速，在 60 年的时间里，发展到在全球共有 180 家连锁商店，分布在 43 个国家，雇佣员工 7 万多名，现已是全球最大的家居用品零售商。

资料来源：宜家官网（http：//www.ikea.com/cn/zh/）。

3. 企业形象

随着现代企业制度的建立，供应链管理水平的提高，企业形象成为物流企业重要的无形资产。物流企业作为供应链的节点企业，在与客户合作的过程中必须注重企业形象的塑造和建立，并把它提升到战略高度，通过树立良好的企业形象，增强物流企业的核心竞争力，提供使客户满意的物流服务。

企业形象不仅仅是商标、广告、建筑风格、企业名称等外在表现形式，更重要的是其内在构成要素，如企业经营管理的特色、企业的价值观、企业的行为、企业对质量的追求、企业是否诚实与正派、客户满意度等。

案例 4—4　英脉物流塑造专业化的物流企业形象

英脉物流有限公司于 2004 年 5 月成立，是一家集运输、仓储、配送、包装、信息提供为一体的专业化物流企业。公司与国内知名物流系统集成商合作开发了适应自身发展的 TMS/WMS 运输、仓储物流管理平台，并使用 ERP 系统将 TMS 运输管理与 WMS 仓储管理有机结合，同时与金蝶 ERP（K3 财务软件）、OA（办公自动化管理软件）、E-HR 人力资源管理软件进行对接，使得公司在物流操作、客户服务、流程审批、财务结算等方面实现一体化，最大限度地整合资源，全方位提升效率。

截至 2014 年 7 月，公司各类自有及社会运输车辆 500 多辆，仓储面积 10 000 多平方米，从业人员 100 多。在石家庄、太原、保定分别建有子公司，提供市内及周边城市的配送、仓储服务。同时，全天 24 小时为客户提供货物在途信息网上查询，以满足不同客户个性化的服务要求，使客户降低库存成本，节约流动资金，实现效益最大化。

英脉物流一直为飞乐音响、松下、先锋、法格家电、雅马哈、惠普、康乃馨、耐克、阿迪达斯、SKF（斯凯孚）、巴斯夫、百事可乐集团等著名企业提供物流服务，并在电子产品、医药、化工、冷链、快速消费品、服装、汽车零部件、大型机械设备等专业领域积累了丰富的经验。此外，英脉物流一直致力于打造数字化物流新概念，对服务的每个细节进行量化，对每个环节进行管控，通过了国际权威的 ISO 9001:2008 质量管理体系认证，为产品及时供货提供了强有力的保证。

英脉物流服务于每一个希望降低成本、提高配送速度、实现零库存的企业，恪守“客户至上、质量第一、以人为本、持续创新”的服务理念，坚持以物流服务为中心，以各级用户为依托，创建配送、运输、仓储、包装、信息提供的一体化物流管理体系，加强对内外部资源的整合，提高全公司的综合物流运作水平，塑造专业化的物流企业形象。

资料来源：英脉物流官网（http://www.gml.cn/）。

4.1.3 物流的战略性定位

物流的战略性定位是指物流企业通过其个性鲜明的物流服务，塑造出与众不同的市场形象，使之在顾客心目中占据一定的位置，从而更好地服务客户、赢得客户。物流科学而独特的战略性定位，不仅能满足市场和顾客的需要，也能提高企业自身的竞争力：在为不同的顾客群体提供服务时，检验企业的组织体制，构筑周边协作网络，从而提高服务水平和降低单位服务成本。

在物流战略的构建中，企业应着重从以下几方面进行定位。

1. 建立物流联盟型互赢模式

根据罗纳德·科斯的交易费用理论，物流联盟是为有效利用组织和市场双重优势的一种组织创新的观点，它是为了达到比单独从事物流活动更好的效果，企业间形成的相互信任、共担风险、共享收益的物流伙伴关系。物流联盟的对立面是物流的独立运作，由于各交易主体的行为是一个相互博弈的过程，因而会产生种种交易风险，如对方不按合同规定的时间配送，装卸搬运过程中故意要挟，或因一方违约而使服务中断等，都会导致物流供应链的断裂，即资源配置的“市场失灵”。物流联盟的优越性在于，交易双方契约关系的连续性使物流渠道得以畅通，有助于最大限度地降低交易费用。

物流联盟更为重要的一个优点是它特别适合规模较小的企业，由于物流包括采购、运输、仓储、包装、加工、配送等诸多环节，一个企业若想单独整合这些环节以优化供应链，并达到现代物流意义上的要求，需要具有雄厚的实力。由此，建立企业间物流联盟型互赢模式便成为具有可操作性的现实选择。通过物流企业之间的联合，比如工商企业与物流企业，物流企业与运输、仓储、货代、联运、集装箱运输等企业结成联盟，可以大大提高企业的市场竞争力。另外，还可提倡物流企业经营主体、投资主体的多元化和物流服务形式的多样化，以提升整体绩效。总之，通过联盟性的规划与作业，可以形成高度整合的供应链通道体系，使通道整体绩效大幅提升。

2. 加强精益管理以提升内部物流绩效

随着企业物流技术和物流管理手段的提高，人们越来越认识到应从物流过程的局部发展到产品流动的全过程，由点线到网络，由物流的粗放经营到对物流各环节及整体的精细要求。于是，精益管理应运而生。精益管理是起源于日本丰田汽车公司的一种管理思想，其核心是杜绝包括库存在内的一切浪费，并围绕此目标发展的一系列具体方法。精益思想的核心就是以越来越少的投入——较少的人力、较少的设备、较短的时间和较小的场地——创造出尽可能多的价值；同时越来越接近用户，提供他们确实需要的东西。精益管理对企业物流管理的意义在于：它和物流中供应链管理的思想有效地吻合起来。

企业在和外部物流的协同发展中，加强内部物流的高效性是不可或缺的重要一环，这种高效的物流通道便是精益管理的要旨，即所谓的精益物流。精益物流的优越性在于它能提供有效的价值流：从概念设想、产品设计、工艺设计到投产的产品流；从顾客订单、制定详细进度到送货的全过程信息流；从原材料制成最终产品到送到用户手中的物流。精益物流同样能保证价值流的顺畅，它使完成某一项工作所需步骤以最优的方式连接起来，形成无中断、无绕流和无等候的连续流动。

3. 以网络为依托加快信息物流的建设

在物流管理活动中，信息收集起着关键的作用。进行物流管理时，需要大量准确的信息，如市场供应数量、供应价格、需求数量、需求价格以及库存数量、品种、质量、规格，等等。任何信息的遗漏或错误都将直接影响到物流管理的效果，进而影响到企业的经济效益。因此，物流界有句格言："物流管理，信息先行。"现代物流区别于传统物流的两个最大特点是信息化和网络化。网络经济、电子商务是物流的重要技术保障，而物流的发展同样推动着网络经济和电子商务的发展，它们之间相辅相成、密不可分。因此，构建内部局域网对企业物流起着非常重要的作用。企业通过引入局域网可以实现物流管理的信息化、系统化。

4.2 物流战略目标与战略目标体系

4.2.1 物流战略目标

物流战略目标是对企业物流战略经营活动取得主要成果的期望值，是物流企业在一定时期内，根据其外部环境和内部条件，为完成使命所预期达到的结果。战略目标是企业战略的重要内容，它指明了企业的发展方向。物流战略目标的设定同时也是企业物流宗旨的展开和具体化，是企业物流宗旨中确认的物流经营目的，是物流使命的进一步阐明和界定，也是对企业开展物流战略经营活动所要达到的水平的具体规定。

物流战略目标一般有三个，即降低运作成本，减少资本投入，改进服务质量。

首先，降低运作成本。现代企业经营的核心都是获取利润，在收益不变的情况下，如果企业能够降低成本支出，就可以实现利润增加的目标。同时，因为物流成本是企业总成本的构成中具有财务杠杆作用的成本之一，所以物流成本的降低可以带来利润的数倍增加。比如，在不同的仓库位置中进行选择或者在不同的运输方式中进行选择，以形成最佳战略。在服务水平保持不变的同时，找出成本最低的方案。

其次，减少资本投入。这一目标主要集中在使投资最小化，即在保证企业利润不变的情况下，减少企业对物流设施和设备的投资。例如，为避免储存而直接将产品送达客户；放弃自有仓库，选择公共仓库；选择适时供给而不采用储备库存的方法，或者是利用第三方供应商提供物流服务。与需要高额投资的战略相比，这些战略虽然可能导致可变成本增加，但是会提高企业的总利润。

最后，改进服务质量。有人认为改进服务质量必然带来物流成本的增加，但是在成本增加的同时也带来了企业收益的增加。只要物流成本增加的幅度小于企业总收益增加的幅度，企业改进服务的物流战略就有实施的可能性和必要性。

案例4—5　东北装备制造业的物流战略目标

我国东北具有良好的装备制造业基础，劳动力成本低廉使得东北地区成为国内承接产业转移的最佳区域。同时，国内对装备制造业的巨大需求更为东北装备制造业的发展提供了难得的历史机遇。党的“十六大”报告中明确提出“支持东北地区等老工业基地加快调整和改造”的战略部署。明确物流战略目标是企业制胜的法宝之一。东北装备制造业的物流战略目标包括以下几方面：

1. 降低东北装备制造业的物流成本

在工业企业中，物流成本占销售额的13.6％，物流被称为“成本经济的最后防线”，物流对企业发展具有战略价值。通过降低成本使东北装备制造业企业获取第三利润源，主要表现在：降低企业运营总成本、减少流动资本占用以及改进资产回报率。

2. 降低企业运营成本

通过采用先进的物流设备和技术，可以极大地提高劳动生产率，降低单位物流成本，进而达到降低物流运营的可变成本的目的。这些可变成本包括：物流工作单执行（配送）的劳动力成本、库存保有成本、运营开销、配送网络的费用等。另外，实施仓储管理系统和运输管理系统等物流信息系统，可以明显降低东北装备制造业企业的物流运营成本。

3. 减少流动资本占用

物流对流动资本的影响主要有：第一，提高库存周转率。较高的物流服务水平和效率可以减少资金在企业周转过程中的积压，对库存周转率有非常重要的影响，而库存周转率的提高意味着流动资本占用减少。第二，通过降低安全库存大幅降低流动资本。我国地域分散，当东北装备制造业产品的市场覆盖面较广泛时，物流比较"长"，导致整个物流中的库存大幅增加。降低安全库存可采用提高运输可靠性和推迟部分组装环节到流通环节等方式实现。第三，通过提高东北装备制造业物流工作单执行质量，增加客户的满意度，加速客户付款过程，从而减少应付账款，帮助企业提高资金利用率。

4. 改进资产回报率

具体手段是：第一，适度采纳先进的物流技术和设备，提高物流配送效率，达到提高资产回报率的目的。第二，采用专业化的物流服务，即第三方物流服务（3PL）。企业可以借助第三方物流服务提高自身物流效率，不需要投入固定资产便可大幅提高资产回报率。第三，采用先进的物流管理系统提高企业的物流管理水平，从而改进企业的资产回报率。第四，通过提高物流设备（固定资产）的利用率，或通过资产重组——把本企业利用率很低的资产卖掉，相关业务采用专业化服务，以减少企业不必要的固定资产投入。

5. 增强企业的核心竞争力

东北装备制造业企业的核心竞争力主要包括：核心技术能力、组织协调能力、对外影响能力和应变能力。其本质内涵就是让消费者得到真正优于竞争对手的不可替代的机制、产品、服务和文化。东北装备制造业企业有浓厚的工业文明氛围，有着团结合作、爱岗敬业的企业文化，技术基础较雄厚，许多企业都处于全国同行业排头兵地位，甚至代表了我国最高水平。实施物流战略对提升东北装备制造业企业的竞争力有显著的作用。

资料来源：朱斌：《东北装备制造业物流战略目标研究》，载《商业研究》，2005（10），93～94页。

4.2.2 物流战略目标的特点

1. 全面性

物流战略目标是一个整体性要求。它虽着眼于未来，但没有忽略现在；它虽着眼于全局，但不排斥局部。科学的物流战略目标，是现实利益与长远利益、局部利益与整体利益的综合反映。科学的物流战略目标虽然总是概括性的，但它对人们行动的要求却是全面的，甚至是相当具体的。

2. 挑战性

物流战略目标本身是一种激励力量，特别是当物流企业战略目标充分体现了企业成员的共同利益，使战略大目标和个人小目标很好地结合在一起的时候，会极大地激发组织成员的工作热情和献身精神。

3. 可量化性

为了对企业的物流管理活动进行准确的衡量，物流战略目标应该是具体的和可量化的。目标必须明确、具体地说明将在何时达到何种结果。目标的定量化是使目标具有可量化性的最有效的方法。但是，由于许多目标难以数量化，时间跨度越长、战略层次越高的目标越模糊。此时，应当用定性的术语来描述它所达到的程度，要求一方面明确物流战略目标实现的时间，另一方面详细说明物流各环节工作的特点。

4.2.3 物流战略目标体系

物流战略目标不止一个，是由若干目标组成的一个战略目标体系。从纵向上看，企业的战略目标体系可以分解成一个树形图，如图 4—1 所示。

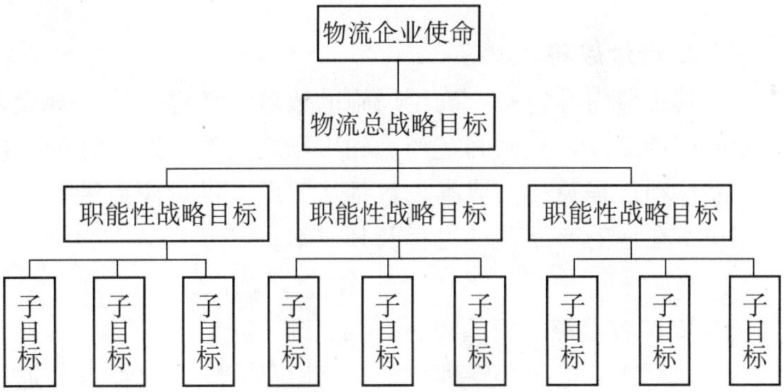

图 4—1　战略目标体系

从图中可以看出，在企业使命的基础上制定企业的总战略目标，为了保证总目标的实现，必须将其层层分解，规定职能性战略目标。也就是说，总战略目标是企业主体目标，职能性战略目标是保证性的目标。

物流战略目标体系包括四个方面的内容：客户服务目标、选址战略、库存战略、运输战略，可以用物流三角形来描述，如图 4—2 所示。物流三角形的主体是客户服务目标，其中包含产品、物流服务和信息系统等。物流三角形有三条边，在进行物流战略决策时应当权衡三条边的因素，以使物流目标（物流三角形面积）最大化。底边为选址战略，左边为库存战略，右边为运输战略。

1. 客户服务目标

企业提供的客户服务水平是制定物流战略目标的首要内容。若服务水平

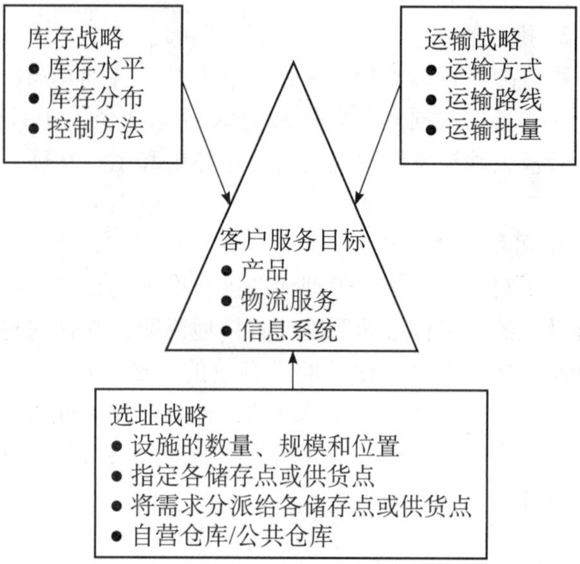

图 4—2 物流决策三角形

低，则可以在较少的储存地点集中存货，利用较廉价的运输方式。服务水平高时恰恰相反。但当服务水平接近上限时，物流成本的上升比服务水平的上升更快。因此，物流战略目标的首要任务是确定适当的客户服务水平。

2. 选址战略

其主要内容包括，确定设施的数量、地理位置、规模，并分配各设施所服务的市场范围，从而确定产品到市场之间的线路。好的设施选址应考虑所有的产品移动过程及相关成本，包括从工厂、供货商或港口经中途储存点然后到达客户所在地的产品移动过程及其成本。

3. 库存战略

库存战略指库存管理方式。将库存分配到储存点与通过补货自发拉动库存是两种不同的库存战略。除此以外，库存战略还包括：产品系列中的不同品种分别选在工厂、地区性仓库或基层仓库存放，以及运用各种方法来管理长期存货的库存水平。

4. 运输战略

运输战略包括运输方式、运输批量和运输路线的选择，这些决策受仓库与客户以及仓库与工厂之间距离的影响，反过来又会影响仓库选址决策。库存水平会通过影响运输批量来影响运输决策。

客户服务目标、选址战略、库存战略、运输战略是物流战略目标的主要内容，因为这些决策都会影响到企业的盈利能力、现金流和投资回报率。每个决策都与其他决策相互联系，在制定物流战略时必须考虑彼此之间的关系。

案例 4—6 普洛斯的战略目标体系

普洛斯是中国、日本及巴西市场领先的现代物流设施提供商。公司在新加坡证券交易所挂牌上市，在中国的34个主要市场拥有并管理着148个综合性园区，形成了一个覆盖主要物流枢纽、工业园区和城市配送中心等战略节点的高效物流网络。

1. 客户服务目标：定制化服务

所谓定制化服务，是指普洛斯根据顾客的需求，选择合适的地点，开发建设与管理专用物流设施。作为专业的物流配送设施开发商，与客户建立密切的合作关系，在合适的时间、合适的地点为客户提供合适的设施。

2. 选址战略：成本、时间、可靠性三方面综合考虑

普洛斯认为一个好的仓库选址方案必须满足客户在成本、时间和可靠性三方面的要求，因此，提出的最终解决方案在以最低总成本来完成物流运输的基础上，同时能够根据客户要求的最短运输时间、响应时间和配送时间来完成物流运送，并且能够满足客户的计划变更需求。

3. 库存战略：可调节变量，灵活变通

普洛斯增加了库存水平、空间损失率、操作库存损失率、租金价格、订货提前期、交货频率等可调节变量，用户可以根据自身的不同需求，选择以成本为主，或者以速度为主，或者以灵活度为主的方案。用户也可以通过这些变量的组合，选取最适合自己的方案。同时，普洛斯还增加了仓库面积的上限和下限选项，客户可根据自身需求对仓库面积做出调整。

4. 运输战略：使用小型货车或者第三方物流

在实际中，供货商没有装满整车时会考虑拼车，这时实际运费比模拟运费更低，如果客户属于快速反应行业，如快递行业，实际成本与计算成本会产生差异，从而影响最终方案的优化程度。对于该问题，普洛斯会对货物安排进行优化，提供使用小型货车或者使用第三方物流功能供客户选择，以提高其运输效率。客户也可以选择在不影响交货时间的情况下，等待货物装满，进行整车运输。

资料来源：普洛斯公司官网（http：//www.glprop.com.cn/）。

4.3 制定战略目标

企业物流战略的基本目标是：在保证物流服务水平的前提下，实现物流成本的最低化。具体来说，可以通过以下各个目标的实现来达到其基本目标要求。

（1）维持企业长期物流供应的稳定性、低成本、高效率。

（2）以个性化的产品或服务谋求良好的竞争优势。

（3）在环境变化时，为企业提供预警和应变力。

（4）以企业整体战略为目标追求与生产销售系统良好的协调性。

一般来说，确定战略目标需要经过调查研究、拟定目标、评价论证和目标决断这四个具体步骤。

1. 调查研究

在制定企业战略目标之前，必须进行调查研究工作。在确定战略目标的工作中还必须对调查研究成果进行复核，进一步整理研究，把机会与威胁、长处与短处、自身与对手、企业与环境、需要与资源、现在与未来加以对比。只有搞清楚它们之间的关系，才能为确定战略目标奠定可靠的基础。

调查研究既要全面进行，又要突出重点。为确定战略而进行的调查研究不同于其他类型的调查研究，它的侧重点是企业与外部环境的关系以及对未来的研究和预测。关于企业自身的历史与现状的描述固然有用，但是，对战略目标决策者来说，最关键的还是那些对企业未来具有决定意义的外部环境的信息。

2. 拟定目标

拟定战略目标一般需要经历两个环节：拟定目标方向和拟定目标水平。首先，在既定的战略经营领域内，依据对外部环境、需要和资源的综合考虑，确定目标方向；其次，通过对现有能力与手段等各种条件的全面衡量，对沿着战略方向开展的活动所要达到的水平作出初步的规定；最后，形成可供选择的目标方案。

在拟定目标的过程中，企业领导要注意充分发挥参谋人员的作用，要根据实际需要与可能，尽量多提出一些目标方案，以便对比选优。

3. 评价论证

战略目标拟定出来之后，要组织多方面的专家和有关人员对提出的目标方案进行评价和论证。

（1）论证和评价要围绕目标方向是否正确进行。着重研究拟定的战略目标是否符合企业精神，是否符合企业的整体利益与发展需要，是否符合外部环境及未来发展的需要。

（2）要论证和评价战略目标的可行性。论证与评价的方法主要是按照目标的要求，分析企业的实际能力，找出目标与现状的差距，然后分析消除这个差距可采用的措施，而且要进行恰当的计算，尽可能用数据说明。如果制定的措施对消除这个差距有足够的保证，就说明这个目标是可行的。还有一点要注意的是，如果外部环境及未来的变化对企业发展比较有利，企业自身也有办法找到更多的发展途径和措施，就要考虑提高战略目标的水平。

（3）要对所拟定的目标完善程度进行评价。要着重考察：1）目标是否明确。所谓目标明确是指目标应当只能有一种理解；多项目标必须分出主次轻重；实现目标的责任必须能够落实；实现目标的约束条件要尽可能明确。

2）目标的内容是否协调一致。如果内容不协调一致，完成其中一部分指标势必会影响另一部分指标，那么目标内容便无法完全实现。3）目标是否有改善的余地。

如果在评价论证时，人们已经提出了多个目标方案，这种评价论证就要在比较中进行。通过对比、权衡利弊，找出各个目标方案的优劣。

拟定目标的评价论证过程，也是目标方案完善的过程。通过评价论证，找出目标方案的不足，并想方设法使之完善。如果通过评价论证发现拟定的目标完全不正确或根本无法实现，就要重新拟定目标，然后再重新评价论证。

4. 目标决断

在决断选定目标时，要注意从以下三方面权衡各个目标方案：（1）目标方向的正确程度；（2）可实现的程度；（3）期望效益的大小。对这三个方面要综合考虑。所选定的目标，以上三个方面的期望值都应该尽可能大。目标决断还必须掌握好时机，因为战略决策不同于战术决策。战术目标决策常常时间比较紧迫，回旋余地很小，而战略目标决策的时间压力相对不大。在决策时间问题上，一方面要防止在机会和困难都还没有搞清楚之前就轻率决策；另一方面不能优柔寡断、贻误时机。

从调查研究、拟定目标、评价论证到目标决断，确定战略目标的这四个步骤是紧密结合在一起的。后一步的工作依赖于前一步的工作，在进行后一步的工作时，如果发现前一步工作的不足，或者遇到了新情况，就需要回过头去，重新进行前一步或前几步的工作。

案例 4—7　美国运输部的战略使命与目标

1. 战略使命

以最低的成本制定和执行使交通运输更快捷、更安全、更方便有效的政策和计划，并且这些政策和计划要与人民福祉、经济稳定和增长、国家安全、资源的保护和有效利用等国家目标相一致。

2. 战略目标

提高运输的安全性：通过减少交通事故引起的伤亡来提高公众的健康与安全。

提高运输的机动性：提高旅客和货物运输的效率和联运水平，增强交通的可接近性。

加强运输的全球连通：提高国内和全球交通系统的效率，促进经济发展。

加强环境保护：提倡有利于保护社会和自然环境的交通方案。

保障国家安全：平衡国内外交通安全要求与个人、商业对机动性要求间的关系。

促进组织优化：提高运输部设法取得成果的能力，完成总统管理议程设定的目标。

3. 以全球连通的战略目标体系为例

与忠于职守、为全国纳税人谋福利的运输部战略目标一致，通过运输部《年度绩效计划》提出的测评指标来衡量实现全球连通战略目标的进展，具体包括表 4—1 所列的每个战略目标、战略对象和衡量指标的范围、可获得资源、局限性以及统计结果的详细信息。

表 4—1　全球连通的战略目标和绩效指标

战略目标	绩效指标
减少货物运输和服务的贸易壁垒	减少壁垒的衡量指标： 国际市场上开放航空客运协定的数量
国际货运更高效	高效的货运行为指标： 美国圣劳伦斯水域航行季节的适航天数的比例 在重要货运通道的运行时间 过境停留时间
提高美国运输机构和制造商的国际竞争力	提高竞争力的行为指标： 根据航空协定开放竞争的海外机场数量
规章制度的标准化和便利化要求	统一需求的行为指标： 最终定案的规章数量
为乘客出行提供最具竞争力的、成本低廉的、高效的运输环境	乘客环境行为指标： 根据多边或区域协定开放竞争的客运市场数量
为所有的商业机构尤其是妇女和残疾人经营的机构提供更多机会	扩大机会的行为指标： 运输部与妇女经营的运输机构直接签订的合同金额比例 运输部与残疾人经营的运输机构直接签订的合同金额比例

资料来源：美国运输部网站（http：//www. dot. gov/）。

关键术语

企业使命　　物流战略目标

物流战略目标体系　　物流决策三角形

复习思考题

1. 什么是物流企业的愿景、使命与目标？
2. 举例说明物流企业的经营哲学。
3. 物流企业形象包括哪些方面？对物流企业的经营有什么重要作用？
4. 物流的战略性定位有何重大意义？
5. 物流战略目标有哪些？
6. 如何合理制定物流战略目标？

7. 以某物流企业为例，分析其战略目标体系。
8. 物流战略目标体现在哪些方面？如何实现？

案例分析

促进海运业健康发展的战略目标与重点任务

海运业是经济社会发展重要的基础产业，在维护国家海洋权益和经济安全、推动对外贸易发展、促进产业转型升级等方面具有重要作用。近年来，我国海运业发展迅速，成就显著。同时也要看到，当前海运业发展还不能完全适应经济社会发展的需要，仍然存在战略定位和发展目标不清晰、体制机制不顺、结构不合理、配套措施不完善、运营管理水平不高、核心竞争力较弱等问题。加快推动海运业健康发展，对稳增长、促改革、调结构、惠民生具有重要意义。

1. 指导思想

以邓小平理论、“三个代表”重要思想、科学发展观为指导，深入贯彻党的十八大和十八届二中、三中全会精神，认真落实党中央、国务院的各项决策部署，坚持把改革创新贯穿于海运业发展的各领域各环节，以科学发展为主题，以转变发展方式为主线，以促进海运业健康发展、建设海运强国为目标，以培育国际竞争力为核心，为保障国家经济安全和海洋权益、提升综合国力提供有力支撑。

2. 基本原则

保障经济安全、维护国家利益。站在维护国家利益的高度，高度重视，统筹谋划，综合施策，建立保障有力的海运船队，服务经济社会发展全局，保障国家经济安全。

深化改革、优化结构。深化海运业体制机制改革，完善海运企业法人治理结构，创新发展模式，优化组织结构、运力结构和运输结构，促进海运业可持续发展。

企业主体、政府引导。遵循海运业发展规律，充分发挥市场在资源配置中的决定性作用，更好地发挥政府作用，借鉴国际经验，完善海运业发展相关配套政策，培育和提升核心竞争力。

全面推进、协同发展。充分发挥各方面的积极性，形成合力，深化海运业与相关产业的合作，营造协同互补、互利共赢的发展环境。

3. 发展目标

按照全面建成小康社会的要求，到2020年，基本建成安全、便捷、高效、绿色、具有国际竞争力的现代海运体系，适应国民经济安全运行和对外贸易发展需要。

保障经济社会发展。全球海运服务不断拓展，船队规模和港口布局规划适度超前，重点物资运输保障能力显著提高，在综合交通运输体系中的比较优势进一步发挥。

国际竞争力明显提升。海运服务贸易出口额明显增加，进出口平衡发展，海运服务贸易规模位居世界前列；形成具有较强国际竞争力的品牌海运企业、港口建设和运营商、全球物流经营主体，基本建成具有国际影响力的航运中心。

在国际海运事务中的地位不断提高。

4. 重点任务

（1）优化海运船队结构。建设规模适度、结构合理、技术先进的专业化船队。大力发展节能环保、经济高效的船舶，积极发展原油、液化天然气、集装箱、滚装、特种运输船队，提高集装箱班轮运输国际竞争力。有序发展干散货运输船队和邮轮经济，巩固干散货运输国际优势地位，培育区域邮轮运输品牌。

（2）完善全球海运网络。优化港口和航线布局，积极参与国际海运事务及相关基础设施投资、建设和运营，扩大对外贸易合作。加强重要国际海运通道保障能力建设，完善煤炭、石油、矿石、集装箱、粮食等主要货类运输系统，大力发展铁水联运、江海联运，推进深水航道和集疏运体系建设。

（3）推动海运企业转型升级。完善海运企业治理结构，转变发展理念，创新技术、产品和服务。加快兼并重组，促进规模化、专业化经营，提升抗风险能力和国际竞争力。在做强做优海运主业的同时，适度开展多元化经营。实施“走出去”战略，鼓励中资海运企业对外投资和跨国经营。有序发展中小海运企业，促进就业。

（4）大力发展现代航运服务业。推动传统航运服务业转型升级，加快发展航运金融、航运交易、信息服务、设计咨询、科技研发、海事仲裁等现代航运服务业。建立市场化运作的海运发展基金。创新航运保险，降低融资成本，分散风险。

（5）深化海运业改革开放。深化国有海运企业改革，积极发展国有资本、民营资本等交叉持股、融合发展的混合所有制海运企业。坚持规则平等、权利平等、机会平等，引导和鼓励符合条件的民营企业从事海运业务。稳步推进对外开放，在风险可控的前提下，在中国（上海）自由贸易试验区稳妥开展外商成立独资船舶管理公司、控股合资海运公司等试点。

（6）提升海运业国际竞争力。引导要素和产业集聚，加快建设国际海运交易和定价中心，打造国际航运中心。积极参与相关国际组织工作，提高参与制定国际公约、规则、标准和规范的能力和水平，树立负责任的海运大国形象。深化双边、多边合作，维护我海运和海员权益。建设国际一流的船舶检验和海运科研教育机构。

（7）推进安全绿色发展。强化安全意识，健全规章制度，落实责任，加大隐患排查力度。完善海运突发事件应急体系建设，提高安全监管和突发事件应急处置能力，着力提升海（水）上搜救、海上溢油等监测与处置能力，进一步理顺安全监管体制。加强船舶能源消耗和污染物排放管理，推动节能减排技术和清洁能源在海运业的推广应用，优化用能结构。

资料来源：《国务院关于促进海运业健康发展的若干意见》（国发［2014］32号），2014-08-15。

问题讨论

1. 我国海运业发展的战略目标及重点任务都有哪些？
2. 如何有效实现我国海运业的发展目标？

第 2 篇　物流战略规划

贯穿生产和流通全过程的物流，在降低企业经营成本、创造第三利润源的同时，也在全球市场竞争环境下，发挥着举足轻重的作用，物流成为企业经营主角的时代已经到来。很多企业认识到发展物流的潜力，但往往感觉无从着手。要获得高水平的物流绩效，创造顾客的买方价值和企业的战略价值，必须了解一个企业的物流系统的各构成部分如何协调运转与整合，并进行相应的物流战略规划。

本篇从物流企业战略层次及物流功能战略的视角，结合翔实的案例，分析物流企业的战略类型、战略特点、战略的利益及风险等。根据物流企业的发展目标，制定相应的战略规划，增强企业经营活动对外部环境的适应性，确保企业各个部分协调运作，保持企业的长期竞争优势。

第5章 物流公司层级战略规划

公司层级战略旨在确定企业的长远整体发展方向，涉及整个公司，主要关注的是企业为实现长期盈利最大化，应在哪些产业中竞争，如何进入或退出业务等。本章介绍三种提高公司战略优势和盈利能力的公司层级战略，主要包括扩张型发展战略、稳定型发展战略、紧缩型发展战略，并从每种战略的类型、特点及优缺点方面进行详细阐述。

引 例

1995年以前，德国邮政还是一家以臃肿不堪、效率低下而闻名于世的官僚机构。十年后，出资55亿欧元现金加股票收购英国物流集团Exel，德国邮政不但成为营收430亿欧元的全球邮政行业的先行者和领头羊，而且成为世界上最大的物流集团之一。

从净收入来看，德国邮政的四大业务邮政、快递、物流和金融分别占49%，21%，18%和12%。特别是从物流业务在地域上的分布来看（从净收入看），德国、法国、意大利和欧洲其他国家分别占23%，17%，8%和23%，斯堪的纳维亚、美洲、澳大利亚分别占12%，11%和6%，真正实现了全球化。

德国邮政利用一系列的扩张战略加上巧妙整合资源，用短短十年的时间打造出世界著名的物流集团。并购扩张战略，使得一个地方性的邮政公司通过合纵连横式的并购成为欧洲数一数二的大型物流集团；同一品牌扩张战略，即不管什么业务，都打出“同一品牌以同样面貌迎客”的口号，体现德国邮政全球网络向客户提供“一站式”服务的理念；抢先进入扩张战略，即提前进入对手尚未顾及的市场来弥补规模上的差距。

资料来源：《德国邮政扩张战略网罗世界》，无忧考网（http：//www.51test.net/）。

5.1 扩张型发展战略

扩张型战略（expansion strategy）又称发展型战略，从企业发展的角度看，任何成功的企业都应当经历长短不一的扩张型战略实施期，因为从本质上说，只有扩张型战略才能不断地扩大企业规模，使企业从竞争力弱小的小企业发展成为实力雄厚的大企业。根据企业所处的外部环境和所拥有的内部资源条件的差异，物流扩张战略有不同的选择，其基本类型如图 5—1 所示。

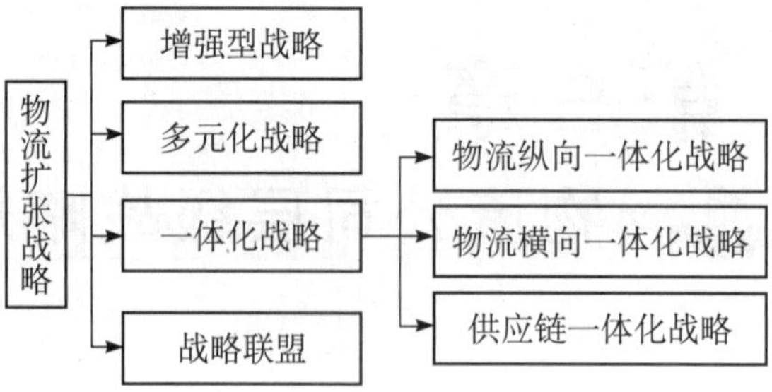

图 5—1　物流扩张战略的基本类型

5.1.1　增强型战略

增强型战略（reinforcement strategy），是指企业充分利用现有服务的潜力，通过强化现有服务地位来寻求未来发展机会的一种战略。这种战略的重点是加强对原有市场或服务的开发。增强型战略主要包括三种类型，即市场渗透战略、市场开发战略和业务开发战略。

1. 市场渗透战略——现有服务和现有市场

市场渗透战略是指企业通过更大的营销努力，提高现有服务水平和市场份额的企业发展战略。在我国 50 强企业中可以看到许多熟悉的名字：东方电子、乐凯胶片、青岛海尔、同仁堂、风华高科、中集集团、佛山照明、深圳万科，等等。这些企业都是通过实施市场渗透战略，充分挖掘产品的现有市场需求，它们的很多产品不但占领了国内市场，在国际市场上也抢得一席之地。

市场渗透战略可以通过以下途径实现：

（1）扩大市场份额。包括提高现有顾客的使用频率，吸引竞争对手的顾客和潜在用户使用现有服务。这个方法特别适用于整体正在成长的市场。企业可以通过提供折扣或借助广告来增加现有市场中的业务收入；采取多样化的促销手段或加强公关宣传，或通过改进物流营销方式来提高其服务水平；通过改进业务和服务水平来提高其对消费者的吸引力并降低成本。比如，中海油运在金融危机环境下进一步开发盈利水平相对较高的远东—美国西行航线市场，积极抓住国内海洋油运市场新增量以及新启动的炼厂项目，从而提高了竞争力，扩大了市场份额。

（2）开发小众市场。即在行业的一系列小众市场中获得增长，扩大总的市场份额。如果与竞争对手相比企业的规模较小，那么这种方式尤为适用。

（3）保持市场份额。企业通过控制业务或服务的价格，保持相对稳定的利润，或者通过加强促销、提供差异化服务等，在激烈的市场竞争中保持稳定的市场份额。

2. 市场开发战略——现有服务和新市场

市场开发战略是通过发展新顾客群或新市场来扩大服务的战略。市场开发可以分为区域性开发、国内市场开发和国际市场开发等。可以实现该战略的途径有：

（1）开辟其他区域市场。如果在当前市场上企业现有的服务已经没有进一步渗透的余地，就必须设法开辟其他区域的市场。起源于荷兰的国际快递巨头TNT，近年来加速与中国国内数十万个公路运输商争抢业务，介入中国的公路运输市场，意在成为中欧之间国际快递的最大供应商。

（2）细分市场。企业可以在当地挖掘潜在客户，进入新的细分市场；在当地开辟新的营销渠道，包括雇用新类型的中间商和增加传统类型中间商的数目；也可以考虑灵活运用各种中间商的销售途径，开发新的市场。

3. 业务开发战略——新服务和现有市场

业务开发战略是在企业现有市场投放新服务或利用新技术增加服务的种类，以扩大市场占有率和增加业务收入量的一种企业发展战略。对航运企业而言，可以通过扩大产品宽度，即增加运输货物的种类来满足市场的不同需求。比如，原来只提供电子产品、日用杂货运输服务，以后增加提供工业半成品、工艺品运输服务等。可以实现该战略的途径有以下几种：

（1）领先型开发战略。采取这种战略，企业努力追求服务水平和技术上的持续优势，确保在市场竞争中的领先地位。如中储提供一项物流创新与金融服务密切结合的新业务；马士基物流推出一项新的环保服务，旨在为客户确定并实施解决方案，以减少在全球供应链中二氧化碳的排放量。

（2）追随型开发战略。采取这种战略，企业并不抢先开发新业务，而是当市场上出现较好的新业务时，进行仿制并加以改进，迅速占领市场。宅急送最初在国内就是通过仿效日本“宅急便”的业务模式而逐步成长起来的。

（3）替代型开发战略。采取这种战略，企业有偿运用其他单位的研究与开发成果，替代自己研究与开发新业务。研发力量不强、资源有限的企业适合采用这种战略。

（4）混合型开发战略。该战略以提高市场占有率和企业经济效益为准则，依据企业实际情况，综合使用上述几种业务开发战略。

案例5—1　新杰物流的业务战略

新杰物流是一家总部设在上海的国内领先的综合物流和货运服务公司，依托优越的IT能力和业务创新精神，积极有效地整合多种运输能力（公路运输、航空运输、铁路行包运输）和仓储服务能力，为客户提供一站式综合物流服务。通过遍布国内的3 000多名专业而富有经验的员工，新杰物流为200多家跨国公司和中国领军企业在国内提供优质和可靠的服务，其中80%的客户属于《财富》500强。

目前新杰物流在全国90个城市拥有运营点，在上海、广州、武汉、成都、西安、北京、沈阳等7个城市拥有区域性公路转运中心，门到门运输服务覆盖800～1 000个国内城市。同时，在国内36个城市提供仓储服务，管理仓库总面积达21万平方米。新杰物流自主投建的地处广州的运营面积达1.2万平方米的华南转运中心于2009年4月投入使用，地处成都的运营面积达3.8万平方米的西南转运中心于2010年3月投入使用，位于上海嘉定区运营面积达1.3万平方米的新上海转运中心于2011年6月投入使用。新杰物流现具备空运、铁运的一级代理资质和公路运输的一级运营资格，在主要口岸拥有国际货运一级代理资质，是一家空、铁、陆运能力均衡的综合性物流企业。

未来，新杰物流将继续努力提升公司的整体实力，不断提高服务质量，创新服务模式，延伸服务领域，最大限度地满足客户日益增长的多样化、专业化、一体化的物流服务需求。在业务领域方面，对客户的选择会更多元化一些，之前主要集中在高价值产品上，如服装、IT产品、机械装备等，之后将会逐渐拓宽服务领域。新杰物流认为，物流企业一定要跟随发展最快的行业，例如电子商务、快速消费品等行业，在服务客户企业的过程中伴随客户成长获得良好的发展。在拓展新兴业务时，新杰物流会先研究该行业的特点和运作模式，选择自己有优势的部分。例如，在电子商务物流方面，公司已经与亚马逊、京东商城、凡客诚品等合作，主要开展从供应商到电商仓库的货物运输、电商企业仓库之间的货物转运等业务，终端配送不是新杰物流的优势，因此不会进入。物流公司只有把自己的优势发挥出来，才能在新兴业务里站稳脚跟。

在寻找客户的过程中也要随市场需要而变。随着国内产业转移加快，惠普、联想、华硕等企业开始向中西部地区迁移，这促使新杰物流也必须加大在中西部地区的拓展，继续加快在节点城市建立转运中心，在武汉、成都之后，公司下一步准备投资的是西安。公司将来会向二三线城市延伸，网点会越来越密，在干线运输上也会加大投入，为的是把节点更好地连起来，并加大销售力度发展中西部地区的客户。

资料来源：新杰物流集团有限公司网站（http：//www.sunjex.com/）。

5.1.2 多元化战略

（一）多元化战略概述

多元化战略（diversification strategy）又称多角化、多样化战略，是指企业同时经营两种及两种以上业务或服务的发展战略。物流企业的多元化主要是指企业在提供运输、仓储、配送等基本服务的前提下，尽可能多地提供增值服务。由于新服务可能区别于企业现有服务，新的市场又完全是一个新的顾客群体，采用这种战略的企业就可能在两个完全不同的领域中进行经营，因此物流企业的多元化包括服务多元化、市场多元化、客户多元化。客户多元化是指物流企业应该拓宽自身的服务对象，按行业类型来分有医药、汽车、快速消费品等行业的客户。

多元化战略可以分为相关多元化发展战略和非相关多元化发展战略。

1. 相关多元化发展战略

相关多元化发展战略（the related diversification strategy）是指提供与公司现在的业务在价值链上具有战略匹配关系的新业务。可以通过开发独特的新服务和市场来使业务领域多元化。

案例 5—2 吉粮集团多元化发展战略

吉粮集团位于世界三大黄金玉米带之一的吉林省，于 1996 年正式运营，现已发展成为既从事粮食贸易、粮食精深加工、粮食期货，又从事国有资本运营的大型企业集团。吉粮集团连续多年位列中国 500 强企业，是全国两家拥有粮食进出口经营权的企业之一，中国最大的玉米贸易商，在粮食贸易、仓储、物流等方面具有很成熟的经验。

2005 年 7 月以来，吉粮集团开启了“二次创业、打造新吉粮”的历史航程，组织实施“贸易做大”、“实业做强”、“金融做稳”、“管理做实”、“人才做精”、“文化做优”六大战略。吉粮集团的多元化发展战略以“六大战略”为主导思想，将原有只做粮食的战略思路转化为多方向渗透的战略思维，以粮食精深加工为基础，围绕食品做多元化发展战略的文章，打造吉粮集团产品多元化发展战略。按照现代化国际化发展的方向与要求，坚持快速扩张和低成本扩张，以高附加值产品开发为核心业务，加大实业项目开发力度，积极完善收储、贸易体系，运用资本营运的手段优化资产结构和产业结构，在做好粮食这篇文章的同时，积极探索开发其他资源型项目。不断深化各项改革，提升集团的综合竞争力，全面实现集团做强、做大、做优的目标，将吉粮集团建设成为国内著名的现代化大型企业集团。

吉粮集团多元化战略规划项目的核心定位是：确保吉粮集团核心主业克服诸多不确定因素的影响，持续开拓创新、克难求进，实现高速发展；推进发展方式的多元化转变，推动新增长点培育，拓宽吉粮集团多元化产业领域，为吉粮集团发展构建新的基石；做到外抓市场、内强管理，稳步推进吉粮集团改制重组，保持吉粮集团经济持续健康发展。

具体措施包括：(1) 加大重点项目建设力度，在进一步明晰集团核心产业和新兴产业发展方向的基础上，深入实施产业链推进策略；(2) 实行低成本扩张策略，通过积极采取购并重组、股权置换等手段，迅速完成粮食资源掌控目标，构筑集团的规模优势；(3) 完善现代企业制度，对吉粮集团现有组织与管控进行优化，支撑多元化战略实施；(4) 争取政策支持到位，积极争取国家和吉林省在东北老工业基地的一系列政策支持；(5) 创建优秀文化；(6) 保证资金及时供应。

为适应公司的多元化发展战略，推进粮食进出口贸易的发展，充分发挥吉林省在粮食生产、流通、加工、储存等方面的优势，按照建设区域物流中心的要求，制定整体规划，分步实施，市场运作；在交通枢纽、粮食集散地、粮食加工产业聚集区，建设适应散装、散卸的主要粮食物流节点，扩建或改造粮食快速中转仓容和装卸设施，形成聚集度高、辐射力强的粮食物流基地；依托现有散粮设施，完善重点粮库散粮配套设施；推动形成多种运输方式高效衔接，贯穿收纳、集并、中转、运输、储存、发放各个环节的一体化的散粮运输系统。加大散粮火车运输力度，打通“北粮南运”的散粮铁路运输通道；加强供应链管理，发展粮食第三方物流和网上交易，建立集团粮食物流信息平台，提高粮食物流组织化程度。最终目标为基本实现粮食物流体系的现代化、网络化、信息化，形成集粮流、资金流、信息流为一体的开放型、多层次的粮食物流网络体系，到 2015 年，培育出 3 个年经营额超 5 亿元的大型粮食现代物流园，当年实现营业收入 15 亿元，利润 1 亿元。

资料来源：1. 吉粮集团官网（http：//www.jlol.com.cn）。

2. 王罡：《吉粮集团多元化发展战略研究》，吉林大学硕士学位论文，2013。

2. 非相关多元化发展战略

非相关多元化发展战略（the unrelated diversification strategy）就是在企业中增加新的业务或服务，并且它们与原有业务或服务既非同种也不存在上下游关系，两者之间没有明显的战略适应性。采取非相关多元化战略的企业，所关心的主要目标不在于建立共同的业务主线，而在于提高投资报酬率。非相关行业的扩张，如从物流扩展到房地产、酒店业等，强调处理好主业与多业的关系，主业是核心竞争力的体现，是企业发展的基础，多业是主业发展的补充，通过多业的发展规避主业或企业整体发展中存在的风险。

案例 5—3 李嘉诚的多元化经营战略

李嘉诚是投资组合多元化分散风险理论的忠实实践者，他从不把鸡蛋放在同一个篮子里。他旗下的长江实业与和记黄埔都是经营地产、港口、零售、能源、投资等多种业务的综合性企业集团，并且在全球范围内投资成立合资公司，充分分散了行业风险和地区风险。

“长和系”有众多经营不同行业的子公司。从集团架构来看，长江实业是整个“长和系”中最上层的公司。截至 2008 年 10 月，李嘉诚旗下信托基金持有长实 40.24%的股份，长实持有和黄 49.9%的股份，而和黄持有长江基建集团有限公司 84.6%的股份，长江基建持有香港电灯集团有限公司 38.9%的股份。同时，长实分别持有 44.3%的长江生命科技集团有限公司及 14.6%的 TOM 集团有限公司的股份，和黄则持有 59.3%的和记电讯国际有限公司、71.5%的和记港陆有限公司及 29.35%的 tom.com 的股份。此外，“长和系”旗下还有多家公司在国外上市，如和黄持有在多伦多证券交易所上市的赫斯基能源34.6%的股份和在澳大利亚证券交易所上市的和记电讯澳洲公司52.03%的股份，和记电讯国际持有在纳斯达克和以色列的特拉维夫证券交易所上市的Partner电讯的股份等。

长江基建控股香港电灯集团，虽然二者的业务性质相关性较低，但是香港电灯集团可以为长江基建提供稳定而连续的现金流，解决了长江基建回报期长、业绩波动大的问题，使其降低盈利波动幅度从而平滑盈利。这种交叉持股不但可以使"长和系"分散地产行业经营风险，而且使其将业务发展到全球各个地区，从而分散香港地区的经营风险。

资料来源：赵津绪：《简析李嘉诚的多元化经营战略》，中国论文下载中心(http://www.studa.net)。

(二) 多元化战略的利益分析

1. 使资源得到充分的利用以实现协同效应

采用多元化战略的企业通过充分利用有形资源和无形资源，使它们的效能得到充分发挥，获取规模效益，避免资源在不同时间使用强度不同或单一市场对资源需求波动可能引起的闲置。如物流企业的物流设施、品牌、商誉、购销渠道、客户关系、研究开发成果等，多元化经营可以使这些资源实现共享。另外，企业经营相关多元化的业务时，一般采用大致相似的手段和方法，从而实现协同效应。

2. 有效地规避企业经营风险

物流企业实行多元化经营，将资源分散到不同产品或服务中，即"不将鸡蛋放在同一个篮子里"，能够避免因经营范围单一造成企业过于依赖某一市场，使企业在遭受某一产品或经营领域的挫折时，利用在其他产品或行业的经营成功来弥补亏损，从而提高企业的抗风险能力，并尽量减少损失。以香港安通国际航运公司为例，该公司以货柜运输代理为核心，一直致力于多元化的运输项目，其中包括：开设粤港和桂港定期货柜班轮航线及全球进出口海运服务，从事仓储及货物分拨，散货拼箱及拆箱，危险品运输，沿海及内地货物中转、清关、保险等物流管理，有效地规避了企业的风险，提高了经济效益。

3. 增强市场力量

多元化企业可以凭借在多业务领域的优势，在单一领域实行低价竞争，从而获得竞争优势。另外，企业由于业务广泛，可以与主要客户签订长期合同，互相提供所需的产品，实现相互利益的最大化，以增强市场竞争力。

4. 平衡与协调现金的流入与流出

物流企业中当一组投资项目的相关性越小，且这样的投资组合项目越多时，非系统风险就越小，投资组合分散风险的能力就越强。以资产组合理论为基础的非相关多元化，是将企业的业务分散到几个不相关的经营领域中，因为每个产品都有各自的生命周期，若选择相关性较小的行业进行投资，有些业务需要现金的大量投入，有些业务又产生大量的多余现金，这样就实现了现金的平衡与协调。企业可以通过内部的资金调度在一定程度上解决资金不足的问题，使多元化经营得到更多的投资和获利机会。

5. 有利于培养高层管理人才

采用多元化战略的企业会更多采用事业部制的组织结构，相对于单一经营的企业来说，这更能锻炼管理人员处理问题的综合能力，要求其具有全局性、长远性的发展眼光，站在公司的高度全面考虑各业务问题的重要性。因此，多元化战略有利于企业培养未来的高层管理人才。

资料　范围经济和规模经济

人们通常对规模经济（economy of scale）一词十分熟悉，对范围经济（economy of scope）的概念却较为陌生。通俗地说，规模是指生产系统的大小，当固定成本被分摊到较大的生产量中时，就会产生规模经济。规模经济的基础是某些产品“生产活动的不可任意分割性”，它是就生产活动而言，而不是就企业或产品而论。例如，汽车行业、石化行业就是典型的规模经济行业。对于很多整体性不那么明确的产品或设备，其劳动过程可以分开，因此出现了范围经济的概念。范围是指生产系统的集合分离程度，在整体性不明确的产品生产中，或是由于受内在技术限制不能达到内部范围经济的某些生产中，生产系统往往被分解为许多较小的生产企业，这些小生产企业通过外部交易结成网络，共同完成生产，因而获得外部范围经济。在这种情况下，企业的垂直分离是合理的，小企业的存在也是合理的。在高科技产业中，垂直分离十分普遍。

范围经济是因同时生产（经营）几种相关的产品或服务而引起的节约。它是在多元化企业的一个或多个业务单位实现成本降低或差异化优势时出现的，因为它可以更有效地聚集、分享和利用昂贵的资源和能力，包括高技能的员工、设备、分销渠道等。其根本思想是依赖生产的相似性，以尽可能少的投入实现生产的多元化，从而达到扩大经营、规避市场风险的目的。软件产业既是高风险产业，又是技术密集型行业，可以在通过横向多元化经营分散风险的过程中实现范围经济。

资料来源：MBA 智库百科（http：//wiki. mbalib. com）。

（三）多元化战略的风险分析

1. 分散企业资源

在分散的资源配置方式下，由于企业资源有限甚至不足，可能每个意欲发展的领域都难以得到充足的资源，甚至难以满足在某一领域的最低投资规模要求和最低竞争投入要求，导致企业在各个经营领域内都难以形成一定的竞争力，更谈不上优异持久的竞争优势。更有甚者，企业一旦陷入“资源危机”，其众多经营项目需要的投入难以为继，这时，企业不仅不能获得快速发展或规避经营风险——“东方不亮西方亮”，反而有可能加大经营风险，造成“东方西方全不亮”的后果。

2005年铁行集团被马士基并购，它的失败经历表明负现金流业务是航运企业多元化扩张的陷阱。从广泛多元化到航运、物流、港口三大核心业务群，再到航运、港口的双核心业务，然后是单一港口业务，最后是整体出售，铁行集团饱受多元化业务群中负现金流业务的困扰，最后负债累累。

2. 管理冲突

由于企业在不同的业务领域经营，相关的企业管理与协调工作就大大复杂化了，因为不同的企业在管理方式、经营文化上都有很大的差别，而在不同的领域内同时经营就可能造成经营管理理念上的冲突，使管理效率大幅降低。

3. 新业务领域的进入壁垒

主要包括产业选择错误、运作费用过高、时机选择难以把握。一方面，从一个经营领域向另一个经营领域发展，从投入资源、开始经营到产生效益，企业抛弃已经熟悉的一切，从头学习技术、生产、市场营销、管理运作、环境协调等，在这个过程中由于陌生、不了解而导致的低效率、浪费、机会成本等都将使企业的“学习费用”过高而最终影响其效益。另一方面，企业从一个领域跳到另一个无关联的领域从事经营，有可能造成获得顾客认知的成本高昂。因为该行业内可能已有极具竞争力的优势企业在顾客心目中建立起很高的认知度，或企业在原领域内的信誉、品牌、顾客认知度等不可能太多地转移到新领域里。这些都将导致外部经济的协调效应丧失。

5.1.3 一体化战略

英国著名的研究管理思维的大师德·波诺说了这样一段话：

> 美国企业界存在一个很大的问题：当它们遇到麻烦时，只会按照原方向加倍努力。这就像挖金子一样，当你挖20英尺还没有发现金子时，你的战略会是再挖两倍的深度。但是，如果金子是在距离你横向20英尺处，那么，不论你挖多久也永远找不到金子。

一体化战略（integration strategy）是指企业充分利用自己在业务、资源、市场上的优势，不断地向深度和广度发展的一种战略。一体化战略是企业的一个非常重要的成长战略，能够使企业市场交易内部化，降低交易费用，发挥企业的垄断优势，进而获得规模经济、范围经济的效应；既可扩张企业规模，又可提高企业的收益水平。

（一）纵向一体化战略

纵向一体化（vertical integration strategy）又叫垂直一体化，指整个生产制造环节要求企业结合产品的材料供应、生产和销售等上下游环节发展不同深度的业务，是将公司的经营活动向后扩展到原材料供应或向前扩展到销售终端的一种战略体系。它包括前向一体化战略和后向一体化战略，如图 5—2 所示，即将经营领域向深度发展的战略。

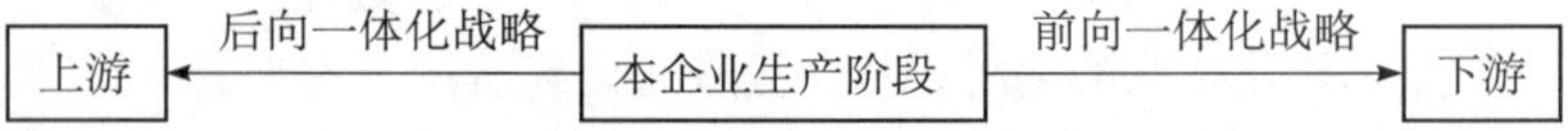

图 5—2　纵向一体化战略

以企业初始生产经营的业务项目为基准，企业生产经营范围沿其生产经营链条向前延伸，即物流向消费者方向移动，企业采用的这种战略称为前向一体化战略。前向一体化战略使企业的业务活动更加接近最终用户；或者通过直接涉足最终产品的分销和零售环节，获得原有产品或服务项目的高附加值。航运企业的前向一体化就是控制海运产品的下游企业，如货运代理、船舶代理、集装箱内陆运输、港口投资等。

后向一体化战略是指企业向后延伸其生产经营链条，发展企业原有业务生产经营所需的原料、配件、能源及包装服务业务的生产经营，目的是保证物资供应来源，以更好地发展自己的产品与服务。航运企业的后向一体化是指控制生产海运产品的上游企业，如造船、船舶修理、港口建设和码头装卸等。2011年全球航运巨头 A. P. 莫勒-马士基航运集团投资 19 亿美元与韩国大宇造船签订造船合同，订造 10 艘全球最大规模、最高效的 3E 级 1. 8 万标箱集装箱船。2012 年投资 6. 1 亿美元向三星重工造船厂订造 4 艘超深水钻井船。此外，在 2014 年 9 月马士基集团年度资本市场日上，马士基航运 CEO（首席执行官）施索仁（Soren Skou）表示，在未来五年里，马士基航运每年将投入约 30 亿美元，总额约 150 亿美元的资金，用于建造新船、改造现有船舶、发展信息技术等相关领域。

第三方物流一体化发展是现代物流发展的趋势，是物流市场走向成熟的标志。它有助于众多物流企业制定发展战略，在竞争激烈的物流市场上快速发展。

从现代物流业务的范围来看，第三方物流企业分为三大类：以物流技术和管理咨询为主的物流企业称做管理型物流企业；进行具体物流操作活动（如仓储、运输、配送）的物流企业称做功能型物流企业；提供物流系统及供应链规划设计、集成咨询的机构称做物流及供应链科研咨询机构。第三方物流企业的纵向一体化是这三大类企业的合作，方式主要有三种，即管理型物流企业向物流操作层面的延伸，功能型物流企业向管理型物流企业的延伸，管理型或功能型物流企业之间的整合（见图 5—3）。

（1）管理型物流企业向物流操作层面的延伸。是指管理型物流企业对功能型物流企业如运输公司、仓储企业、流通企业或客户企业的物流部门以兼并或与之建立联盟的方式进行整合。第三方物流企业如果能够满足客户从规划到运作一体化物流服务的需要，就可能获得与客户建立长期合作关系的机会，从而获得垄断性资源。此类整合在跨国公司进入我国物流市场的过程中比较常见。

（2）功能型物流企业向管理型物流企业的延伸。是指一些有实力的功能型

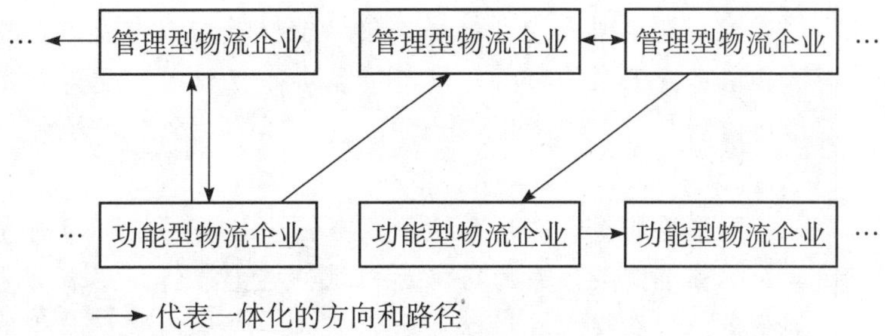

图 5—3　第三方物流企业的纵向一体化

物流企业试图通过向物流技术和管理咨询层面延伸，开发增值服务，甚至向客户提供个性化定制服务，来提高服务水平和能力，树立服务品牌，转变竞争方式。

(3) 管理型或功能型物流企业之间的整合。是指管理型物流企业与管理型物流企业进行整合，功能型物流企业与功能型物流企业进行整合。主要分为不同业务功能的整合和相同业务功能的整合。管理型或功能型物流企业之间的整合主要通过兼并或建立联盟的方式。例如，2001 年上海虹鑫物流公司策划成立物流管理公司，依托物流管理公司建立全国范围内的联盟，实现了信息系统、操作流程、单证体系、服务标准、品牌形象的统一。

案例 5—4　水路运输系统中各个职能的协调

完整的水路运输系统应该是以港口为核心扩展的物流链，包含海上运输船舶⟶（码头装卸、船舶代理）⟶班轮公司⟶（货运代理、集装箱堆场）⟶初级货主⟶（集疏运网、城市配送）⟶终端客户，如图 5—4 所示。

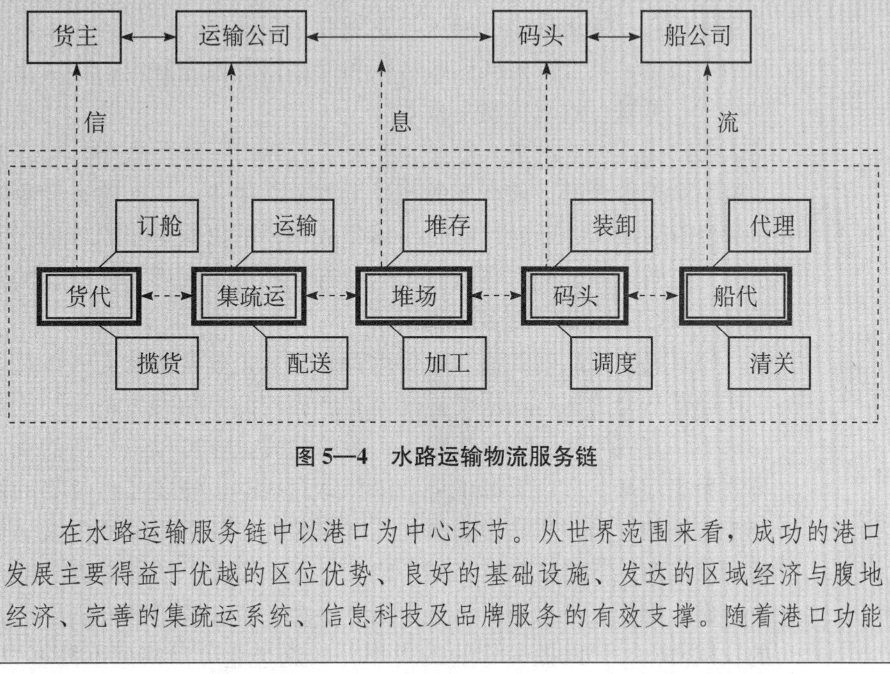

图 5—4　水路运输物流服务链

在水路运输服务链中以港口为中心环节。从世界范围来看，成功的港口发展主要得益于优越的区位优势、良好的基础设施、发达的区域经济与腹地经济、完善的集疏运系统、信息科技及品牌服务的有效支撑。随着港口功能的完善，港口朝逐渐提供全方位增值服务的方向发展，成为商品流、资金流和信息流汇聚的中心。港口的服务不仅仅局限于港区的装卸，而是不断地向内陆延伸，以提高多级联运效率，增强其作为综合运输连接点的竞争力。

更重要的是，在这条运输服务链上任何一个环节都是必不可少的，都会影响整个链条体系的正常运转。链条上最终使用者为货主，货主所追求的是最低的全程广义运输成本，而这一目标的实现基于链条上各个环节的协调运作。

货主之间因为产生了国际或国内贸易，随之产生了对货物运输的需求。航运公司是水路运输业的主体，是完成水路运输的执行者。货运代理使国际贸易货运业务相当繁杂的工作相对集中地办理，协调、统筹、理顺关系，增强其专业性、技术性和政策性。船舶代理在授权范围内代表委托人办理与在港船舶有关的业务，提供有关的服务或完成与在港船舶有关的其他法律手续。船舶管理公司接受船舶所有人的委托代其管理船舶及船员，并提供船舶保养、维修、租赁、安全防污染管理、船员的雇佣及配备等服务。正是这些环节的协调运作，使得整个运输过程更加便捷，并实现航运企业以及整个水路运输业的利益最大化。

1. 纵向一体化战略的利益分析

企业采取纵向一体化战略可将外部市场活动内部化，能够带来如下利益：

（1）信息共享，加强企业运作的高效性、准确性。企业实施前向一体化战略，通过企业之间的信息共享，能够提高对顾客订货的反应能力，缩短从订货到交货的时间，进行门对门运输，实现货物的快速交付，提高顾客满意度。企业实施后向一体化战略，通过与供货商之间建立长期伙伴关系，共享库存信息和销售信息，供货商根据这些数据和信息以及预先制定的存货水准对其进行主动补货，可以有效地抑制牛鞭效应。

（2）提高行业的进入壁垒。企业实行纵向一体化战略，可以控制关键的投入资源和销售渠道，使行业的新进入者望而却步，从而防止竞争对手进入本企业的经营领域。企业通过实施一体化战略，不仅保护了原有的经营范围，而且扩大了经营业务，同时还限制了所在行业的竞争程度，使企业的定价有了更大的自主权，从而获得更多的利润。

（3）提高产品附加值，降低运营成本。企业实施前向一体化，可以提高其生产经营活动的深度，从而提高原有产品的商品化程度，增加附加值，提高收益水平。实施后向一体化战略，上游的物流企业可以将分散的资源通过一定的方式聚集起来，形成资源优势，降低运营成本，使多品种货物的供给变得更为经济。例如，当多家供货商彼此位置相邻时，就可以采用混装运输的办法，把各家供应商的货物依次装在同一辆货车上，实现小批量交货的经济性。

（4）提高服务水平，增强市场竞争力。企业实施前向一体化，通过与客户的长期协作，可以提高作业的效率。物流企业可以根据不同客户在企业形象、业务流程、产品特征等方面的不同要求，提供针对性强的个性化物流服务和增值服务，以增强企业的市场竞争力。企业实施后向一体化战略，可以提高服务的质量，改善对用户的服务能力，从而提高服务的差别化程度，增强竞争优势。

2. 纵向一体化战略的风险分析

(1) 提高行业的退出壁垒。纵向一体化会增加公司在行业中的投资，提高退出壁垒，从而增加商业风险，有时甚至还会使得公司无法将其资源调往更有价值的地方。由于在所投资的设施耗尽以前放弃这些投资付出的成本很大，所以，纵向一体化的企业对新技术的采用常比非一体化企业要慢一些。

(2) 加大管理难度。实行一体化战略以后，两个或两个以上的不同企业合并或联合在一起，企业的管理层次与管理幅度都会加大，生产运作、营销、服务各项职能将更加复杂，这对企业管理者的管理素质和管理技巧提出了很高的要求。

(3) 价值链各阶段运作能力难以平衡。价值链上各个活动最有效的运作规模可能大不一样。在每个活动交接处都达到完全的自给自足是例外情况。对于某项活动来说，如果它的内部能力不足以供应下一个阶段，就需要从外部购买差额部分；如果内部能力过剩，就必须为过剩的部分寻找顾客；如果产生了副产品，就必须进行处理。

（二）横向一体化战略

横向一体化战略（horizontal integration strategy）也称水平一体化战略，是指为了扩大业务规模、降低成本、巩固企业的市场地位、提高企业竞争优势、增强企业实力而与同行业企业进行联合的一种战略。

2011年12月，地中海航运和达飞轮船组成“地达联盟”，伟大联盟和新世界联盟的6家船公司合并组建了G6联盟。2012年4月，CKYH联盟（中远集运、川崎汽船、阳明海运和韩进海运）宣布同长荣海运进行舱位互换合作。2013年7月10日，马士基航运公司与地中海航运组成2M联盟，达飞与中海集运、阿拉伯联合航运合作形成O3联盟。由于国际海运行业的价格竞争空间不大，提高利润的主要途径是占有更大的市场份额，因此最快的扩张方式不是自己租船或者买船，而是并购现有的海运企业。

1. 横向一体化战略的利益分析

采用横向一体化战略，企业可以有效地实现规模经济，快速获得互补性的资源和能力。此外，通过收购或合作的方式，企业可以有效地建立与客户之间的固定关系，遏制竞争对手的扩张，维持自身的竞争地位和竞争优势。

(1) 集中核心业务，进行专业化经营。在横向一体化思想的指导下，企业集中其有限的资源专注于核心业务，围绕核心能力从事开放式专业化经营，着重发挥自身的核心能力，致力于成为某个领域的领先者。

(2) 与国际接轨，提高市场地位。在横向一体化的经营模式下，企业可以向与产品或服务有关的国际市场或新的客户类别扩展，在全球范围内与供应商和销售商建立最佳合作伙伴关系，在竞争中占有一席之地。

（3）剥离非核心业务，精简机构。在业务核心化的指导下，许多公司开始剥离低收益的附属业务，甚至剥离大量的资产以精简管理机构，从而集中发展有潜力的业务。

2. 横向一体化战略的风险分析

（1）资源分配不均。横向一体化战略存在一定的风险，如过度扩张所产生的巨大业务规模对市场需求和企业销售能力都提出了较高的要求。在横向一体化企业中往往存在一些不合理现象，例如各产品部门及销售部门自建渠道，导致渠道资源重复建设，以及渠道冲突造成的资源浪费；各单位为更好地拓展市场，在资源分配上的不均衡使企业资源没有最大限度地发挥作用等。

（2）扩散商业信息。在某些横向一体化战略如合作战略中，还存在着商业信息扩散的风险，因此，企业应明确核心业务和非核心业务。对于核心能力，公司应致力于在充分自主的条件下进行独立开发和培育；对于非核心能力，可以通过外包，或者以与其他企业进行联盟的方式与外界合作。

（3）组织机构臃肿。组织上的障碍也是横向一体化战略所面临的风险之一，企业会出现由于规模庞大而机构臃肿、效率低下的弊病。如“大企业病”，并购导致的文化不融合；在满足客户需求上多头对外；各单位广告宣传不统一；各单位在贯彻公司统一部署上执行力度不够等。

案例 5—5　嘉里物流横向并购大荣货运

自 2005 年嘉里物流收购大通国际运输有限公司 70%的股权以来，嘉里物流在不同国家或地区开展了一系列物流企业并购活动，具有丰富的跨行政区域甚至跨国并购整合物流资源的经验。嘉里大通近年来不断扩大在中国大陆、香港及台湾的业务覆盖，努力成为大中华地区顶级物流公司。

嘉里物流联网有限公司（简称“嘉里物流”）是马来西亚郭鹤年家族集团掌控的香港上市公司——嘉里建设有限公司的全资子公司，专门提供供应链管理及综合物流服务。公司成立于 1978 年，总部设于香港，是亚太地区知名的第三方物流供应商。近年来，嘉里集团逐步将发展重点转移到物流领域，加快了嘉里物流的发展。大荣汽车货运股份有限公司（简称“大荣货运”或“嘉里大荣”）是台湾一家历史悠久的货运公司，成立于 1954 年，在台湾经营道路运输事业超过 50 年，主要提供路线货运、常低温物流仓储、域内外快递运送等服务，在台湾拥有完善的物流配送以及仓储网点，物流服务能力和配送规模在台湾排名靠前，也是较早进入祖国大陆拓展业务的台湾知名物流公司。

嘉里物流的发展战略是“建基亚洲，专注中国，贯通全球”。嘉里物流并购大荣货运后，率先根据公司发展战略重点整合市场资源和物流网络资源两大模块。嘉里物流与大荣在原有双方分（子）公司基础上，共享仓储、车辆等资源，减少或避免重复建设，重新调整市场定位，牵线客户资源，将原有企业的客户资源和市场资源进行整合，统筹管理、控制和协调服务网络、配送渠道，实现客户之间的协同效应，提高经济效益。嘉里物流收购大荣后，其物流营业额和利润快速增长，大多数股东及公众认可其并购整合的成效。

资料来源：陈成栋：《物流企业并购整合研究——以嘉里物流收购大荣货运为例》，载《福州大学学报》（哲学社会科学版），2012（6）。

（三）供应链一体化战略

供应链一体化（supply chain integration）扩大了原有的物流系统，不但延长了传统物流纵向一体化的长度，而且超越了物流本身。它充分考虑整个物流过程及影响此过程的各个环境因素，朝着物流、信息流、资金流各个方向同时发展，形成了相对独立完整的体系。

在这条链中，每个企业组织既是链中某一个企业的用户，又是另一个企业的供销商。从供应链节点企业的竞争性质来看，节点企业之间的竞争是基于培育和巩固供应链整体竞争力和各企业竞争力的双赢性质的竞争，克服了传统管理模式下企业之间竞争的对抗性；从供应链节点企业与其他企业的竞争来看，不仅是企业与企业之间的竞争，而且是供应链系统与供应链系统之间的整体性竞争，如图5—5所示。

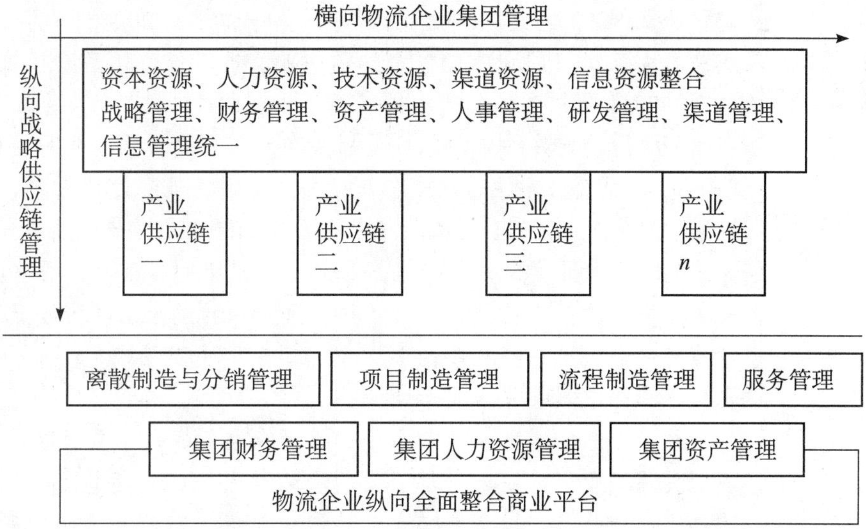

图5—5 供应链一体化模式

1. 供应链一体化战略的利益分析

（1）创造用户价值，降低用户成本。供应链中的全部物流管理可通过链上每个成员之间的信息沟通、责任分配和相互合作来协调，从而减少每个成员的不确定性，降低运营成本。较少的设备、库存等又会减少资金的占用量和管理费用，从而降低成本。如联想于2003年开始整合供应链采购，把成品仓库外包给第三方物流公司，选择中外运负责国内原材料的供应，伯灵顿负责国外原材料的供应；2004 年实施供应链库存管理（VMI）项目，降低了客户的经营成本，充分发挥了供应链一体化战略的优势。

（2）协调制造活动。提高企业敏捷性及快速反应能力已成为物流发展的动力之一。在需求方对速度的要求越来越高的情况下，通过供应链物流多元化（即优化配送中心和物流中心网络，重新设计适合企业的流通渠道）来减少物流环节，简化物流过程，提高物流系统的快速反应能力。

（3）提供增值物流服务。通过提供增值物流服务来实现多元化。物流服务向上可以延伸到市场调查与预测、采购及订单处理；向下可以延伸到配送、物流咨询、物流方案的选择与规划、库存控制决策建议、贷款回收与结算、教育与培训、物流系统设计与规划方案的制作等。

（4）提供信息反馈，协调供需矛盾。供应链一体化可以减少生产过剩情况的发生，提高运输、包装等活动的效率，通过对链上每个成员信息处理行为和产品处理行为的检查，可以鉴别出链上的冗余行为和非增值行为，预测市场对商品的需求，从而指导订货，并协调供需之间的矛盾。

案例 5—6　苏宁电器的供应链一体化战略

苏宁电器 1990 年创立于中国南京，是中国 3C 家电连锁零售企业的领先者，商务部重点培育的“全国 15 家大型商业企业集团”之一，中国最大的商业零售企业，名列中国民营企业前三强、中国企业 500 强第 51 位，品牌价值 728.16 亿元。2004 年 7 月，苏宁电器（002024）在深交所上市，成为国内首家 IPO 上市的家电连锁企业，市场价值位居全球家电连锁企业前列。2011 年销售规模达 1 800 亿元，目前员工 17 万人。本着稳健快速、标准化复制的开发方针，苏宁电器采取“租、建、购、并”立体开发模式。2009 年，通过海外并购，苏宁顺势进入中国香港和日本市场，拓展国际化发展道路。截至 2011 年底，苏宁在中国内地 300 多个城市开设了近 1 700 家连锁店。与此同时，苏宁电器坚持线上线下同步开发，自 2010 年旗下电子商务平台“苏宁易购”升级上线以来，产品线由家电拓展至百货、图书、虚拟产品等，迅速跻身中国 B2C 前三，目标是到 2020 年销售规模达 3 000 亿元，成为中国领先的 B2C 品牌。

然而，苏宁的供应链一体化战略尚存在问题，主要体现在：（1）与供应商关系不稳定，缺乏对供应商的有效管理。（2）运输环节面临问题，在采购家电产品时，通常选择自营物流来完成采购商品的运输，这增大了公司的物流成本。（3）供应链信息系统管理水平有待提高。

苏宁面对这些问题采取了积极的措施：（1）与供应链上不同供应商加强合作，强调策略管理。例如，2012 年 2 月 15 日的《华西都市报》题为“苏宁海尔开拓战略合作”的文章中称：目前，苏宁与海尔互为最重要的战略合作伙伴之一。苏宁可以将这种战略关系拓展开来，争取更多的伙伴型供应商，以期待更大的发展。为改善与供应商的关系，可以采取缩短付款时间甚至提前付款的方式来减轻供应商的资金压力，这对苏宁的资本和资金周转都提出了较高的要求，但对供应商却有相当大的吸引力，有助于苏宁稳定与供应商的关系。(2) 合理使用第三方物流 (3PL)。合理使用3PL主要是针对控制运输成本，3PL作为社会物流，较易获得规模经济效益。在此背景下，可以降低苏宁的物流运输成本，同时，以契约为形式的外包能产生一种稳定的合作关系，有利于苏宁长期发展。(3) 强化供应链管理系统建设，进一步完善B2B的供应链管理项目，充分利用供应链上的资源。例如，2014年5月14日，苏宁与联想的合作就是一个例子，双方签订了新三年战略合作协议，在供应链系统方面，双方将共建数据共享平台，通过供应定制、物流定制、生产定制等，实现自动补货、自动配送、自动对账核销等一系列交易动作的高度智能自动化，提高双方供应链系统的运营效率。

资料来源：吕莉俐：《供应链一体化管理战略的分析研究——以苏宁为例》，载《中国科技创新导刊》，2014 (7)，132～133页。

2. 供应链一体化的特征

(1) 顾客导向性。企业的目标永远都是以最低的投入为顾客提供产品和服务，获得最大收益。所不同的是，传统的物流企业是凭借自身资源，或单独面向市场，或以纵向一体化形式面对市场而获利，企业按照自己对市场的预测设计、生产产品，按自己的需要为顾客提供服务，但是由于体制的局限，它们往往离顾客最远，因此不能满足顾客的需求。而供应链中的企业可以通过整合各自的优势，按照每位客户的要求为其提供最大价值，与此同时，也使供应链的总利润最大化。供应链一体化使各个企业围绕顾客展开服务网络，在这个网络中，各个企业分工协作、协调运行，快速满足顾客的个性化需要，通过提供全面的服务，赢得顾客、稳定顾客，实现企业的经营目标。

(2) 系统性。由供应商、生产商、销售商、终端顾客组成的供应链中，所有节点企业都被看成是一个系统整体，供应链管理贯穿于整个供应链中，这就克服了链上每个企业因自己的独立行动给其他组织带来不确定性而导致的供、产、销、人、财、物相互脱节的弊端。

(3) 集成性。供应链一体化是集成化管理思想的结果，而不仅仅是节点企业、技术方法等资源的简单连接。它不仅涉及企业内部的管理问题，还包括企业之间的协作和责任分担问题。它强调企业战略伙伴关系管理，强调面向供应商和顾客而不是面向产品，增加供应商和顾客的联系，保持一定的一致性，实现信息共享。另外，可以利用电子商务技术实现供应链管理的动态联盟，使物流、信息流、资金流发挥最大效能，实现理想的供应链运作。

(4) 敏捷性。通过互联网或电子数据交换 (EDI) 系统将企业无缝连接，通过动态联盟的形成和解体进行快速的业务流程重构，以提高企业的敏捷性和对市场的快速反应。这样，在供应链管理的带动下，企业内部的业务流程也必然敏捷化，而企业内部业务流程的敏捷化会提高企业间的业务流程效率，最终服务质量和服务效率也得到提高。

5.1.4 战略联盟

（一）物流战略联盟及其形式

1. 物流战略联盟的内涵

物流战略联盟（strategic alliance）是两个或两个以上的物流企业为了实现一定的目标，通过某种方式组成的资源共享、风险和成本共担、优势互补的松散型网络联合体。战略联盟能够为合作双方带来长期的战略利益，如拓展物流市场、降低物流成本、提高物流效益、增强竞争力等。

例如，江西景德镇远佳物流有限公司与重庆长安民生物流股份有限公司达成合作协议，组建战略联盟，远佳物流有限公司充分利用长安民生在水上运输方面的优势，进行物流业务合作，以达到双赢的目的。2008年，大连港集团与中国海运集团在大连签署了战略合作框架协议，双方依托中国海运的航运优势和大连港的港口优势，建立长期战略合作伙伴关系，实现航运和港口的有效衔接，促进双方共同发展。

2. 物流战略联盟的形式

物流行业内企业战略联盟可以分为股权协作式联盟（equity alliance）和契约式联盟（contractual alliance）。其中，股权协作式联盟又可以分为建立合资企业和股权参与两种。

（1）建立合资企业物流战略联盟是指两个或两个以上的物流企业共同出资，建立一个独立的物流企业。如上汽工业销售总公司与荷兰 TNT 公司于2003年投资组建的安吉天地汽车物流公司，以及广州本田汽车有限公司与日本一家物流公司合资组建的富田-日捆储运（广州）有限公司。虽然联盟企业各方对于合作的直接目的有所不同，但获得互补性资源是共同的战略目的，此外还有进入市场、建立跨区域物流网络或渠道、开发物流技术或产品、降低风险与成本等方面的原因。

（2）股权参与联盟方式是指一个物流企业拥有其他物流企业一定比例的股份，或它们之间相互持有对方一定比例的股份。这种联盟形式并不是为了拥有对方企业的经营控制权，而主要是为了获得所投资企业的重要信息，保证双方物流合作项目的质量与可靠性，取得市场进入机会等。安泰达物流公司成立之初有两大家电企业——科龙集团和小天鹅股份有限公司入股，2005年长虹和美菱又入股安泰达，为公司带来了大量的业务来源。安泰达物流公司集中了各股东资源的优势，从而节约了物流成本，提高了物流服务的水平。

契约式物流战略联盟具有多种形式，但它们都具有如下一些特征，例如，联盟组织结构比较松散、投入小、灵活性强，有利于避开政府规制，联盟各方能够保持经营上的相对独立性，在各自承担的物流活动环节进行经营活动，并取得相应收益。常见的契约式联盟形式主要有以下几种：

（1）由于转包或分包而形成的物流企业价值链联盟。是指物流企业利用外部物流资源，将自己不具有优势的非核心物流活动环节分包给具有相对优势的其他物流企业去完成，双方通过转包协议建立起物流价值链战略联盟。例如，联合利华与上海友谊结成战略联盟，联合利华的产品离开生产线以后的环节，包括储运、盘点、货物的流通加工（如消毒、清洁、包装、贴标签、热塑封口等），全部外包给上海友谊物流集团公司，联合利华集中精力进行新产品开发、扩大市场网络等工作。

（2）物流企业供应链联盟。是指处于不同经营层面上的第三方物流企业与其基础技术设施提供商之间建立的战略联盟，例如，综合性物流企业与基础功能性物流企业、供应链物流规划咨询企业之间，以及机场、码头、车站、物流中心、交通、通信、网络、咨询等物流基础设施和技术服务企业之间建立起来的长期合作伙伴关系。如日本运输公司Seino与德国也是欧洲最大的海陆空货运代理辛克公司（Schenker）签订了战略联盟协议，双方将在全球供应链层面上展开合作；世界第三大航空货代近铁快递公司（Kintetsu）与荷兰邮政集团（TPG）就为亚洲和欧洲的客户提供一体化的物流解决方案签订了战略合作协议；日本著名的贸易公司伊藤忠商社（Itochu）与美国的GATX物流公司就北美和亚洲之间的物流服务合作确立了战略联盟关系，以此作为进入第三方物流市场的切入点。

（3）生产营销联盟。是指在多个不同地域或国家经营的物流企业之间通过达成联合生产营销协议彼此帮助，利用对方在当地拥有的物流经营网络、物流设施等资源，扩大服务覆盖范围，提供跨区域甚至全球化物流服务的物流战略联盟。如瑞典的国际家居商宜家公司在物流服务领域一直与马士基公司合作。马士基承揽了宜家在全球29个国家的2 000多家供应商、10 000多种家居材料的物流运输服务。随着宜家战略中心向中国转移，马士基的物流服务几乎是随着宜家的扩张而扩张的，两者长期的合作使得彼此相互促进。还有法国邮政的包裹与物流集团公司与美国的联邦快递公司签署了战略合作协议，法国邮政的客户根据该协议可以享受联邦快递公司的航空网络服务。

（4）技术研发联盟。是指物流企业为了加快物流服务产品开发速度，获得领先的物流技术，与其他物流企业共同研究开发物流新产品和新技术的联盟形式。如芬兰邮政与DHL结成战略结盟，共同推出一项全新的国际快递服务，使芬兰邮政的顾客受益于DHL公司的国际航空快递服务网络。GATX物流公司将代理伊藤忠商社为其在北美的客户提供供应链支持，尤其是在消费类电子产品领域，双方还将共同开发电子商务。

案例 5—7　海元物流模式——连锁店式的战略联盟

1995 年，海元物流公司成立于广州，开始提供货运服务。1998 年，海元物流集聚国内物流行业精英，成立物流行业的精品团队。2001 年，在原先海元物流的基础上采用联邦制的方式，对广州货运行业内 18 家专线运输公司增资扩股，共同组建了海元物流集团，注册资金 1 000 万元，被称为“开创了企业重组和民营物流连锁管理的新模式”。2004 年，海元成为中国物流百强企业、中国民营物流 30 强企业，被业界誉为“海元模式”。经过这几年的发展，海元物流已由一个传统的货运企业转变为集运输、配送、仓储、分拣、包装、加工和信息服务于一体的综合型现代物流企业。

海元模式就是中小型第三方物流企业自发整合资源，经过有效的重组，依靠自身的各种优势，在短时间内形成一种合力和核心竞争力，然后将整合后的优势集中在规模化和信息网络化两个方面，从而使企业在物流领域实现质的突破，形成一个高层次的、完善的物流网络体系。海元模式为民营运输企业向现代物流业过渡创造了一种新模式，为我国中小型物流企业做大做强提供了借鉴。海元的成功开创了第三方物流企业战略联盟的新形式。

战略联盟提升了海元物流的核心竞争力，重组后的海元物流将 18 家运输公司的 50 多条专线整合成 31 条，每条专线原则上只允许一家分公司经营，结束了因为线路重复而低价竞争的局面。同时也产生了惊人的协同效应，接单能力提高了近十倍，运营时效提高了，成本至少比以前低了两成，公司营业额每年都有 10%的增长。这些都为海元在货运行业赢得了一定的竞争优势。

海元物流采用合资形式组建战略联盟，采用连锁店形式管理战略联盟，优化重组后的海元集团注册资金为人民币 1 000 万元，每个成员在集团中的权益取决于其出资额和联盟之前所拥有的专线数。总公司与各专线公司均是独立法人，集团公司采用连锁店式的管理模式。总公司的主要职能是品牌塑造、融资、营销和协调管理，成员企业的客户、营业网点都纳入集团的统筹方案，接受统一调配。集团通过日渐成熟的品牌优势逐步加强自己的营销功能，集团通过向各成员企业下达订单收取提成。各专线公司独立经营集团分配的路线，实行独立核算。在集团中，如果某条专线需要其他专线配合，其他专线公司必须全力以赴，并且按市场价的九折给予优惠。这种既松散又紧密的合作关系，使得过去本是冤家对头的货运企业变成亲密的合作伙伴。通过合作伙伴的协同作战，不但提高了订单的完成质量和时效性，提高了公司的竞争力，而且降低了企业单枪匹马作战的风险，提高了合作意愿和合作层次。海元模式顺应了我国目前的物流发展形势，它的最终目的是通过资源配置的合理化，实现整个国民经济流通的合理化，从而降低总流通成本。

资料来源：广东海元物流有限公司网站（http：//www.56cld.com/）。

(二) 物流战略联盟的利益分析

1. 可以减少企业经营成本，降低经营风险

一项完整的综合物流服务常常由若干个基本的功能性和增值性物流价值活动组成，单个企业不可能在所有物流价值链环节上都拥有优势，对于提供多层次、跨区域甚至全球性物流服务的情况更是如此。通过建立物流战略联盟的方式，在保持较低成本的基础上，可以减少市场交易费用，降低经营风险，提供令客户满意的多样化物流服务。

2. 有利于避免某些领域内的过度竞争，迅速开拓新的物流市场

建立物流战略联盟，可以理顺物流市场一定领域内的竞争秩序，减少因应付激烈竞争而付出高昂的代价，形成有序的合作竞争格局，增强各自的竞争力与优势，达到双赢或多赢的效果。同时，建立物流战略联盟也是物流企业迅速进入新市场和其他行业的捷径，可以大大降低市场风险。

3. 有利于物流企业之间的资源互补，形成物流价值链联盟整体优势，提升企业的核心竞争力

物流企业的价值创造活动过程由物流系统规划、设计、开发、管理，以及运输、仓储、配送、流通加工、信息处理等基本功能性物流活动组成，它们的集合就构成了物流企业的价值链系统。由于单个的物流企业不可能在所有的价值链环节都具备竞争优势，而只是在某些环节具有绝对或比较优势，因此常常将不具有优势的非核心业务外包出去，寻求合作伙伴以组成物流价值链联盟，通过一定的组织机制，发挥并整合每个成员企业的物流服务优势，共同完成整个物流价值链全过程，形成整体竞争优势。

案例 5—8　阿里大物流与“菜鸟”网络合并

2013 年 5 月 28 日，阿里巴巴联合银泰集团、复星集团、富春集团、顺丰、申通、圆通、中通、韵达组建了一个新公司，名为“菜鸟网络科技有限公司”，由此启动了物流项目“中国智能骨干网”（简称 CSN）。马云任董事长，阿里巴巴占 51%的股份。阿里巴巴表示，“整合阿里物流事业部与菜鸟网路，是阿里集团加大在物流方面的投入、推进大物流战略的重要一步。我们希望通过有效的整合，用数据化的平台助力整个物流行业的发展”。

阿里大物流战略是在淘宝大物流计划基础之上延伸而来的。早在 2011 年马云就曾宣布，在未来两年里，投资 100 亿元人民币打造开放、分享的物流体系生态圈。菜鸟网络计划在 5～8 年内打造一个全国性的超级物流网。这个网络能在 24 小时内将货物运抵国内任何地区，能支撑日均 300 亿元（年度约 10 万亿元）的巨量网络零售额。与京东商城等电商不同，菜鸟网络的仓储是开放式的。京东商城的进销存自己管理，较容易控制；但菜鸟网络的库存不属于阿里，而是属于各地卖家。系统对接、信息流共享、商品结算、库存管理都将面临挑战。

菜鸟网络的背后是多重利益的博弈。对于阿里来说，在电子商务信息流、资金流、物流三要素中，物流一直是短板。阿里曾投资星辰急便希望弥补物流短板，但以失败告终。如果物流网能实现，阿里则把控了“三流”：淘宝网做信息流发布，支付宝做资金流的收款，菜鸟网络制定物流规则。银泰则可围绕物流中心建立配套的商业设施，重新定义商圈。NOP创始人刘爽认为，传统商圈围绕商场构建电影院、餐饮等场所，但随着商品交易行为发生改变，人们越来越多在网上购物，这意味着，未来城市功能区将重新规划，商圈位置将发生改变，围绕物流中心将形成新型商业地产。对于快递公司来说，既想占取先机获得更大的市场份额，又要在局势不明朗的情况下尽可能保持独立以避免被阿里掣肘。因此，1%的投资只是买个门票，避免还没开始就被淘汰出局。

资料来源：亿邦动力网（http：//www.ebrun.com/）。

（三）物流战略联盟的风险分析

1. 失去核心竞争优势

战略联盟虽然不十分强调“强强”联合，但强调加盟企业必须具备自身的核心优势及与其他组织成员达到优势互补的资源。企业加入联盟组织后，在实现共同目的的合作过程中，有可能无意中将自身的核心竞争优势外泄或转移给其他组员，导致在竞争中处于十分不利的位置。

2. 被收购与兼并

由于某些企业自身并不具备核心竞争优势而勉强加入联盟，因此在联盟过程中很有可能被其他联盟企业兼并；而某些企业在加盟前的确具备某项核心优势，但加盟后由于核心技术或市场知识外泄，也有可能成为其他企业兼并或收购的对象。

3. 盟友间不可避免的矛盾

有些物流企业加入联盟的目的在于借助战略联盟的优势开发其他项目。如果一个战略联盟组织存在数个这种“同床异梦”的成员企业，那么联盟的最终成果与企业加盟前所预期的目标会相差甚远，使某些企业蒙受损失。

4. 文化差异导致联盟失败

当两个或两个以上具有不同文化背景的企业进行联盟时，便会产生一定程度的文化交汇。如果彼此之间文化差异较大，很容易在日常沟通过程中产生文化摩擦。当这种文化冲突无法协调时，一些企业很有可能退出联盟，从而导致联盟企业蒙受损失。

(四) 物流战略动态联盟机制

在动态多变的市场环境下，物流企业必须以最快的速度、最好的质量、最低的成本和最优的服务满足用户的需求。物流企业动态联盟建立在信息技术的基础上，利用完善的信息平台进行企业间的协作。动态联盟的组织方式不同于传统的市场与科层组织结构，它凭借计算机网络互联技术，仅保留企业中关键的功能，而将其他功能委托给竞争对手，目的是在竞争中发挥本企业有限的资源优势，与竞争对手形成一种动态的合作关系。

物流战略动态联盟模式通过纵、横向企业结盟，实现核心企业与供应链中供应商、制造企业、分销商、用户的集成，达到降低交易成本的目的，如图5—6所示。实施集成化联盟的目的，是加强联盟企业对原材料供应、产品制造、分销和销售全过程的控制，使联盟企业能在市场竞争中掌握主动，从而增加各个业务活动阶段的利润。

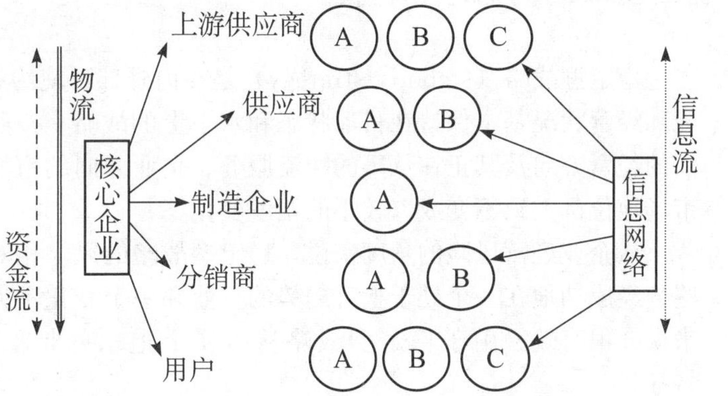

图5—6 物流战略动态联盟结构

案例5—9 华瑞物流的战略动态联盟管理

2006年12月，湖南华瑞物流有限责任公司与某国际著名物流公司签订了战略合作协议，华瑞物流为对方提供仓储管理、出入库作业等增值服务，由此华瑞第三方物流的业务量增长30%。这表明从成立初期就定位为第三方物流的华瑞物流公司在与其他企业的业务合作方面取得了新突破。

华瑞物流在筹建初期就确定采用第三方物流的运作形式，以图书物流业务为基础，集中原来各个子公司分散的物流运作，降低成本，实现规模化、专业化效应，开发第三方物流。在经营过程中，华瑞物流公司与生产商、经销商结成战略联盟，这样生产商和经销商可以把更多的时间、精力放在市场营销和生产上面，它则有可能发展成为出版集团传统产业之外的新兴产业，从而实现“三赢”局面。

华瑞物流从成立第一天起就被推向市场，其业务面向社会，而不是从属于某一家企业。市场化定位与市场化运作使得华瑞的原动力更强，只有满足商流的要求，不断提高服务质量和管理水平，才能争取到市场。第三方物流提供的是合同导向型的、个性化的、基于现代技术的物流服务，物流企业与客户之间是一种以合同形式确定的动态联盟关系。华瑞也在着力实践这个原则，既抓重点客户，又提供个性化和专业化服务，做到动态管理。

资料来源：《华瑞物流介入供应链管理》，无忧考网（http：//www.51test.net）。

5.2 稳定型发展战略

5.2.1 稳定型战略的概念和特征

稳定型战略（stability strategy）是在内外部环境约束下，使企业的资源分配和经营状况基本保持在目前状态和水平上的战略。按照稳定型战略，企业目前的经营方向及其正在从事的物流服务、企业面向的市场、企业的服务规模和市场地位都大致不变或以较小的幅度变化。

从企业经营风险的角度来说，稳定型战略的风险相对较小。该战略对于那些曾经成功地在一个处于上升趋势的行业和一个变化不大的环境中活动的企业来说会很有效。由于稳定型战略从本质上追求的是稳定，因此它具有如下特征：

（1）企业对过去的经营业绩表示满意，决定追求既定的或与过去相似的经营目标。例如，企业过去的经营目标是在行业竞争中处于市场领先者的地位，稳定型战略意味着在今后的一段时期里依然以这一目标作为企业的经营目标。

（2）企业在战略规划期内所追求的绩效按大体的比例递增。与增长型战略不同，这里的增长是一种常规意义上的增长，而非大规模的和非常规的迅猛发展。例如，稳定型增长可以指在市场占有率保持不变的情况下，随着市场总容量的增长，企业的销售额随之增长，但这种情况并不算是典型的增长型战略。

（3）实行稳定型战略的企业总是在市场占有率、产销规模或总体利润水平上保持现状或略有提高，从而稳定和巩固企业现有的竞争地位。企业准备以与过去相同或基本相同的产品和劳务服务于社会，这意味着企业的创新较少。

从以上特征可以看出，稳定型战略主要依据前期战略。企业坚持前期对产品和市场领域的选择，以前期战略所达到的目标作为本期希望达到的目标。因而，实行稳定型战略的前提条件是，企业过去的战略是成功的。

5.2.2 稳定型战略的优势和劣势

1. 稳定型战略的优势

（1）企业的经营风险相对较小。由于企业基本维持原有的产品和市场领域，因此企业可以继续使用原有的生产设备、渠道，避免开发新产品所需的巨大资金投入和激烈的竞争以及开发失败的巨大风险。

（2）能避免因改变战略而改变资源分配的困难。由于主要的经营领域与过去大致相同，因而稳定型战略不必考虑原有资源的增量或存量的调整，相对于其他战略来说，显然要容易得多。

（3）能避免发展过快而导致的弊端。在行业迅速发展的时期，许多企业无法看到潜在的危机而盲目发展，结果造成资源的巨大浪费。

（4）能给企业一个较好的休整期，使企业积聚更多的能量，为今后的发展做好准备。从这个意义上说，适时的稳定型战略是增长型战略的一个必要的酝酿阶段。

2. 稳定型战略的劣势

（1）稳定型战略的执行是以市场需求、竞争格局等内外部条件的基本稳定为前提的。一旦企业的这一判断没有得到验证，就会打破战略目标、外部环境、企业实力之间的平衡，使企业陷入困境。因此，如果环境预测有问题的话，稳定型战略也会有问题。

（2）特定细分市场的稳定型战略会有较大的风险。由于企业资源不充足，因此企业会在部分市场上采用竞争战略，这样做实际上是将资源重点配置在几个细分市场上，如果对这几个细分市场把握不准，企业可能会更加被动。

（3）稳定型战略会使企业的风险意识减弱，甚至形成害怕风险、回避风险的文化，这就会大大降低企业对风险的敏感性和适应性，反而增加风险的危害性。

5.2.3 稳定型战略的类型

1. 无变化战略

无变化战略（no change strategy），是指企业不用制定新的战略，也不需要进行战略调整，而是维持原有战略。采用该战略的企业可能基于以下两个原因：一是企业过去的经营相当成功，并且企业内外环境没有发生重大变化；二是企业并不存在重大的经营问题或隐患，因而战略管理者没有必要进行战略调整，或者害怕战略调整会给企业带来利益分配和资源分配的困难。在这两种情况下，企业的管理者和员工可能不希望企业进行重大的战略调整，因为这种调整可能会在一定时期内降低企业的利润总额。

2. 维持利润战略

维持利润战略（profit strategy），是一种以牺牲企业未来发展来维持目前利润的战略。维持利润战略注重短期效果而忽视长期利益，其根本意图是渡过暂时的难关，因而往往在经济不景气时采用，以维持过去的经济状况和效益，实现稳定发展。但如果使用不当，维持利润战略可能会使企业的元气受损，从而影响企业的长期发展。如企业为了满足董事会和股东增加分红的要求而减少研发费用，虽然企业短期的利润会上升，但是这种没有后劲的短期成功必然会导致企业长期停滞不前。此外，对已经没有发展前途的“金牛型”产品或业务，企业将其产出的利润用于发展新产品、开拓新市场，而不增加对它们的投入，这也是维持利润战略的一种做法。

3. 暂停战略

经过较长时间的快速发展，企业可能会遇到一些问题而使其效率下降，这时就可以采用暂停战略（pause strategy），即在一定时期内降低企业的目标和发展速度，使其发展速度、企业资源、管理力量保持一致。暂停战略是企业进行临时性休整，以积聚能量为今后的发展做准备的战略。

4. 慎重战略

慎重战略（caution strategy），是企业根据外部环境中某一重要因素的变化或由于难以预测环境，而有意识地放慢实施进度，步步为营、谨慎实施的一种战略。

5.3 紧缩型发展战略

5.3.1 紧缩型战略的概念和特征

1. 紧缩型战略的概念

紧缩型战略（retrenchment strategy）是企业偏离起点，从目前的战略经营领域和基础水平收缩或撤退的一种经营战略。与稳定型战略和增长型战略相比，紧缩型战略是一种消极的发展战略。一般来说，企业实施紧缩型战略只是短期的，其根本目的是使企业在躲过风暴后转向其他的战略选择。有时，只有采取收缩或撤退的措施，才能抵御竞争对手的进攻，避开环境的威胁，迅速实现自身资源的最优配置。可以说，紧缩型战略是一种以退为进的战略。

2. 紧缩型战略的特征

（1）对企业现有的产品和市场领域实行收缩、调整和撤退战略，比如放弃某些市场和某些产品线系列，因而企业的规模看起来是在缩小，同时一些效益指标，比如利润率和市场占有率等，都会有较为明显的下降。

（2）对企业资源的运用进行较为严格的控制并尽量削减各项费用支出，往往只投入最低限度的资源，因而紧缩型战略的实施过程往往会伴随着大量的裁员、一些奢侈品和大额资产的暂停购买等。

(3) 紧缩型战略具有明显的短期性。与稳定和发展两种战略相比，紧缩型战略具有明显的过渡性，其根本目的并不在于长期节约开支，停止发展，而是为以后的发展积蓄力量。

5.3.2 紧缩型战略的优势和劣势

1. 紧缩型战略的优势

(1) 能帮助企业在外部环境恶劣的情况下，节约开支和费用，顺利地渡过不利处境。

(2) 能在企业经营不善的情况下最大限度地降低损失。在许多情况下，盲目而顽固地坚持经营毫无起色的业务，而不是明智地采用紧缩型战略，会给企业带来致命的打击。

(3) 能帮助企业更好地实现资产的最优组合。如果不采用紧缩型战略，当企业面临新的机遇时，只能运用剩余资源进行投资，这样势必会影响企业在这一领域发展的前景；相反，通过采取适当的紧缩型战略，企业往往可以把不良运作处的资源转移一部分出来，以实现长远利益的最大化。

2. 紧缩型战略的劣势

实施紧缩型战略的尺度较难把握，如果盲目地使用，可能会扼杀具有发展前途的业务和市场，使企业的总体利益受到损害。

一般来说，实施紧缩型战略会引起企业内外部人员的不满，导致员工情绪低落，因为实施紧缩型战略常常意味着不同程度的裁员和减薪，而且在某些管理人员看来意味着工作的失败。

5.3.3 紧缩型战略的类型

紧缩型战略是一个整体战略概念，它一般包括抽资转向战略、调整战略、放弃战略、清算战略。

1. 抽资转向战略

抽资转向战略（harvesting strategy）是指企业在现有的经营领域不能维持原有的产销规模和市场的情况下，缩小规模和减少市场占有率，或者企业在面临新的更好的发展机遇的情况下，对原有的业务领域压缩投资，控制成本以改善现金流，为其他业务领域提供资金。如 2002 年马士基调整战略，剥离机械制造、塑料、橡胶、医疗等风险资本回报率较高但现金流均值为负的业务，抽取资金转向石油、零售等其他业务，以提高风险资本回报率。

2. 调整战略

调整战略（turnaround strategy）是指企业试图扭转财务状况欠佳的局面，

提高运营效率，对企业组织结构、管理体制、产品和市场、人员和资源等进行调整，使企业渡过危机，将来有机会再发展。如深圳越海全球物流是以外贸为主的物流企业，原来只做国际业务，2008 年受金融危机的影响，企业面临着高油价、出口放缓等外部经济环境的巨大挑战，于是迅速将经营市场转向国内，寻找新的经济增长点。

企业财务状况下滑的主要原因可能是工资和原材料成本上升、暂时的需求下降或经济衰退、竞争压力增大、管理出现问题等。

实施调整战略可采取的措施有：

（1）调整企业组织。这包括更换企业的关键领导人，在组织内部重新分配责任和权力等。调整企业组织的目的是使管理人员适应变化了的环境。

（2）降低成本和投资。这包括压缩日常开支，实施更严格的预算管理，减少长期投资的项目等，也可以适当减少某些管理部门或降低管理费用。在必要的时候，企业也会以裁员作为压缩成本的方法。

（3）减少资产。这包括出售与企业基本生产活动关系不大的土地、建筑物和设备；关闭一些工厂或生产线；出售某些在用的资产，再以租用的方式获得使用权；出售一些盈利的产品，以获得资金。

（4）加速回收企业资产。这包括加速应收账款的回收期，派出人员收回应收账款，降低企业的存货量，尽量出售企业的库存产成品等。

3. 放弃战略

放弃战略（divestment strategy）是指停止经营、转让、出售企业的一项或几项业务，将资源集中于其他有发展前途的经营领域，或保存企业实力以寻求更大的发展机遇。

实施放弃战略对任何企业的管理者来说都是一个困难的决策。在放弃战略的实施过程中通常会遇到一些障碍，包括：

（1）结构上或经济上的障碍。即一个企业的技术特征及其固定和流动资本妨碍其退出，例如一些专用性强的固定资产很难退出。

（2）企业内部依存关系上的障碍。如果准备放弃的业务与其他业务有较密切的联系，则该项业务的放弃会使其他有关业务受到影响。

（3）管理上的障碍。企业内部人员，特别是管理人员对放弃战略往往会持反对意见。因为这往往会威胁到他们的职业和业绩考核；这种放弃使管理者的荣誉受损；在外界看来，放弃是失败的象征等。

对这些阻力可以采用以下办法来克服：在高层管理者中形成“考虑放弃战略”的氛围；改进工资奖金制度，使之不与放弃战略相冲突；妥善处理管理者的出路问题。

2011 年，汇丰银行宣布以 26 亿美元的价格向第一资本金融公司出售在美国的信用卡业务，2012 年出售 195 个零售分支机构，2013 年 9 月，汇丰银行宣布将不再为美国的小企业客户提供服务。作为由 CEO 欧智华（Stuart Gulliver）主导的全行范围成本削减策略的一部分，2011 年以来，汇丰银行已经减少了 41 亿美元成本，关闭或者剥离了 54 项业务。

4. 清算战略

清算战略（liquidation strategy）是指为了减少股东的损失，通过拍卖其资产或停止整个企业的运行而终止企业全部经营活动。它分为自动清理和强制清理。显然，只有在其他战略都失败时才考虑使用清算战略。但在确实毫无希望的情况下，应尽早地制定清算战略，使企业可以有计划地逐步降低企业股票的市场价值，尽可能多地收回企业资产，从而减少全体股东的损失。因此，在特定的情况下，及早地进行清算较之追求无法挽回的事业对企业来说是一种明智的战略。

如2013年11月，曾是全球最大太阳能面板企业的中国尚德电力在注册地开曼群岛申请临时清算，暗示经过数年太阳能面板价格大幅下跌，它可能破产倒闭。尚德电力表示，它将考虑根据美国破产法第15章申请破产保护，以便美国法院可以阻止债权人扣押其美国资产。尚德电力果断采取了清算策略，从而避免了强制性破产。

关键术语

扩张型战略	增强型战略	市场渗透
市场开发	业务开发	多元化战略
前向一体化	后向一体化	供应链一体化
纵向一体化	横向一体化	战略联盟
稳定型战略	紧缩型战略	

复习思考题

1. 为什么大多数物流企业倾向于采用发展战略？
2. 对于物流企业来说，在增强型战略中，市场渗透战略、市场开发战略和业务开发战略应如何选择？
3. 在实行多元化战略时，是否公司所具有的不同的业务越多越好？如何确定合适的多元化程度？
4. 试分析物流企业的纵向一体化和横向一体化战略的利益和风险。
5. 以一个实际的物流企业为研究对象，制定出供应链一体化战略的具体方案。
6. 请比较一下物流战略联盟的不同形式。
7. 战略联盟对物流企业发展有何意义？
8. 物流一体化经营的主要原因是什么？
9. 对于扩张型、稳定型、紧缩型发展战略，物流企业应该如何决策？

案例分析

我国第三方中小型物流企业发展战略选择

随着科技的不断进步，特别是运输和电子信息方面的飞速发展，物流行业在经济发展中的地位不断提高。然而，国内物流行业服务的稳定性在电子商务企业盛行之下变得愈发脆弱，对于突发情况的处理尚未达到商业化要求。目前从整体水平上看，存在规模小、范围窄、管理乱、效率低、成本高等问题，其原因在于没有形成优势互补、强强联合、协同发展的局面，而且分散单一的功能不能满足一体化的物流需要，没有实现从原材料供给到商品销售整个供应链的全程服务，也没有形成真正意义上的网络服务。

我国第三方中小型物流企业在快速发展的过程中，长期积累的矛盾和问题日益凸显，最主要的问题表现在以下几个方面：

- 企业规模小，信息化程度低，服务成本高；
- 服务功能单一，范围窄，服务水平比较低；
- 物流服务网络不健全，未能形成一体化服务。

针对我国第三方中小型物流企业发展现状和存在的问题，第三方中小型物流企业可以选择自我发展战略以解决信息化程度低的问题；选择实施并购战略以解决企业规模小、成本高的问题；选择采取联盟战略以解决物流服务网络不健全、不能形成一体化服务等问题，实现 1＋1＞2 的经营效果。

1. 自我发展战略

结合我国第三方中小型物流企业创新能力强、机制灵活的优势，可以采取细分市场战略、差异化战略。积极探索大型物流企业尚未涉足的领域，善于发现业务中的蓝海领域；改变服务方式，为客户带来差异化的服务，从而弥补规模小、相对成本高的不足。此外，采用信息化战略引进云计算技术使得第三方中小型物流企业以较低的成本快速改变其信息化程度低的现状，使其提供的物流服务在及时性、准确性、可靠性以及多样性等方面和大型物流企业缩短差距。

2. 并购战略

我国第三方中小型物流企业相比国外和国有大型物流企业，存在规模小、范围窄、管理乱、效率低、成本高等问题，原因在于没有形成优势互补、强强联合、共同发展的局面，而且分散单一的功能不能满足一体化的物流需要，没有实现从原材料供给到商品销售整个供应链的全程服务，也没有形成真正意义上的网络服务。实施并购战略可以使多个物流企业进行资源和业务的合理重组，建立具有更大投资规模的物流企业。并购之后的物流企业整体物流服务能力和物流服务合理化投资效率都有所提高，物流企业通过并购和业务流程重组实现协同运作，从而获得更大利润。

3. 联盟战略

物流企业战略联盟是一种有效的企业组织形式。目前我国物流企业的发展仍处在初级阶段，企业的规模、网络以及服务水平与国外物流企业相比都有很大的差距，建立物流企业战略联盟，走规模化、集约化发展的道路是我国物流企业发展的最佳选择。目前，快速发展并逐渐成熟的云计算技术为各企业提供了一个能够实现实时沟通、出现问题及时协商解决的物流信息化平台，解决了各中小型物流企业之间的业务合作难点。

物流企业联盟战略是指两个或两个以上物流企业为了实现资源共享、成本共担，或者优势互补等特定战略目标，在保持自身独立性的同时，通过股权参与或者契约联合，结成的较为稳定的集约化物流合作伙伴关系，以达到共同拓展物流市场、降低物流成本、提高物流效益等目的。物流企业战略联盟可以像企业并购一样，达到快速进入市场、实现企业间优势互补的目的。同时由于联盟各方仍保持原有企业的经营独立性，因此避免了企业规模过大、组织失灵以及企业之间的文化冲突。因而物流企业战略联盟成为当前物流企业扩张战略的主要手段。

资料来源：黄建华：《我国第三方中小型物流企业发展战略研究》，载《现代经济信息》，2014（20），80页。

问题讨论

1. 第三方中小型物流企业应该如何根据自身情况选择合适的发展战略？

2. 企业选择有利于自身的发展战略时需要充分考虑哪些因素？

3. 在国家鼓励物流行业发展的背景下，结合发展良好的第三方中小型物流企业的管理经验，考虑是否可以选择其他发展战略？

第6章 物流事业层级战略规划

在物流市场中，物流企业如何获得竞争优势，如何比竞争对手做得更好并实现企业目标，这是物流事业层级战略规划要解决的核心问题。本章首先介绍总成本领先、差异化、集中三种基本竞争战略，然后分别从不同行业的物流企业和不同竞争地位的物流企业两方面，探讨物流企业的事业层级战略规划。

引 例

由于顾客种类及其对服务的需求不同，物流服务的难易程度及价值也不尽相同，因而可以说不同客户的价值是不同的。北京 UPS 快递公司针对忠实的客户和具有潜力的新客户通过个性化和增值的服务手段来增加客户价值。

(1) 为老客户提供增值服务。老客户给北京 UPS 快递带来的利润比新客户要多得多，大量的老客户是北京 UPS 快递长期稳定发展的基石，越来越多的企业认识到老客户对它们的价值，把建立和发展与老客户的长期关系作为企业营销工作的重点。

(2) 为挑剔的客户提供额外的增值服务。除了限制挑剔的客户的负面口碑，还能从它们那里得到有价值的信息，因为它们的意见很可能代表产品和服务的方向，可以在一定程度上为北京 UPS 快递的下一步发展提供有价值的信息。

(3) 为大量消费者提供额外的增值服务。根据消费者的消费习惯、消费行为可以将客户分为少量消费者、中量消费者、大量消费者三类。大量消费者虽然在所有消费中所占的比例小，但消费量却很大，北京 UPS 快递认识到大量消费者的意义，根据企业的特点制定了相应的服务标准。

资料来源：人大经济论坛（http：//bbs. pinggu. org/）。

6.1 总成本领先战略

6.1.1 总成本领先战略及其特点

总成本领先战略（overall cost leadership strategy）也称为低成本战略，是

企业通过有效途径降低成本，使企业的全部成本低于竞争对手的成本，甚至是同行业中最低的成本，从而获得竞争优势的一种战略。企业总成本领先战略的核心内容是在较长时期内保持企业的成本处于同行业中的领先地位，并以此获得比竞争对手更高的市场占有率，同时使企业的盈利处于同行业平均水平之上。例如，国产手机巨头小米一直采用高配低价的渗透定价策略来刺激消费，吸引大量购买者，扩大市场占有率，最终在苹果、三星等外来机的挤压下占据了大量市场份额，2014 年，其智能机国内销量第一，成为行业巨头。

采用这种战略的物流企业通常具备以下三个特点：

（1）绝大多数顾客可以接受其物流服务的质量和速度。

（2）相对标准化的服务。

（3）相对低的价格。

采用这种战略的物流企业是在不忽视大多数顾客关注的服务效率与质量的前提下实现成本降低的。

6.1.2 总成本领先战略的优势

1. 形成进入壁垒

企业在成本领先的基础上，可以实施较低的价格，为行业的潜在进入者设置较高的进入壁垒。这就使得那些在经营上缺乏经验的企业，或者未能形成规模经济的企业无力进入此行业。

2. 降低替代品的威胁

企业具有成本领先的优势，在与替代品进行竞争时，仍旧可以凭借其低成本的产品或服务，稳定和吸引原有的顾客群体，降低或缓解替代品的威胁，在一定程度上不被替代品所取代，从而保持自己的竞争地位。

3. 增强讨价还价的能力

企业具有成本领先的优势，可以增强对顾客讨价还价的能力，因为顾客的讨价还价能力只能使价格下降到效率居于其次的竞争对手的水平，在这种情况下，成本领先的企业仍可获利。

4. 保持领先地位

由于企业的成本领先优势主要体现在与行业内竞争对手的比较上，这样的优势确保企业在行业发展前景看好时能获得较大的利润，在行情一般时亦能获利，在行情低迷时仍有较强的生存能力，从而使企业在行业中能不断地扩大市场份额，保持领先地位。

6.1.3 如何实现成本领先

低成本战略意味着整体的低成本，而不仅仅是低生产成本。要获得低成本的优势，企业整个价值链上的累计成本必须低于竞争对手的累计成本。总成本领先战略可以给企业带来很多优势，但要取得这种优势地位并不容易，需要采取一种或多种有效的措施。

1. 实现规模经济

通过规模经济生产和分销是实现总成本领先战略的最重要措施。规模经济是指在技术水平不变时，单位产品的成本随着累计产量的增加而下降。如果一个企业可以比竞争对手更快地扩大产量，则其经验曲线将比竞争对手下降得更快，从而可以拉大与竞争对手的成本差距。

资料　经验曲线

经验曲线，又称学习曲线，由波士顿咨询公司（BCG）于 1960 年提出，将数字与规模经济联系起来。它们发现，每当累计生产量倍增时，加工成本会按一个稳定且可预计的比例下降，如图 6—1 与图 6—2 所示。

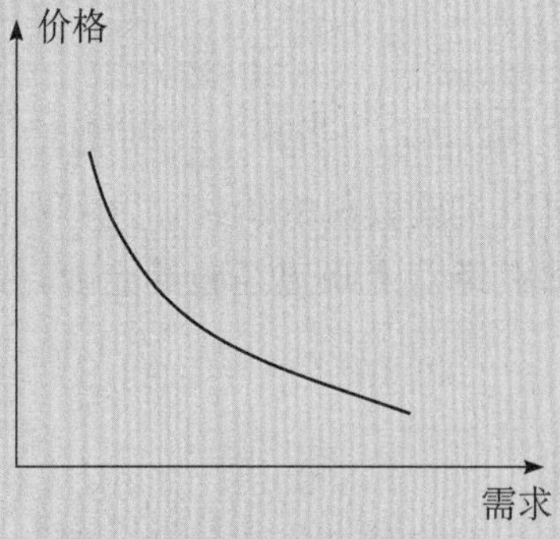

图 6—1　需求—价格曲线

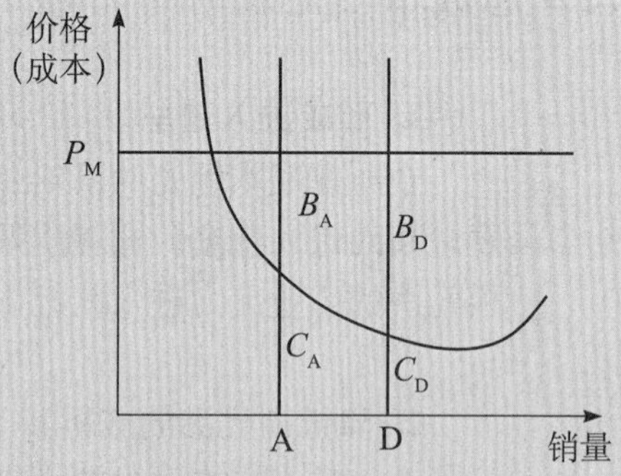

图 6—2　经验曲线

图 6—2 中：P_M 表示某产品市场平均销售价格，A，D 分别表示两个企业中生产的两种同质产品，C_A 表示 A 产品成本，C_D 表示 D 产品成本，B_A 表示 A 产品利润，B_D 表示 D 产品利润。假定两企业以市场平均价格销售这种产品，可以看出：$B_A=P_M-C_A$，由于 C_A 大于 C_D，因此，B_A 小于 B_D。低成本为 D 企业带来了高效益。

又假定两企业获得相同的利润（$B_A=B_D$），可以看出：$P_A-C_A=P_D-C_D$。

由于 C_D 小于 C_A，则会出现 P_D 小于 P_A，即低成本的企业可以用更低的价格销售产品，从而占领更多的市场。

资料来源：王方华等：《企业战略管理》，238 页，上海，复旦大学出版社，1997。

2. 降低物流成本

（1）借助地域优势降低货物的运输成本。

（2）采用供应链管理，由生产企业、第三方物流企业、销售企业、消费者组成的供应链形成一个整体和系统，可获取低成本供应来源及分销成本。

(3) 提高配送的效率。企业制定合理的出车计划，提高车辆的装载率，选择最佳的运送路径，从而降低物流成本。

3. 采用物流信息技术

在传统的人工管理模式下，企业的成本控制受诸多因素的影响，往往不易实现各个环节的最优控制。企业采用信息化管理，一方面使物流作业的处理准确、迅速地进行；另一方面通过信息系统的数据汇总进行预测分析，可以控制成本增加的可能性。例如，条形码技术、RFID、EDI、GPS 及 GIS 等技术的应用。

4. 紧缩间接费用和其他行政性费用的支出

戴尔公司的成功在很大程度上受益于采用“直接到达最终用户”的营销和销售策略。同时，在员工日常业务的各个方面也需要节约成本，减少浪费，使员工具有长期发展的战略成本意识。

5. 保持适度的研究开发、广告、服务和分销费用

从物流管理部门到各个部门，从产品开发、生产到销售的整个生命周期，企业都要进行成本管理。对于企业不擅长的业务，可以外包给专业的第三方物流公司，这样既提高了物流服务的质量，缩短了商品在途的时间，又减少了商品周转的费用。有实力的企业可以采用第三方物流公司直接供应，以实现零库存。

6.1.4 总成本领先战略的风险

(1) 行业内的技术变革可能使过去用于扩大生产规模的投资或大型设备失效，比如现代的仓储管理。如果企业一味追求成本最低，只采取传统的人工作业方式和装卸搬运设施，那么与采用现代仓储设施如立体仓库、托盘、自动拣选设备等的企业相比，前者很可能并没有实现低成本目标，反而提高了作业成本，降低了服务质量。

(2) 企业过度降价使得利润空间缩小，削弱了企业的竞争力。近年来中日航线的运价过低，在中日近洋航线上运营的大新华、海丰、中外运、中海等六七家企业全部亏损，企业竞争力下降。

(3) 由于实施总成本领先战略，企业将注意力过多地集中在成本的控制上，没有看到顾客需求的变化。

(4) 随着市场的成熟，顾客的偏好从注重价格转向注重产品的品牌和个性，从而使企业的成本优势减弱。

因此，运用总成本领先战略，一定要考虑技术革新和技术进步的影响，注意竞争对手的战略反应和产品、市场的变化。

总成本领先战略要在保证顾客一定价值的前提下，通过降低成本来提高顾客价值，其结果是顾客受益，企业赢得市场。否则，盲目重视成本的控制会带来一定的风险。

20年前名噪一时的低成本航空公司——美国人民捷运（PE）航空，在市场上采用低价格、低成本的经营战略，用高频率航班和最低的价格来同大公司竞争，曾取得辉煌成就，但是该战略同时也给企业带来顾客服务水平下降、预订机票作业延迟、班机取消或机票超售等弊端。在激烈的市场竞争中，一些大航空公司与PE航空展开了价格竞争，该公司不得不退出市场，最终被得克萨斯国际航空公司收购。

案例6—1　沃尔玛和家乐福物流运作的成本领先战略

成本领先战略是指一家企业基于自己拥有本行业最低成本（是成本或费用，而不是价格）来展开竞争。其精髓是通过为企业建立成本优势，谋取成本领先者的地位，应付各种竞争力量。沃尔玛和家乐福两个零售巨头以各自的发展和业绩向世人说明了成本领先战略在该行业中的决定性作用。

（一）沃尔玛的成本控制

1. 采购的统一性

与很多商家采取代销的经营方式不同，沃尔玛采取直接买断购货政策，由总部统一向工厂直接购货。这种购货方式保证了沃尔玛的进价最优惠，大大降低了购货成本。据统计，沃尔玛向生产厂家直接购货的策略使采购成本降低了2%～6%。

2. 高科技配送中心

配送中心的任务就是将供应商大量运达的商品配送至各分店。为提高效率，配送中心内部实行完全自动化，效率非常高。这种建立配送中心的方法大大提高了库存周转率，加快了资金周转速度，企业成本自然降低。

3. 高效的物流管理

在整个物流链条中，运输环节是成本最高的部分。沃尔玛拥有自己的车队，并辅之以全球定位技术，保证车队总是处在一种高效、快速、满负荷的状态。据统计，沃尔玛的进货费用占商品总成本的比例只有3%，而竞争对手则达到4.5%～5%。

4. 严格控制日常经费

沃尔玛对于日常费用的控制可谓达到极致，在行业平均水平为5%的情况下，沃尔玛整个公司的管理费用仅占公司销售额的2%。为维持低成本的日常管理，沃尔玛在各个细小的环节上都非常节俭。

（二）家乐福的成本控制

1. 采购的统一性

这一点与沃尔玛不谋而合，即利用大规模采购获得较低的采购价格。值得一提的是，家乐福于近年开始生鲜直采项目，采用从“农场”到“菜篮子”的方式，避免了中间环节的各项费用，把最低价、最新鲜的农产品直接送到消费者面前。

2. 本土化战略

在员工使用上实行本土化战略。据调查，家乐福在中国的分店除了少数法籍和其他外籍高层管理人员，其余95%的员工都是在当地招聘的。在经营商品上也采取本土化战略。在中国，家乐福卖场销售的95%的商品都是来自中国本土，甚至会通过不同区域的采购中心采购相当比例的本区域商品。这些本土化措施大大降低了在人员以及商品上的投入，可以节约采购运输成本，也可以使商品价格相对低廉，对顾客产生更大的吸引力，从而保证企业的竞争优势。

3. 损耗最小化

商品的损耗高低是能否获利的关键，往往一件商品的损耗造成的损失需要五六件同样商品的销售才能弥补。由于进货不实、顾客偷窃、员工监守不当、残货过多、标价错误等问题，造成商品损耗数量增加，使成本居高不下，最终影响店铺利润。家乐福对损耗进行严格控制，实行员工定岗责任制，以求损耗最小化，降低经营成本。

4. 严格的成本控制

不管是家乐福卖场内仅仅经过防滑防磨处理的最普通的地面材料，还是本顿维尔的沃尔玛总部办公室简单装修的谈判间，都为各自的企业节省了一大笔装修费用，从而使经营费用减少，成本降低，企业可以把资金用到其他更需要的地方去，加快资金周转。

总之，虽然沃尔玛和家乐福都选择成本领先战略，但在具体实施上略有不同。沃尔玛努力通过利用高科技等方式降低采购、物流成本来实现盈利；家乐福则倾向于采用更多新的经营理念和加强管理控制。

资料来源：杨春露：《浅析连锁零售企业的成本领先战略——沃尔玛 VS. 家乐福》，载《统计与管理》，2014（1），127～128页。

6.2 差异化战略

6.2.1 差异化战略的内涵

物流企业差异化战略（differentiation strategy）是物流企业为了使其产品、服务、企业形象等与其他物流企业有明显的区别，以获得竞争优势而采取的战略。企业结合自身的实力和市场的需求，向顾客提供与众不同的、具有独特性的产品和服务。物流企业差异化战略以价值创造为逻辑思路，以提高顾客满意度为核心追求，这样不仅有利于提高物流企业的服务水平、顾客的满意度和忠诚度，而且可以避免物流企业的无序竞争和盲目发展，从而使物流企业在经济发展中发挥更大的作用。

如发展工程物流，企业对工程项目所使用的材料和设备提供某一环节或全过程的物流服务，最大限度地降低工程成本，加快工程项目的建设速度。中国外运华东有限公司与美国越洋货运代理公司联合，取得了扬子石化-巴斯夫有限责任公司一体化石化基地建设项目的全部物流营运权，这个项目可以说是工程物流的成功典范。

对于小型物流企业来说，它们为顾客服务时大部分也采用差异化战略，其中比较突出的物流服务主要有搬家综合服务、代收商品服务、仓储租赁服务以及摩托车急送服务等形式。例如，搬家综合服务除了提供专业化的搬家物流服务，还替顾客办理清扫、整理、杀虫、处理垃圾等事务；在代收商品服务中，物流企业通过提供繁杂的代收商品、样品等业务，然后用货车进行配送，以增加物流服务的附加价值；仓储租赁服务是兴起不久的新兴物流形式，它通过出租仓储、安全保管顾客存放的任何货物（大宗商品、书籍、字画、金钱等高价商品或贵重物品）来突出物流服务的差异化，近年来，在我国大都市出现的小型保险柜租赁业务就是这种物流服务的具体表现形式之一。

6.2.2 差异化战略的优势

企业实施差异化战略可以使客户对企业的品牌产生偏好或忠诚，甚至使客户愿意支付较高的价格；可以成为新进入者的进入壁垒；可以提高企业同买主谈判的能力；可以减少替代品的威胁，有助于企业战胜各竞争对手，获得超过行业平均水平的利润。具体来讲，差异化战略的优势主要表现在以下几个方面：

1. 形成进入壁垒

鉴于产品和服务的特色，顾客对其具有很高的忠诚度，从而使该产品或服务形成强有力的进入壁垒。潜在的进入者要与该企业竞争，则需要消除这种产品的独特性。例如，2004 年广州天地纵横物流公司开通了广州与上海之间的“陆运航班”快速物流线路。依托高档载货汽车，在航空货运夜间不飞行的空当发车，进行大批量的高值货品的运输，其货运成本降低了近六成，在航空货运市场上形成了自己的竞争优势。

2. 降低顾客对价格的敏感程度

差异化使顾客对产品或服务具有某种程度的偏好和忠诚，当这种产品的价格发生变化时，顾客对价格的敏感程度不高。竞争对手要获得这些差异性或者抵消这些差异性，需要付出相当大的代价。生产该产品的企业便可以运用差异化战略，在行业的竞争中形成一个隔离带，避免受到竞争对手的威胁。作为东北地区的第二大商港——营口港，在优先发展内贸集装箱运输的前提下内外贸并重，外贸先近洋，适度发展远洋干线。营口港为顾客提供优质的服务，其装卸速率、货运质量大大提高。尽管服务成本有所提高，但顾客仍会优先选择其服务。

3. 增强讨价还价的能力

产品差异化战略可以为企业带来较高的边际收益，降低企业的总成本，增强企业与购买者讨价还价的能力。同时，由于购买者需要这种差异化服务而无其他选择，因此对价格的敏感程度就会降低，企业可以运用这一战略削弱购买者讨价还价的能力。

澳大利亚货主对货物装卸要求十分严格，要求货物装卸时不能带入任何杂物。为顺利完成出口澳大利亚复合肥的装卸，龙口港港埠分公司将装卸作业的麻绳、木制指挥棒、扫帚全部换成塑料制品。个性化的服务调整换来的是客户长久的信任和港口充足的货源，越来越多的外国公司把龙口港作为其货物进出口的指定港口。

4. 降低替代品的威胁

企业的产品或服务具有特色，能够赢得顾客的信任，使之在与替代品的较量中比同类企业处于更有利的地位。

6.2.3 物流差异化战略实施的途径

1. 定位差异化

定位差异化是指为顾客提供与行业竞争对手不同的服务与服务水平。差异化战略是以了解顾客的需求为起点，以满足顾客的需求为终点。因此，在企业决定其服务范围与服务水平时，首先要考虑的是顾客究竟需要什么样的服务和服务要达到何种水平。企业可以先选出在物流行业内顾客可能比较关注的服务要素，如价格、准确性、安全性、速度等，并且通过调查了解顾客比较侧重于哪些服务要素。航运企业在策略上各有优势，有的以优势航线吸引客户，如以星（ZIM）专长于远东、美国和欧洲航线；有的则以班期等服务取胜，如韩进公司每周都有三班船从中国香港直抵欧洲。

2. 服务差异化

服务差异化是指对不同层次的顾客提供差异化服务。顾客是有差异的，以一种服务水平让所有顾客都满意是不可能的。企业对顾客的认知也不一样，每个企业都会因差异化战略而确定其重要的顾客群，并且在实施差异化服务中与顾客建立不同的客户关系，提供不同水平的服务。一般来说，物流企业依据其差异化战略把顾客分为三类，对这三类顾客分别采取差异化的服务方针，如图6—3所示。

6.2.4 实施差异化战略的风险

差异化是一个十分有效的竞争战略，但是并不能保证企业一定能够创造竞争优势。企业选择差异化战略可能带来的结果是顾客群缩小和单位成本上升，

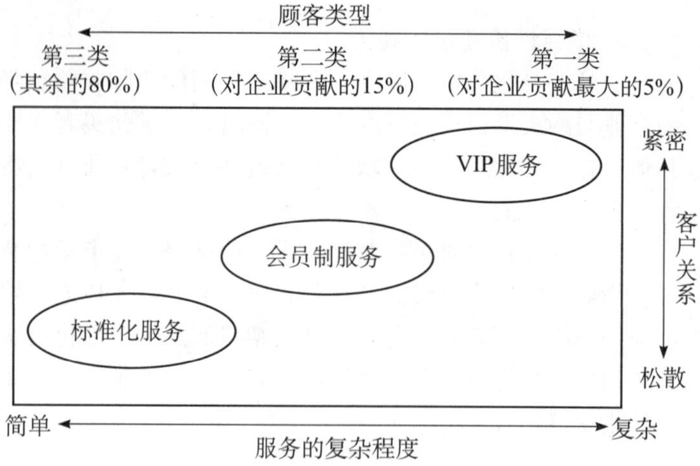

图 6—3 顾客服务的差异化

从而导致服务价格的攀升。另外，如果竞争对手能够很快地复制公司所提供的有吸引力的差异性，公司为差异化所作出的努力就注定会失败。一般来说，企业在实施差异化上存在四种风险。

1. 机械的差异化风险

创造差异就是使满足顾客需求的方式既不同于竞争者，又使得顾客真正感知和体验到产品或服务的价值，而不是为了创造差异而创造差异。就力求使满足顾客的方式不同于其他企业而言，机械地创造差异可能会造成适得其反的效果。产品包装过于奢华，产品线过宽、过深和过长，促销方式过于夸张，服务方式过于扰民等都是机械差异化的具体表现。例如，华人物流采取差异化战略经营数码业务，结果门庭冷落，最后又做回物流。

2. 高代价的差异化风险

实现差异的成本很高，会形成较高的销售价格，如果这种价格超过消费者的承受能力，那么用户为了大量地节省费用，会转而选择物美价廉的产品。这时，实行低成本战略的企业会获得竞争优势。当竞争对手的产品价格降得很低时，企业即使控制其成本水平，购买者也不再愿为具有差异化的产品支付较高的价格。

3. 被模仿的差异化风险

竞争对手会推出相似的产品，以减少产品的差异化。竞争对手的模仿使用户看不到不同产品之间的差异。因此，企业进行差异化时要有所侧重，注意突出最有价值的方面。我国物流行业的大部分业务易于模仿，企业应该集中资金、人才、资源等优势于核心竞争力的业务环节，采取外包等方式将其他从属业务交给专业化物流企业来完成。否则，企业之间相互模仿，使业务之间的差异性很小，消费者在选择产品和服务时就会侧重于价格，从而导致这一行业的竞争主要是成本竞争，而非差异化竞争。

4. 差异化的竞争风险

竞争对手推出更具有差异化的产品或服务，使得企业的原有购买者转向竞争对手。例如，拍拍网“诚保计划”在C2C市场率先提出了“7天无条件退货”服务。而作为国内C2C最大规模的淘宝网，继拍拍网之后，同样推出“7天无理由退货”服务。相比而言，淘宝网的配送服务更有保障。因为与淘宝网合作的物流企业都在行业内有着较好的信誉和较强的业务实力，这便于淘宝网与物流企业就有关召回物流所产生的相关费用达成一致，所以淘宝网在“7天无理由退货”服务的推行方面更具优势。

案例6—2　IDC Logistics 开启个性化物流服务

随着互联网的发达与电子商务的兴起，物流行业自身经历了诞生、发展、转型的重要阶段。近年来，国内外大型企业纷纷进驻物流产业，形成互相竞争的多元化格局。在这一背景下，来自美国的全球领先物流公司IDC Logistics以其个性化物流服务占据了市场的制高点，同时推动物流行业摆脱无序、低效、模式化的困境，全面进入以服务为核心的新时代。

所谓个性化物流服务是指IDC Logistics在积累了丰富行业经验基础上为客户量身打造的服务。根据客户的具体情况与不同需求，IDC Logistics可以制定出有针对性的物流流程及目标，并通过全方位的贴心咨询和服务提供真正意义上的第三方物流。

1. 经济高效：美国国内物流服务

经济有效、方便快捷是IDC Logistics为美国国内提供物流服务的最大优势，包括仓储物流服务、地面运输、空运、报税和现场转运等项目。作为行业精英企业，IDC Logistics的专业人员能够通过审查客户要求和成本分析来帮助客户确定最佳的运输及仓储服务模式，从而在保证品质的基础上使客户获得最快速便捷、经济有效的物流服务。除此之外，IDC的个性化物流还体现在服务的灵活性和可调节性上，其第三方物流团队（3PL）能够满足所有客户和配送中心的个性化要求，也能通过量身定制的方案实现合理可控的运输成本。

2. 覆盖广泛：国际物流服务

IDC Logistics拥有庞大的全球物流网络，划分出国际空运、国际海运、报关三大服务内容。空运方面，除了路线、包装方法和运输环境的个性化精选，IDC还推出了货物无损运输服务：货物在公司便装入集装设备中，这样可以防止遗漏货物，更安全也更高效；海运方面，IDC与MSC，MSK，Evergreen，APL，Hanjin，US Line及中海、中远集团等各大轮船公司均建立了合作关系，运输路线及运输时间非常稳定；报关方面，IDC在提供广泛的综合性海关相关服务的同时，还可代为办理所有的清关业务和手续。多管齐下的一系列措施确保IDC能最大限度满足全球客户的需求，提供长期、稳定、省心的物流运输服务。

3. 专业安全：仓储物流及增值服务

仓储物流是IDC的强项之一。通过配备专业且经验丰富的仓储物流专家，IDC致力于为客户提供配备先进技术、高效设施布局及高效运营的仓储解决方案。除此之外，IDC还可以有效开展包括货运代理、货运仓库和中转服务在内的供应链物流服务，确保客户所有资料保密的EDI订单处理服务以及满足客户个性化需求的仓库管理系统服务。特别值得一提的是，你有任何方面的要求，都可以与IDC物流增值服务（VAS）团队联系，他们是个性化物流服务的实际执行人。

经济有效的物流方案、安全高效的运输网络、个性化十足的增值服务，这就是IDC Logistics带来的最新个性化物流体验。正是基于对物流服务持续不懈的追求，才造就了IDC Logistics卓越的业界声誉，也使其与客户一起创造出独一无二的物流价值。

资料来源：海外网（http：//www.haiwainet.cn/）。

6.2.5 两种竞争战略在物流中的应用

波特通过价值链分析物流活动的相互依赖性，以及公司内部及其与供应商和顾客的关系。不同的竞争战略对于企业的物流活动会有不同的影响。在经营的过程中，每个物流企业的侧重点可能不同，有的企业追求效率，有的主要追求低成本，有的企业将满足顾客的要求放在首位。随着市场竞争的加剧、顾客要求的个性化，企业可能会采用不同的物流战略。竞争战略在物流企业中的应用如表6—1所示。

表6—1　　竞争战略在物流企业中的应用

物流战略		基本目标	适用的竞争战略
基于时间的物流战略	准时制物流战略	时间	总成本领先、差异化战略
	延迟战略	时间	总成本领先战略
	快速反应战略	时间	总成本领先、差异化战略
	运输集中战略	时间	总成本领先、差异化战略
基于成本的物流战略	精益物流战略	成本	总成本领先战略
	横向协作物流战略	成本	总成本领先战略
基于服务的物流战略	敏捷物流战略	服务	差异化战略
其他物流战略	第三方物流战略	成本、效率、服务	总成本领先战略
	供应链物流战略	成本、效率、服务	总成本领先、差异化战略
	绿色物流与逆向物流战略	环保、服务	差异化战略

资料　总成本领先战略与差异化战略之间的关系

1980年10月，美国的威廉·霍尔教授发表了《关于在逆境中争取生存的战略》一文。文章分析了美国钢材、橡胶、重型卡车、建筑机械、汽车、大型家用电器、啤酒、卷烟等八个行业的实际情况，并对这些行业的

64家大型企业的经营战略进行了分析对比。结果表明，许多成功的企业有一个共同点，就是在确定企业竞争战略时都是根据企业内外环境条件，在产品差异化和总成本领先战略中选择一个，从而确定具体目标，采取相应措施。当然，也有一些企业同时采取两种竞争战略而获得成功，如经营卷烟业的菲利普·莫里斯公司依靠高度自动化的生产设备，取得了世界上生产成本最低的好成绩，同时它又在商标、销售促进方面进行巨额投资，在产品差异化方面也取得了成功。但一般来说，企业不能同时采取这两种战略，因为这两种战略有着不同的管理方式和开发重点以及不同的企业组织结构，反映了不同的市场观念。

资料来源：李隽波：《差异化战略与成本领先战略》，载《改革与战略》，2005（5），32～33页。

1. 基于时间的物流战略

基于时间的物流战略包括准时制战略、延迟战略、快速反应战略、运输集中战略。在现代社会中，时间成为企业间竞争的一个重要因素，是总成本领先和差异化战略的主要表现手段。总成本领先表现在通过信息化手段，减少经营过程中的时间浪费，提高物流运作的准确性；差异化表现在尽量满足顾客个性化要求，特别是对交货期的要求。

（1）准时制战略是根据最终顾客对交货期的要求，进行物资的及时采购、及时生产、及时运输、及时交货，实现整个过程“一个流”和“无缝链接”的一种物流战略。主要应用于物流功能的仓储环节，目标是减少或者消除从原材料的投入到产成品的产出全过程中的存货，建立起平滑且有效的生产流程。但就物流运作来说，成本可能是不经济的，因此必须与差异化战略结合使用才能降低物流成本，发挥优势。

（2）物流企业在配送环节上经常采用延迟战略，将产品的最后制造和配送延迟到收到客户订单后再进行，这样就可以减少或消除由于预测失误所带来的库存。企业在适当的时间里完成任务，以减少物流总成本。

（3）快速反应战略是供应链企业之间建立战略合作伙伴关系，利用EDI等信息技术进行信息交换与信息共享，用高频率、少量配送方式补充商品，以缩短交货周期、减少库存、提高顾客服务水平和企业竞争力为目的的一种物流战略。

（4）运输集中战略是为了在运输环节获取规模经济，对同一地域不同市场的需求进行安排，尽量做到集中运输的一种物流战略。根据库存信息和顾客需求，预定送货时间，以满足不同顾客的需求，降低货物运输的成本。

2. 基于成本的物流战略

（1）精益物流战略就是根据顾客需求，提供令顾客满意的物流服务，同时把提供物流服务各个环节中的浪费和延迟降至最低程度，不断提高物流服务过程中的增值效益。例如，消除积压和多余的库存，消除实际不需要的流通加工程序，消除不必要的物料移动等。采用精益物流战略，追求企业物流系统的低成本、高效率运行，以及企业和顾客的价值最大化，这是总成本领先战略的一个重要选择。例如，天津港引入精益物流系统巩固其枢纽港地位，该系统实现了港口组织结构精益化、系统资源精益化、业务系统精益化等，提供了精益化物流服务，减少了不必要的浪费，实现了成本最低，进而推动天津港升级换代。

（2）横向协作物流战略即横向一体化战略，是产业内不同的企业之间为了有效地开展物流服务，降低多样化和及时配送产生的高额物流成本，形成的一种通过物流中心的集中处理实现低成本物流的系统。它主要适用于物流配送环节，一是保留各企业原有的配送中心，实行商品的集中配送和处理；二是各企业放弃自建配送中心，通过共同配送中心的建立实现物流管理的效率化和集中化。

3. 基于服务的物流战略

（1）敏捷物流战略是指在快速多变的市场环境下，通过企业内外各种资源的优化整合，试图在速度、柔性、质量、获利能力、创新主动性等方面取得竞争优势。它强调的是物流系统的柔性，使之能够有效地响应市场需求，从而抓住各种有利的市场机会来获取利润。敏捷物流战略在配送速度、准时交货率、交货周期等环节上都有很高的要求。客户需求的日益个性化、多样化，以及动态联盟广泛联合的特点，使得敏捷思想在物流领域得到广泛的关注。敏捷物流战略是物流企业的差异化战略选择之一。

（2）多种分拨战略是指不对所有产品提供同样水平的客户服务，企业在同一产品系列内多采用该种战略。如在库存地点的选择上实施多样化分拨，每个储存点都包含不同的产品组合。该战略主要应用于配送、仓储环节，以满足不同顾客的个性化需求。

（3）增值为本战略是物流功能中客户服务环节的重要战略。在当今充满竞争的市场上，物流企业往往运用增值战略来建立和保持主要的客户—供应商关系。企业在物流各个环节上以创新的战略提高各自的长期利润，增强企业竞争力。

4. 其他物流战略

（1）物流标准化战略是指以物流为一个大系统，制定系统内部设施、机械装备（包括专用工具）等的技术标准，以及包装、仓储、装卸、运输等各类作业标准，形成全国以及和国际接轨的标准化体系。企业采用标准化战略可以实现一贯到户式的物流，由于速度加快，中间装卸、搬运、暂存费用降低，中间损失降低，从而效益增加。

（2）第三方物流战略是指为了减少企业投资、降低成本、提高效率、快速满足顾客的要求，充分利用专业的物流公司，对企业的物流进行规划、策划和咨询。该战略既可用于总成本领先战略，又可用于差异化战略。

（3）在物流领域，要想充分发挥竞争优势，仅有第三方物流是不够的，还需要将物流纳入整个供应链中进行考虑。供应链物流战略充分利用现有的通信设备整合供应链资源，建立供应链中各企业之间的协作机制。该战略也适用于总成本领先战略和差异化战略。

（4）在传统竞争优势理论中，环境并未引起足够的关注。但近年来，环境问题日益受到人们的重视。在其他战略都相同的情况下，很难显示出企业战略的差异性，因此绿色物流和逆向物流在物流领域得以盛行。虽然从短期来看它们可能不会给企业带来明显的回报，但它们有助于企业树立良好的形象，实现可持续发展。企业需要有一个贯穿于各个环节的完善的、全面的规划，诸如配送计划、物流标准化、运输规划等，需要从综合管理的角度集中合理地实施生产和配送活动。

6.3 集中战略

6.3.1 集中战略及其特性

集中战略（focused strategy）是指把经营战略的重点放在一个特定的目标市场上，为特定的地区或特定的购买者群体提供特殊的产品或服务。这种战略的核心是瞄准某个特定的用户群体、某个细分的产品线或某个细分市场。集中战略一般有两种变化形式：一种是总成本领先集中战略；另一种是差异化集中战略。

总成本领先战略与差异化战略面向全行业，在整个行业的范围内进行活动。而集中战略则是围绕一个特定的目标进行密集型的生产经营活动，要求能够比竞争对手提供更有效的服务。企业一旦选择了目标市场，便可以通过产品差异化或成本领先形成集中战略。也就是说，采用集中战略的企业，基本上就是采用特殊的差异化或特殊的成本领先的企业。

采用集中战略的企业要想实现成本领先，可以在专用品或复杂产品上建立自己的成本优势，这类产品难以进行标准化生产，也就不容易形成生产上的规模经济效益，因此也难以具有经验曲线的优势。

采用集中战略的企业要实现差异化，可以运用所有差异化的方法达到预期的目的。与差异化战略不同的是，采用集中战略的企业是在特定的目标市场中与竞争对手进行竞争，而不是在其他细分市场上与竞争对手竞争。在这方面，采用集中战略的企业由于其市场面狭小，可以更好地了解市场和顾客，提供更好的产品与服务。三种基本战略之间的区别如表6—2所示。

表6—2　三种基本战略比较

经营单位战略	总成本领先战略	差异化战略	集中战略
战略优势	成本领先	被顾客察觉的差异性	重点集中
战略目标	面向全行业	面向全行业	面向特定的细分市场

集中战略和另外两种竞争战略一样，可以防御行业中的各种竞争力量，使企业在本行业中获得高于一般水平的收益。这种战略可以用来抵御替代品的威

胁，也可以促使企业针对竞争对手最薄弱的环节采取行动。例如，企业根据消费者不断变化的需求形成产品的差异化优势；或者在为该目标市场的专门服务中降低成本，形成低成本优势；或者兼顾产品差异化和低成本的优势。在这种情况下，其竞争对手很难在目标市场上与之抗衡。这样，企业通过成功地运用集中战略，就可以获得超过行业平均水平的收益。应当指出，企业实施集中战略，尽管能在其目标市场上保持一定的竞争优势，获得较高的市场份额，但由于其目标市场相对狭小，因此该企业市场份额的总体水平较低。集中战略在获得市场份额方面有些局限性，因此，企业选择集中战略时，应在产品获利能力和销售量之间进行取舍，有时还要在产品差异化和成本状况间进行权衡。

6.3.2 集中战略实施的途径

1. 服务内容集中化

服务内容集中化即物流企业面向多个行业提供一项或几项特定物流服务内容。由于物流服务具有可分性，因此运输、仓储、配送、报关、系统设计等可以由不同的企业完成，这就为物流企业实施集中化提供了可能。由于我国的中小物流企业大部分是由传统的储运公司演变而来的，因此为多个行业提供核心运输服务是我国中小物流企业的首选。为提供完善的核心运输服务，中小物流企业可以通过物流联盟，建立完善的运输网络，提高经营服务水平。这样既可以保障客户供给，也可以稳定市场需求，同时还可以更好地实现企业物流管理目标，从而使公司获得长期稳定的利益。比如上海华宇物流公司就是由许多小的货运代理公司联盟而成。众多的中小企业签订契约，形成相互信任、共担风险、共享收益的集约化物流伙伴关系，综合竞争力大大增强，经济和社会效益得到明显提高。

2. 服务对象集中化

服务对象集中化即中小物流企业为某一具体行业提供完备的综合物流服务。尽管提供综合物流服务是大型物流企业的优势，但是从物流需求方来看，我国产业大多集中度偏低，除了石化、钢铁、自来水等自然垄断行业，其他的产业市场集中度都低于10%，而且规模程度低，因此对于物流服务的规模要求并不高。经营产品多样化，意味着物流需求呈小型化、多样化的特点。这些分散的物流需求，特别适合中小物流企业结合自身的优势，面向特定的物流需求者提供个性化的综合物流服务。如专门为区域内的社区零售店提供冷冻或鲜活食品，专门为区域内的大型超市提供农产品的简单加工、运输、配送等综合物流服务。

6.3.3 实施集中战略的风险

根据中小企业在规模、资源等方面所固有的特点，以及集中战略的特性，企业采用集中战略可以细化市场，找到市场间隙，提供专业化服务。然而，集中战略也有相当大的风险，主要表现在：

(1) 以较宽市场为目标的竞争者采用同样的集中战略；或者竞争对手从企业的目标市场中找到了可以再细分的市场，并以此为目标采取集中战略，就使原来采用集中战略的企业失去优势。

(2) 在企业重点关注的细分市场中，客户的需求或经营方向可能会发生重大变化。顾客细分市场之间的差异减少会降低进入目标市场的壁垒，从而为竞争对手打开一扇方便之门。

(3) 由于增值业务广泛开展、价值观念更新、消费者偏好变化等多方面的原因，目标市场与总体市场之间在产品或服务上的需求差异变小，企业原来赖以形成集中战略的基础也就消失了。

(4) 在较宽目标市场上经营的竞争对手与采取集中战略的企业之间在成本上的差异日益缩小，抵消了企业为目标市场服务的成本优势，或抵消了通过集中战略而实现的产品差异化，导致集中战略的失败。

(5) 企业实施集中战略，选定细分的目标市场，如果该市场非常有吸引力，各个竞争对手会蜂拥而入，瓜分细分市场的利润。

案例6—3　春秋航空的集中战略

迈克尔·波特1980年在《竞争战略》一书中提出了三种通用的一般竞争战略，即总成本领先战略、差异化战略、集中化战略。他认为，竞争优势是一切战略的核心，企业要获得竞争优势，就必须对争取哪一种竞争优势和在什么范围内争取竞争优势做出选择。从本质上讲，低成本和差异化是获取竞争优势的两种最基本的方式，集中化则是这两种竞争方式与竞争范围的组合。集中化战略的基础在于一家企业可以比业内的其他竞争对手更好、更有效率地服务于某一特定细分市场。集中化战略的成功需要企业去发现需求非常独特并且专业化以至于业内一般竞争对手未提供服务的细分市场，或者找到业内竞争者做得很差的细分市场，集中化战略又可以分为成本集中和差异化集中战略两种方式。

春秋航空公司定位于低成本航空业务模式，主要从事国内、国际、港澳航空客货运输业务及与航空运输业务相关的服务，是目前国内旅客运输量、周转量最大的民营航空公司及大中华地区领先的低成本航空公司。春秋航空从筹建伊始便确立了低成本运营策略，将自己的发展战略定位于以观光度假游客和中低收入商务客为主，力求将航空旅行从豪华、奢侈型为主转变为大众、经济型为主，以适合中国的航空消费国情，让飞机旅游进入千家万户。作为中国成功的廉价航空公司，春秋航空以其安全、低价、便捷的服务，“让更多的普通大众坐得起飞机”的理念，被旅客和媒体称为“平民航空”、“老百姓自己的航空公司”。

在成本集中战略下，春秋航空还不断探寻差异化服务，如推广商务经济座，与高铁合作，通过空铁联运开拓长三角15个目的地，通过手机、微信等创新领先行业。

资料来源：1. 春秋航空公司官网（http：//www.ch.com/）。

2. 毛懿：《春秋航空的差异化服务》，载《中国民用航空》，2014（9），16页。

6.3.4 基于一般市场的战略——“战略钟”

在实际经营过程中，企业会面临比较复杂的情况，为获得竞争优势，在大多数情况下并不只是采取单一的竞争战略，因此在进行战略选择时也不能归纳为应采取哪一种基本战略。克里夫·鲍曼将这些问题放在一个体系内，称这一体系为“战略钟”。他的这一思想很有参考价值，可以和波特的许多理论进行综合。将产品的价格作为横坐标，顾客对于产品或服务的认可价值作为纵坐标，然后将企业可能的竞争战略选择在平面上用八种途径表现出来，如图6—4所示。

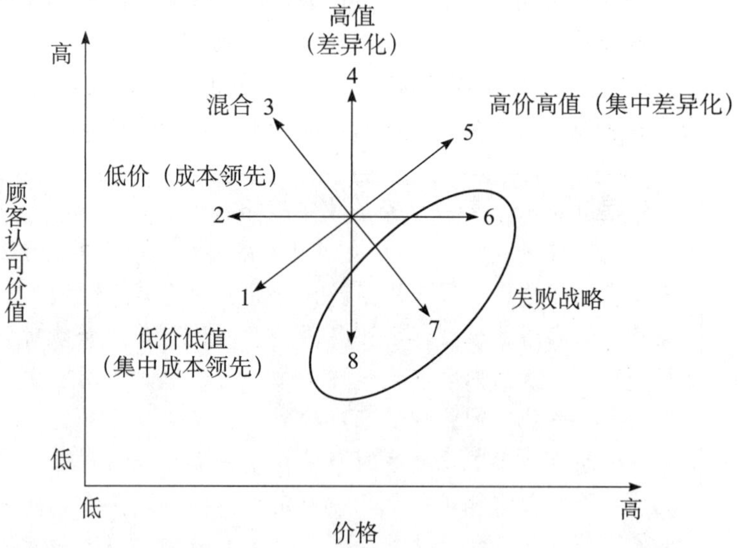

图6—4 战略钟

1. 成本领先战略（途径1、途径2）

成本领先战略一般可分为两个层次：一是低价低值战略（途径1）；二是低价战略（途径2）。低价低值战略看似没有竞争力，但在对价格十分敏感的细分市场上，采用这一战略往往会取得成功，尤其在面对收入水平较低的消费群体时。途径1可看成是一种集中成本领先战略，途径2则是企业实施成本领先战略时常用的典型途径，即在降价的同时，努力保持产品或服务的质量不变。例如连锁零售企业进军农村市场，由于其直接终端消费者的购买力低，对商品最迫切的要求是价格低廉，其次才为品质可靠。而本地个体零售商具有地缘优势，销售的是低价劣等品。因此，对于开拓农村市场的零售企业来说，应该实行低价低值战略以吸引农村消费者，从而获得较高的市场占有率。

2. 差异化战略（途径4、途径5）

差异化战略一般也可分为两个层次：一是高值战略（途径4）；二是高价高值战略（途径5）。途径4是企业广泛采用的战略，以相同或略高于竞争者的价格向顾客提供优于竞争对手的感知价值。途径 5 则是以特别高的价格为顾客提供更好的服务。对于一些拥有雄厚无形资产、在顾客中享有较高信誉并与顾客建立长期合作关系的著名集装箱港口，这种战略可以奏效。例如香港港，由于其不断地改善服务水准，因此即使价格比有些竞争者（如台湾的高雄港等）高，顾客仍然愿意选择他们传统上使用的港口。不过当其他竞争者也致力于提高服务质量的时候，这种战略会受到较大的挑战。例如，在中国深圳盐田港快步提高服务质量而仍然保持相对较低的价格时，香港的一部分集装箱市场份额流向前者。

3. 混合战略（途径 3）

在某些情况下，企业可以在为顾客提供更好服务的同时，获得成本优势。这与波特当初设想的有所不同。应该说，这是唯一能确保增加市场份额的最佳市场竞争战略，是任何一个港口，特别是处于上升时期的港口在市场竞争中取得成功的必由之路。世界上名列前 20 位的集装箱大港，几乎都是实施这一战略的受惠者。这一战略要求港口管理和经营的决策者，既重视内部挖潜，尽可能降低成本；又重视外部拓展，尽可能满足顾客的需要。而这两者的有机结合点是建立一种规模经营的市场优势，并将之转化为成本上的竞争优势。

4. 失败战略（途径 6、途径 7、途径 8）

途径 6、途径 7、途径 8 是一般情况下可能导致企业失败的战略。途径 6 提高价格，但不给顾客提供更好的服务，这样会逐渐降低顾客的忠诚度，最终丧失顾客群。途径 7 在降低服务质量的同时不断提高价格，除非企业处于垄断地位，否则不可能维持。途径 8 是在保持价格不变的情况下降低服务质量。从实际态势来看，有的原先相当著名的港口之所以落后，关键就在于当初自觉或不自觉地采用了这类短视的竞争战略。例如日本的港口在发展过程中成本很高，但生产效率与其他港口相比又明显不足，同时，经日本的港口还要支付高昂的陆上运输费用，因此大多数港口的货物宁愿经釜山和高雄等港口中转，而放弃日本的港口。

6.4 不同行业物流战略的选择

在不同行业中，物流企业所体现出来的竞争特性是大不相同的。针对不同行业的特点，可以确定相应的竞争战略。本节将介绍典型行业的物流战略规划决策问题。

6.4.1 医药物流战略规划

医药物流依托一定的物流设备、技术和物流管理信息系统，有效整合营销渠道上下游资源，通过优化药品供销配运环节中的验收、储存、分拣、配送等作业过程，提高订单处理能力，减少货物分拣差错，缩短库存及配送时间，减少物流成本，提高服务水平和资金使用效益，实现自动化、信息化和效益化。医药物流的流程如图 6—5 所示。

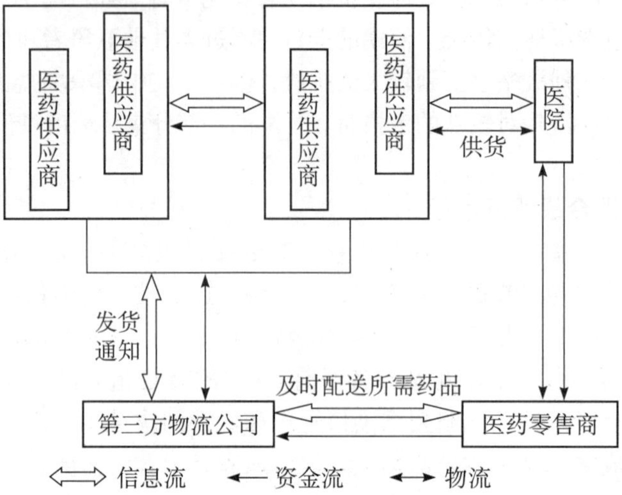

图 6—5 医药物流流程

（一）医药物流的特点

医药物流在我国起步较晚，但发展迅速，并很快成为行业物流的热点，这充分说明了它在医药行业将会带来巨大的成本节约。预计到 2020 年中国的医药市场价值将达到 1 200 亿美元，超过美国成为世界第一大医药市场。然而近年来整个行业的毛利一直在下降，现在批发行业毛利为 12.6%，平均费用率却占到 12.5%；我国的平均物流成本占销售额的比重达 10%以上，而美国医药批发商的该项指标仅为 2.6%；我国医药贸易纯利润率仅有 0.72%，而全美医药批发商利润率为 1.55%。很显然，我国医药物流的发展与发达国家相比还有一定的差距。

目前我国医药物流最大的特点就是：尚处在供应链单一环节优化的阶段。我国大多数已经上马或即将上马的医药物流项目还停留在企业内部进、销、存业务整合、流程优化的阶段，很少涉及对上游药品生产厂、供应商和下游药品批发零售企业、医院的整合。这种形式使得物流管理的各环节不能有效地连接，不能形成核心竞争力。同时由于物流企业与上下游企业之间信息不透明，从而导致医药物流出现重复运输、牛鞭效应、库存积压等现象，造成了大量的人、财、物等资源的浪费，导致整个供应链的效率低下，药品配送成本增加，药品零售商不得不抬高药价从中谋取利润。

因此对医药企业物流网络而言，为了提高供应链的效率，多点控制因素的管理非常重要，例如在哪里生产最好，最佳库存是多少，在哪里开展促销活动，某个决策怎么影响分销成本等。有效的物流战略管理是解决这些需求的最佳方案。

（二）医药物流存在的问题

1. 配套政策和标准不到位

我国对于第三方医药物流企业的审核制度仍然不明确，也没有制定一个新的考核和评估体系。例如，国家对江苏、浙江等 11 个地区成立的医药物流中心给予贴息贷款等政策支持。这必然会使医药的第三方物流企业从原有的医药批发企业中剥离出来，一旦剥离就面临对这些新的第三方物流企业进行资质考核和评估的问题。

此外，国家还没有出台统一的药品编码。由于药品的品种较多，没有统一编码，药品名称复杂，这给生产企业、医院，尤其给大型连锁药店带来很大麻烦。同时，也不利于国家对药品进行监管，造成了资源的极大浪费。

2. 投资过热、过散，缺乏有效整合

以往药品采购环节中，中间商从中谋取暴利，增加了医药企业生产经营的成本，医药行业特别是医药商业已步入微利时代，人们开始将降费增效的目光聚焦到物流成本这一环节，一时间激发了人们对医药物流的投资热情。2002 年 7 月，北京医药股份与国际著名物流设计生产制造企业西门子德马泰克正式签约，合作建立现代化医药物流配送中心。自此，全国各地掀起了兴建大型医药物流中心的热潮。但这些医药物流企业在物流建设中均以单个企业为主体，呈现网点多、规模大、投资大的特点。由于国内医药行业供应链整合的环境还没有形成，加上第三方医药物流不成熟，重复投资现象严重，导致医药物流企业销售额小、效率低。例如，在九省通衢的武汉，有四家已建和在建的医药物流中心，其中一家物流中心明显业务不足，陷入亏损的困境。

3. 第三方物流不成熟

由于剥离出来的医药物流企业并没有经历第三方物流企业的一般发展过程，医药物流存在很多问题，例如，配送网络单一，信息化能力低下，物流设备不健全等。

4. 专业管理人才缺乏

很多医药企业对物流的认识还停留在浅层次的模糊概念阶段，很多管理者认为医药物流不过是医药运输与仓储的简单相加。这就导致人才供给被假性扩大，而真正意义上的对复合型物流人才、战略型人才的需求就会减少。有业内专家估计，现今能够真正称得上医药高级物流人才的仅有百人。当前全国急需高级医药物流人才 2 000 人左右，也就是说，社会上医药物流人才的比例还不到总需求量的 1/20，随着医药物流的持续升温，这个差距会更加悬殊。

（三）医药物流战略规划

1. 高端物流与工业战略联盟

医药物流绝不仅仅是药品配送、药品分销的流转。面对外资药品流通企业

进入中国，国内药品企业面临着物流成本高、药品零售价格走势越来越低的不利局面，靠单个企业的力量是无法与其抗衡的。只有在仓储和运输的基础上提供增值服务，开展多种经营（如仓单质押、物流托管等），通过联盟企业间的物流配送合作才可降低单个企业的物流成本，减少流通环节的利润损失，简化配送环节，进行合理运输，在更广的范围内对物流资源进行合理利用和配置。分销区域的共享，可使单个企业扩大分销药品的数量，分销量越大，分销商从药品生产商手中拿的药品价格越低，越能减少企业的进货成本，同时争取到更多的品种代理权，减少分销商之间的竞争，这些都将促进国内医药物流行业的平稳发展。

2. 明确定位，制定差异化战略

医药物流业的发展是多层面、多环节的，并且具有个性化、多样性，从表象的组织结构到深度的企业运作，从整体经营的固定模式到细微管理的差异策略，根据企业的规模大小和服务方向有不同的侧重。医药物流企业所拥有的最重要的资产就是它的顾客资源。医药物流企业的顾客具有差异性，不同的顾客具有不同的需求、偏好和财务状况等，不同的顾客对物流服务的期望值各不相同，即使是同一顾客在不同的状况下需求也不同。医药物流企业差异化战略在这里表现为，通过提供差异化的服务来满足顾客的不同要求。例如，有的物流企业以提供快速运输服务（如飞机）为专长，以小批量多频次快速运输，来满足对商品时效具有特殊要求的客户；有的物流企业以提供低成本运输服务为专长，以大批量少频次的低成本运送，来满足某些对运输成本比较关注的客户；同样，有些物流企业可提供专业冷藏运输服务或类似特殊要求的其他运输服务等。

3. 整合物流资源

将整合物流资源上升到战略管理的高度，通过医药企业资源整合，进行一体化发展，优化内部物流作业过程，提高医药物流企业的物流效率和服务水平。

现代医药物流运作方式将从传统的批发模式向供应链管理模式发展，以物流中心为平台，与制造商及其他供应商（上游企业）和药品零售商及其他分销商（下游企业）建立一种面向市场的供应系统，提高药品分销效率，并形成相对稳定的产销联盟网络。在这一转变过程中，物流管理在很多企业中已经从作业管理的层面上升到了企业战略管理高度，被当作发展战略的重要内容并受到重视。

物流网络是保障企业业务资源有效整合、形成规模优势的根本。在医药行业重组、整合的过程中，企业规模可以不断扩大。企业将医药物流链上的各个参与者（厂商、批发商、零售商和消费者）结合起来，实行一体化管理。企业要结合自己的实际情况，对原有的配送体系实施流程再造，有效地利用和管理现有的物流资源，保证医药物流行为的合理化。同时实现厂商、批发商、零售商的联合或批发商的强强联合，降低物流成本，提高物流效率和服务水平。

4. 对医药物流业务实行专业化管理

国内医药物流发展的现状是利润率较低，费用率较高，究其原因是传统的物流模式运营成本太高，所以国内许多大型医药企业，例如上海国药、上海医药、南京医药等，都把原有的物流业务剥离或托管给第三方物流公司，并与第三方物流公司实行独立结算、相互考核。这样，第三方物流公司可以对医药物流进行专业化的管理，并为顾客提供专业化服务，从而有效地提高物流服务水平、降低物流成本。同时，第三方物流公司还可以利用剩余资源为社会上其他企业提供相似产品的物流服务。这对于初期投资巨大的医药物流项目而言，可以大大提高项目的投资回报率，实现集约化经营。

案例 6—4　香港裕利集团医药物流规划

裕利集团是一家瑞士公司，总部设在中国香港，在亚洲地区专业从事医药物流，已有百年历史。

裕利集团的医药物流之所以成功，是因为集团内部以网络覆盖广、品种全、价格低、配送快和服务好为其目标。

(1) 网络覆盖广。裕利公司在亚洲 11 个国家和地区建立了全覆盖的药品物流配送系统，在菲律宾建有 1 个配送中心、8 个分配送中心，在马来西亚建有 1 个配送中心，东马、西马各建了 1 个分配送中心，在泰国，裕利公司拥有 3 万客户，形成了一个全市场覆盖的网络。

(2) 品种全。裕利公司在亚洲除本地产品，原则上实行集中采购，一个配送中心一般有 1 万个品种规格，特别是西方国家的药品具有很大的优势，如葛兰素、默克、拜耳、史克、强生等世界著名企业的产品，都由裕利公司在亚洲代理分销。该公司还垄断了许多西药品种。

(3) 价格低。裕利公司网络覆盖广，使得其销量也大，再加上在亚洲建立了 3 个委托加工工厂，许多品种实现了总代理垄断经营，因此该公司的产品具有很大的价格优势。

(4) 配送快。裕利公司基本上实行 24 小时配送，配送的形式灵活多样，如用自己的车队配送、外包给专业货运公司配送、采用摩托车进行接力配送、借助航空公司空运等。总之，选择何种配送方式主要从三个方面来考虑：一是配送快捷；二是配送成本低；三是实行专业化配送。

(5) 服务好。裕利在每个国家和地区的分销公司都有一个客户服务中心或客户服务部，并在每个服务点设有若干部免费电话，有工作人员不断地与客户沟通，及时了解产品情况和送货情况，并根据客户的需求和反映提供各种增值服务。

裕利集团具有强大的信息技术支撑系统，在亚洲 11 个国家和地区用的是同一个系统，整个系统通过互联网进行管理，总部可以对各种数据进行追踪、查询，公司的客户管理、销售管理、库存管理、行政管理、财务管理等都是通过计算机来完成的。

公司利用信息技术通过电子商务平台向供应商订货，供应商可以随时了解自己的产品在裕利公司的销售情况、库存情况和退货情况，裕利的业务系统对供应商来说是开放的、透明的，供应商可以根据裕利的数据作出科学的决策，合理地安排生产，调整经营方针。

资料来源：《香港裕利集团医药物流案例》，华夏学习网（http：//edu114.cn）。

6.4.2 服装物流战略规划

近年来国内服装业发展迅速，但欣欣向荣的服装产业与其所对应的物流现状并不相称。我国大多数服装企业尽力挖掘第一、第二利润源，但随着经济一体化的发展，服装生产企业面临着越来越激烈的市场竞争，这个竞争压力不仅来自国内服装同行，还来自国际服装巨头。因此，越来越多的服装企业开始转向对第三利润源的挖掘，在物流管理方面寻求降低成本、提高效率的新途径。服装物流流程如图 6—6 所示。

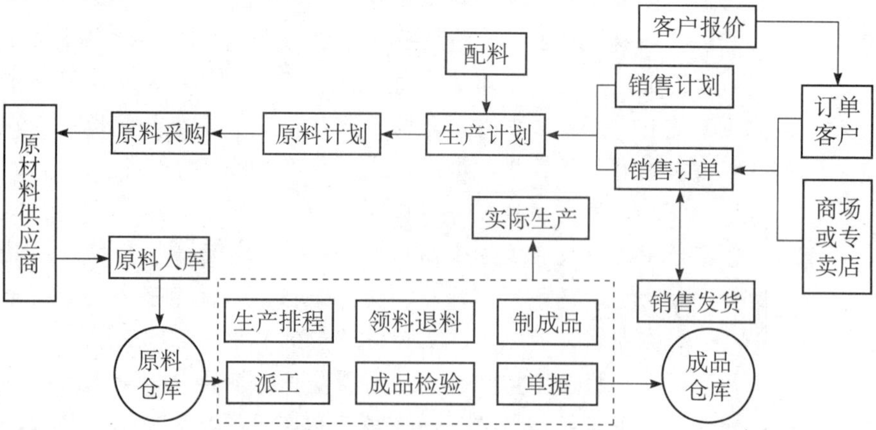

图 6—6 服装物流流程

（一）服装物流的特点

服装属于季节性产品，需要在较短时间内完成生产和流通。在这一过程中，还存在进、退、调、换等频繁且复杂的操作。一般来说，服装物流的特点可大致概括为以下几个方面：

（1）从产品自身来看，服装物流变化快、批次多、批量小、品种多、货物价值高，存在极大的地域性消费差异。这要求服装物流对需求作出快速响应，从接受订单到发货的提前期应尽量缩短，物流信息的沟通要及时准确。

（2）从服装销售市场的现状来看，存在多种渠道销售方式，因此需要形式多样的物流服务进行支持。

（3）服装行业的业务流程复杂、烦琐，物流环节多。原材料仓、机物料仓、半成品仓、成品仓等仓库种类繁多；产品品种多，仓库面积大，范围广，每天需处理的收发货单据量也大。许多服装企业每天需要处理成百上千的库存单位，管理无数的款式、尺码、客户标识甚至更多的数据。

这些特点要求从事服装物流的企业必须做到及时、准确，尽量缩短交货周期，通过强大的物流网络及时运输配送，给企业补货提供有力的支持。

（二）服装物流存在的问题

大部分的服装生产是大批量、订单式生产，服装本身具有季节性和多样性（款式、颜色、尺码）的特点，服装的销售是一个复杂的过程，这些都给服装物流管理带来了困难。企业管理者希望通过加强物流管理来解决许多难题，比如库存过多、运输中的包装、销售过程中商品的多种属性以及退货管理等问题。在我国，货物积压是服装业遇到的最大难题，涉及信息流、物流、资金流等一系列问题。其中物流是否通畅，即原料采购、生产到配送是否及时有效是关键问题之一，这也是过去企业经常忽视的。造成货物满足率低和库存量高这对矛盾的主要因素是多方面的，涉及供应链的各个环节：

（1）从采购、生产到储存的环节上，由于服装自身的特点，市场需求预测不准确，而且各个环节之间衔接不紧密，造成物流运输的延迟。

（2）从储存、销售到客户服务的环节上，容易出现送货频次低、周转库存多、存货分散、安全库存多、滞销货无法及时调剂等问题。

（三）服装物流战略规划

1. 实行精益化战略管理

实行精益物流方法以顾客满意为出发点，采用小批量生产，依靠与供应商长期可靠的伙伴关系实现及时、快速的货物运输，有利于降低库存量，更好地满足顾客的个性化需求。建立从制造商到零售商精益的物流通道，在市场有需求时才生产。在常规连续补货的同时，通过高频率的特殊订货满足特定和流行服装的消费需求，从而缓解缺货损失和库存成本过高的矛盾。实行精益物流，企业可以对市场作出快速反应，降低成本，提高顾客满意度，取得产业内的竞争优势。

2. 采用集中化战略

近年来，中国服装行业市场表现出明显的集群化趋势。因为市场整体规模大，不仅形成了供应商与采购商的集聚，同时也形成了物流、资金流、信息流的集聚，所以，服装物流企业采用集中化战略，会大大降低企业的营销、运输等交易成本。

3. 物流管理和营销策略的一体化

物流活动中所涉及的许多内容都与营销策略有关，这些活动构成了营销和物流两个系统之间的相互联系。只有营销和物流一体化，物流系统才能成为一个有效的系统，为实现企业的目标、提高企业的竞争优势提供有力的支持。物流与营销一体化具体表现在：（1）产品策略与物流活动一体化；（2）价格策略与物流活动一体化；（3）促销策略与物流活动一体化；（4）销售渠道策略与物流活动一体化。

案例 6—5　ZARA 演绎供应链极速传说

ZARA 创立于 1974 年，是西班牙 Inditex 集团旗下的一个子公司，它既是服装品牌，也是专营 ZARA 品牌服装的连锁零售品牌。ZARA 是服装行业的一个奇迹，它在传统的顶级服装品牌和大众服装品牌中独辟蹊径，开创了快速时尚的先河。ZARA 的成功主要归因于其独特快速的供应链系统及所依托的先进的信息技术。ZARA 的竞争优势在于为顾客提供“买得起的快速时装”，也就是以低价买到自己需要的潮流时装。

ZARA 采用跨部门团队设计。设计师与采购专家和市场专家一起确定设计终稿、生产成本及产量等方面的问题，正是这种“三位一体”的团队设计方式，ZARA 大大缩短了产品的前导时间，同时能够以低价满足顾客的需求。ZARA 主要依靠母公司 Inditex 旗下的服装生产、采购及布料处理部门提供支持，通过购买超过 50%的未染色的织布来更加灵活地应对季节中期颜色的变化，采用延时策略在不增加库存成本的情况下为顾客提供各种款式与颜色的时装。ZARA 供应链的很大一部分是在自有工厂完成的，包括产品设计、50%的产品生产、物流管理和零售等。ZARA 独一无二的生产模式为其提供了四个重要的优势：第一，ZARA 能够更加快速地对顾客需求变化做出反应；第二，通过增加对整条供应链不同节点计划、产能和决策的控制权，ZARA 改善了整条供应链的效率；第三，ZARA 能够更加高效地在整条供应链上进行沟通与信息共享；第四，供应链上所有节点都能够朝着共同的目标努力，即缩短前导时间和为顾客提供低价产品。

ZARA 在西班牙工厂与 400 多家代工厂之间的 200 英里的地下架设传送带网络，用地下管道运输服装原料和半成品，使运输效率翻倍。为了避免人工挑选浪费时间，ZARA 采用光学读取工具分拣产品，分拣设备每小时能够处理 6 万件服装。分拣后，产品会被发运到分别位于 La Coruna 和 Zaragoza 的配送中心，再由第三方物流用卡车或飞机将产品运送到目的地。所有的卡车和飞机必须遵循固定的时刻表，所有的门店经理也必须按照严格的时刻表下订单。ZARA 对时间期限管理十分严格，所有的货品必须在 24 小时之内到达欧洲各门店，48 小时之内到达美国各门店，72 小时之内到达日本各门店，ZARA 快速的配送系统确保其产品能够在全球各门店同一时间上市。为了更好地契合 ZARA 独特的业务流程，降低采购成本，ZARA 的信息系统大部分是自主研发的。IT 系统的应用将 ZARA 的产品设计、全球采购、垂直整合生产、配送和销售迅速连接起来，加快了供应链的运转。ZARA 的专业时装买手将全球最新的潮流资讯通过信息系统发回到总部的数据库，为设计师提供设计决策信息。ZARA 全球门店的经理每人配有一台 PDA，可以直接与西班牙总部进行信息沟通，包括顾客需求信息和订单信息等。IT 系统的应用极大地缩短了前导时间，使产品的设计与生产完全符合顾客的需求，实现了服装业多批次、小批量的运送，突破了规模经济的束缚。

在服装行业，ZARA凭借独一无二的极速供应链系统与自有IT技术创造了行业奇迹。然而，ZARA的组织结构也给整条供应链增加了风险：完全依赖自有资产，包括生产、物流和IT等，在以后的全球扩张中有可能会使ZARA陷入危机。除此以外，由于ZARA所有的生产活动都集中在西班牙，随着石油价格以及欧洲劳动力价格的变化，ZARA的低价策略可能难以维持。

资料来源：王攀：《ZARA供应链研究》，载《中国管理信息化》，2014（9），65页。

6.4.3 家电物流战略规划

家电是竞争最激烈的领域之一，白热化的竞争使服务于家电的物流业务愈发务实。家电供应链比较长，主要涉及逆向物流、废弃物回收等。逆向物流是指不合格物品的返修、退货，以及周转使用的包装容器从需方返回到供方的过程中所形成的物品实体流动。比如，回收用于运输的托盘和集装箱，接受客户的退货，收集容器、原材料边角料和零部件加工中的缺陷在制品等物品实体的反向流动过程。家电物流的流程如图6—7所示。

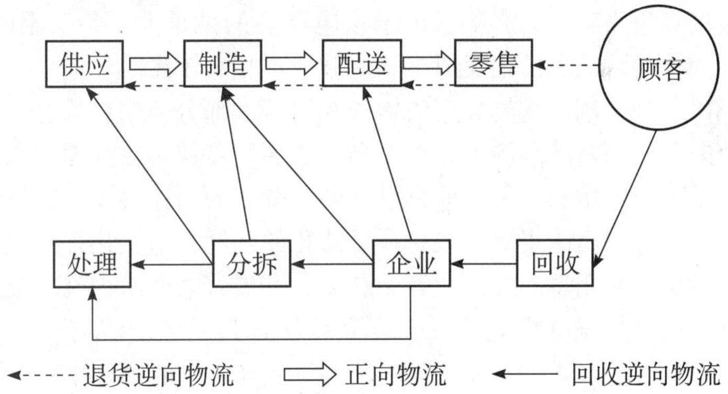

图6—7 家电物流流程

（一）家电物流的特点

家电物流与逆向物流密切相关，与其他行业物流相比，既存在共同点又具有鲜明的特殊性。共同点在于都具有包装、装卸、运输、储存、加工等物流功能。特殊性有以下三点：

1. 分散性

家电废旧物资流可能产生于生产领域、流通领域或生活消费领域，涉及任何领域、任何部门、任何个人，在社会的每个角落日夜不停地发生。正是这种多元性使其具有分散性。正向物流则不然，按量、准时和指定发货点是其基本要求。逆向物流产生的原因通常与产品的质量或数量的异常情况有关。

2. 缓慢性

家电废旧物资的产生往往不能立即满足人们的某些需要，需要经过加工、改制等环节，甚至只能作为原料回收使用，完成这一系列过程所需的时间较长。同时，废旧物资的收集和整理也是一个较复杂的过程。这些状况都决定了废旧物资具有缓慢性这一特点。

3. 多变性

由于逆向物流的分散性及消费者对退货、产品召回等回收政策的滥用，家电企业很难控制产品的回收时间与空间，这就导致了多变性，主要表现在四个方面：（1）逆向物流具有极大的不确定性；（2）逆向物流的处理系统与方式复杂多样；（3）逆向物流技术具有一定的特殊性；（4）逆向物流需要相对高昂的成本。

（二）家电物流存在的问题

（1）由于家电特定的技术性、时效性，其产品更新换代的速度快，因此产生大量的废旧家电，加速了逆向物流的发展。另外，家电行业在市场上和技术上都比较成熟，市场竞争激烈，产品的销售利润低，物流运作的总成本对其市场竞争力有重大影响。由于家电产品的批量大，各个家电厂商的品种比较多，因此导致家电的集运成本和配载成本相对较高。

（2）家电物流费用的增长和浪费大部分集中在库存、大规模的异地调货等方面。家电产品的库存期不长，流通速度快，往往需要大批量异地调货，造成运输成本增加，而其原材料又需要较多的储存空间，容易影响企业的现金流。

（3）由于资源短缺和环境恶化的问题日益突出，以及企业不断追求原材料的最大利用率和提高顾客满意度，开展家电逆向物流的重要性日益凸显。

（4）家电物流是一个复杂系统，其逆向物流与正向物流相比，稳定性很差，运输成本、仓储成本、装卸翻新成本随时会发生变化。

（三）家电物流战略规划

1. 自建物流系统

企业自建物流系统，对家电物流供应链有较强控制力，企业可针对返修或废弃的家电产品开展物流业务。例如，联系维修商进行家电维护，然后再进一步投入市场销售；或是企业回收废弃家电，提取可再利用的零配件为下一个家电生产环节提供原材料。这样既减少了产品的生产成本，也提高了物流效率，增强了企业竞争力。

2. 采用第三方物流模式

这种模式指厂商与客户之外的第三方合作来运作物流业务，设立公司内部的储运部或者物流部门，通过物流部门来规划各种物流方案和选择合作伙伴，并对物流的运作和发展进行评估，从而为公司的发展提供相应的物流管理支持。海信、澳柯玛、长虹等企业均采用这一模式。

3. 自有物流和第三方物流相结合战略

是否采用自有物流和第三方物流相结合的模式取决于企业的发展方向和核心业务定位，比如国美电器针对商品在全国范围内的运输配送，建立了规模庞大的物流体系，在业务发展过程中，积累了充足的人力、物力资源以及实际运作经验。在此基础上，国美管理层欲将国美物流发展成一个独立的，能够提供仓储、运输、配送、装卸搬运和流通加工以及物流信息处理等服务的第三方物流企业，在此过程中与成熟的物流企业合作，共同发挥物流优势。

案例6—6　国美电器的供应链管理

国美电器有限公司是集家用电器和通信产品的零售、分销、物流、服务于一体的超大型集团公司，目前，在北京、上海、广州、香港等地设有几十个分公司，上百家直营门店，年销售额百亿元以上。近年来，随着该公司的急剧扩张，公司的管理模式、管理结构、经营方式、业务流程、核算体系以及物流配送和售后服务体系，需要根据家电行业的发展特性进行重新整合、优化和提高。于是，颇具远见的国美电器开始着手建设企业供应链系统（SCM），以便根本性地解决本企业的“集团—分公司—门店—加盟店”的管理模式、管理职能、经营方式、经营手段、核算水平以及信息共享等问题。同时，优化重组企业的物流、资金流、信息流、服务流，为企业的低成本扩张提供保障。

国美供应链系统选择了 Sybase 强大的企业智能型关系数据库产品 Adaptive Server Enterprise 12.5（ASE12.5）及复制服务器产品 Sybase Replication Server。ASE 是一个深受用户欢迎的高性能企业智能型关系数据库，它具有一个开放的、可扩展的体系结构，易于使用的事务处理系统，以及低廉的维护成本。这一点对于利润率很低的联机商务运作尤其关键。Sybase Replication Server 能提供一种非常灵活的信息分发手段来适应商业需求的变化。它具有成熟高效的技术，提供灵活的解决方案，能够满足将实时信息分发到远程、对下级部门的信息进行合并、实时决策支持和持续操作等关键的商业需求，并且支持更高级别的本地定制功能。经过反复的考察论证，国美电器最终设计实施了“金力供应链系统”，从现代企业理念、物流体系和全方位服务的角度解决了企业的决策、计划、管理、核算、经营、物流、服务、人事及电子商务等问题。从管理的角度来讲，优化了集团—分公司—门店之间的工作流程、业务流程、物流流程、服务流程，以及核算体系和单据流转环节；从直接运用的效果来讲，理顺并提高了从销售开单、提货、配送、安装、维修，到进货、结算的速度和效率。它的应用得到了国美决策层的充分肯定。

目前，国美在线拥有全国最大的电商物流网络，这是国美电器做电商除价格优势外的巨大竞争优势。国美在400多个国内重点城市拥有家电仓储中心，空调、彩电、冰箱、洗衣机等大家电商品在全国3 000多个县级及县级以上城市全部实现本地化物流配送安装，即当地下单大家电商品当地免费配送、上门安装，快捷专业的服务可以确保满意的用户体验。国美在线供应链模式与竞争对手的不同之处在于，国美在线是单品采购，即一款商品只引进某品牌的单一产品，而不是引进一个品牌的一大批商品。国美在线会通过数据库和市场调研，选择消费者喜欢的商品，进行适量的采购，同时，谋求一个合理的采购价空间。国美在线希望通过强化供应链获得比竞争对手更低的进货价。目前，国美在线已经勾画出清晰的发展蓝图。正是有了清晰的目标，加上多年线下运营积累的供应链方面的优势，以及转型电商后在供应链整合上的先人一步，才使国美在线有了“一战到底”的充足底气。

资料来源：中国交通信息网（http：//www.cnjtgc.com/）。

6.4.4 冷链物流战略规划

冷链物流作为物流活动的一种特殊形式，是指易腐食品从原料、生产、加工、储藏、运输、销售直到消费前的各个环节始终处于规定的低温环境，以保证食品质量、减少食品损耗的一项系统工程。冷链物流的运作流程如图6—8所示。

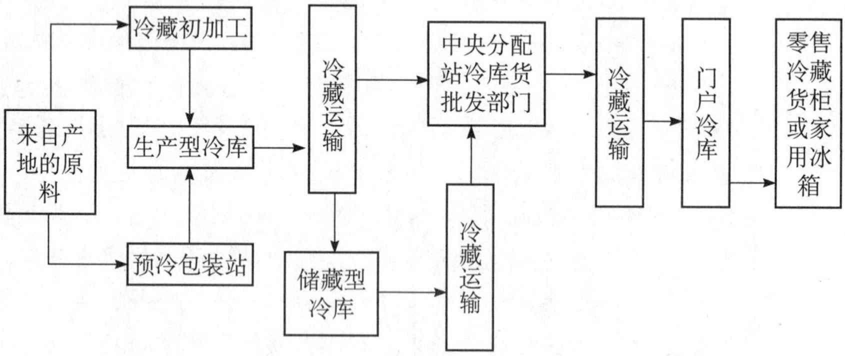

图6—8 冷链物流的运作流程

（一）冷链物流的特点

对于冷链物流而言，产品在时间、品质、温度、湿度和卫生环境方面具有特殊性，是一项复杂的系统工程。为达到以较低成本满足较高服务水平、促进销售的目的，企业需要供应链各环节之间的高度协调、通畅的信息流通、高效的运作、资源的优化管理等。与常温物流相比较，冷链物流具有以下特点：

1. 冷链物流配送货物的易腐性

冷链物流配送的通常是生鲜产品，即易腐食品，运输过程中有多种原因会使货物品质逐渐下降。生鲜食品在运送时保存环境的温度越低，品质越能保持长久，因此温度是影响品质最重要的因素。如能将食品品质维持的时间与冷藏温度的关系进行量化，实际运作过程中将会相当便利。

2. 冷链物流的时效性

生鲜产品生命周期短，运送时间决定品质。生命周期较短的生鲜产品，如果运送时间增加，即使品质不至于达到不可食用的程度，销售也会困难，销售量会减少，因此销售商为了达到较高的销售水准，要求运送者必须在事先约定的时段内送达。

3. 冷链物流配送装备要求的特殊性

一天之中气温是不一样的，为维持产品适宜的低温，运输中需要防腐保质，采用特定的低温运输设备或保鲜设备等组织冷链物流。农产品的生产地和第三方物流的收购地，既要求有冷藏和冷冻双功能库，也要配备冷藏运输车和保温集装箱等才能保证生鲜食品的品质。

4. 冷链物流市场具有经营规模小、网络分散的结构特征

一方面，我国第三方专业化的冷链物流企业刚刚兴起，发展极不成熟，它们是原有从事冷藏运输或仓储的企业转制而成，规模小，网络不健全，市场覆盖面较窄。另一方面，基础设施设备布局结构不合理，要么冷冻仓库不能满足需求，要么地方仓库长期闲置。目前的状况是冷链物流市场混乱，产业竞争力不足。

5. 冷链物流的各环节具有更高的组织协调性

冷链物流企业具有完善的冷链信息系统，物流各个环节具有较高的组织协调性，能充分发挥有效的信息导向作用，保证冷链食品流的顺畅。否则，企业会因信息不畅或缺乏透明度，导致运输的无端延迟，增加风险及成本。

（二）冷链物流存在的问题

1. 冷链的市场化程度低，第三方介入较少

我国易腐食品除了外贸出口的，在国内销售的物流配送业务多由生产商和经销商完成。冷链的第三方物流发展滞后，服务网络和信息系统不够健全，不仅影响了食品物流的在途质量、准确性和及时性，也增加了食品冷链的成本和商品损耗。特别是在奶业中，第三方冷链物流服务的发展比较缓慢，利用第三方物流的乳品企业为数不多，蒙牛、三元、广东四明燕塘乳业等已在运用和拓展这方面的业务，但还有待积极培育。

2. 冷链的硬件设施建设不足

食品冷链的硬件设施滞后，现代化的冷冻、冷藏车严重不足。我国目前运营中的冷冻、冷链运输设施陈旧，大多是机械式的速冻车皮，制冷技术和工艺落后，缺乏规范的保鲜冷链运输车厢和温控设施，无法为易腐食品流通提供低温保障，造成运输过程中损耗极高，每年的低温物流所造成的损失高达750亿元。

3. 冷链运输成本过高

冷链物流业不能快速高标准发展起来的原因之一，就是冷链物流的成本过高。冷链运输业受国际能源（石油、汽油、柴油）价格的影响很大。另外，需留下的"买路钱"所造成的成本压力也很大。如我国冷链物流中，仅油费、路桥费以及易腐品在运输过程中的损耗这三项约占所运易腐食品总成本的70%（在正常情况下，不超过总成本的50%为宜），这无疑增加了产品的单位成本。

4. 冷链缺乏上下游的整体规划和整合

我国农业产业化程度和产供销一体化水平不高。从农业的初级产品来看，虽然产销量很大，但在初级农产品和易腐食品供应链上，既缺乏食品冷链的综合性专业人才，又缺乏供应链上下游之间的整体规划与协调，因此在一些局部发展中存在严重的失衡和无法配套的现象，整体发展规划的欠缺影响了食品冷链的资源整合以及行业的发展。例如，在冷库建设中就存在重视肉类冷库建设，轻视果蔬冷库建设；重视大中型冷库建设，轻视批发零售冷库建设的问题。

（三）冷链物流战略规划

1. 业务外包战略

低温物流是物流业务中基础设施技术含量和操作要求都很高的高端物流，往往也是企业的薄弱环节。由于低温物流是企业的非核心业务，因此越来越多的生产商愿意将它外包给能提供完善的低温条件的第三方物流企业，从而致力于发展自己的核心业务，增强市场竞争力。这种市场需求必然能够促进第三方低温物流企业的快速发展。根据实际情况，第三方物流企业可考虑选择不同的运作模式来发展低温物流业务，如整合现有资源，成立独立的低温物流运作部门；在重点地区提供低温物品区域内配送；与生产商联合，按条块提供低温运输服务等。

2. 多式联运战略

在冷链物流中心内，开展冷冻冷藏产品的多式联运，缩短冷藏运输的运达期限，实现和其他冷链环节的无缝对接。多式联运能够降低运输成本，加快货物运转速度，对促进经济发展具有极为重要的作用。冷藏集装箱及相关信息技术的采用为多式联运的发展提供了有力的支持。冷藏运输应积极发展航空、铁路、公路、水路的联合运输网，形成多式联运体系。另外，要积极研发航空运输的冷藏设备，保证冷藏食品快速安全运输。

为使水果和蔬菜在空运过程中保持新鲜，美国一家公司发明了一种在包装箱内减少氧、增加氮含量的新方法。该方法是在空运中使用具有空气调节性能的新型包装箱包装果蔬，这种包装有一层特制的薄膜，薄膜纤维能够吸收氧分子而让氮气通过，这样在空气通过薄膜进入包装箱后，箱内氮气含量可高达98%以上，从而使果蔬的呼吸作用减慢，达到较长时间保鲜的目的。

3. 冷链供应链管理战略

对于冷链产品生产企业来说，冷链上的所有资源都是非常重要的。因此企业要建立冷链物流实体网络，高效率地分析实体资源的现有情况，从而更好地发挥企业现有资源的优势，创造更大的经济效益。企业除了要加强对每个冷链物流环节的管理，还要从战略层面对整体的冷链物流进行协调、监督和管理，使冷链中每个环节的运作都能与下一个环节紧密配合而不中断。

4. 创建冷链物流信息共享机制

要对冷链资源进行有效整合，就必须在冷链物流的各个环节上为冷链运作提供一体化的信息服务。为此，冷链物流企业应充分利用各种先进的信息技术，如RFID，GIS，GPS等，建立动态的物流信息共享机制，更好地实现冷链物流环节中的信息交换、传递及反馈。

案例6—7　乳制品的冷链物流管理

很多乳制品的储藏、运输、销售都需要冷链，为了确保新鲜乳制品从生产源头安全地送达到消费者手中，冷链物流在乳业的链条中扮演着重要的角色。无论是综合大卖场、超市还是传统的集市，都需要通过温度控制来保鲜，冷链物流就为消费者提供了这方面的服务。目前冷链物流在奶业发展中得到了充分的运用，它使部分乳制品的保质期得以延长，使一些大企业的产品可以跨省销售。在一些大中城市，乳制品企业利用冷链将一些低温奶品送货上门，使消费者能有更多的选择，实现牛奶产品多元化消费。

经过巴氏法消毒的牛奶，运输、销售都必须在4℃以下进行，俗称“冷链”。然而，通过对很多地区的调查发现，乳制品冷链中常有某个环节脱节。奶源运输和部分奶制品的流通都必须依托冷链物流技术。对于国内各大乳制品巨头来说，在品牌竞争之外，一场不见硝烟的冷链战争在暗中进行。以蒙牛和伊利为代表的资源型企业，与以光明和三元为代表的都市型企业正在形成泾渭分明的两大阵营，从不同方向将触角伸向供应链，这一场隐蔽的较量才是它们之间真正的战争。低温乳制品市场被公认为企业在发展冷链运作中面临的一个新的挑战。

在冷链竞争中，光明使分布在全国各地的供奶商组成一个庞大的供应队伍，如何对他们进行有效管理成为其必修课。整个物流系统的有效规划，常温工程、冷链工程在供应链体系中的有效运作，使得光明乳业迎来了供应链上的新鲜时刻。在过去很长一段时间，光明虽然拥有比较先进的工艺、技术和设备，但缺乏新鲜奶源一度成为其产业链条上的一块短板。之后，光明开始了自己的供应商管理库存系统的建设，要求包括供奶商在内的合作商实现不间断地送货，从而实现供应链的整合配送。随着光明乳业产品结构的调整、网点的铺设、便利店的扩张等，要求物流运作朝精细物流的方向发展。

蒙牛在高速发展的过程中，除了大卖场、商场超市、便利店、个体奶摊、单位食堂等传统渠道外，送奶到户的直销模式、用户上网预订方式渐成潮流。于是，在内部生产线的信息化逐渐到位之后，蒙牛不得不开始考虑渠道管理精细化。随后，蒙牛选择了最新的冷链管理平台，缓减了渠道复杂化的管理压力，将之前集中在一个环节的数据采集和分析工作扩充到冷链所有环节当中。作为特殊商品的牛奶，配送过程需保证冷藏保鲜、液体防漏、批号跟踪等各个环节都不出问题才算安全有效。这样的高要求在无形当中增加了冷链环节的成本，使得光明和蒙牛等不得不自己来做配送。

与国外先进的冷链技术相比，我国的冷链物流除了技术本身的差距之外，更重要的是流通环节上的问题。我国采用的流通方式有别于国外，这会反映到冷链上，导致我们因为成本过高而无法大规模、大范围地使用冷藏、冷冻设施，从而催生了泡沫包装箱加冰块的运输方式。在我国的食品生产与流通消费过程中，落后的冷冻保鲜技术不仅造成了巨大的经济损失，还对人们的饮食安全构成了威胁。因此，发展冷链物流对于改变我国食品流通的落后面貌，更新消费者的饮食观念，顺应食品发展安全化、方便化、功能化的变革趋势是十分必要的。发展冷链物流是一个系统工程，应立足长远稳步推进，争取各级政府的政策扶持，包括税收政策，对易腐食品因非冷链造成的垃圾收取高额环保费用等。

资料来源：崔洁：《细谈乳制品的冷链物流》，载《首届中国奶业大会论文集》，142～143页。

6.4.5 汽车物流战略规划

（一）汽车物流的特点

汽车物流是集现代运输、仓储、保管、搬运、包装、产品流通及物流信息于一体的综合性管理，是沟通原材料供应商、生产商、销售商及最终用户的桥梁，实现了商品从生产到消费各个流通环节的有机结合。

汽车产业的高速发展为汽车物流行业提供了巨大的增长空间。国际汽车物流巨头纷纷抢滩中国汽车物流市场。同时一批大型国有企业，如中远、中海、中邮、中铁也纷纷将业务扩展到汽车物流领域。中国现代汽车物流的发展形成以整车物流为主，朝零部件入厂物流、零部件售后物流以及进出口物流方向延伸的新格局。

对汽车企业来说，汽车物流包括生产计划制定、下单及跟踪、物料清单维护、供应商的管理、运输管理、货物的接收、仓储管理、发料及在制品的管理和生产线的物料管理、整车发运等。其流程与服装物流的流程相似。汽车物流的具体特点有：

1. 技术复杂性

汽车的高度集中生产带来成品的远距离运输以及大量的售后配件物流。汽车整车及其零部件的物流配送需要涉及多个复杂的环节，并且对各个环节衔接的要求很高，是国际物流业公认的最复杂、最具专业性的领域。

2. 服务专业性

汽车生产的技术复杂性决定了为其提供保障的物流服务必须具有高度的专业性：供应物流需要专用的运输工具和工位器具；生产物流需要专业的零部件分类方法；销售物流和售后物流也需要服务人员具有相应的汽车保管、维修专业知识。

3. 配送及时性

汽车物流是以汽车企业为核心的供应链管理过程。在此过程中，原材料及汽车零部件供应商、汽车制造商的物流配送体系与其主业剥离。特别是在生产过程中，对及时性的要求更为严格，因为只有零部件配备齐全才能使生产活动连续进行。

4. 质量保证

由于汽车的零部件品种繁多、形状各异、大小不一，且大部分价值贵重，所以在运输、装卸过程中，对物品的安全性、无损坏性要求很高。为保证物品在运输、装卸过程中不受损，提高装卸速度，必须采取一定的措施。例如，对于细小的零配件，根据数量多少，用各种塑料托盘盛装；对于形状大、不规则的汽车零部件，如车身、车毂等，用特别制作的木箱或木架固定件使之固定。无论汽车零部件的大小贵贱、规则与否，都必须有与之配套的运输、包装、固定办法，这样才能使之在长途运输和各个环节的交接中免遭损坏。

从上述汽车物流的特点来看，汽车物流是整个物流产业中涉及供应链规模最大、流程最复杂、及时性要求最高的物流领域之一，其专业性和复杂性特别体现在汽车零部件向汽车生产商的发送上。其核心是从供应链优化的角度，实现物流、商流、信息流、资金流、人才流和技术流的高水平整合。

（二）汽车物流存在的问题

1. 汽车物流供应链流程复杂

我国汽车零部件供应商分布在全国各地，从海南到东北，汽车物流供应链战线长达数千公里。由于干线运输的可靠性差，各个整车生产厂常常都会设立较高的安全库存。如果库存管理不够完善，有时就会出现零部件的积压和报废。

2. 汽车物流信息技术不完善

许多生产厂的库房仍采用人工信息管理的方式，这意味着较高的人工成本，同时由于信息的实时性差、供应链流程时间长而产生的急件空运，是我国汽车物流成本居高不下的一个重要原因。

3. 物流标准化工作进展缓慢

汽车物流标准化工作滞后于整个汽车工业的生产总量的增长及汽车物流的发展。物流企业管理、服务规范及运输工具都未形成统一的标准，因此当整个供应链环节出现问题时，企业往往无所适从。

4. 各汽车集团的本位主义管理行为严重

例如，上海的安吉天地物流公司就很难打入武汉神龙和长春一汽大众的物流市场，反之亦然。这种人为的市场割据导致企业不能充分发挥物流资源的效能，突出的表现是车辆的返程空驶率非常高，导致物流的运输成本居高不下。

5. 供应链网络规划和汽车生产工业园区规划滞后

以一汽大众为例，由于缺少整合，大上海地区、京津地区的零部件通过各种渠道独立分散地运输到长春，导致运输成本高，反应时间长，运输过程质量的稳定性较差。由于运输风险大，在长春的供应商的库存比较多，导致供应链的运行成本较高。

（三）汽车物流战略规划

1. 实施战略联盟

我国汽车物流市场竞争日趋激烈，个别具有现代物流意识的汽车物流企业开始尝试与同行进行初步合作，如安吉物流与华航物流的合作使其取得了丰厚的利润。一汽大众针对其整车多销往南方、空车返回，而南方一些汽车企业也有整车销往北方、空车返回从而导致运力浪费、成本增加的情况，自 2005 年开始与安吉物流、二汽的一些公司进行合作。民生物流与中信物流自 2003 年以来在汽车物流领域有着广泛友好的合作，特别是在水路运输领域，双方的合作卓有成效。2015 年 1 月，北京长久物流公司与全球领先的第三方集成物流提供商优特埃国际物流（UTi Worldwide）正式签署战略合作协议。

我们应当在物流战略联盟的基础上，构建一个运力资源整合交易平台，共享各个区域的运力资源，实现资源的优化配置。这将会最大限度地增加回程业务的稳定性，提高运输效率，达到通过优化整条供应链来降低成本的目的。

2. 实施敏捷化战略

中国的汽车消费市场不够成熟，随机性大，造成消费市场变化无常。汽车生产商难以对市场作出准确的预测，导致生产计划频繁变动，对物流系统的柔性就格外依赖。要想在激烈的竞争环境下提升企业的竞争力，就应该实行敏捷化战略，协调管理整个供应链的物流，使产品在仓储、运输、分销过程中占用的空间最小，耗用的资源最少。

3. 低成本战略

物流成本居高不下已成为制约我国汽车物流业发展的主要问题。因此，我国汽车物流企业在降低成本方面的战略思考，一是要设法降低库存，优化供应链配送管理和调控；二是要加速实施全球标准化体系管理。

4. 加强供应链信息管理

汽车制造业应积极利用EDI、互联网等技术，通过网络平台和信息技术将企业经营网点连接起来，既优化企业内部资源配置，又通过网络与用户、制造商、供应商及相关单位连接，实现资源共享、信息共用，并对汽车物流各环节进行实时跟踪、有效控制与全程管理。这样既减少了整个供应链上的库存浪费，同时也加快了汽车物流与电子商务的融合。一方面，汽车物流要为电子商务服务；另一方面，汽车物流业要积极运用电子商务，实现电子化的汽车物流。

5. 推广汽车物流标准化建设

汽车物流应广泛采用标准化、系列化、规范化的运输、仓储、装卸、搬运、包装机具设施及条形码等技术。汽车物流作业中的标准化建设主要包括物料容器的标准化和编码的标准化。应考虑的因素有：汽车零配件的包装和运输要求；国内运输车辆的容积尺寸；物料容器自身的尺寸匹配性；便于机械化搬运和堆码等。

案例6—8　安吉物流发展网络化第三方汽车物流

安吉汽车物流有限公司是上汽集团投资的专业从事汽车物流的全资子公司，专门从事汽车整车物流、零部件物流、口岸物流以及相关的物流策划、物流技术咨询、管理培训等服务，现已成为全球业务规模最大的汽车物流服务供应商。但安吉的物流业务主要来自上汽集团的内部物流，来源单一。

安吉物流的基础设施完善，在整车物流板块方面，下属子公司拥有自有公路运力3 000多辆，可控运力9 000多辆，自有铁路车皮348节，可装载3 000辆商品车，自有滚装轮15艘（其中海轮10艘、江轮5艘），可装载10 700辆商品车，形成“T”型水路运输网，在全国管控总面积440万平方米的仓储资源，整车仓库30多个，可储存120 000辆商品车，建立了“十大运作基地”、7个中心枢纽和11个一般枢纽，形成全国性的整车物流配送网络。在零部件物流板块方面，安吉物流拥有入厂零部件物流仓库10个，面积总计52万平方米，运输车辆420辆；售后零部件物流仓库14个，面积总计15万平方米，移动装卸设备近400辆。在口岸物流板块方面，安吉物流以下属上海海通国际汽车物流有限公司和上海海通国际码头有限公司为核心，拥有5个滚装泊位，设计吞吐能力103万辆/年，增值服务能力约30万辆/年，可一次停放3万辆商品车。

安吉物流面对的物流需求旺盛，中国汽车工业协会发布了我国2012年汽车产销综述报告，安吉物流的母公司上汽集团所属的上海通用、上汽通用五菱和上海大众2012年年销量分别占前十名乘用车的1%，15%，14%。

安吉物流的管理理念先进。安吉物流在“十二五”期间将推行分区管理模式，贴近客户及市场，提升门到门服务能力。总部强化对核心资源的规划、投资及控制，负责各物流公司标准、信息技术及其他技术的应用和提升；分区贴近客户，提供现场服务和快速响应，按总部制定的统一标准实施区域化管控；运力属地化，形成有效保障的供方体系。

安吉物流的信息技术领先。通过安吉物流信息化建设形成具有汽车物流企业特色的业务操作系统（运输管理系统（TMS）、仓储管理系统（WMS）、分供方管理系统（FMS）、呼叫中心、商品车交接电子签收系统（TSS））；辅助管理系统（财务管理系统、人力资源管理系统、办公自动化系统（OA）、知识管理平台（KM））；测量与分析系统（车辆定位系统（GPS）、可视化管理系统、数据交换平台（数据仓库、BI工具）、报表中心）；决策与优化工具（物流中心选址决策支持系统、整车订单智能调度系统和路径优化系统、轿运车适载性三维模型系统），为业务的运作和管控提供强有力的管理保障和决策支持。

汽车物流的发展趋势是大型化、网络化、信息化和标准化，安吉物流现在处于行业的领先地位，具备向以上四化特征的第三方汽车物流发展的实力，这也应成为其发展方向。

资料来源：汤国生，张梅子，谭支雄：《安吉物流发展网络化第三方汽车物流战略定位研究》，载《物流工程与管理》，2013（3），102～105页。

6.5 不同竞争地位物流战略的选择

每个企业都要依据自己的目标、资源和环境，以及在目标市场上的地位，来制定竞争战略。即使在同一企业中，不同的业务、不同的产品也有不同的要求。因此，企业应当先明确自己在目标市场上的竞争地位，并根据市场定位选择适当的竞争战略。企业在市场中的竞争地位有多种分类方法。根据企业在目标市场上的领导、挑战、跟随或拾遗补缺的作用，可以将企业分为以下四种类型：市场领导者、市场挑战者、市场跟随者和市场利基者。

6.5.1 市场领导者战略

所谓市场领导者，是指企业相关产品的市场占有率最高。一般来说，大多数行业都有一家企业被公认为市场领导者，它在价格制定、新业务开发、配销覆盖等方面处于主导地位。它是市场竞争的导向者，也是竞争者挑战、效仿或回避的对象。如美国汽车行业的通用公司、电脑行业的 IBM、软饮料行业的可口可乐公司、我国港口集装箱市场的上海港以及航运企业中的马士基公司等。

这些市场领导者的地位是在竞争中自然形成的，但不是固定不变的。如果它们没有获得法定的特许权，必然会面临竞争者的无情挑战。因此，企业必须随时保持警惕并采取适当的措施。市场领导者为了维护自己的优势，保持自己的领导地位，通常可采取三种策略：一是设法扩大整个市场需求；二是采取有效的防守措施和攻击战术，保护现有的市场占有率；三是在市场规模保持不变的情况下，进一步扩大市场占有率。

（一）扩大市场需求总量

当一种产品的市场需求总量扩大时，受益最大的是处于市场领导地位的企业。因此，市场领导者应努力从以下几个方面扩大市场需求量。

1. 发掘新的使用者

每一种产品都有吸引顾客的潜力，而有些顾客不知道这种产品，或者因为其价格不合适或缺乏某些特点等而不想购买这种产品。这样，企业可以通过一系列途径如广告策略、品牌策略等发掘新的使用者。如中远为应对原材料的上涨放弃中集，入股上游原材料生产企业时，中集方面早已开拓了中远之外的巨大用户群，顺利地开展了新业务。

2. 开辟产品新用途或提供新服务

公司也可通过发现并推广产品的新用途或提供新服务来扩大市场。新加坡港务集团向客户提供专用码头，吸引了航运界巨头马士基集团，使其放弃了马来西亚。快递领军企业宅急送于 2013 年投资 2 亿元全面升级平台，极大扩充了运输网络，网络覆盖全国 2 000 多个城市和地区，得到了广大客户的支持。

（二）保护现有的市场占有率

处于市场领导地位的企业在努力扩大整个市场规模时，必须注意保护自己现有的业务，防备竞争者的攻击。例如，世界班轮运输行业中的马士基对居于其次的地中海航运和达飞轮船常备不懈。

市场领导者如何防御竞争者的进攻呢？最有建设意义的答案是不断创新。

领导者不应满足于现状，必须在产品创新、提高服务水平和降低成本等方面真正做到领先。同时，应该不断提高服务质量，抓住竞争对方的弱点主动出击，此所谓“进攻是最好的防御”。

由于资源有限，领导者不可能保护它在整个市场上的所有阵地不被攻击，因此，它必须善于准确地辨认哪些是值得耗资防守的阵地，哪些是可以放弃却不会招致风险的阵地，以便集中使用防御力量。防御策略的目标是要减少受到攻击的可能性，将攻击转移到威胁较小的地带，并削弱其攻势。具体来说，有六种防御策略可供市场领导者选择。

1. 阵地防御

阵地防御就是在现有阵地周围建立防线，这是一种静态的消极防御，是防御的基本形式，但是不能作为唯一的形式。对于营销者来讲，单纯防守现有的阵地或产品，就会患“营销近视症”。当年，亨利·福特便为他的 T 型车近视症付出了沉重的代价，使得年盈利 10 亿美元的福特公司从顶峰跌到濒临破产的边缘。与此相对比的是，如今的航运承运人通过配置大型船舶和联营，可以向客户提供更广泛的航线覆盖范围、更短的运输时间、更合理的费用，从而提高自身竞争力。例如，中国台湾的万海和新加坡的宏海箱运（RCL），从货运网络到船型都经过了几十年的精心设计和打造，新来者很难进入其业务领域。

2. 侧翼防御

侧翼防御是指市场领导者除了保卫自己的阵地，还应建立某些辅助性的基地作为防御阵地，或必要时作为反攻基地。特别要注意保卫自己较弱的侧翼，防止对手乘虚而入。例如，中远不仅开展电力、石化等物流业务，而且与客户共同组建安泰达物流有限公司，成立了国内领先家电物流企业。

3. 先发防御

这种更积极的防御策略是在竞争对手发动进攻之前，先发制人，抢先攻击。具体做法是，当竞争者的市场占有率达到某一危险高度时，就对它发动攻击；或者是对市场上的所有竞争者全面攻击，使得对手人人自危。

当然，企业如果享有强大的市场资产——品牌忠诚度高、技术领先等，面对对手挑战，就可以沉着应战，不轻易发动进攻。比如航运企业常常使用的“延期递增回扣制”，就是把货主牢牢笼络住的一种重要手段。

4. 反攻防御

当市场领导者遭到对手降价、改进服务、市场渗透等进攻时，不能只是被动应战，而应主动反攻。领导者可选择迎击对方的正面进攻、迂回攻击对方的侧翼，或发动钳式进攻。例如，当美国西北航空公司最有利的航线之一——明尼阿波利斯至亚特兰大航线受到另一家航空公司降价和促销进攻时，西北航空公司采取的报复手段是将明尼阿波利斯至芝加哥航线的票价降低，由于这条航线是对方的主要收入来源，结果迫使进攻者不得不停止进攻。又如，当太平洋西向航线运费协定的九家公司得知阳明公司违反协定，以每吨优惠 5 美元的运价承运棉花时，便立即降价 4 美元与之抗衡。

5. 运动防御

运动防御要求领导者不但要积极防守现有阵地，还要扩展到可作为未来防御和进攻中心的新阵地，它可以使企业在战略上有较大的回旋余地。市场扩展可通过两种方式实现：市场扩大化和市场多元化。

（1）市场扩大化。是指企业将其注意力从目前的产品或服务转移到有关该产品或服务的基本需要上，并全面研究与开发有关该项需要的科学技术。例如，把“石油”公司转变为“能源”公司就意味着市场范围扩展到石油、煤炭、核能、水力和化学等工业。但是市场扩大化必须有一个适当的限度，否则就违背了两条基本的军事原则，即目标原则（确定明确可行的目标）和优势集中原则（集中优势兵力打击敌军薄弱环节）。

（2）市场多元化。是指向彼此不相关联的其他行业扩展，实行多元化经营。例如，海航集团通过在北京、海口建设海航大厦介入商业地产；通过建设北京新华航空天竺生活基地等进入工业领域；此外，该公司还开发了北京金康乐体育公园、海南康乐水庄等旅游项目；2008 年海航组建了从事饮食业务的海航易特集团；2009 年该公司又迅速在物流板块发力海运业。综上所述，海航集团通过发展多种不相关业务来有效地规避经营风险。

6. 收缩防御

在所有市场阵地上进行全面防御会导致企业力不从心，甚至顾此失彼，在这种情况下，最好的行动是实行收缩防御，即放弃已失去竞争力的市场，把力量集中于具有优势的市场阵地。例如，中国长航集团在“九五”期间，由于长江沿线高速公路、铁路、航空的迅速发展，长江客运急剧萎缩，面对这种情况，集团果断决定退出长江中下游普通客运经营。又如，中远集团的内部调整促使天津中货完成了内部资源的整合与调整，天津中货实施战略收缩，剥离盈利性不强的非核心业务，增强了核心竞争力，由此完成了从传统货代企业向现代货代企业的转变。

（三）提高市场占有率

市场领导者设法提高市场占有率，也是增加收益、保持领导地位的一个重要途径。首先，作为市场领导者的物流企业由于具备较完善的企业资源和雄厚的资金实力，常采取兼并和收购的方式来提高市场占有率。

2011 年，跨境速递服务供应商 DHL 在中国香港宣布，新增一条连接亚太地区与美国的洲际航线，以及一条从美国到中东的洲际航线。DHL 重视中国内地的物流市场，其投资 1.75 亿美元兴建的上海北亚运转枢纽工程于 2012 年年初投入运营，这项工程配备了世界先进的自动分拣系统。在 DHL 加紧布局全球物流市场的同时，全球另外几家物流巨头公司不断推出新政策争夺中国巨大的物流市场。2011 年 5 月，联邦快递在北京宣布，将在亚洲推出联邦快递国际特早快递服务。德国 DHL、美国联邦快递及 UPS 和荷兰 TNT 这四家国际物流巨头，近年来毫无例外地加大了开辟中国内地快递市场的力度。UPS 投资 1.8 亿美元在深圳建设亚洲航空转运中心，TNT 则收购了民营公路货运企业黑龙江华宇物流。据发改委《外资进入中国物流业的影响及其政策建议》的报告，国际四大快递巨头已控制中国国际快递市场 80%的份额。

其次，增加对市场的控制能力。处于领导地位的物流企业所采取的经营措施会引起该行业其他企业的关注。企业应提高对客户的讨价还价能力，形成对仓储、运输和配送的垄断等，从而提高企业的市场垄断性。

最后，采取品牌策略。对于市场领导者来说，品牌策略是最有力的武器。物流企业必须具备自己的核心竞争力，即其他企业不易模仿的能力。企业以客户为中心，提供优质的差异化服务，形成自己持久独特的记忆点。只有这样，企业的实力、质量等优势才可以变成购买选择。例如，嘉里大通物流在泛中华区的基础设施覆盖，使其成为中国内地的物流大品牌，为客户提供优质、高效的泛华物流服务，该服务包括货代、快件及合约物流（包括仓储及配送）三大板块。由于拥有戴尔、微软、惠普、IBM 和 3M 等公司在内的一大批固定大客户，该公司进一步扩大了市场份额，强化了其品牌影响力。

案例 6—9　联邦快递通过低价策略抢夺市场份额

美国联邦快递集团（以下简称联邦快递）是全球第二大快递企业，尽管该企业通过对盈利预期的调整以及退役部分货机的方式来表达对全球经济形势的担忧，但对这家刚刚获得中国国内快递业务牌照的公司而言，中国市场巨大的增长潜力以及物流业效率提升的空间俨然会带来更多业务增长以及实践其供应链理念的空间。

2012 年 9 月 7 日，国家邮政局发布公告，正式批准联邦快递和 UPS 经营国内快递业务，这是外资快递企业首次获得国内快递业务牌照。根据国家邮政局网站发布的公告，联邦快递首批获准经营的地区包括上海、广州、深圳、杭州、天津、大连、郑州、成都 8 个城市；UPS 首批获准经营的地区包括上海、广州、深圳、天津、西安 5 个城市，分别开展除信件之外的国内快递业务。

联邦快递能够针对市场细微的变化，及时调整自身的运营策略，在快递市场中做到游刃有余。对于联邦快递而言，尽管洲际货运业务前景不容乐观，但刚刚获得中国国内快递牌照或许是其业务新支点的契机。与其他外资快递企业不同，联邦快递在国内采取低价策略，一度引发国内快递企业以“倾销”之名上告行业主管机构。这也是联邦快递一直以来在新市场采取的策略，先压低价格抢夺市场份额，等市场占有率足够高时再提升价格。“中国物流行业充满活力，但是需要提高效率以助力可持续发展，”联邦快递负责人表示，“对中国物流业而言，机遇存在于学习其他市场的供应链部门的发展历程，挑战来自于反应慢和监管严厉的政府政策。削减税费、鼓励整合分散的物流部门将有助于提高效率并增加公司的利润空间。”

资料来源：百分百物流网（http：//info. bfb56. com/）。

6.5.2 市场挑战者战略

在行业中名列第二、三名等次要地位的企业称为亚军公司或者追赶公司。例如在世界班轮运输行业中，马士基稳居行业老大的位置，位于其次的是地中海航运和达飞轮船；在 2014 年的中国物流企业 50 强中，位列第一的中国远洋运输（集团）总公司的主营业务收入为 14 414 820 元，排名第二的中铁物资集团有限公司为 7 632 421 元，排名第三的中国海运（集团）总公司为6 764 517 元。这些亚军公司对待当前的竞争态势有两种态度：一种是向市场领导者和其他竞争者发动进攻，以夺取更大的市场占有率，这时它们可称为市场挑战者；另一种是维持现状，避免与市场领导者和其他竞争者引起争端，这时它们称为市场追随者。市场挑战者如果要向市场领导者和其他竞争者发起挑战，首先必须确定自己的战略目标和挑战对象，然后再选择适当的进攻策略。

（一）明确战略目标和挑战对象

战略目标同进攻对象密切相关，针对不同的对象可以制定不同的目标。一般来说，挑战者可以选择以下三种公司作为攻击对象。

1. 市场领导者

这一战略的风险很大，但是潜在的收益可能很高。为取得进攻的成功，挑战者要认真调查研究顾客的需要及其不满之处。如对中国的快递业来说，中国邮政作为从计划经济时代走来的业界老大，在面对市场经济的时候并没有迅速调整姿态，服务质量一直未得到明显改善。而处于市场挑战者地位的一些民营快递公司和外来快递公司正是抓住这一弱点，迅速占领了本属于中国邮政的很多市场份额，涌现出了一批高质量的民营快递企业，如申通、顺风、宅急送等。

2. 与己规模相当者

对一些与自己势均力敌的企业，挑战者可选择其中经营不善而发生危机者作为攻击对象，以夺取它们的市场。

3. 区域性小型企业

一些因经营不善而发生财务困难的地方性小企业，可作为挑战者的攻击对象。

（二）选择进攻策略

在确定了战略目标和进攻对象之后，挑战者要考虑进攻的策略问题，其原则是集中优势兵力于关键的时刻和地方。总的来说，挑战者可选择以下五种战略。

1. 正面进攻

正面进攻就是集中兵力向对手的主要市场发动攻击，打击的目标是敌人的强项而不是弱点。这样，胜负便取决于谁的实力更强，谁的耐力更持久。进攻者必须在产品、广告、价格等主要方面大大领先于对手，才有可能成功。

进攻者如果不采取完全正面的进攻策略，也可采取一种变通形式，最常用的方法是针对竞争对手实行削价。通过在研究开发方面大量投资，降低生产成本，从而以低价格向竞争对手发动进攻，这是持续实行正面进攻策略最可靠的基础之一。日本企业是实践这一策略的典范。

2. 侧翼进攻

它是指市场挑战者集中优势力量攻击竞争对手的弱点，可采取"声东击西"的做法，佯攻正面，实际打击侧面或背面，使竞争对手措手不及。具体可采取以下两种策略：

（1）地理性侧翼进攻。即在某一地理范围内针对竞争者力量薄弱的地区市场发动进攻。

（2）细分性侧翼进攻。即寻找尚未被领先者企业覆盖的商品和服务的细分市场迅速填空补缺。

在航运竞争中，处于市场挑战者地位的物流企业针对市场机会，发挥自己的独特优势，拾漏补缺，常常可以取得意想不到的效果。如广西北海海运总公司利用地理区位上的优势，开拓了许多有高价货可运却被其他航运公司忽略掉的小港口市场，取得了很好的经济效益，从而摆脱了困境。

3. 围堵进攻

它是指市场挑战者开展全方位、大规模的进攻策略。市场挑战者必须拥有优于竞争对手的资源，能向市场提供比竞争对手质量更优、价格更低的产品，并能确保围堵计划足以成功，这时方可采用围堵进攻策略。

4. 迂回进攻

市场挑战者完全避开竞争对手现有的市场阵地而迂回进攻，具体做法有三种：

（1）实行产品多角化经营，发展某些与现有产品具有不同关联度的产品。

（2）实行市场多角化经营，把现有产品打入新市场。

（3）发展新技术产品，取代技术落后的产品。

比如，深圳航空选择了从周边包围中心城市的市场发展策略，先后将无锡、常州机场收入囊中。另外，深航选择迂回进攻战略从长三角扩大至整个华东地区，并首次在合肥机场开通隔夜航班，该举措相当于在合肥又设立了一个基地，加大了对航空市场的进攻。

5. 游击进攻

它是指以小型的、间断性的进攻干扰对方，使竞争对手的士气衰落，达到不断削弱其力量的目的。可以向较大竞争对手市场的某些角落发动游击式的促销或价格攻势，逐渐削弱对手的实力。游击进攻策略的特点是，不能倚仗个别战役的结果决出最终胜负。

当目标市场被强劲的对手占据或由于政策原因市场没有完全开放时，若采取直接进攻往往得不偿失。这时企业应该采取渗透策略，不断地、隐蔽地、小规模地进入市场腹地逐步发展，待时机成熟时再采取大规模行动。如很多国际航运公司通过与中方合作加紧在大陆的渗透，成立各种货运公司、物流公司，建立自己的立足点，加强对货源的争夺，以游击进攻的方式逐渐扩大其市场份额。

总之，市场是灵活多变的，竞争却是无情的。处于市场挑战者地位的物流企业应该根据自己所处地位不断调整相应的竞争策略，以抵御来自外部的冲击和挑战，扩大自身的市场份额，努力在竞争中立于不败之地。

案例 6—10　顺丰航空战挑战 EMS

我国最大的民营快递公司顺丰速递如今开启了航空争霸战，想要挑战国家队 EMS 的快递老大地位。基于核心业务的发展需要，顺丰大批量、快节奏地购置全货运飞机。自 2003 年开始，顺丰便充分借势航空“飞一般”的速度，凭借包机和租赁客机腹舱资源的“轻资产”运营方式，很快在业内树立起“快”的品牌优势。2012 年，国内 1 671 个早航班中顺丰就包用了 843 个，超过 50%，晚航班顺丰也用了将近 40%（虽然午航班最多，但由于不符合快递“夜发早递”的时效效果，所以较少利用）。目前，顺丰包用 2 000 多个航班的储藏资源进行快递的运转，形成了一定的垄断优势。为进一步加大这一核心竞争优势，拥有更大的扩展自主性，顺丰在 2009 年自组货运航空公司。

面对顺丰抛出的“航空物流未来势力范围瓜分图”，中邮速递坐立不安。中邮速递一直将顺丰视为最大的竞争对手，2010 年中邮速递刚成立时，顺丰速递的全年营收仅是其一半，其竞争压力和危机感还不是很大。但就在中邮速递踌躇满志却又一波三折地筹备上市的三四年（2010—2013 年）中，顺丰生猛发力，大有后来居上之势，中邮速递无论是在运营规模、网点布局，还是在航空运力、物流资产等方面都逐渐被顺丰全面赶超。据顺丰预测，2021 年整个行业将拥有超过 300 架飞机，其中顺丰将拥有 196 架飞机，货运量将超过 600 万吨。如果实现，顺丰有望成为占据中国航空快递（货运）2/3 市场份额的超级霸主。

在这一轮快递航空争霸战中，顺丰似乎已占得先机。截至 2013 年 11 月，顺丰拥有 13 架自有全货机，另外还租赁了 19 架全货机；而 EMS 目前拥有的 18 架全货机基本是融资性租赁和经营性租赁来的。不过，面对来势汹汹的顺丰，EMS 也在谋划反击之计。

资料来源：虎嗅网（http：//www.huxiu.com/）。

6.5.3　市场跟随者战略

美国学者莱维特教授认为，有时产品模仿像产品创新一样有利。因为一种新产品的开发和商品化要投入大量资金，也就是说，市场领导者地位的获得是有代价的。其他厂商仿造或改良这种产品，虽然不能取代市场领导者，但因不必承担新产品的创新费用，也可获得很高的利润。

以上内容说明，并非所有在行业中处于第二位的公司都会向市场领导者发起挑战。因为这种挑战会遭到领导者的激烈报复，最后挑战者可能无功而返，甚至一败涂地，除非挑战者能够在某些方面赢得优势——如推出新型服务或在市场营销上有重大突破。企业通常形成一种默契，彼此自觉地不互相争夺客户，不以短期市场占有率为目标，以免引起对手的报复。这种效仿领导者为市场提供类似产品的市场跟随者战略，使得行业市场占有率相对稳定。

但是，这不等于说市场跟随者就无策略可言。市场跟随者必须懂得如何维持现有顾客，并争取一定数量的新顾客；必须设法给自己的目标市场带来某些特有的利益，如地点、服务、融资等；还必须尽量降低成本并保持较高的产品质量和服务质量。跟随并不等于被动挨打，或是单纯模仿领导者，跟随者必须找到一种不会招致竞争者报复的成长途径。具体来说，市场跟随者战略可分为以下三类。

1. 紧密跟随

这是指跟随者尽可能地在各个细分市场和营销组合领域效仿领导者。这种跟随者有时好像是挑战者，但只要它们不从根本上危及领导者的地位，就不会发生直接冲突。有些跟随者表现为较强的寄生性，因为它们很少刺激市场，总是依赖市场领导者的市场努力而生存。例如，美国伯灵顿货运（BAX Global）向物流企业转变时，以货代业务的客户为切入点，从基础物流服务开始，紧紧跟随特定行业客户的跨国业务拓展实现业务增长和全球扩张，在欧美通过并购方式、亚太通过投资方式建立物流服务网络。

2. 有距离的跟随

这是指跟随者在目标市场、产品创新、价格水平和分销渠道等方面都追随领导者，但仍与领导者保持一些差异。这种跟随者易被领导者接受，同时它们也可以通过兼并同行业中弱小企业而发展壮大。例如在航运市场上，各班轮公司经过集装箱运输多年的发展，海运服务日趋同质化，跟随国际大型航运公司如马士基、地中海、中远等，提供相似的服务。在航线设置、船型配置、交货期等方面均接近的情况下，集装箱运输业的竞争主要体现在服务质量方面，企业尽可能为客户提供差异化服务。

3. 有选择的跟随

这是指跟随者在某些方面紧随领导者，而在另一些方面自行其道。也就是说，它们不是盲目追随，而是择优跟随，在跟随的同时还要发展自己的独创性，同时避免直接竞争。这类跟随者之中有些可能发展成为挑战者。

此外，在国际市场上还有一种特殊的跟随者，即“冒牌货”。这些企业具有很大的寄生性，它们的存在对许多国际驰名的大公司是一个巨大的威胁，必须制定对策，以击退和清除这些“跟随者”。同时，作为市场的跟随者，其自身也必须不断发展，否则盲目跟随会给企业造成巨大损失。

6.5.4 市场利基者战略

几乎每个行业都有些小企业，它们专心致力于市场中被大企业忽略的某些细分市场，在这些小市场上通过专业化经营来获取最大的收益。这种有利的市场位置就称为“利基”（niche），所谓市场利基者，就是指占据这种位置的企业。如以生产木梳闻名的企业“谭木匠”，2012 年全年营业额 2.7 亿元，毛利润 1.8 亿元。对于大公司来说，可能会选择投资光伏、风电等大项目，绝不会想到做梳子；即使对做木制品的企业来说，也可能只愿意做几万元一套的红木家具，不会想到做几十元一把的梳子。这个市场是被大的竞争对手所忽视的一个小市场。谭木匠的产品涉及 126 个种类、574 个型号、2 480 种款式，每年推出富有文化气息的 300 多款木梳新品，这些自主设计开发的款式都拥有专利。谭木匠的产品非常丰富，梳类有水黄杨、梨木、紫檀木、白角、黑角等十几种材料、上百个品种；镜类有雕刻、彩绘、手绘等多种样式、上百个图案；扇类有绢扇、纸扇数十个花色；健身类有按摩器、健身锥、香面刮、淋浴器等十几个品种；还有佛珠、发夹、刮痧板、竹篦子、鞋拔，等等。产品实用性和艺术性很好地得以结合，使消费者爱不释手。

有利的市场位置（利基）不仅对于小企业有意义，对某些大企业中的较小业务部门也有意义，它们也常设法寻找一个或多个既安全又有利的利基。一般来说，一个理想的利基具有以下几个特征：

（1）有足够的市场潜量和购买力。

（2）市场有发展潜力。

（3）对主要竞争者不具有吸引力。

（4）企业具备有效地为这一市场服务所必需的资源和能力。

（5）企业已在顾客中建立起良好的信誉，足以对抗竞争者。

那么，一个企业如何取得利基呢？取得利基的主要策略是专业化，公司必须在市场、顾客、服务或渠道等方面实行专业化。

（1）按最终用户专业化，即专门致力于为某类最终用户服务，例如，书店可以专门为爱好或研究文学、经济、法律等的读者服务。

（2）按垂直层次专业化，即专门致力于生产—分销循环周期中的某些垂直层次的经营业务，如制铝厂可专门生产铝锭、铝制品或铝质零部件。

（3）按顾客规模专业化，即专门为某一种规模（大、中、小）的客户服务。许多利基者专门为大公司忽略的小规模顾客服务。

（4）按特定顾客专业化，即只为一个或几个主要客户服务，如美国一些企业专门为西尔斯百货公司或通用汽车公司供货。

（5）按地理区域专业化，即专为国内外某一地区或地点服务。

（6）按产品或产品线专业化，即只生产一大类产品，如日本的 YKK 公司只生产拉链这一类产品。

（7）按客户订单专业化，即专门按客户订单生产预订的产品。

（8）按质量与价格专业化，即选择在市场的底部（低质低价）或顶部（高质高价）开展业务。

（9）按服务项目专业化，即专门提供一种或几种其他企业没有的服务项目，如美国一家银行专门承办电话贷款业务，并为客户送款上门。

（10）按分销渠道专业化，即专门服务于某一类分销渠道，如生产适合超市销售的产品。

市场利基者要承担较大风险，因为利基本身可能会资源枯竭或受到攻击，因此，营销者通常选择两个或两个以上的利基，以确保企业的生存和发展。不管怎样，只要营销者善于经营，小企业也有机会为顾客服务并获得利润。

关键术语

总成本领先战略	差异化战略	集中战略
医药物流	服装物流	家电物流
冷链物流	汽车物流	市场领导者战略
市场挑战者战略	市场跟随者战略	市场利基者战略

复习思考题

1. 企业采取三种竞争战略时，应考虑哪些竞争因素？
2. 企业实施总成本领先战略时，会面临什么样的风险？
3. 物流企业为什么要实施差异化战略？
4. 不同行业的物流企业的基本特征有哪些？
5. 不同行业的物流企业应采取什么样的竞争战略？
6. 处于市场领先地位的物流企业应采取怎样的方法保持竞争优势？
7. 市场挑战者和市场跟随者应采取什么措施增强竞争力？
8. 从我国中小型物流企业出发，谈谈你对市场利基者的认识。
9. 分析物流企业对“战略钟”的选择。

案例分析

宜家：品牌与成本两相宜

宜家自1943年初从一点点“可怜”的文具邮购业务开始，不到60年的时间就发展成为在全球共有180家连锁商店，分布在42个国家，雇用7万多名员工的“庞然大物”。2001年，宜家获得了110亿欧元的收入和超过11亿欧元的净利润，成为全球最大的家居用品零售商之一，还赢得了Interbrand发布的TOP 100全球最有价值品牌排名第44位的荣誉。

久经风雨而不倒，遍历忧患却更强，宜家势必有其独到的成功秘诀。宜家成功之处就在于开创了第三条路：既控制品牌又控制成本，即品牌与成本两相宜。

对于绝大多数零售商而言，制造商品牌依旧是主流，中间商品牌只能是一个有益的补充，绝不可能“喧宾夺主”，无论沃尔玛还是家乐福都是如此。这实际上就意味着仅仅控制了品牌的渠道，却无法控制品牌的权益。比如，家乐福确实能令人油然而生购物欲，但是“家乐福”牌的卫生产品就乏人知晓。

然而，宜家并不满足仅仅控制哪怕是全球最大的家居产品渠道，更希望自己的品牌以及自己的专利产品能够最终覆盖全球。基于这种理念，宜家一直坚持亲自设计所有产品并拥有其专利，每年有许多设计师夜以继日地工作以保证“全部的产品、全部的专利”。所以对于宜家而言，绝不会存在所谓的“上游制造商”的压力，也没有任何一家制造商能对其进行所谓的“分销链管理”。

宜家的研发体制非常独特，能够把低成本与高效率结为一体。宜家发明了“模块”式家具设计方法，这样不仅设计的成本得以降低，而且产品的成本也能得到降低。可能宜家是唯一能深刻理解“简单即美”的机构，用“简单”来降低顾客购买成本，用“美”来提高顾客购买价值。

物流本来是家居类产品成本的大项，因为运输实在太麻烦了，但是宜家通过“平板包装”不仅提高了运输效率，降低了运输成本，而且能够在装配上节省一大笔组装成本。为了进一步降低物流成本，宜家把全球近20家配送中心和中央仓库集中在交通要道和集散重镇，以方便各门店的物流联系。从门店提供的实时销售记录开始，反馈到产品中心，再到OEM商、物流公司、仓储中心，直到门店，整个物流链的运转在IT技术的支持下进行得极为顺畅。

宜家的通路策略是绝对的不打折扣的直销，为了保证对产品价格、销售记录、专利权的维护以及对整个销售体系的控制，宜家一直拒绝对旗下的产品进行批发，对大宗团购客户也不提供任何“让利”服务。另外，宜家不出租柜台，连餐厅都是亲力亲为。这些独特的策略产生了超常规的绩效。

资料来源：刘威：《解密宜家　品牌与成本两相宜》，新浪财经（http：//finance. sina. com. cn）。

问题讨论

1. 宜家是怎样实现品牌和低成本并举的竞争优势的？

2. 从具有不同竞争地位的物流企业出发，你认为宜家处于市场的什么地位。在上述案例中，你认为具有不同市场地位的物流企业应该采取什么样的竞争战略以赢得竞争优势。

第7章 物流职能层级战略规划

职能层级战略是物流企业各职能部门根据企业总体战略和竞争战略的要求而制定的具体实现方法和手段，主要有研发战略、市场营销战略、人力资源战略、财务战略等。本章分析各职能战略的内涵、特点及战略规划，强调各职能部门之间的协调运作，最终实现企业整体的最佳战略组合。

引例

深圳市凯利升第三方物流公司成立于1985年，从单一经营外贸货物储运业务的小企业，成长为以储运、宾馆为主，国际货代、出口贸易、物业出租、合资办厂等多元化并举的中型综合企业。与众多国有企业一样，随着公司经营规模的扩大、资本的迅速扩张，旧体制的弊端逐渐显现。公司一度出现经营管理决策缺乏理性、人际关系复杂、企业资源闲置、财务管理混乱等现象。

公司对其职能组织结构进行了调整：保留原有的办公室、财务部；以仓储部、联运部为基础，重组仓储部、联运部；撤销业务部、物业部、基建办、行政部、综合发展部、长沙经营部，将其相关行政职能并入办公室、财务部；新增市场部、营销部、配送部、结算部、海运部。各部门职责清晰、分工明确、关系协调。在所设部门中，根据联运部、海运部的业务特点，对其实行承包经营、独立核算、自负盈亏的措施。

公司决定建立以客户为中心、以市场为导向的一体化作业流程，明确以营销部为主统一对外，所有与客户相关的信息、作业指令均由营销部分类并送达内部各作业部门或反馈给客户。采用这种运作模式，客户只需与营销部进行信息交换，由营销部将客户的要求统一分类、分配到各部门去协调完成。业务的进展动态、信息数据由营销部反馈给客户，从而避免了公司多头对外、客户无所适从的情况。在部门内部，按作业程序确定业务流程，环环相扣，并要求员工熟悉前后作业环节的工作内容，随时可以增援或补救。

资料来源：《深圳市凯利升第三方物流公司经营管理》，资料搜索网（http：//www.3722.cn）。

7.1 职能战略概述及内容

职能战略是为贯彻、实施和支持公司战略和竞争战略而在特定的职能管理领域制定的战略，其重点是提高企业的资源利用率，使企业的战略目标和战略方案能够顺利执行。企业规模和所处的行业不同，其职能战略也不尽相同，基本的职能战略包括：研发战略、市场营销战略、人力资源战略、财务战略等。

20 世纪 50 年代以前，企业的各种物流活动基本分散在其他主要职能中，物流的职能局限于支持生产经营活动，没有形成主体性，物流的组织责任分布在企业的各部门之中。由于没有明确规定物流的责任，也没有专门的部门来统一指挥物流业务流程中各个环节的运行，工作缺乏职能的协调。随着物流的不断发展，物流企业越来越重视职能部门的协调运作，以完成任何单一部门不能完成或虽完成但不经济的任务，从而实现整体效果——优于各个单独效果之和。

7.1.1 研发战略

研发战略的选择常常受企业总体战略和经营战略的影响。处于不同的环境条件下，企业可采用三种不同的研发战略：第一种是在进攻与防守之间进行选择的基本型研发战略；第二种是以新技术作为进入新市场主要手段的渗透型研发战略；第三种是竞争对手和技术自身产生威胁时的反应型研发战略。

现代物流理念促进了现代企业物流活动方式的变革。对于研发阶段的物流来说，由于新产品的开发几乎涉及企业的市场、采购、销售等各个部门，所以只有将物流各个子系统有机联系起来，统筹考虑、全面规划、不断创新，才能建立起适应快速竞争要求的物流系统，从而提高新产品的市场反应速度。从长期发展的角度来看，研发阶段的物流应着重从以下方面进行变革和创新。

1. 对企业进行业务流程再造，优化整合物流与供应链管理体系

企业在进行研发阶段的物流流程再造时，必然涉及企业内部采购、库存、销售等多部门的物流资源和整个供应链与物流体系的优化整合，因此应注意协调发展采购、库存、销售等活动与研发的互动关系，在涉及研发的整个供应链上进行跨企业的业务流程再造，整合企业内外部资源。

2. 培养复合型高级物流专业人才，实现研发阶段物流管理理念的创新

高素质的物流管理人才是现代物流发展的关键因素。要实现研发阶段物流管理理念的创新，企业需要具有较高层次的物流专业管理人员。因此，企业要加大物流人才的培养力度。

3. 推进企业信息化建设，搭建物流信息化平台

物流信息传递的标准化、规范化、流畅化、及时化、准确化是物流时代信息化的基本要求。研发阶段物流信息量大、交换频繁，且物流从属于信息流，而信息流分布于各个环节，贯穿整个流程的始终。企业应根据自身目前和长远发展选择合适的物流技术来支撑研发阶段物流的发展，使企业有能力根据客户的具体要求提供差异化服务，做到快速反应，从而实现物流管理的柔性化。

4. 适当发展第三方物流管理，形成企业间战略联盟

第三方物流能通过规模效应大幅降低物流成本，加快开发样品物流配送的响应速度，能灵活地根据客观的需要来完成各种开发样品的物流任务。

企业应根据自身特点利用现代物流理念，灵活采用物流自理、代理模式或联盟模式构建或整合企业研发阶段的物流体系。通过多种形式、多种渠道，加速人力资源的开发与培养，推动企业研发阶段物流管理理念的不断创新，并在物流实践过程中逐步摸索出适合本企业发展的物流模式。

7.1.2 市场营销战略

市场营销战略是企业最重要的职能战略之一。有效的市场营销战略是企业成功的基础。市场营销活动包括从进行市场调研、预测，分析市场需求，确定目标市场，制定营销战略，到实施和控制具体营销战略的全过程。战略营销是指用战略管理的思想和方法对市场营销活动进行管理，它强调从战略的基本点出发，思考和规划企业的整个营销模式。战略营销强调组织与环境的联系，视营销为经营的整体职责，而不只是一个专门职能。也就是说，营销战略和营销计划是整个公司总体战略制定和规划的核心。

1. 市场营销的特征

（1）以市场为动力。市场营销认为竞争优势源于顾客，它将以受顾客影响的经营战略与综合的市场为核心的各类活动结合起来，以此建立竞争优势。例如，宝供集团第三方物流的经营以市场需求为导向，以物流系统优化为基础，以信息技术和管理技术为手段，从而推动资源的合理配置和社会优势资源的整合，构筑完整的综合价值链，为客户提供一体化、专业化、全过程的物流服务。

（2）注重环境的复杂多变性。企业关注内外环境的变化，通过市场调查客观地识别、收集、分析信息，掌握市场现状和发展变化趋势，为营销决策提供科学依据。如香港国际货柜码头（HIT）注重市场环境的变化，投入资金进行多渠道的市场调研，收集信息并预测市场发展趋势，以作出适当的应变策略。

（3）以顾客满意为战略使命。市场营销思想认为取得顾客满意的关键在于将顾客的需要与组织的服务计划过程联系起来，这就要求营销专业人员必须具备分析顾客满意所需要的经验和技能。如广州海川物流公司以客户满意为服务目标，根据不同客户的要求，设计合理的物流运输方案或者开展全面合作。DHL快递在企业经营战略的基础上，从顾客服务目标的设定开始，进而追求顾客服务的差别化。

（4）围绕竞争优势的建立与发挥进行营销。商业环境的动态性和不确定性，使得现代营销人员在制定营销战略时不得不更多地考虑竞争对手的行为和反应，即从关注客户到关注竞争。如湖北省荆门市邮政速递物流公司针对在市场调查中发现的邮政速递物流同城市场占有率低、服务速度慢、价格高等问题，自2009年3月以来，依托涵盖荆门县（市）区域的“当日达”快速运输网络，增加揽投车辆，拓展服务深度，实施网格化营销，积极抢占同城速递市场的制高点。

（5）面向未来，注重长期目标，如市场份额、顾客满意或顾客忠诚。

2. 营销战略的实施

（1）服务市场的细分与服务定位策略。服务市场的细分与服务定位策略是指企业按照一定的分类标志将整个物流服务市场划分成若干个细分市场以后，再根据自身的条件与外部环境、细分市场的规模和竞争情况，以及细分市场顾客的服务需求、偏好和特点等各种要素，确定企业主攻的细分市场，并努力开拓和占领这一细分市场。

（2）服务创新与差异化策略。服务创新是指在物流服务中通过服务内容、方式、质量等方面的改进，为顾客提供创新性的物流服务；服务差异化是指通过服务创新等手段为顾客提供独特的服务，从而取得竞争优势。例如，在现有运输、仓储、装卸等物流服务主体功能的基础上再增加一些分包、联运、分销等增值服务就属于服务创新的范畴，而通过开展企业形象识别、提供独特的服务内容和服务质量等方法获得更多的客户和业务则属于服务差异化的范畴。

（3）服务营销渠道策略。服务营销渠道策略是指物流服务企业选择采用何种营销渠道提供现代物流服务，包括选用自行建立的直销服务网络的策略、借用他人服务营销网络的策略和建立营销战略联盟的策略等。

3. 营销战略与公司战略的协同

公司战略探讨的是公司进行战略单元扩张和业务重组，提出新的投资组合。公司战略包括四项内容：战略审核、对企业核心业务组合和能力的战略性选择、核心商业战略、组织改变。公司战略通常倾向于改变一个企业的经营组合以取得可观的获利水平。

营销战略探讨的是公司营销和销售的组织框架，通过创新和增值来渗透目标市场，以及公司营销和销售各个部分之间的联系。营销战略包括四项内容：营销审核和市场趋势，对市场细分以及目标市场、定位、价值诉求和品牌的战略性选择，产品线、分销和销售、促销和定价的战术计划，执行和评估。营销战略通常倾向于改变一个公司的市场营销组合而不是核心业务。

公司战略和营销战略对于企业的生命周期都十分重要，但是当企业长期被各种问题困扰时，营销战略通常成为第一道防线。只有当新的营销战略不起作用时，才能制定新的公司战略。完成商业审核后，企业越过目前的核心事业进入新的核心事业，这是商业模式上的改变。相应地，当市场的营销审核完成后，公司发现它在原有目标市场失去了一定的市场占有率和有利的定位，并在它的核心事业中发现新的目标细分市场，这时不必改变企业的核心业务，只需要改变营销模式就可以了。

企业不能过度地重视整合、兼并等公司战略，而忽视易于操作的营销战略。或许新的公司战略看上去充满希望，但如果没有好的营销战略同样会失败。因此，必须确保公司战略与营销战略的协同。

资料 协同商务

协同商务的基本思想是以市场和客户需求为导向，以品牌企业为核心，以提高竞争力、市场占有率、客户满意度和获取最大利润为目标，以协同竞争和双赢原则为商业运作模式，通过运用现代企业管理技术、信息技术，达到对整个供应链上的信息流、物流、资金流、业务流和价值流的有效规划和控制，从而将客户、研发中心、供应商、制造商、服务商等连接成一个完整的链状结构，形成极具竞争力的战略联盟。

协同商务的本质是企业资源的最优化，它意味着不仅将企业内各部门之间，而且将企业的合作伙伴如供应商、分销商和零售商甚至是终端客户之间联系起来，共同挖掘和满足市场的需求，形成企业的动态联盟和协同。所有协同商务链的节点企业在统一规划的运作下，进行产品的协同开发、物料的协同采购、协同生产、物流的协同配送和企业的协同营销等。在这个过程中，协同商务起到了润滑剂的作用，从而使企业降低成本、创造竞争优势，推动企业发展新的业务。

信息共享是指协同商务联盟成员共同拥有所有组织成员的知识或行动，成员之间的所有相关信息可以无缝、流畅地在联盟内传递，从而形成更紧密的联系，保持与市场和客户的需求步调一致，以适应复杂多变的市场。信息共享有利于协调和管理协同商务的各个环节，提高协同商务的整体绩效，对于协同商务的运作具有重要的意义。

资料来源：文燕平：《我国企业协同商务应用、问题及对策研究》，载《集体经济·经营之道》，2009（11），64～66页。

7.1.3 人力资源战略

人力资源规划是一种战略规划，它着眼于组织为未来的活动预先准备人力，持续和系统地分析组织在不断变化的条件下对人力资源的需求，并开发制定出与组织长期发展相适应的人力资源政策的过程。人力资源规划考虑的不是某个具体的人，而是一组人员。个别人员的发展规划寓于整体人员的发展规划之中。人力资源规划是组织整体规划和财政预算的有机组成部分，因为对人力资源的投入和预测与组织长期规划之间是相互影响的。在制定人力资源规划的过程中，可就战略问题与高层管理人员达成共识，同时这也是明确组织战略的良机。

案例 7—1　南京远洋公司——打造人力资源管理的新模式

南京远洋公司（以下简称南远）成立于1988年，其主营业务是提供货物的海上运输服务。公司在短短几年内扭亏为盈并取得迅猛的发展，与近几年的良好经济形势分不开。但是，重视并进行有效的人力资源管理才是南远取得骄人业绩的根本原因。

1. 人力资源战略同企业竞争战略一致

南远人力资源管理成功的重要原因之一，是其人力资源战略满足了公司的低成本战略要求。由于全球运力供大于求，市场竞争日趋激烈，通过目前对公司的优势、劣势、存在的机会和威胁的分析，综合考虑低水平差异、高价格弹性的产业现状，南远制定了以短期做强、中长期做大为目标的低成本竞争战略。与低成本战略相适应，人力资源的管理扮演着十分重要的角色，公司克服巨大阻力，组建了一支精练的管理队伍，无论是学历结构、年龄结构还是专业技能等都相当合理。

这种高效的人员配置，极大地降低了企业的管理成本。南远机关管理费还不及同行其他公司的一半。不仅如此，更重要的意义在于，高效的人员配置客观上减少了企业提供服务所需的内部运作环节，极大地方便了顾客，从根本上提高了客户满意度。

2. 员工培训是中小企业解决人才需求不足的重要途径

由于缺乏知名度和吸引力，几乎所有的中小企业都面临严重的人才短缺问题。然而南远却提供了一个解决人才问题的良好途径，即企业可以通过培训来弥补人才的不足，同时把员工培训做到经常化、制度化。企业可以充分利用国家义务教育、职业教育、高等教育和各种社会辅助教育等形式来开展员工培训工作，既注重培训的内容，又注重培训的层次。企业根据自身的实际需要，制定多渠道、多形式的业内培训，以提高员工的业务技能和敬业精神。

3. 制定真正有效的激励机制

激励机制是企业人力资源开发与管理工作的重要组成部分，它的顺利进行离不开公司人力资源管理系统框架的建立以及机制的完善。公司必须采用整体战略眼光来构筑整个人力资源管理的大厦，并让激励机制与人力资源管理的其他环节（如培训开发、管理沟通、岗位轮换、考核等）相互联结、相互促进。

资料来源：刘春林，施建军：《打造人力资源管理新模式——来自国企的案例分析》，载《管理世界》，2001（3），171～175页。

1. 人力资源战略的含义及目标

人力资源战略是根据企业总体战略的要求，为适应企业生存和发展的需要，对企业人力资源进行开发，提高员工队伍的整体素质，发现和培养一大批优秀人才所进行的长远性的谋划和方略。人力资源战略为实现企业总体战略服务，因此，必须根据企业总体战略的要求来确定人力资源战略的目标，主要包括：

(1) 根据企业中长期发展的要求，满足其对人力资源总量的需要。

(2) 优化人力资源结构，形成合理的人才结构，满足企业对各层次、各专业人才的需要。

(3) 提高每个劳动者的素质，使之与其岗位工作的要求相适应，提高员工队伍的整体素质，发挥人力资源的整体效能。

(4) 努力把人力转化为人才，促进每个劳动者都成才，发挥他们的积极性、进取性和创造性，为企业发展和进步作出贡献。

2. 人力资源规划

从搬运、理货等简单的操作，到物流规划方案制定、物流软件开发等复杂的脑力劳动，物流行业容纳着多层次的专业人才与技工。企业的每个成员在其岗位上必须尽职尽责，无论是高层次的专业物流人才，还是较低层次的一线作业工人或司机，对企业的运营都具有重要意义，因而物流企业的人力资源规划工作显得尤为重要。

(1) 管理决策公司业务。公司的高层管理者主要从两个层面进行管理与决策。操作层面的管理：物流经理无须事必躬亲，只需负责组织、领导、指挥，使物流部门的全体员工形成一个团队，协同工作，完成物流管理的基本目标。经营层面的决策：第一，物流经理需要与其他部门保持密切的联系，协调各部门的计划，推动各项管理规章制度的建设和完善，监督指导直接下属，决定各职能部门的财务预算等；第二，物流经理要制定公司的整体发展战略规划，决策公司的投资计划、研究开发，制定公司年度工作计划和整体经营管理工作，计划公司的物流操作流程等。

(2) 完善员工的工作职责。物流企业的业务包括运输、仓储、库存、配送等各个环节，在每个岗位上必须确保每个公司员工能够承担自己的职责，只有这样公司的整体运营才能更加有效。因此，全面完善员工的工作职责是很有必要的。例如，对于从事配送的员工要求有：入库时，配送员要协助司机装卸货物，检查货物跟单上的货物数量、品种、编号等是否一致，包装有无破损，办理入库手续等；出库时，按发货通知单发货，根据货物来计划车辆，协助司机装卸货物；拟定配送计划和作业流程等。

(3) 建立人事培训机制。企业根据中长期发展规划对各方面人才的需要，有针对性地采用多种形式自主进行培养。例如，企业自办职工大学或业余大学，培养一批具有大专和本科学历的人才；通过自办中专，培养所需要的技术员一级人才；通过自办技校，培养所需的技术工人后备队伍。实施自主培养人才战略的关键在于，企业要形成完善的员工培训中心和组建水平较高的师资队伍，有效使用和正确激励企业所培养的人才。

(4) 建立有效的激励制度。公司的经营业绩与员工自身的利益进行挂钩，企业根据盈利状况对员工进行分红，这是许多大型企业采用的薪酬制度。另外，为了对员工进行有效管理，企业按照个体完成的任务和项目来支付薪酬，这是一种更灵活的员工衡量体系，在这种环境下，工作质量可以得到更好的衡量与相应的报酬，企业的激励将对员工的工作产生很大的推动力。例如，天津港采取绩效考核体系，用短信通知各个员工每日的工作完成量，然后按照每个人完成的工作量来支付薪酬，这种制度激发了企业管理者和员工的活力，鼓励企业内部竞争，与市场机制全面接轨。

7.1.4 财务战略

财务战略是企业根据公司战略、竞争战略和其他职能战略的要求，对企业资金进行筹集、运用、分配以取得最大经济效益的战略。物流企业的主要业务是根据市场供需，以商品流通为目的，通过有计划的购、销、储、运等经济活动完成商品的流转和交换。物流企业财务管理的目标是实现价值最大化和成本费用最小化，它取决于行业经营的总目标，同时也受到财务管理本身的制约。物流企业财务战略的主要内容有：融资战略、投资战略、资金运用战略和利润分配战略等。

1. 融资战略

融资战略是关于企业从什么渠道、以什么方式获取所需资金，如何以较低代价、较小风险筹集较多资金来支持企业发展的战略。

随着我国市场经济体制的逐步建立和金融市场的快速发展，筹资效益与筹资风险日益关系到中小企业的生存和发展，融资难已成为制约中小企业发展的瓶颈。作为第三方物流企业的创新业务——融通仓应运而生："融"指金融，"通"指物资的流通，"仓"指仓储。融通仓不仅为银行与企业间的合作架构了新桥梁，帮助中小企业解决融资难题，而且能有效地融入中小企业供应链体系之中，为其提供高效的第三方物流服务。

融通仓融资的实质是将银行不太愿意接受的动产（主要是原材料、产成品）转变成其乐意接受的动产质押产品，并以此作为质押担保品或反担保品进行信贷融资。在具体融资过程中，有两种运作模式可供选择：

（1）质押担保融资。这一融资方式的大致过程如下：银行作为信用贷款的提供方、第三方物流企业作为融通仓服务的提供方、生产经营企业作为资金的需求方和质押物的提供方，三方协商签订长期合作协议。如果生产经营企业不偿还或无法偿还债务，银行有权从质押物中优先受偿。由于有质押物作担保，又有第三方物流企业中间把关，资金封闭式运行，所以对银行来说风险相对较小，对经营原材料购入与产成品销售周期性、季节性较明显的企业较为适用。

（2）信用担保融资。银行根据第三方物流企业的规模、经营业绩、运营现状、资产负债比例及信用程度授予一定的信贷额度，第三方物流企业根据与其长期合作的中小企业的信用状况配置其信贷额度，为生产经营企业提供信用担保，并以受保企业滞留在其融通仓内的货物作为质押品或反担保品，确保其信用担保的安全。这样一方面可简化贷款银行的贷款程序，另一方面也可给信用状况较好的企业提供更多、更便利的信用服务，第三方物流企业自身的信用担保也得到了保障。该融资方式的运作模式如图 7—1 所示。

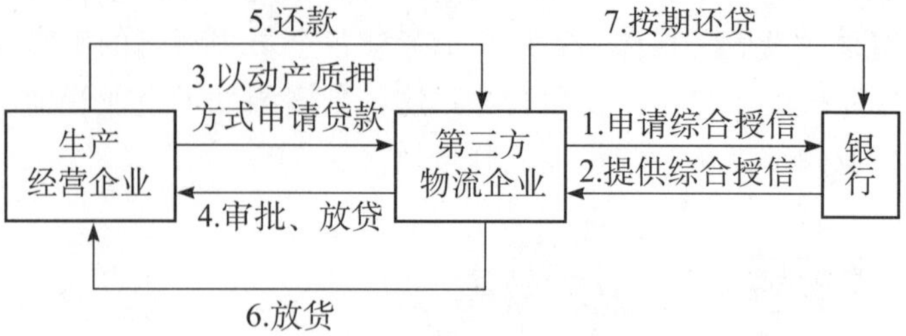

图 7—1　融通仓的运作模式

案例 7—2　中储公司基于融通仓的供应链运作模式

中国物资储运总公司（以下简称中储）是我国最早倡导和推广质押监管业务的企业之一。1992 年，中储就开始了对物资银行的探索，直至 1999 年，质押监管业务成为中储的主业——仓储保管的增值服务。现有的业务模式有仓单质押、动产质押逐笔控制、动产质押总量（总货值）控制等。质押业务可谓一举多得，不仅可以满足客户的融资需求，还能有效规避银行金融风险。中储公司基于融通仓的供应链运作模式包括以下几点：

1. 融通仓的选址与布局

融通仓应选在工业经济和金融、商贸、物流等第三产业发达区域的中心地带，有效配送辐射半径为 10～20 公里，辐射区域内中小企业众多。科学设计融通仓的仓储配送网络，在距离基地较远的地区以贴近客户的原则设立或者租赁一定规模的子仓库，拓展融通仓的服务范围和辐射半径，实现分布式仓储配送的整体布局。

2. 融通仓融入会员企业原材料采购供应链之中

融通仓能够有效融入会员企业原材料采购供应链之中，帮助企业缓解资金压力和改善物流配送。企业先获得贷款采购原材料，然后将采购的原材料交付给融通仓储中心作质押，在贷款期间分多次偿还，并由融通仓协助完成物料配送。

3. 融通仓融入会员区域分销供应链之中

由于市场需求存在季节性特征，通用型产成品库存将占用中小企业大量资金。金融机构开展质押贷款业务以辅助融通仓的配套物流服务，不仅可为企业提供宝贵的融资机会，盘活库存资金，也可为其提供优质的第三方物流服务。融通仓的重要意义还在于对中小企业信用的整合和再造，获得金融机构的授信额度和建立独特的信用担保体系。

融通仓作为一种跨行业的第三产业高级业态，将首先在珠江三角洲、苏浙沪等中小企业中开展。如位于浙江嘉兴的中国茧丝绸交易市场，它不仅是我国最重要的茧、丝、绸的交易中心，同时也为进场会员企业提供质押贷款、担保和原料配送业务。可以预言，以第三方物流服务和面向中小型企业的金融服务为核心的融通仓必将具有广阔的发展前景。

资料来源：《走物流、商流与资金流融合之路——中国物资储运总公司》，载《中国物流示范基地、中国物流实验基地经验材料汇编》，2005，60～66页。

2. 投资战略

对应于企业的发展战略，企业的投资战略分为两类，即创新发展型投资战略和稳定发展型投资战略。企业投资有三大基本选择，即投资战略类型选择、投资时机选择和投资规模选择。

（1）投资战略类型选择。企业投资战略类型依赖于企业在竞争中的强弱、市场时机和市场占有率这三个因素，可选择的投资战略有：扩大现有生产能力的投资战略、寻求规模经济的投资战略、兼并型的投资战略等。许多外资班轮公司为扩大与港口的合作，获得更多的竞争优势，纷纷在国内港口、堆场、仓库等开展投资。如马士基海陆在我国各地设有23家分支机构，同时还投资码头、造船、海洋油气勘探等产业与服务；美国环球货柜（CSX）也投资上海码头的建设等。

（2）投资时机选择。成功的企业投资一般是将分布在生命周期不同阶段的多种产品进行组合，主要模式有：

1）投资侧重于导入期，兼顾成长期和成熟期。这是颇具开发实力且创新意识强的企业通常选择的模式，是一种为获得领先地位而需要承担风险的投资策略。例如，2009年6月，天津港按照规划总投资约114.6亿元用于34项生态港口建设工程。作为中国近年来货物吞吐量增长最快的港口，天津港以建设东疆生态宜居的绿色港口示范区为重点，全面推进天津港生态港口建设。

2）投资侧重于成长期和成熟期，几乎放弃导入期和衰退期。这是实力不足而力求稳妥、快速盈利的企业通常选择的模式，是一种重视盈利而规避风险的投资策略。例如，2008年7月，罗安达航运公司投资120万美元购买一艘装备技术先进的轮船，为进出港船只提供服务。该船只根据荷兰造船厂的要求设计，能够每天24小时提供服务，保证轮船安全平稳地运行。

3）投资侧重于导入期和成长期，而放弃成熟期和衰退期。该投资战略多见于开发能力强而生产能力弱的企业。例如，锦州港充分发挥政府部门的主导作用，不断增强港口的牵动能力，港口投资4.24亿元进行建设，力争港口生产能力突破5 000万吨和集装箱生产能力突破65万标箱。

不同的企业可以根据自身特点和经营战略，选择上述几种投资组合之一或某一形式的变形。

（3）投资规模选择。投资规模的选择包括单个投资项目的规模选择和企业总体投资规模的确定。物流技术条件决定企业能够达到的规模；社会需要决定投资项目需要达到的规模；经济效益决定投资项目实际达到的规模。

3. 资金运用战略

物流企业为用户提供运输、储存、配送、流通加工等物流服务，首先要支付材料费、人工费、运输费、维护费等。物流企业从事物流业务的各个环节都会发生资金的收付活动。因此，企业经营物流业务、提供物流服务而引起的物流财务活动，就是物流资金的运营活动。物流企业营运活动及其产生的营运成本如图 7—2 所示。

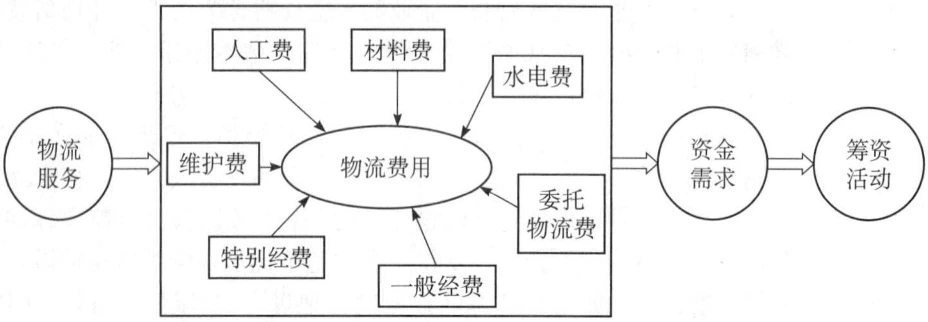

图 7—2 物流企业营运成本的组成

物流企业的运营资金，主要是为了满足物流企业实施日常物流活动的需要而垫付的资金。在一定的时期内，物流资金周转越快，相同数量的资金为用户提供的物流服务越多，获取的利润也就越多。因此加快资金周转，提高资金利用率，是企业实施财务战略的重要目标。

4. 利润分配战略

利润分配是利用价值形式对社会剩余产品所进行的分配。企业的利润分配战略应遵循既有利于股东又有利于企业的原则。具体来说有如下几点：

（1）要满足企业利润的再投资需要。以利润作为资本来源，使企业自强自富，摆脱长期负债的压力。

（2）稳定的股利战略。稳定的股利战略有利于稳定现有的股东队伍和股价（在正常的股市，人们多从投资角度购买股票，而不把它视作一种投机活动），同时还可以吸引新股东入股。

（3）合理的股利基金。在获得利润多的年份，企业可以拿出部分利润作为股利基金，既不分给股东，也不作其他的投资，而是用以弥补未来股利的减少或企业的亏损。设立股利基金有利于塑造企业良好的信誉。

7.2 职能战略组织结构的协调作用

任何企业的发展都离不开稳定有效的组织，物流企业的管理也不例外，组织设立是否合理，对于物流的协调运作起着举足轻重的作用。本节主要介绍物流企业职能战略组织结构的作用。所谓的职能战略组织结构就是按职能分工的组织形式，如图7—3所示。

物流管理组织要解决的一个主要问题就是，合理安排企业内部与物流活动各类人员，使他们能够更好地相互协调、相互合作，共同完成物流管理的职能，实现物流管理的目标。

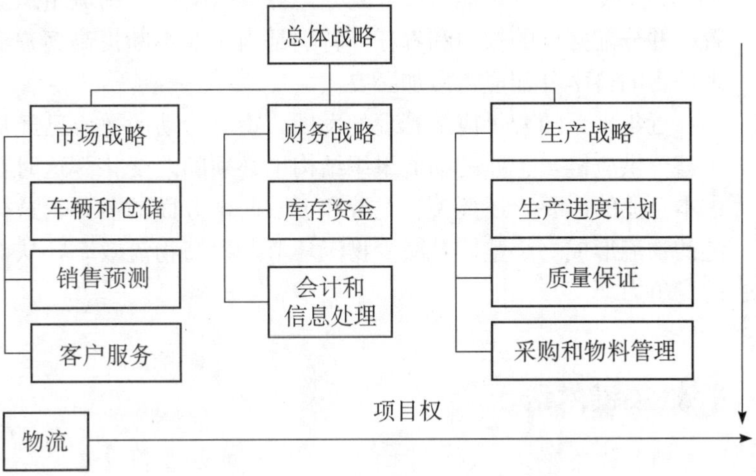

图7—3 物流职能战略组织结构

建立合理的物流组织结构的作用主要有：

1. 可以协调企业各职能部门之间的矛盾

传统的企业组织方式是根据管理职能来确定的。例如，根据企业三个最基本的职能——财务职能、研发职能和市场营销职能，来设置财务部、研发部和市场部这三个部门。现在仍有企业围绕着采购、市场营销、财务、人力资源等管理职能来设置组织结构，形成不同的职能管理部门来管理整个企业的经营活动。但是，由于所有的活动对于一个企业而言都是相互影响、相互关联的，把它们归于不同的部门虽然使得控制幅度合理，可以提高职能管理的效率，但是也造成了不同职能部门之间的冲突。从物流角度看，图7—3所示的三个职能部门的基本目标和物流的整体目标相一致，这种组织形式可能会导致职能部门之间的物流活动发生冲突。例如，采购、运输可能由市场部负责，库存管理可能涉及市场部、财务部和研发部三个职能部门，订单处理则由市场部或财务部负责。从追求的目标看，市场部的首要职责是销售收入最大化，研发部的职责是使物流成本最低、物流效益最高，而财务部则是希望资金周转最快、现金流量最大等。单独来看，这几个目标都是正确的，但是为达到这些目标而对同一影响因素的处理可能不一样，这种在具体管理中的不一致就会导致在实际操作中产生矛盾。

2. 便于对物流活动进行有效管理

物流企业建立一定的组织结构可以明确各职能部门的权力和职责，保证货物按计划发送，同时，可以根据客户需求的变化及时调整计划，使物流系统具有一定的柔性。

在传统企业组织结构中，物流管理的一些重要环节，如运输和库存管理等是作为主要职能部门如市场部、研发部和财务部等的分部门来独立运作的，这意味着企业的管理人员分别进行各自的物流活动，运输部门经理负责运输方式的选择、承运人的选择和价格的协调等，而不负责库存活动。

为了使客户订单能够按计划生产并准时交付，物流组织结构也应该合理设置，并分配必要的权力和责任。特别是当企业不断提高客户满意度时，物流管理职责的科学分配显得愈加必要。

近年来，随着供应链管理的发展，物流活动的效应已经从单个企业扩展到了整个供应链，企业的物流组织结构也必须随之变化。这时物流管理不仅要考虑本企业的需要，还要关注上游和下游两个方面的需要，这样才能使整个供应链的物流形成一个整体，减少物流环节，提高物流效率，从而增强整个供应链的竞争力。

关键术语

研发战略　　市场营销战略
人力资源战略　　财务战略

复习思考题

1. 物流企业应从哪些方面实行研发战略？
2. 市场营销战略的实施途径有哪些？
3. 人力资源战略的目标是什么？
4. 人力资源开发战略包括哪些内容？
5. 财务战略的任务有哪些？
6. 物流企业的融资方式有哪些？
7. 简述融通仓的运作模式及流程。
8. 怎样选择投资战略的类型及时机？
9. 企业利润分配战略应遵循哪些原则？
10. 物流企业的职能战略之间是怎样协调运作的？

案例分析

顺达物流公司的职能战略

顺达物流公司创立于1992年7月12日，地点位于沈阳市，交通非常便利，地理位置优越。顺达物流在创立之初是一家以公路运输代理、汽车运输为主要业务的运输公司。2000年，依据公司发展的需要，经营范围不断扩大，顺达由原来单一的运输服务企业发展成为现在的专业从事公路物流运输、航空运输、货运代理、配送理货、仓储及信息服务的大型第三方物流企业。顺达物流公司加大固定资产的投入，购置了大量先进的物流设施，为公司发展提供了有力的物质保障。顺达物流公司的业务网点分布广泛，除了设在沈阳的总部外，在大连、北京、长春、哈尔滨等地均设置了办事处，运输网络遍布全国各地。顺达物流公司的成功主要归因于其职能战略的几个方面：

1. 市场营销方面

顺达公司采用多种运输方式来满足顾客的一切需求。公司追求顾客满意度最大化，为此全面提高物流服务质量，并提供多样化的选择，实现了“供应链的超市服务”。在坚持加快物流服务响应速度的前提下控制物流服务的成本，为顾客提供最快捷、最优秀的物流服务，并坚持服务本土化原则。公司网点已经由沈阳遍布全国各地，更有效地提高了服务需求响应速度，实现配送体系向省会城市的延伸，服务网络的覆盖面不断扩大。

同时，顺达公司运用差异化战略把客户分为三大类：第一大类是对公司最有贡献的前5%的客户；第二大类是在5%后面的15%的客户；第三大类是剩余的80%的客户。根据二八法则，20%的客户可创造80%的公司利润，因此留住前两大类客户就可以使公司利润来源较稳定。针对这三大类客户可采用差异化服务战略。针对第一大类客户，公司可提供VIP服务；针对第二大类客户，公司可提供会员制服务；针对第三大类客户，公司可提供最普通、最标准化的服务。

实行这种差异化的服务理念可以把公司优秀的资源放在前两大类客户身上，使资产的效益得到最大的发挥。在留住重要客户的同时，还能对有潜力的客户给予积极的关注，有机会把潜在顾客变为重要顾客，提高相关服务水平，改善顾客关系。

2. 研发方面

顺达物流公司构建了供应链服务的网络平台，不仅能为顾客提供全方位的物流服务，也能够提供节点式或单项服务，如进出口的通关、仓储、包装、运输、配送、逆向物流、保险、资金垫付和结算。公司还在原材料的采购、产成品的分销、供应链的管理等方面提供很多配套解决方案，满足企业的个性化需求。同时公司针对客户推出VIP服务，从客户的角度思考，为客户专门研发出一套较全面的物流流程，从而增加客户的满意度。

3. 财务方面

最近几年，顺达通过加强对财务人员的培训和管理，不断提高从业人员的业务水平和素质，同时还加强了对财务的控制和监管力度，充分体现出财务结算中心的作用。公司通过建立有效的财务预算体系，有效提高了财务部门的参与和决策能力，补充了内部统计和审计的职能，增进了财务内部的管理协调性。

顺达物流公司通过其职能战略在近几年迅速发展壮大，成为国内领先的物流企业。它运用网络平台技术节约成本，运用差异化战略提高服务质量，建立新的财务预算体系来适应公司变化的利益体制，提高了公司的稳定性。

资料来源：陈旭光：《顺达物流公司差异化战略研究》，辽宁大学硕士学位论文，2012。

问题讨论

1. 结合该案例分析顺达公司的职能战略的特点，并思考它们之间如何协调运作。

2. 思考顺达公司的职能战略规划对于我国物流企业的经营发展有什么启示。

第8章 物流功能战略规划

物流功能战略规划成功与否关系到物流企业在市场上的竞争力，随着社会的不断进步和经济的飞速发展，对物流企业来说，以客户满意为目标的物流功能战略显得十分重要。本章以物流企业客户服务战略为核心，探讨物流企业各功能战略即运输战略、仓储战略、配送战略、信息战略等的类型、特点及发展方向，针对各功能间的效益背反现象，要求企业加强物流资源的整合，以实现物流系统的整体优化。

引 例

图书物流的主体功能包括三个方面，即储存、运输与配送。储存是图书物流体系中唯一的静态环节，相当于图书物流体系的一个节点，用以解决生产与消费之间存在的空间与时间的矛盾，既有缓冲与调节的作用，又有创造价值与增效的作用。运输是图书物流体系中所有动态功能的核心，它所实现的是物质实体由供应点向需求点的移动，既实现了价值，又创造了价值。配送是图书经营中的关键问题，是图书物流体系的最末端，它不仅是实物的转移，更是人工智能的体现。从某种意义上来讲，它是图书物流的一个缩影。

图书物流的辅助功能包括包装、装卸搬运、流通加工与信息处理。包装能发挥保护与美化作用。装卸搬运实现立体与动态的功能。流通加工的主要作用是为流通特别是为销售服务。信息处理宜采用自动与计算机技术。

资料来源：《图书物流的功能》，物流论坛（http：//bbs.zj56.com.cn）。

8.1 物流运输战略

8.1.1 运输战略

运输战略在整个物流战略中占有十分重要的地位，根据物流发展过程中相关数据的统计来看，物流运输成本占物流总成本的35%～50%，对许多商品来说，运输成本占商品价格的4%～10%。因此，运输战略的实施对整个物流企业的经营具有重大意义。

（一）运输承运人选择

在进行运输战略抉择时，企业首先考虑的问题是外包运输还是自营运输。无论选择何种方式，都要考虑该运输方式是否符合企业的发展战略，是否影响企业的核心竞争力，是否能够提高物流经济效益。

外包运输是指企业把有关货运工作委托给运输承包公司，由它们负责办理货物运输全过程中所发生的与运输相关的事务。选择该运输方式虽然能够让企业专心开发其核心竞争力，但却不可避免地既增加了交易成本，也增加了对运输控制的难度。

自营运输是指企业使用自有的运输设备运输自有的、承包的或受托的货物。企业采用自营运输，可以随时调用自己的车队或船队，既能提高服务的可靠性，又能提高应对紧急任务的能力，改善客户关系。该运输方式的不足之处是运输成本较高，占用资金量大，容易造成“大而全”的局面。

根据物流业务对企业运作成功的重要程度和企业处理该项业务的能力，企业可采用以下四种基本策略，即寻找业务伙伴、自营或拓展、购买、购买或开发（见图 8—1）。

图 8—1 自营/外包策略选择

啤酒企业的物流业务是自营好还是外包好？青岛啤酒与招商物流用实际行动解答了这个问题，招商物流使之获得了专业的输送速度，两者的合作给其他啤酒企业作出了很好的表率。

啤酒企业的外包是把物流服务从主业中剥离出去，集中精力做好啤酒的制造和销售业务，为行业之外的物流企业提供新的发展机会和市场空间。这种合作充分利用了双方的资源，同时也对物流企业提出更高的要求。库存周转率、订单满足率、产品满足率、平均库存量、货损率、仓库空间利用率等指标，不仅是企业考察自身绩效的依据，也是为客户提供最佳服务的保障。

只要运输业没有垄断存在，对于同一种运输方式，企业总有机会面临不同的运输服务商，因此在战略实施的过程中，可以采用以下几种方法对运输服务商进行选择：

1. 服务质量比较法

在运费相同的情况下，更好的运输服务总是客户期望得到的。因此，服务质量往往成为客户选择不同承运人的首要标准，主要通过运输质量和服务理念这两个方面体现出来。

2. 运输价格比较法

为提高运输战略的有效性，运输价格成为选择运输服务商的一个重要的决策准则。由于不同服务商各自制定价格的基础不同，因此，使用的定价方法也不尽相同。

运送货物或者提供服务的每一家企业都面临着定价决策问题，主要的定价决策问题分为三类：一是当承运人对一项全新的服务制定价格时面临的决策问题；二是市场的变化、经营的变化和服务的变化都会要求承运人对价格作出改变；三是承运人会制定决策来发动价格变化或对价格变化作出反应。

3. 综合选择

一般而言，很多客户在选择运输服务商时会综合考虑多个因素，如服务质量和运输价格，以及服务商的品牌、经济实力、服务网点数量等。

（二）运输方式选择

在各种运输方式中，如何选择适当的运输方式对于物流运作是一个非常重要的问题，一般要求在既定的客户服务水平和一定的物流服务成本之间找到一个平衡点。

由于各种运输方式和运输工具都有各自的特点，而且不同的货物对运输方式的要求也不一样，所以要制定运输方式的选择标准是很困难的，而且也不现实。但根据物流运输的总战略目标确定一个基本原则还是能够实现的。

在运输方式的选择上，可以从货物品种、运输成本、运输距离等几个具体项目来考察。在保证货物运输安全的前提下衡量运输时间和运输费用，在到货时间得到满足的基础上考虑选择费用低的运输方式。

（三）运输路线选择

运输路线的选择影响到运输设备和人员的利用，选择合适的运输路线可以降低成本。因此，运输路线的确定是运输决策的一个重要方面。路线选择可以归纳为以下几个基本类型：

1. 单个起点，单个终点

单个起点和终点的网络运输问题可以描述为：已知一个由节点和边组成的网络，每条边代表两个节点直接相连，并且已知它们之间的长度——运输成本，要寻找从一个节点到另一个节点之间总长度最短的路径。对于这个问题，最简单的解决方法是最短路线法。

2. 多个起点，多个终点

如果多个货源地可以服务多个目的地，那么要解决的问题就是确定各目的地的供货地，同时要找到供货地、目的地之间的最佳路径。该问题经常发生在多个供应商、工厂或仓库服务于多个客户的情况下。解决该问题常常可以运用线性规划方法。

3. 起讫点重合

起讫点重合的路径问题就是始发点即终点的路线选择问题，一般称为推销员问题。这类问题求解的目标是寻求访问各点的次序，以求运行时间或距离最小化。直觉方法和启发式方法是求解这类问题的有效方法。

（四）物流运输组织的协调

1. 内部协调

在以职能部门为主的组织结构下，部门之间的相互协调是很重要的。物流运输组织的许多活动与多个部门相关，需要各部门之间分担职责，并进行有效的合作与管理。例如，物流运输与市场部门之间的交叉包装环节，除了包装设计可能对销售有影响外，包装的保护、储存等功能都与市场无关，但对物流运输会有很大的影响，企业应该协调使包装设计在市场销售利润和运输成本之间找到一个最佳平衡点。

2. 外部协调

企业的采购运输和分销运输的决策必定会影响到上游或下游的企业，因此在企业之间要建立一定的机制以利于彼此合作，在此要进行的就是供应链的管理。例如，采用基于时间的战略、即时制（JIT）生产和快速反应以更贴近客户的方式实现商品的生产、配送、运输，通过与供应商协调合作，改善整个供应链的性能，提高运输的时效性。

8.1.2 新型运输战略

物流是伴随着电子通信和互联网等信息技术发展起来的，信息技术成为现代物流发展的基本支撑点，没有信息化就没有现代物流。同时，电子商务和网络技术的发展通过网上的虚拟沟通把全球联为一体，在虚拟空间中的社会经济活动可以做到“零距离”沟通。在这种新的形势下，一些新的运输战略决策应运而生。

1. 管理改革型

从管理的角度看，世界各国发展物流的做法有：信息化、JIT 采购与配送、流程再造与整合、个性化服务、咨询式物流销售服务、双赢式物流服务和建立战略联盟关系。这些做法本质上是企业改革和调整自身管理与经营策略的行为，被称为管理改革型物流战略。其根本任务是从管理上消除物流过程中的一切障碍，选择最合理的物流流程和运作模式。

2. 产业渗透型

物流产业是一种新型的产业，最初它在产业定位中不被视为一个独立的产业类型。现在物流产业正以行业延伸和渗透的形式出现，当前最明显的延伸和渗透方式有：传统货运代理企业向现代综合物流产业升级，传统储运企业向现代物流企业转变，海陆空运输企业向现代综合物流方向扩展，制造企业向专业物流服务企业渗透，邮政速递业向现代物流服务业延伸。

近年来，传统的货运代理企业纷纷制定了向现代物流转型升级的战略，这类企业的货代业务操作特点跟现代物流接近，可以方便地升级为现代物流企业，提供最具特色的第三方物流服务。传统储运企业的原有业务多以出租仓库、堆场为主，有的为客户提供简单的配送服务。如今，它们正积极地向现代物流企业转变，除了提供更为周到的配送服务，还把原来的仓库、堆场按现代物流的要求与标准进行改造，同时推出包装、辅助加工等增值服务。有些作为承运人的船运公司，铁路、民航、公路运输企业，也都扩张或延伸自己的业务，为客户提供综合性物流服务。某些大型的生产制造企业原来都有运输部门，承担自身产品的分拨和配送功能。因为看好现代物流这一市场，一些制造企业的运输部门纷纷成立独立的实体，按现代物流的业务流程对内外提供服务。中邮物流有限责任公司依托邮政的网点优势，致力于发展全国物流、同城配送、分销与邮购等业务。其营业范围包括：货物运输、储存、装卸、搬运，家用电器、文体集邮用品等的商品销售，邮购与电子销售等。

各传统行业向现代物流的渗透呈现出各自不同的优势，互相补充，促进了全社会物流的进步与繁荣。

3. 政府促动型

世界各国都十分重视物流的发展，制定了各种促进物流发展的政策法规，采取了许多积极有效的措施。日本政府近年来在交通运输和物流领域相继出台了一系列新的战略性措施。例如，日本政府确定了新世纪交通运输技术战略，使电子通信技术广泛地应用于交通运输和物流领域，并使其适时更新换代，从而全方位地保证交通运输安全以及物流准确、快速、节省和高效。日本的另一战略为重振造船业，发展海洋运输。美国在运输与物流领域采取一体化管理，海陆空运输以及物流相关管理部门都被纳入美国运输部统一管辖。

4. 技术革命型

如果说目前正在进行的物流技术革命主要体现在信息化、自动化方面，那么下一轮的物流技术革命就是要向传统的船舶、火车、汽车和飞机这四种运输方式提出挑战。运输革命就是对第五种运输方式——管道运输作出定位。随着容器式管道物流的发展，管道不仅可以输送气体、微粒、浆体和液体，实际上可以输送任意形状的物品，它能够克服现有几种运输方式的种种局限。管道运输节省能源，不污染环境，安全、方便，是实现网上购物配送最有效的途径。如果能建成真空管道，就可以达到比飞机更快的运输速度。

案例 8—1　中海集运的运输战略

中海集运是全球主要的集装箱航运公司之一。随着公司总运力的增加，公司积极增加国际航线和国内航线数量，截至 2007 年 6 月 30 日，公司通过独立经营、共同投船、互换舱位及购买舱位等方式共经营 74 条国际航线（23 条独立经营、15 条共同投船、18 条互换舱位和 18 条购买舱位；美洲航线 18 条、欧地航线 11 条、亚太航线 39 条、西亚航线 6 条），独立经营 17 条内贸航线（不包括控股子公司上海浦海和五洲航运经营的航线）。另外，控股子公司上海浦海和五洲航运还经营长江流域、珠江流域、国内沿海和东南亚支线。

1. 运输航线及运力配置

2007 年中海集运国际运输航线及运力配置如表 8—1 所示。

表 8—1　2007 年中海集运国际运输航线及运力配置

航线	具体航线名称	船舶投入数量
北美线	AAE1-AAE3，AAS，AAC，AAN，ANW1，ANW2，AAC2，EAG	20
南美线	SEAS，ACSA	3
欧洲线	AEX1-AEX7	8
地中海线	AMX2-AMX3	2
澳大利亚线	AUS1-AUS3	3
非洲线	WAX	5
远东—中东—美西线	AMA	6
大西洋航线	MAX，EAX	2
环球航线	AMAX	5

公司重视对内贸航线的投入，主要表现在：一是运力规模大，投入船舶总运力大于 6 万 TEU，在总运力投入中所占比例超过 14%；二是船型结构优，投入运力中包括 8 条 4 250 TEU 以上的大型船舶，占内贸航线投入总运力的 50%以上，使内贸航线船舶运量增大，通过合理理货和积载提高船舶对轻重货、大小货的适货性，从而提高装载率。这些措施的实施有效地降低了运营成本，提高了公司的盈利能力。

2. 运输战略

公司对国内外航线及运力配置进行优化。首先对国际航线进行定位，以获得竞争优势。对于中海集运来讲，北美航线是白金航线（收入占比高，收入增长相对稳定）；欧地航线仍然是非常重要的航线；中东航线是成长性非常好的航线，公司未来很可能会明显加大在这条航线上的投入力度；东亚、东南亚航线由于是近洋航线，市场竞争激烈，与公司船型结构日益大型化的情况不匹配，所以，公司会逐渐减少对该航线的关注度。

国内航线虽然收入所占的比例不高，但却是公司享有独特竞争优势的领域，市场份额达到40%以上，且利润水平相对较高，成长性好，2007年上半年的收入同比增幅达到92%，未来应该依然是公司发展的重点之一。

此外，公司不仅进行航线及运力配置的优化，公司管理层还利用独到的战略眼光进行精细管理，开创性地开设了多条内贸精品航线，实行精细化、品牌化管理。公司经营的主要内贸航线包括：天津—广州、营口/锦州—广州、秦皇岛/大连—南沙、蛇口—连云港、天津—大连—广州—泉州、营口—烟台—上海等。内贸精品航线的运营班期准确固定，班次多，运输时间和运费水平相对其他运输方式有竞争力，覆盖面加大，中转减少，为客户提供了高质量和经济的运输服务，也为中海集运创造了可观的收益。

资料来源：《中海集运10年发展之路》，载《水运管理》，2007（12），4～6页。

8.2 物流仓储战略

8.2.1 仓储战略

仓储是利用仓库存放、储存未即时使用的物品的行为。仓储的战略角色转变是：从长期储存原材料及产成品到以较短周转时间、较低存货率、较低成本和较好的顾客服务为内容的物流目标。仓储能为原材料、工业货物和产成品产生时间效用。

仓储战略涉及物权、数量、规模、储量和位置，也就是说，仓库应该是什么类型、设置多少、每个有多大、储存什么产品、在哪里建造等（见图8—2）。

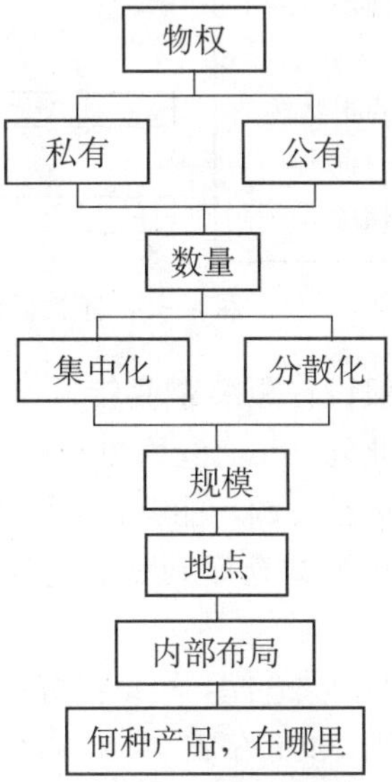

图8—2 基本的仓储决策

（一）仓库的物权决策

1. 仓库的类型

企业在规划仓库战略时，一要考虑应该使用仓库的数量，二要考虑使用仓库的类型以满足市场需要。一般来说，仓库按照其经营人的不同，可以分为以下三种类型：

（1）私有仓库。由拥有业务的厂商经营，该厂商也许拥有实际的仓库设施，也许租赁仓库设施。

（2）公共仓库。它被广泛应用于物流系统，无论是短期的还是长期的，几乎任何一种仓储服务的组合都能与仓库经营人商定。

（3）合同仓库。它把私有仓库和公共仓库的最佳特征结合在一起。

2. 物流系统仓库的选择

可以根据一些定性因素及其产生的影响来进行仓库的选择，定性因素和战略两者之间的关系如图 8—3 所示，图中的顶部区域表示一项战略，从私有仓库、合同仓库至公共仓库的持续范围；垂直方向列出了应该考虑的定性因素，其中包括形象协同作用、行业协同作用、作业灵活性、地点灵活性和规模经济。

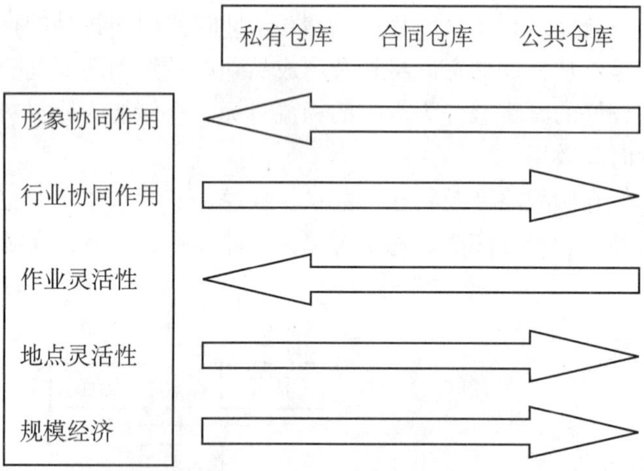

图 8—3　定性因素与战略的关系

私有仓库一般设在距离企业较近的位置，可以方便企业为顾客提供商品，提高服务水平。此外，私有仓库更有利于控制仓储，易于将仓储的功能与企业的整个分销系统进行协调，能够针对顾客差异化的需求对仓库进行合理的设计与布局。因此，从公共仓库到私有仓库，企业的协同作用和作业灵活性不断提高。

从私有仓库到公共仓库，可以更好地整合供应商的资源，方便高流量产品的出库，从而降低搬运及储存成本，提高行业协同作用，更快地达到规模经济。同时，公共仓库可迅速调整仓库的地点和数目，具有很大的灵活性。

（二）集中仓储或分散仓储

集中还是分散仓储，这个决策关注的是在供应链网络中有多少仓库。拥有地区性市场的中小型企业通常只需要一个仓库，而拥有全国或国际市场的大企业就需要仔细考虑这个问题。进行仓库数量的决策时必须考虑选择的运输方式，如使用航空运输，一两个仓库就可以了，不必使用五六个仓库，航空运输的高成本会被仓储的低成本所抵消。

（三）仓库的规模及选址

如果企业使用公共仓库，那么储存规模有多大就不重要了，因为公共仓库能够在不同时间腾出或多或少的空间满足仓储的需要。对于使用自有仓库的企业来说，规模决策显得比较重要，这是因为私有仓储设备的储存规模一旦设计好就固定下来，很难进行调整，除非花费大量的时间和精力。

仓库位置的选择与供应链中建多少仓库是相关的，企业必须从均衡的角度考虑仓库的位置问题。通过分析仓库未来的功能，可以选出仓库的大概位置，如需要高水平服务的产品要邻近市场，原材料组合的产品要邻近供应商。企业必须尽可能以最低的成本保证客户服务质量。

（四）布局

良好的仓库布局能提高产出，改善产品流，降低成本，改进客户服务质量，提供更好的工作条件。公司最优的仓库布局和设计随储存的产品类型、公司财务资源、竞争环境、客户需求的不同而不同。此外，仓库管理者必须权衡劳动力、设备、空间和信息的成本。例如，购买昂贵但高效的物料搬运设备，会影响到仓库的大小；安装昂贵的传输系统来减少劳动力成本和提高生产力，会影响到仓库的构造。考虑所有的可能因素，公司开发自己的最优仓储系统势在必行。无论公司最终选择了何种仓库布局，充分而有效率地利用空间才是最重要的。

中小物流企业要根据自身仓储业务流程的需要，确定所需要的仓库空间类型，将仓库划分成不同的区域，再根据仓库布局的设计原则，针对各个区域的细节进行规划。

（五）存货数量和种类

企业还需要对产品的数量和类型进行决策。这些单品储存决策只有当企业有多个仓库时才需要，企业必须决定是否所有的仓库都要保管所有的产品，还是每一个仓库只储存特定类型的产品，或是将专业化和通用化结合起来。

8.2.2 几种库存策略

1. JIT 库存

JIT 库存是指减少甚至消除从原材料投入到产成品全过程中的存货，建立起平滑而更有效的生产流程。在 JIT 体系下，产品完工时正好是要运输给顾客的时候，同样，材料、零部件等到达某一生产工序时正好是该工序准备开始生产之时。

建立 JIT 管理体系需要一段很长的时间，它需要企业文化和管理方式作出巨大的变革，这并不是轻易就能完成的。然而，采用 JIT 管理体系的企业将获得巨大收益，可以提高市场竞争力，获得生存的空间。

在设计方面，JIT 管理体系要求设计的产品具有很强的柔性，可以采用标准件降低 JIT 生产系统的复杂性。同时引进先进的机器设备，使用计算机进行控制与操作，缩短生产耗费的时间。可以选择几个可靠的供应商建立长期的订购关系，准时送达生产材料以减少企业库存。JIT 是一种拉动型的生产管理，它能紧密联系生产链，减少产成品的库存和相应的搬运量。企业通过不断完善 JIT 体系，可以实现最高目标“零库存”。

2. 供应商管理库存

供应商管理库存（VMI）是一种在供应链环境下实施的库存运作模式，本质上，它将多级供应链问题变成单级库存管理问题，相对于用户发出订单进行补货的传统做法，供应商管理库存是以实际或预测的消费需求和库存量作为市场需求预测和库存补货的依据，即由销售资料得到消费需求信息，这样供货商可以更有效地计划，更快速地对市场变化和消费需求作出反应（见图 8—4）。

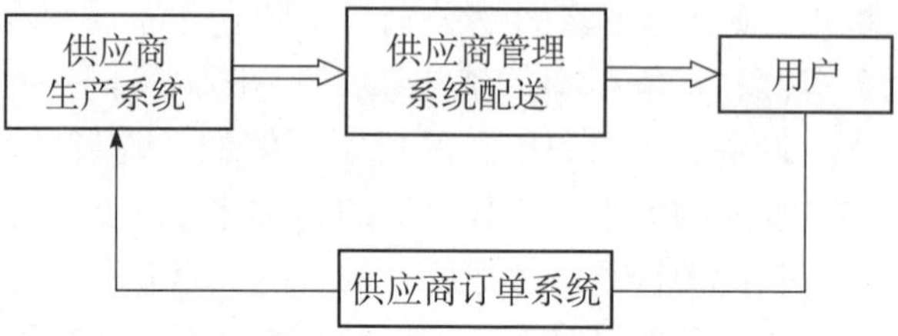

图 8—4　供应商管理库存流程图

供应商管理库存的平稳运行取决于一个合理的商务系统，并且要求零售商和制造商之间有效利用最少的库存，扩大产品的可用性。企业通过 EDI 了解客户的实时需求，建立物流网络管理系统（如 MRPⅡ，ERP），保证其产品需求和物流畅通。随着企业的不断发展，对合作企业进行全面和长期的业务管理，联合计划预测补充（CPFR）是供应商管理库存的发展方向。

实施供应商管理库存，由供应商来制定补给决策，降低了库存，提高了供货及时性和物流服务水平。从长远来看，供应商将需求信息整合到企业中，并且根据需求信息提高生产能力。

案例 8—2　X 公司的 VMI 管理

X 公司作为全球最大的网络能源设备制造商，需要的物流服务包括以库存管理为核心、以订单管理为导向，集仓储、海运、空运、国内运输为一体的综合服务。X公司一直想推行VMI管理，但由于其库存管理经验不足，以及ERP系统根本无法支持JIT送货及电子类产品要求的精细库位管理、超期超储管理、多供应商管理、实时库存管理、安全库存控制等，所以在与第三方物流进行运输、DC库存管理等业务的合作后，X公司与中远公司开始尝试推进VMI管理，其筹备期（与供应商谈判、合作方式的选择和确定、流程的重新梳理、仓库的准备和装修等）历时七个多月，经过一年多的业务磨合和改进，推行VMI业务（见图8—5）。

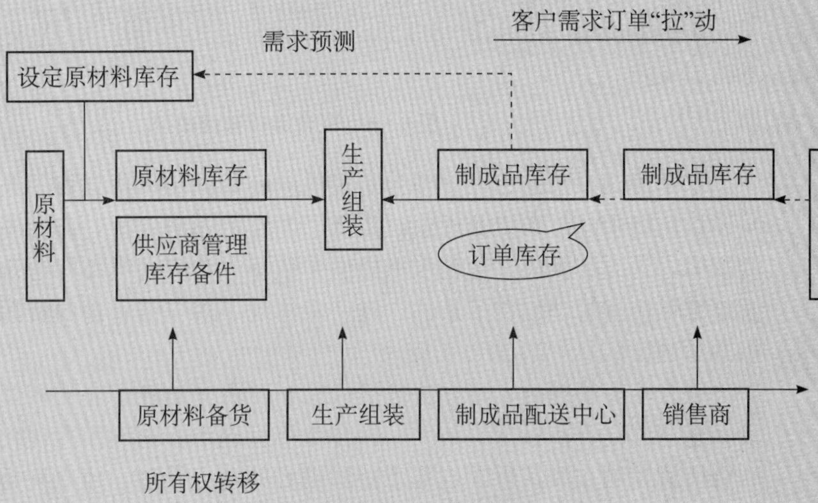

图8—5 VMI管理

公司在VMI的日常操作中，主要面对的就是货物的进、出、存信息的系统化、精细化管理。在货物的接收、入库流程中，操作步骤为供应商到货通知的接收，收货，与供应商清点、交接，粘贴条码，填单送检，根据送检结果入库，系统的确认与录入。在订单、出货流程中，操作步骤为接收订单，系统中下达分料单，分料，发货，与客户交接和单据返回与系统状态的更新。

X公司VMI实施的成功，提高了客户服务水平和库存周转率，降低了库存水平和供应链成本，加强了与网络能源制造商之间的战略合作伙伴关系，提高了供应链管理水平和客户忠诚度，同时也带动了公司业务量的增长和竞争力的提升。

资料来源：真虹，张婕姝：《物流企业仓储管理与实务》，230页，北京，中国物资出版社，2007。

3. 联合库存管理

联合库存管理（JMI）是一种在供应商管理库存的基础上发展起来的，上游企业和下游企业权力责任平衡和风险共担的库存管理模式（见图8—6）。联合库存管理强调供应链中各个节点同时参与，共同制定库存计划，使供应链过程中的每个库存管理者都从相互之间的协调性考虑，使供应链各个节点之间的库存管理者对需求的预期保持一致，从而消除需求变异的放大现象。任何相邻节点需求的确定都是供需双方协调的结果，库存管理不再是各自为政的独立运作过程，而是供需连接的纽带和协调中心。

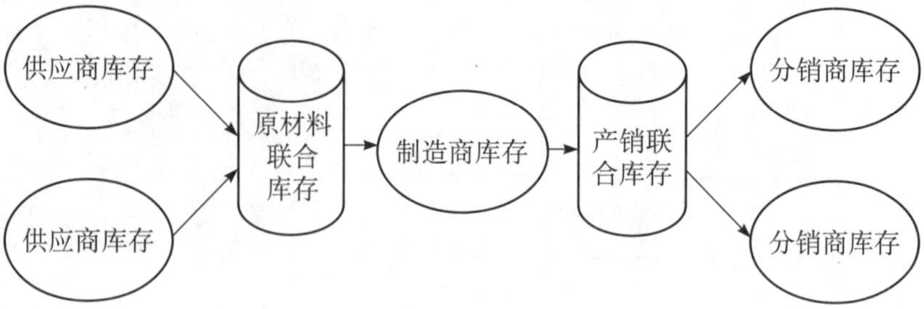

图 8—6 联合库存管理模型

基于协调中心的库存管理为实现供应链的同步运作提供了条件和保证；减少了供应链中的需求扭曲现象，降低了库存的不确定性，避免了供应链管理中的缺陷，为改进供应链管理水平提供了依据；为实现零库存管理、即时采购以及精细供应链管理创造了条件；进一步体现了供应链管理的资源共享和风险分担的原则。

联合库存管理的实施方法包括：首先，供应链各方应从相互合作的精神出发，建立共同合作目标。其次，联合库存管理中心明确库存优化的方法，建立联合协调控制方法。再次，基于协调中心的库存管理，建立利益分配机制，增加各部门的协作。最后，为提高整个供应链需求信息的准确性，将条码技术、POS 系统和 EDI 等集成起来，通过网络建立畅通的信息沟通渠道。

4. 多级库存优化与控制

基于协调中心的联合库存管理是一种联合式供应链库存管理策略，是对供应链的局部优化控制，而要进行供应链的全局性优化与控制，则必须采用多级库存优化与控制方法。

多级库存控制的方法有两种：一种是非中心化（分布式）策略，另一种是中心化（集中式）策略。非中心化策略是各个库存点独立地采取各自的库存策略，这种策略在管理上比较简单，但是并不能保证产生整体的供应链优化，如果信息的共享度低，多数情况下产生的是次优的结果，因此非中心化策略需要更多的信息共享。使用中心化策略，所有库存点的控制参数是同时决定的，考虑了各个库存点的相互关系，通过协调的办法实现库存的优化。但是中心化策略在管理上协调的难度大，特别是供应链的层次比较多，更加大了协调控制的难度。

供应链的多级库存优化与控制需要考虑的问题有库存优化的目标和库存优化的边界等。随着市场竞争环境的不断变化，库存优化的目标不仅限于成本的降低，在基于时间的竞争、采用敏捷物流战略的条件下，更强调时间的优化。因此要明确库存优化的目标，这样才能有的放矢，进行有效管理。

库存优化的边界是指所优化的库存的范围，在传统的多级优化库存模型中，优化的范围仅指制造商—分销商—零售商三级库存优化，很少有关于零部件的供应商—制造商的库存优化模型。因此要明确库存优化的范围，这样才能进行全面的优化。

5. 直接转运

直接转运是对物流运作管理要求较高的运作模式，对仓储及运输管理的配合度要求较高，也提出了更大的挑战。沃尔玛85%的商品采用直接转运的方式，它所节省的成本达到销售额的3%。直接转运对运输管理提出了更高的要求，要实时跟踪和传递运输信息，有快速调配运输线路的能力，要配备应急系统以防紧急情况的发生，并且需要运输与仓储管理的协调配合。在直接转运方式中，运输与仓储是一体化作业，要求两者在信息传递方式、作业设备的统一、组织机构的配置、应急方案的制定等方面协调一致。

6. 虚拟库存

虚拟库存是把将来可能需要而又没有的东西的所有相关信息建立档案，包括品名、规格、价格、数量等，在需要时提取使用。通过某种方式形成所需要的资源，而仓库中不一定保有，这种社会资源就相当于一个庞大的仓库所具有的库存储备，由于它具有虚拟性，所以称为虚拟仓库和虚拟库存。

虚拟库存管理的最大特点是动态性。只有物的各个要素流动起来才有可能减少成本，才能充分挖掘物的流动过程中的增值潜力，这与物流管理“第三利润源”的思想是一致的。虚拟库存模式借鉴了供应链库存管理的思想并还原了物流、信息流和商流的本质属性，通过信息系统发挥信息技术和互联网技术的作用，对库存进行虚拟控制。

8.3 物流配送战略

8.3.1 配送战略

配送作为一种现代流通组织方式，集商流、物流、资金流于一身，是具有独特运作模式的物流活动。通过配送，不但能够提高企业供货来源的安全性和终端物流的经济效益，而且能够实现低库存或零库存，从而使企业释放出大量储备资金，降低产品成本。

配送最终使物流活动得以实现，它增加了产品价值，提高了企业的竞争力，但完成配送需要一定的成本。配送活动需要在顾客服务水平和配送成本之间达到平衡，下面介绍企业在追求两者之间的平衡时可供选择的战略。

1. 混合战略

混合战略是指配送业务的一部分由企业自身来完成。这种战略的基本思想是：如果配送活动全部由企业自身完成或者完全外包给第三方，则易形成规模经济，使管理简化，但也可能由于产品品种多样、规格不一、销量不等等情况而造成规模不经济。因此采用混合战略，合理安排企业自身完成的配送和外包给第三方完成的配送，能使配送成本最低。

例如，美国一家干货生产企业为满足遍及全美的 1 000 家连锁店的配送需要，建造了六座仓库，并拥有自己的车队。随着经营的发展，企业决定扩大配送系统，计划在芝加哥投资 700 万美元再建一座新仓库，并配以新的物料处理系统。董事会讨论该计划时，发现这样做不仅成本较高，而且就算仓库建起来也满足不了需要。于是，企业把目光投向租赁公共仓库。自有仓库加上企业租赁的仓库不仅满足了企业的需要，而且不需要很多资金。

2. 差异化战略

差异化战略的指导思想是：产品特征不同，顾客服务水平也不同。当企业有多种产品时，不能对所有产品都按统一标准的顾客服务水平进行配送，而应按产品的特点、销售水平来设置不同的库存、不同的运输方式以及不同的储存地点。例如，沃尔玛公司共有六种形式的配送中心，即干货配送中心、食品配送中心、山姆会员店配送中心、服装配送中心、进口商品配送中心以及出口商品配送中心，根据产品种类及服务方式的不同进行差异化配送。

3. 合并战略

合并战略包含两个层次：一是配送方法上的合并；二是共同配送。

（1）配送方法上的合并。企业在安排车辆完成配送任务时，要充分利用车辆的容积和载重量，做到满载满装。由于产品品种繁多，不仅包装形态、储运性能不一，在容重方面也相差甚远。不论是容重大的货物使容积空余很多，还是容重小的货物未达到车辆载重量，这两种情况都造成了浪费。实行合理的轻重装配、容积大小不同的货物搭配装车，可以取得好的效果。

（2）共同配送。共同配送也称共享第三方物流服务，指多个客户联合起来共同由第三方物流服务公司来提供配送服务。它是在配送中心统一计划、统一调度的情况下开展的。例如，在日本，7—11 日用杂货商品的共同配送是由日本首都附近八家化妆品销售公司承担的，它们将各店所需的杂货混装在一辆货车中，实行对店铺的共同配送。7—11 成功地削减了相当于商品原价 10%的物流费用，从而为其获得便利店业的霸主地位奠定了基础。

共同配送是实现高度集约化的首选。共同配送整合了所有参与企业的商品资源，整合了客户和第三方物流的车辆和库房资源，同时也整合了所有参与企业的配送线路资源。实行共同配送的目标是实现多赢，其中很重要的一个环节就是城市配送。在配送资源方面，既要考虑引进新的设施，又要兼顾我国原有的物流设施。企业要考虑如何合作，如何有效整合运输、仓储、设备、信息、技术、管理、资金、人员等资源。在配送市场方面，既要考虑现有配送市场，又要考虑发掘新的配送市场。为了更好地理解配送市场，企业可以根据货主的货源重要程度对配送市场采用 ABC 分类法，以提高配送效率。

4. 标准化战略

标准化战略就是尽量减少因品种多变而导致的附加配送成本，尽可能多地采用标准零部件、模块化产品。采用标准化战略要求厂家从产品设计开始就要站在消费者的立场上考虑节省配送成本，而不要等到产品生产出来才考虑怎样减少配送成本。例如，上海百大配送有限公司经过近五年的运作，已成为从事第三方物流末端服务的专业公司，获得了上海创股和北京联办等投资机构的注资，形成了自己的标准化业务和管理流程，实现了整体盈利，为今后的配送网络复制和扩张打下了基础，并开始与阳光网达等中游物流企业进行企业标准对接。

8.3.2 物流配送的特点

1. 物流配送信息化

物流配送信息化表现为物流配送信息的商品化、信息收集的数据库化和代码化、信息处理的电子化和计算机化、信息传递的标准化和实时化、信息存储的数字化等。条码技术、数据库技术、电子订货系统、电子数据交换、快速反应、有效的客户反应、企业资源计划等在物流管理中得到广泛应用。没有物流的信息化，任何先进的技术设备都不可能应用于物流领域，信息技术在物流中的应用将会彻底改变世界物流的面貌。

2. 物流配送自动化

自动化的基础是信息化，核心是机电一体化，外在表现是无人化，效果是省力化。物流配送自动化可以扩大物流作业能力，提高劳动生产率，减少物流作业的差错等。物流配送自动化包括条码/语音/射频自动识别系统、自动分拣系统、自动存取系统、自动导向车、货物自动跟踪系统等。这些设施在发达国家已普遍用于物流作业流程中，但由于我国物流业起步晚，发展水平低，自动化技术的普及还需相当长的时间。

3. 物流配送网络化

物流配送在信息化的同时实现了网络化。物流配送网络化的一个主要特征是电子商务，电子商务给配送带来了新的挑战和机遇。表面上看，电子商务似乎只是交易方式的改变。实际上，电子商务及其核心技术改变着社会经济的各个方面，给配送的经济环境带来了全方位的变化，从而对配送提出了新的要求。

由于配送是电子商务不可或缺的组成部分，因此配送能力不足必将阻碍电子商务的进一步发展。当前，配送对电子商务发展的制约是国际性的，即使是发达国家也没有完全摆脱这种束缚。

4. 物流配送智能化

这是物流配送自动化、信息化的一种高层次应用。物流配送作业过程中大量的运筹和决策，如库存水平的确定、运输搬运路径的选择、自动导向车的运行轨迹和作业控制、自动分拣机的运行、物流配送中心经营管理的决策支持等都需要借助于大量的知识来解决。在物流自动化的进程中，物流智能化是不可回避的技术难题。目前专家系统、机器人等相关技术在国际上已经有比较成熟的研究成果，物流智能化成为现代物流发展的一个新趋势。

5. 物流配送柔性化

柔性化原是生产领域为实现“以顾客为中心”而提出的，但要真正做到柔性化，即真正根据消费者需求的变化来灵活调节生产工艺，没有配套的柔性化的物流配送系统是不可能实现的。20 世纪 90 年代以来，生产领域提出的 FMS，CIMS，MRP，ERP 等概念和技术的实质就是将生产、流通进行集成，根据需求端的要求组织生产，安排物流活动。柔性化物流正是适应生产、流通与消费的需求而发展起来的新型物流模式。它要求物流配送中心根据消费需求“多品种、小批量、多批次、短周期”的特点，灵活组织和实施物流作业。

案例 8—3　基于 MILK RUN 模式的港前服务整合

随着国际贸易和供应链的发展，港口不再作为货物进出口的门户独立存在，而是成为供应链上的一个节点，港口之间的竞争逐渐转化为港口所在供应链之间的竞争。港口处于供应链的核心地位，对提高供应链绩效起关键作用。港口可以利用其核心地位有效衔接供应链上下各个节点，使之形成协同效应。港口供应链不仅面临着其他供应链的竞争，同时也面临着客户越来越高的服务要求，一方面，客户对港口供应链服务的要求呈现出个性化、多样化的特征，市场需求的不确定性增加；另一方面，客户对港口供应链的安全性提出更高要求。为了更好地服务于供应链、应对激烈的竞争、高效衔接货物出口的各个环节、满足客户的要求，必须提高港口供应链的绩效。而在港口供应链中，港前服务由于其环节多、效率低，是供应链的薄弱环节，港口可以利用自身的核心地位引导港前服务整合，从而提高整个港口供应链的绩效。

港前服务整合的实质是将分散的送货过程变为统一规划路径的取货过程，进而使供应链上仓储、装箱、报关等环节衔接更加有效，提高供应链的绩效，因此港前服务整合实现的关键是取货模式的优化。MILK RUN 模式有助于港前服务整合的实现，它是一种循环取货模式。首先根据供应商的位置和货量情况提前进行路径规划，然后派出取货车辆进行循环取货，由一辆卡车装载空箱依次去几个供应商处提取货物，将货物装满集装箱后运回海关监管仓库等待报关，报关完成后，将重箱运到码头堆场等待装船。简单加工、贴唛、条形码等操作可以在取货过程中直接进行。

进行港前服务整合的目的是实现服务一体化，提高港前服务的效率。港前服务整合，可以节约取货路径，简化手续，使供应链上各节点衔接更加流畅，缩短货物运输时间，降低货物在运输过程中的风险，提高供应链的效率。

资料来源：王晓伟：《从港前服务整合角度谈港口物流服务供应链优化》，载《世界海运》，2013（10），11～14 页。

8.4 物流信息战略

8.4.1 信息战略概述

信息战略是与一个企业内正规信息的供给和需求有关的含蓄或明确的目标、远见、准则和计划的合成体，它受管理约束，计划长期支持企业的目标，并使企业适应其环境。信息战略与企业战略密切关联，并促使企业针对信息需求开展各种各样的信息活动。

1. 信息资源战略

在这个信息爆炸的时代，信息的增长、更新可以说是按秒来计算的，信息资源的庞大已经远远超出我们的想象。作为现代企业，必须注重信息资源的积累与利用，只有拥有最强大、最丰富的信息资源，企业才能够掌握本行业第一手资料，才能在竞争中立于不败之地。企业的信息资源是一个包罗万象、层次复杂、类型多样的综合化、市场化的信息资源集合体。既有关于销售和生产的市场信息，也有政治、经济、自然资源等外部信息；既有关于企业自身素质和发展状况的内部信息，也有关于竞争环境、竞争对手和竞争政策的竞争情报信息。企业是信息的最大用户群和信息价值的实现者，同时，它也是信息的集散地和辐射中心。强化资源开发，实现信息增值应该成为信息战略的重要内容。

2. 信息技术战略

信息技术战略就是在经营战略规划的指导下，确定信息系统的建设目标、发展阶段、建设重点、总体方案、所需资源和实施方案。

信息技术战略根据企业的经营战略来规划和组织信息化建设，确保IT技术应用支持企业战略的实现，强调和确保应用相互关联的正规化、自动化的成套方法和工具对信息系统进行规划、分析，帮助企业把主要针对个别应用项目或部门的相互分离的业务处理和决策支持系统结合成为一个整体。也就是说，采用结构化的思想、自动化的工具，以及便于实现的规范化步骤去动态协调整个企业的信息需求，最终建成既能满足当前需求，又具有可持续发展能力、功能强大的柔性信息系统。

3. 信息组织战略

信息的大量增加往往使人们无从下手。信息需要经过加工、整理，使之有序化并存储到相应的系统或介质上，才能被利用。因此，信息组织是信息资源开发和利用的基础。信息组织即信息的有序化与优质化，也就是利用一定的科学规则和方法，通过对信息外在特征和内容特征的排序，实现无序信息流向有序信息流的转换，从而使信息集合成为科学组合，实现有效流通，促进用户对信息的有效获取和利用。因此，好的信息组织方法是对信息进一步的加工与利用，使企业在分析决策时更加简单。

4. 电子商务战略

电子商务作为一种新兴的商业模式，具有极大的潜力推动企业摆脱原有企业战略的束缚，彻底改变企业的运作流程，增强顾客与供应商的联系，开拓新的市场。不论从电子商务发展方向看，还是从电子商务发展环境看，电子商务及其竞争结果最终将反映在参与企业的综合竞争力和其他辅助因素上。电子商务对参与企业的竞争力具有战略意义，这些意义表现在对产品竞争力、管理能力、技术创新能力的促进上。同时，电子商务应当充分利用信息技术，培育和发展良好的竞争环境，提升参与企业的综合竞争力，构建关于供应链、信息交流和技术创新的战略联盟。

8.4.2 信息技术是实施物流战略管理的重要内容

物流战略管理就是针对企业提出的物流目标、任务、方向以及未来的工作，制定相应的政策和措施。在市场竞争日益激烈的环境下，产品生命周期越来越短，产品品种数量快速膨胀，客户对交货期的要求越来越高，对产品和服务的期望也越来越个性化。如何满足客户的要求，提高市场占有率，降低成本以获得良好的经营利润，是摆在企业面前最重要的课题。在这种全新的环境下，信息化的发展是物流战略管理实施的必要保证。企业物流战略管理以信息技术为手段的重要性表现在以下几个方面：

（1）保证管理信息的可得性。因为顾客频繁地需要获取存货和订货状态方面的信息，所以信息的可得性有助于企业对消费者需求作出快速反应并改进管理决策。

（2）提高决策信息的精确性。物流信息必须精确地反映当前的状况和定期的活动，以衡量顾客的订货和存货水平。

（3）确保物流信息反馈的及时性。物流信息必须及时地提供反馈。

（4）突出反映异常情况。供应链信息系统应该能够识别需要管理部门引起注意的决策，定期检查存货情况，判断是否需要补货。

（5）增强信息的灵活性。信息系统必须具有灵活性，以满足系统用户和顾客两方面的需求，提供能满足顾客需要的数据。

案例 8—4　上海宝钢的信息化战略

上海宝钢物流有限公司作为宝钢集团有限公司下属宝钢发展有限公司的全资子公司，是一家集公路运输、铁路运输、水路运输、加工包装、仓储配送、物流金融、国际货代和信息咨询为一体的综合物流服务商。公司一直专注于钢铁及大宗商品物流，以“成为综合物流服务商的领先者”为愿景不断增强物流资源配置能力，朝专业化、信息化、规模化方向发展，持续提升在物流领域的地位和影响力。

物流是一个具有规模效益的行业。从国内外物流特别是钢铁物流的发展特点来看，宝钢物流有限公司需要追赶现代物流发展的步伐，以适应钢铁主业的要求。在实施信息化之前宝钢主要存在的问题如下：

(1) 物流业务标准不统一。

(2) 物流信息管理的集成程度不高。

(3) 物流基础设施缺乏统一的管理和规划。

(4) 能力保障不足。

为了解决上述问题，公司全面推行了信息化。在信息化过程中，主要涉及如何统一公司业务流程、统一运输管理标准、统一仓库管理标准、统一仓储网络设计标准、统一库存管理标准、统一服务商与供应商的选择标准。由于在信息化实施过程中与现有的业务流程存在不统一的地方，而且涉及的部门多，因此，公司物流管理信息系统采用统一规划与设计、分步实施的方案。首先梳理流程，然后进行系统设计和开发，并在基础条件较好的区域试点，最后全部推广，并实施动态完善。在标准化业务流程和系统功能模块两大方面进行全面的信息化改革后，在订单处理、作业效率和结算处理方面有了较大的改善。通过信息化改造实现了统一管理和分散作业有机结合，实现了集中管控和部分放权相结合，实现了完整流程和流程简化相结合。通过物流管理信息系统的建设进一步提升了内容管理精度和行业竞争水平。

资料来源：《上海宝钢物流有限公司：钢铁物流管理信息系统》，中国物流与采购网（http：//www. chinawuliu. com. cn/information/201501/27/298016. shtml）。

8.5 物流客户服务战略

8.5.1 客户服务概述

（一）客户服务的含义

客户服务是一种以客户为导向的价值观，是为促进企业产品销售而进行的活动，这一定义对于不同类型的企业来说具有普适性。客户服务是一种发生在购买者、销售者和第三方之间的活动过程，把价值附加到交换的产品或服务中去。这种活动短期内可以看作单一的交易行为，长期来看则是一种契约关系。这种附加价值可以共享，因为在交易完成后，交易或合约的每一方的状况都比交易前更好。因此，用过程的观点看，客户服务是一个以成本最优化的方法为供应链提供显著附加价值的过程。

（二）客户服务要素

客户服务过程包括交易前、交易中、交易后三个阶段，每个阶段体现不同的客户服务要素。客户服务要素一般可以分为三类，即交易前要素、交易中要素和交易后要素（见图 8—7）。

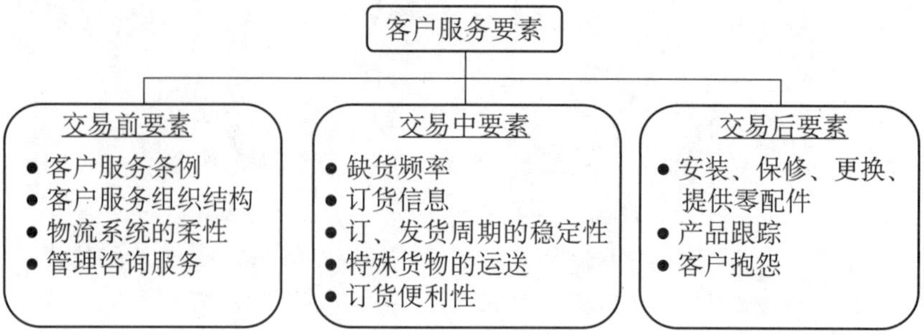

图 8—7 客户服务要素

例如，日本丰田汽车公司有两个理念：第一，不能为顾客创造价值的活动就是浪费；第二，尽管是创造价值的活动，但所消耗的资源如果超过了“绝对最少”的界限，也是浪费。基于这样的理念，丰田从追求“零库存”到追求“零时间”，加速了流程，缩短了制造周期，提高了客户服务水平。

（三）客户服务的作用

客户服务已经成为企业物流系统，甚至是整个企业成功运作的关键，是增强企业产品差异性、提高产品及服务竞争优势的重要因素。企业物流客户服务的重要性表现在以下三个方面。

1. 提高销售收入

客户服务通常是企业物流的重要因素，它直接关系到企业的市场营销。通过物流活动提供时间和空间效用来满足客户需求，是企业物流功能的产出或最终产品。无论是面向市场的物流，还是面向生产的物流，最终产品都是提供某种满足客户需求的服务，而服务是产生差异性的主要手段。提高客户服务水平可以增加企业的销售收入，提高市场占有率。

2. 提高客户满意度

良好的客户服务可以提高物流服务的价值，使客户的满意度大幅提高。

3. 留住客户

由于老客户的服务成本较低，因此留住老客户对企业非常重要。良好的客户服务可以使物流企业尽量留住现有客户。

综上所述，提高物流的客户服务水平是提高企业竞争优势的重要途径，客户服务与产品质量、质量管理具有同等重要性。

8.5.2 物流客户服务战略选择

战略规划是一项行动方案，更是一种思维模式和思维方法。物流客户服务战略规划要求企业审慎地分析自己所处的环境，制定和执行正确的服务经营战略，通过对实施结果的评价，引领企业客户服务的未来。客户服务战略的类型包括四个方面：成本最低战略、增值为本战略、利润最高战略和竞争力最强战略。

1. 成本最低战略

该战略追求的是物流系统固定成本与可变成本最低。实施成本最低战略必须将目标确定为满足较为集中的客户需求，向客户集中的地区提供快速服务，通过储运资源和库存政策的合理搭配，使物流成本最小化。例如，格兰仕在对竞争战略进行分析的基础上作出成本最低战略选择，其低成本战略的制定有充分的依据。

2. 增值为本战略

增值为本战略也可称作增值服务战略，是指企业在基本服务的基础上提供超出承诺的服务。主要有以下四方面的增值服务：

（1）以客户为中心的增值服务。以客户为中心的增值服务是在基本服务的基础上，为特定客户提供一对一的专有服务，以客户为中心开展物流业务。从定义上说，以客户为中心的增值服务是由第三方物流提供的，以满足买卖双方对于配送产品的要求为目的。例如，美国 UPS 公司开发的独特服务系统，专门替批发商配送纳贝斯克食品公司的快餐食品，这种配送方式不同于传统的糖、烟配送方式。这类专门化的增值服务可以用来导入新产品，以及实施基于市场的季节性配送。

（2）以促销为中心的增值服务。以促销为中心的增值服务是为刺激客户的产品销售而专门配置销售点展销台及采取其他促销措施的服务活动，还包括对储备产品提供特别介绍、直接邮寄促销、销售点广告宣传和促销材料的物流支持。

例如，北京某平价药房开展了一场回收陈药换新药的促销活动，由于该活动切合百姓实际生活需要，被媒体报道后，促销收效甚佳。随后，媒体继续追踪报道回收药品的处理情况，受到了更多消费者的关注。该药店借势公开销毁了回收的陈药，并延长促销时间，此举被新闻媒体报道后引起了较大反响。之后该药店又掀起新一轮的销售热潮，提升了药店的品牌形象和知名度。

（3）以制造为中心的增值服务。以制造为中心的增值服务是通过独特的产品分类和配送来支持制造活动的物流服务。例如，有些仓储公司切割和安装各种长度和尺寸的软管，以适合个别客户所使用的不同规格的水泵。

（4）以时间为中心的增值服务。以时间为中心的增值服务是指专业人员在配送以前对存货进行分类、组合和排序，一种流行形式就是即时制生产。在 JIT 概念下，供应商先把商品送进工厂附近的仓库，当需求产生时，仓库会对由多家供应商提供的产品重新进行分类、排序，然后送到配送线上。以时间为中心的服务，其主要特点就是排除不必要的仓库设施和重复劳动，以便最大限度地提高服务速度。基于时间的物流战略是竞争优势的一种主要表现形式。

3. 利润最高战略

该战略需要对每一种物流设施所带来的利润进行认真的分析，构建起能够以最低成本得到最高利润的物流系统。这是大多数物流企业所追求的目标。例如，罗德威物流服务公司是一家专业的第三方物流企业，是 LOF 玻璃公司的第三方物流服务商。罗德威公司不仅提供运输服务，而且安排其他承运人处理 LOF 公司的部分运输，还利用另外的专业服务提供者——凯司物流公司进行必要的行政管理，负责与承运人结算费用。由于利用了外界专业人员来帮助分担物流服务，罗德威公司大大减少了业务中所涉及的承运人总数，在提供优质服务的同时获得了最大利润。

4. 竞争力最强战略

该战略力争实现企业整体的竞争力最强，竞争优势最大化。这种优势可以通过为重要客户提供改进后的服务获得，也可以通过准确的市场定位，例如占领本地市场、提供个性化的服务获得。比如，UPS 在 1998 年成立 UPA 金融公司，专为客户提供物流金融服务，包括应收账款、存货融资和保险代理等。对于那些将物流运作外包给 UPS 物流集团的客户，甚至可以由 UPA 金融公司全部收购其存货，这样做不仅加快了客户的流动资金周转，有助于改善客户的财务状况，而且为客户节约了存货持有成本和建立及运作物流服务网络的成本。

案例 8—5　跨越速运用高时效服务客户

跨越速运是一家专营物流的空运物流公司，一直本着以诚信为本的原则发展物流业务，用高时效服务客户。跨越速运对客户承诺：一诺定达，用“限时未达，全额退款”保障消费者的合法权益。在物流行业，时效是很重要的。时间就等于金钱，效益就等于生命，只有保证了时效，才能为客户创造价值，才能抓住先机。以前寄快递可能大部分企业都是走陆运、水运等，很少走空运，但是现在不同了，随着时代的进步，科技日新月异，原来不敢去想象的事现在都可以实现了。跨越速运物流公司顺应时代发展需求，发展空中物流业务，目前已开通了第 7 架航空货机，在时效上有了新的突破，可以实现 8 小时航空快递当天送达。客户的一些急件或者需要当天送达的物件都可以满足。

空运物流相对于铁路、水路等运输更快，而且安全性更高。货物从入仓到出仓都要经过严格的检查和监控，密封包装，严格把关，每一件货物都要确保其安全性。跨越速运物流公司对每一票货物都进行免费防水包装，通过 GPS 全程跟踪货物的位置，保证货物的安全。同时，跨越速运的物流信息系统随时更新货物的最新动态，并及时反馈给客户，保障物流的每一个环节衔接畅通，让客户安心、放心。在发展的道路上，跨越速运物流公司不断努力，用实际行动说话。高时效一直是跨越速运在发展道路上所坚持的，客户的利益永远摆在第一位。

资料来源：《跨越速运发展空运物流业务　用高时效服务客户》，凤凰网（http://nb.ifeng.com/qyzx/detail_2014_11/18/3166937_0.shtml）。

8.6 物流功能战略协调

物流是一个由一系列活动组成的具有网状结构的系统或过程，目的是使物资和人员在一个企业，进而在整个供应链内以一种有序、经济、便捷的方式进行活动，这样，物流活动在战略上的价值才能够得到实现。因此，就需要确定一个物流系统的组成部分，确定一种体制，使它们能够有效协调地运行，从而为顾客和企业创造价值。

1. 通过确定客户服务水平决定战略方向

客户对服务的要求是确定整个供应链结构中生产活动、营销活动、物流活动的决定性因素，因此企业必须了解客户的需求，制定相应的客户服务战略。由此，企业会制定不同的客户服务方案，从而在市场竞争中取得独特优势。

企业在了解客户对服务的要求时，涉及物流战略结构层次的两个组成部分，即物流渠道结构和设施网络结构，从而明确企业需要从事哪些活动以及由谁来负责实施这些活动。通过对现行的仓库布局、库存管理、运输系统等结构进行规划，使得各个环节之间相互协调与相互渗透，从而为客户提供最大价值的服务。

2. 物流战略中功能部分的协调管理

针对物流战略中具体执行的部分，包括运输、配送、仓储等功能，企业必须考虑如何提高各个职能部门的工作绩效。对于运输部门，应该分析如何选择承运人，如何使承运人之间的分配合理化，如何确定运输路线等；对于仓储部门，应该考虑的主要是仓库设施的布局、物资处理手段的选择、库存管理的策略选择等。

每个企业的物流系统不同，其筹资方式、营销方式、对服务的要求也不同，因此成本和服务水平是各不相同的。应该对目标企业的整个物流活动过程进行分析和研究，而不应该把注意力只集中在各个职能部门的工作模式上，更不应该为了追求各个部门成本的降低而牺牲系统整体的效率。物流功能战略协调的具体内容如图8—8所示。

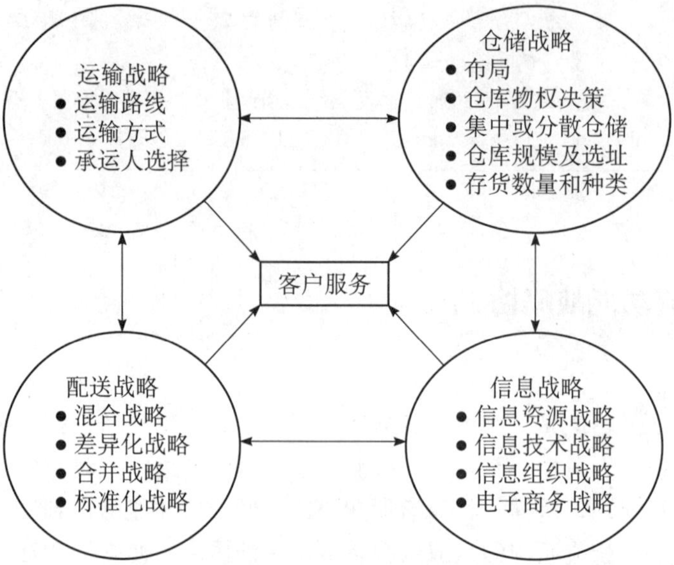

图 8—8 物流功能战略协调

8.6.1 物流功能效益背反

物流由包装、装卸、运输、储存、配送、信息处理等环节构成，各环节都从自身的角度出发实现优化。虽然物流的各环节都实现了优化，其成本有所下降，但从整体上看，物流总成本并不因此而下降，反而有所上升，这就是物流的职能活动之间的效益背反。它实质上是物流系统各要素间相互联系、相互制约的关系在成本上的表现，这种效益背反在物流系统各职能活动之间大量存在。只追求物流某项功能的合理性和低成本，必然要部分地牺牲其他功能的合理性；只顾降低物流某项功能的成本，必然引起其他功能的成本增加。

物流系统中存在着制约关系，主要包括以下几个方面：

1. 物流服务和物流成本之间的制约关系

要提高物流系统的服务水平，就要增加物流成本（见图 8—9），比如采用小批量即时运货制就要增加费用。要提高供货率即降低缺货率，就必须增加库存，从而增加了保管费。

2. 构成物流服务的子系统功能之间的制约关系

各子系统的功能如果不均衡，物流系统的整体能力将受到影响。如搬运装卸能力很强，但运输能力不足，就会产生设备和人力的浪费；反之，如搬运装卸环节薄弱，车船到达车站、港口后不能及时卸货，也会带来巨大的经济损失。

3. 构成物流成本的各个环节费用之间的制约关系

比如，为了减少仓储费用、降低库存而采取小批量订货策略，将导致运输次

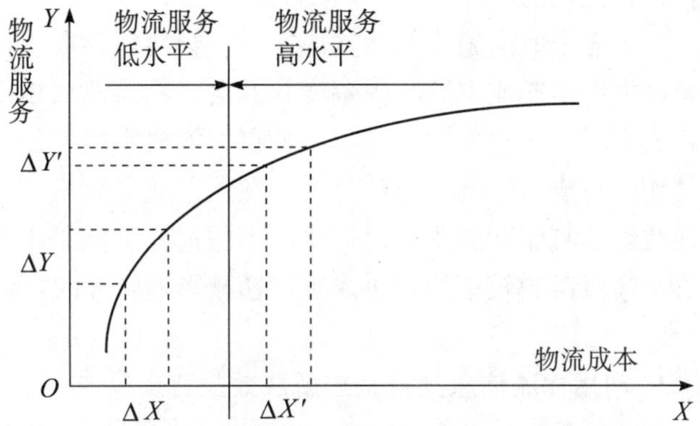

图8—9 物流服务与物流成本效益背反图

数增加，也就是说，运输费用将上升，因此，运输费和保管费之间有相互制约的关系。

4. 各子系统的功能和所耗费用之间的制约关系

任何子系统功能的增加和完善都必须投入资金。如信息系统功能的增加，必然要求购置硬件和开发计算机软件。如果要增加仓库的容量和加快进出库速度，就要建设更大的库房并实现机械化、自动化。在改善物流系统功能的项目中，当投资额一定时，要对各个子系统进行合理分配。

例如，在医药物流行业中，其成本与服务存在效益背反，要使医药物流成本得到有效降低，物流企业就要规划其物流服务，选择合适的路线、方式、包装、轻重配载等。而医药产品的时效性要求医药物流服务将重点放在物流速度和物流质量上，为此，要尽量减少物流过程中的货差货损，根据客户的需求提供优质服务，即按时配送、按需配送等，但这将导致物流成本增加，从而使总成本难以下降。

8.6.2 效益背反的应对策略

1. 用物流系统化的观点规划物流

物流系统是社会经济大系统的一个子系统或组成部分。人们之所以要组织物流活动，是为了实现物资的空间效益和时间效益，确保社会再生产顺利进行，以获得较高的经济效益以及社会或其他方面的效益。企业要把物流的包装、装卸、运输、储存、配送、流通加工、物流信息处理这七种功能活动作为一个系统来构造、组织和管理，用物流系统化的观点规划物流。

2. 对运输和储存的优化顺序进行规划

运输和储存在降低成本的过程中之所以存在效益背反，是因为它们各自为政，从自身的角度出发来谋求最优化。运输和储存之间存在二律背反，当某一方面采取措施降低成本时，会使另一方面成本上升，但对不同方面的影响程度是不同的。虽然要从整体上降低成本，但就物流的基本功能——运输、储存而言，存在优化的顺序问题，这是关键所在。

当企业采取措施降低运输成本时，会使储存成本增加，假如储存成本增加的幅度大于运输成本的减少幅度，就会使物流总成本上升；而当采取措施降低储存成本时，运输成本会增加，如果运输成本的增加大于储存成本的减少，也会使物流总成本上升。也就是说，虽然有效益背反，但运输的改善对储存成本的递减影响与储存的改善对运输成本的递减影响是不同的。为此，我们可以先改善对递减影响较小的，再改善对递减影响较大的，以实现最优化。

3. 利用物流信息支持系统解决效益背反

物流信息支持系统是一个面向供应链全过程的物流管理系统，其目的是：通过对物流信息的采集，利用互联网技术，使厂商与客户之间可以方便地沟通。物流信息支持系统可以调整需求和供给，缩短从接受订货到发货的时间；使库存适量化，提高接受订货和发货的精确度，使接受订货和发货更为省时省力；提高搬运作业的效率；提高运输作业的效率，防止在发货、配送过程中出现差错；回答客户的信息咨询，提高对顾客的服务水准；降低物流总成本，提高整个物流系统的效率。“牛鞭效应”会导致信息失真，结果是供应链企业出现不确定性和紊乱，企业难以确定其库存量，从而库存量与实际需求相差太远而造成成本偏高。

4. 整合物流

整合能有效地降低效益背反对成本的负面影响。整合将分散的物流要素集合起来形成一个整体，进行统一协调和管理，以促进集团资源的全面整合。整合可以实现双赢；有利于改善管理，降低成本，提高效率；是供应链企业资源整合的纽带。主要包括：物流各功能（要素）或企业内部物流的整合；企业与企业之间的整合；全社会物流资源的整合。

案例 8—6　海尔的物流整合

海尔在 20 世纪 90 年代末开始推行国际化战略，将物流整合作为跻身世界 500 强的战略措施，其目标是“使物流能力成为海尔的核心竞争力”。海尔希望通过物流整合，实现物流管理的总目标，即“以最低的物流成本向客户提供最优的服务”。海尔集团成立了物流事业推进本部，下设采购、配送和运输三个事业部，即在组织机构和业务权限上将海尔集团各个部门和环节分散的物流资源和物流活动进行集成，也就是集中统一管理，使采购、生产支持、配送从战略上一体化。海尔集团主要从以下几方面进行整合：

（1）物流机构整合：打破事业部的封闭界限，成立横向物流管理部门，即海外物流事业推进本部和国内物流事业推进本部。

（2）物流资源整合：物流事业推进本部全面负责全集团物流资产的规划、运作与管理等。

(3) 物流功能整合：物流事业推进本部除了负责集团内部的储存、运输和配送等物流业务的总体规划、运作，还将功能扩展到原材料采购、第三方物流等。物流功能重组不仅仅是功能的扩大，更是原有功能的高度集成。

(4) 物流信息整合：集中所有事业部的物流信息，建立超越事业部的信息平台，强调整个集团的物流信息透明，同时还将物流信息与电子商务采购平台连接起来，形成更加综合的信息平台。

(5) 物流网络整合：统一规划和设计海尔集团的国内外物流网络，本部有两个仓库，以其中一个自动化立体仓库为节点，将原来归属各产品事业部、相互重叠但互不通用的物流网络资源集成为一个统一的海尔物流网络，进一步将国内与国外物流网集成为一体，形成一个覆盖全国乃至全球的网络。同时将物流网与客户网、信息网等集成，形成围绕订单信息流的"一流三网"："一流"为订单信息流；"三网"即请求供应链资源网、请求用户资源网和计算机信息网。

(6) 物流流程整合：按照新的生产、销售和物流模式，海尔设计了JIT采购、JIT配送和JIT分销同步作业流程。海尔实行的实际上就是从原材料采购到制造工厂，再到销售商店这条供应链上的直接还原作业流程，它被称为"海尔现代物流同步模式"。

资料来源：《海尔物流案例分析》，华人物流网（http：//edu. wuliu800. com）。

关键术语

功能战略　　运输战略　　仓储战略
配送战略　　信息战略　　客户服务战略
效益背反

复习思考题

1. 物流企业的各个功能是什么？对各个功能的特点进行简单分析。
2. 物流企业的新型运输战略有哪几种？
3. 物流企业怎样进行仓储战略的规划？
4. 简单介绍几种库存策略并比较其不同点。
5. 企业为降低配送成本所采取的配送战略有哪些？
6. 现代物流配送的特点是什么？
7. 物流企业可供选择的客户服务战略有哪些？
8. 简单介绍几种增值为本的客户服务战略，并举例说明。
9. 物流各个功能是怎样进行协调运作的？
10. 效益背反的应对策略有哪几种？

案例分析

李宁公司物流战略分析

海尔物流的分拨时间是五天，国际著名品牌耐克在中国的物流分拨时间是七天，而李宁公司物流的分拨时间只要四天半就够了，李宁公司物流绩效的优秀可见一斑。李宁公司在物流运输服务、仓储配送、物流信息化上擅长打组合拳。

（一）科学选择

挑选物流公司时，在国内的很多货主企业总是相信大型物流公司的情况下，李宁不找最大的物流公司，只找最适合的。

1. 招标选择最合适的承运商

李宁公司选择的物流服务商都是一些中等规模的物流公司或运输公司。选择这些物流公司作为合作伙伴，货物会备受重视，物流公司会在服务上尽心尽力。李宁公司在物流承运合同中加上一条：无论发生什么情况，李宁公司的货物首先发送。

李宁公司在招标选择承运商时，非常重视招标流程的合理性，能够真正控制招标的过程。

2. 加强对承运商的动态管理

在选定承运商之后，李宁公司还非常重视对承运商的动态管理，连续对承运商进行绩效考核、末位淘汰与追踪。

（二）整合储运

李宁公司在全国共有两个一级配送中心：一个位于北京五里店，总面积25 000平方米，负责长江以北地区；另一个在广东三水，总面积12 000平方米，负责长江以南地区。全国共有13个分公司，各自下辖的仓库是二三级配送中心。

为了集中网络优势促进销售，李宁公司一边把全国13个分公司的物流储运部整合起来，设物流中心进行统一管理，一边推行按销售地入仓的做法。产品出厂后直接送到相应销售地的配送中心，然后通过分拣分销出去，不再走以前的通过生产地的仓库再入配送中心的路线。

这种新做法试行一年，达到了三个目标：(1) 在广东生产的，一部分发往北京，一部分发到三水，分拨距离短、速度快。(2) 由于减少了运送环节，不仅降低了成本，而且在接到订单后，货物在36小时内可到达所有的门店，对当地的销售反应非常及时。(3) 整车运输的成本小于零散车的成本，按销售地点入仓所耗费的运力实际上等同于做批发的车辆运力。大部分里程都是长途干线运输，整车价格比小批量送到门店的成本要低很多。

（三）改造仓储

减少库存的前提是保证安全库存量，因此，配送中心必须有一定的储存量。现阶段门对门的配送还不能完全实现，不能要求经销商和专卖店担负起仓储的责任。若是在中心城市一二类街区设销售点，则不允许再增设大面积仓储。此外，城市对交通运输的管制，也使大型车辆在特定时间内不能直接配送到门店。因此，李宁公司在可控范围内压缩时间和库存，以即时生产、没有原料库和成品库为目标，在研究了整个物流过程的各个指标之后，发现货物拣配时间还比不上第三方物流公司。主要原因是公司在国内市场上推出新品的频率很高，现在已有2万种不同款式和色码的服装、鞋、帽、便装、套服等。在货物拣配时，首先要分清产品大类，然后根据不同的款式、色码上架，而且配送中心既做批发又做零售，选配货物要不断拆箱，这些都给货物拣配带来了难度。于是，李宁公司投入巨资改造了仓库，并且非常注重细节。比如为了选择合适的货架，相关人员几乎考察了所有的货架类型。他们先对货品进行了属性分析，然后请来五家货架厂家，根据货品属性作出不同的方案，前后修改了一个月，不同的货架在仓库里按照不同的发货需求和货品属性依次排开。

（四）更新信息系统

为加速物流运转，李宁公司启用新的信息系统，以实现三个目标：加快物流分拨和配送速度，降低成本；提高分拣准确性，从下单到货物出库的时间将大幅度压缩；进一步节省仓储面积、增加库容，不再租用更大的仓库。现有的改造基础已经可以满足需求，以后的运输控制依靠信息系统电子化的手段来完成。

资料来源：《李宁公司管理"秘籍"：善打组合拳》，中国鞋业互联网（http://www.chinashoes.com）。

问题讨论

李宁公司在物流运输服务、仓储配送、物流信息化上是怎么打组合拳的？

情境案例

家电物流外包战略

（一）情境假设

家电物流是一个复杂的领域。首先，家电季节差异明显。比如说空调，其销售旺季在每年的4—7月，每天的出库量高达60～70车，入库量也有15～20车，这与淡季的日配送三五车形成鲜明对比。家电产品的"假日经济"特点也很突出，以彩电为例，在"金九银十"和春节前后，彩电的销售会猛增，随之而来的是消费者对快速物流配送的需求。

其次，库存是家电行业永远的痛。库存周转率低，影响企业现金流；信息滞后，造成牛鞭效应，增加库存。例如，某品牌空调的销售虽然随天气变化的幅度很大，但其实是有规律的。然而经销商向分公司下的订单变动程度比零售数量的波动大得多，同时该集团本身向供应商下的订单波动程度更大。为了达到与零售商同样的物流服务水平，批发商不得不拥有比零售商更多的安全库存，同样，家电企业的区域性分公司和制造工厂也不得不拥有更高的安全库存。

最后，销售网络庞大，需要有健全的物流网络与之相适应。只要有产品的地方，就存在物流服务需求，而物流体系的搭建与维护，例如区域配送中心的规划、仓库的选址建设、运输车队的管理、IT系统的规划等，则需要投入大量的人力、物力和财力。

以上家电企业的物流运作特点决定了家电物流的难度，这也是越来越多的家电企业逐步将物流业务外包给第三方的主要原因。家电企业如何选择第三方物流企业为其服务？具备什么样资质的物流企业符合家电企业的要求？对此，我们向若干家电企业发放调查问卷，以寻求适合它们的物流企业。把这些调查的对象根据某些特点分成若干组，比较它们选择第三方物流企业时考虑的因素有何区别。

（二）第三方物流企业调查

在进行调查时，首先要进行问卷设计。问卷设计要注意以下几点：考虑的因素尽量全面，这对于获取全面、准确的信息十分重要；结合行业的特点，考虑的因素应与行业相关；确定了调查内容和指标后，变量的权重范围为1～7，1代表不重要，7代表特别重要，调查对象在回答问卷时，可以在1～7之间选择一个权重。

1. 物流企业的合作关系

（1）合同执行情况。对双方有合作经历的，参考物流企业过去与本企业的合同执行情况；对双方尚未有合作经历的，参考物流企业过去与其他企业的合同执行情况。

（2）同业评价。根据物流企业在家电物流行业中的诚信度、知名度进行评价。

（3）与家电企业发展战略的配合程度。

2. 业务能力

（1）第三方物流企业的运输能力。

1）运力方面，整合公路、铁路、航空、水路的运输资源。

2）精细的线路管理、可靠的流程设计、网络化的应急机制、多样化的通信手段、呼叫中心的集中跟踪。

3）是否能够“运能深耕”，快准对流运输，高效摆渡运输，“五定”公路运输，长途精确配载，区域集运，就地直拨，冷藏运输和多式联运。

4）较多的物流节点、较高的网络密度使得每次的运输距离缩短、灵活性增强。

（2）第三方物流企业的仓储能力。

1）提供完整的布局、合理的配置、管理一体化的全国仓储网络，充分满足各类企业的需求。

2）实时信息处理、柔性作业能力，让客户实现销售动态快速反应、供应商管理库存和中央一体化的库存管理。

3）提供普货仓储服务、融通仓服务、零配件仓储服务，并提供库存库龄分析、条码管理、退换货管理等增值服务。

（3）第三方物流企业的配送能力。物流企业能否在配送方面进行大规模、宽覆盖的投入，在中心城市建立RDC，为客户提供B2B，B2C的配送服务，配送范围辐射三四级市场。

3. 基础设施

(1) 运输车辆：包括数量和能力。

(2) 信息技术：包括数据实时传递与处理能力、信息系统接口、信息系统成本等方面。

(3) 仓库：包括仓库数量和仓库的货架、托盘、作业设备工具、管理软件、识别系统、分拣设施及库房改造等。

4. 管理水平

(1) 内部财务状况、资金实力：根据投标单位的资产负债率高低以及注册资本金大小。

(2) 人力资源（人员素质）：根据投标企业员工的文化程度、年龄结构、素质结构等，包括劳动制度、员工教育、培训和开发、员工满意与安心工作等。

(3) 业务流程规范状况。

(4) 业务流程整合能力。

(5) 管理成本：根据投标企业年度会计报表中“主营业务成本＋其他业务成本＋管理费用”与“主营业务收入＋其他业务收入”的比率。

（三）评价比较

不同物流企业服务能力比较如下表所示。

	合作关系	业务能力	基础设施	管理水平
A公司	好	一般	差	强
B公司	差	强	强	强
C公司	一般	差	一般	一般

首先，对每个指标设置权重，在问卷调查时调查对象已经设置了每个指标的权重。

其次，对每个候选物流企业的所有指标值按照一定的规则打分。具体做法是：根据上表对三个参加调查问卷的企业服务水平进行比较，对每个企业各个指标进行打分，分值介于0～10之间。

最后，计算出每个企业的得分，得分总数就是用企业几个指标的权重乘以企业的得分值。总分越高的企业说明越符合家电企业的要求，很有可能成为该家电企业的第三方物流提供商。

问题讨论

1. 你在选择第三方物流企业时遇到什么难题？详细说明每个企业在选择时遇到的具体状况。

2. 选择第三方物流企业时要考虑所服务的行业特点，能否列出其他行业物流外包时要考虑的因素？

第 3 篇　物流战略的实施与控制

本篇讲述物流战略管理的最后两个环节，即战略评价选择和实施控制。一个企业可供选择的物流战略方案有很多种，前面章节已经列出了物流企业面临的各种战略选择。那么，在众多的物流战略方案中企业究竟选择哪一种战略或战略组合呢？企业应该趋利避害，在多种战略方案中选择适合自己的方案。战略评价选择部分将分析各种物流战略的特点，并利用一定的方法对物流、航运、港口企业进行评价，进而对物流战略进行选择。

物流战略选定之后，企业就需要组织物流活动实施战略方案。为了实现最终目标，管理者要确保企业的组织结构、战略资源、公司文化以及实施方法符合战略实施的要求，并能够采用相应的绩效标准去衡量、评价实施结果，对出现的偏差进行修正，及时发现风险因素，处理危机事件，快速有效地实施物流战略控制。

第9章 物流战略评价与选择

战略评价与选择是战略方案制定与战略实施控制间的桥梁和纽带，战略选择正确与否，直接关系到企业的命运。本章将从物流公司层级战略、物流事业层级战略、物流职能层级战略和物流功能战略等多个角度利用相关方法对各种可行战略方案进行分析评价，在此基础上进一步探讨物流战略的选择因素及选择方法。

引例

受惠于国家西部大开发的相关政策，重庆逐年加大基础设施建设的投资力度。提高公路技术等级和增加路网密度导致水路客运和货运在综合运输体系中的分担率快速下降，水路运输企业的生存发展面临严峻挑战。

在如此严峻的环境中，民生实业（集团）有限公司却能够独树一帜，成为重庆大型内河航运企业中持续盈利的企业。民生公司成功的秘诀主要是在不同的阶段选择了正确的战略。梳理近20年的发展历程，公司物流发展战略的脉络清晰可见，大体上可分为国际化战略、物流网点战略、多式联运战略、供应链管理一体化战略和信息化战略五个方面。

民生公司在对物流战略方案进行评价分析的基础上，考虑到影响物流战略选择的各种因素，进行综合分析后选择出适合企业发展的物流战略。

资料来源：《物流师案例分析：民生公司的物流战略》，精品学习网（http：//www.51edu.com）。

9.1 物流战略评价

企业战略评价是检测战略实施进展、评价战略执行业绩、不断修正企业战略决策以期达到预期目标的一种过程。不同战略其评价特点及评价方法各不相同。

9.1.1 物流公司层级战略评价

（一）多元化战略评价

如何有效采用多元化战略一直是理论界和企业界研究的一个重要课题。多元化战略的成败取决于企业实施多元化战略的动机、原则，以及企业对于各种战略的评价与选择。应用多元化战略评价方法有利于企业对战略作出正确选择。

1. 市场增长率—相对市场占有率矩阵

市场增长率—相对市场占有率矩阵是由波士顿咨询公司（Boston Consulting Group，BCG）在20世纪60年代中后期开发的，又称做波士顿矩阵。波士顿矩阵的发明者、波士顿公司的创立者布鲁斯认为，“公司要想取得成功，就必须拥有增长率和市场份额各不相同的业务组合。组合的构成取决于流量的平衡”。因此，波士顿矩阵的实质是通过业务的优化组合实现企业现金流量的平衡。

波士顿矩阵将组织中的每个战略事业单位（SBU）标在二维的矩阵图上，从而显示出哪个SBU提供高额的潜在收益，以及哪个SBU是组织资源的漏斗。

（1）波士顿矩阵的基本结构。这种评价方法是把一个公司各战略事业单位所处的位置画在一张具有四个象限的坐标图上。纵坐标代表每一战略事业单位的市场增长率，横坐标代表相对市场占有率。计算公式如下所示：

$$\text{相对市场占有率}=\frac{\text{本企业该项业务市场占有率}}{\text{最大竞争对手该项业务市场占有率}}$$

$$\text{市场增长率}=\frac{\text{该业务本期市场销售额}-\text{该业务上期市场销售额}}{\text{该业务上期市场销售额}}\times 100\%$$

以这两项指标为基础作出波士顿二维矩阵图，并确定各战略事业单位在图中的位置。企业根据行业发展态势及自身实际经营情况确定两项指标：以行业平均市场增长率基准或企业要求的市场增长率基准作为市场增长率分界线，市场增长率一般为10%。相对市场占有率是该战略事业单位相对于市场最大竞争对手市场占有率的比值，一般以1.0～1.5表示其分界线，如图9—1所示。

在波士顿矩阵中，各战略事业单位以圆圈表示，以计算出的两项指标值作为圆心，各圆圈的大小代表各项业务的销售收入，表明该项业务在公司所有业务中的相对地位和对公司的贡献，圆圈中阴影部分代表该业务单位所创利润占公司总利润的比重。根据相对市场占有率及市场增长率的高低将各项业务分为四种类型，即问题业务、明星业务、金牛业务及瘦狗业务。

（2）波士顿矩阵的战略分析。在波士顿矩阵的四个战略决策区域中，问题业务位于矩阵右上角，这类业务具有较高的市场增长率和较低的相对市场占有率，是一项待开发的业务，企业需选一部分业务，投入大量资金，促使其向明

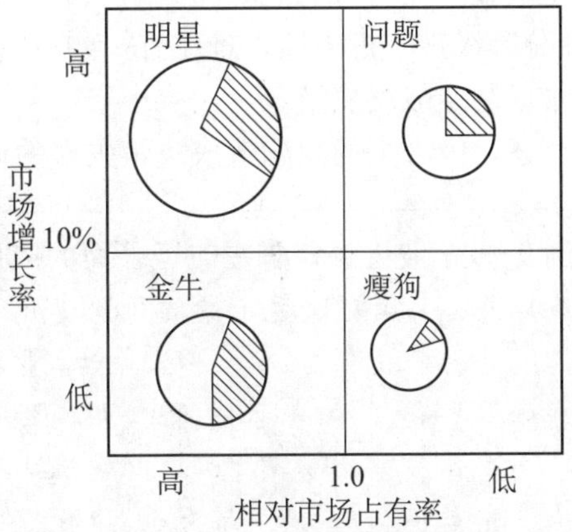

图9—1 波士顿矩阵分析图

星业务转化。明星业务位于矩阵左上角，具有较高的市场增长率和较高的相对市场占有率，是企业未来发展的希望，但在发展初期现金回报可能较低，应采取扩张战略，扩大其市场占有率，并逐渐使其向金牛业务转化。金牛业务位于矩阵左下角，市场增长率较低，但相对市场占有率较高，是企业净现金流量回报最多的业务，具有强大的生命力，多处于相对成熟的市场，应采取适度投资战略，保持其竞争优势，并将余下的现金投入到明星业务或问题业务中。瘦狗业务位于矩阵右下角，具有较低的市场增长率和较低的相对市场占有率，说明该项业务已进入衰退期，应对其进行淘汰或清理。

波士顿矩阵的主要益处在于，使企业高层管理者很容易注意到企业各部门的现金流动、投资特性及需求。企业发展的良性态势是：按逆时针方向不断地由问题业务变为明星业务，由明星业务变为金牛业务，瘦狗业务被淘汰出局。在不同发展阶段，企业都应具备明星业务与金牛业务，即企业既具有目前的发展优势，又有不断发展的潜力与希望，并且能获得有效的投资支撑。如果企业不具有明星业务或明星业务较弱，则应着力投资问题业务使其快速向明星业务转化。

(3) 波士顿矩阵的局限性。

1) 波士顿矩阵是波士顿咨询公司对美国57家公司620种业务进行调查研究后发现的一个普遍规律，即市场占有率高的公司，其产品质量高，研究开发及促销费用占销售额的比重高，资金利润率也高；反之，市场占有率低的公司，其资金利润率也低。这一规律是简单归纳推理出来的，具有一定的片面性，在差别比较大的行业存在不符合该规律的情形。

2) 反映一个行业吸引力和企业实力的指标应该是多元的，而波士顿矩阵仅仅用市场增长率与相对市场占有率来表示，过于简单，分析不够全面。

3) 波士顿矩阵暗含着一个前提和两个基本假设。前提是这些业务生产线本身是有效率的，但实际上，无效率和低效率的生产单元是客观存在的。两个假设条件是：第一，企业市场份额与投资回报成正比。实践证明，在很多情况下会出现相反的结果。第二，资金是企业的主要资源。然而，即使是资金密集型企业也未必如此，非资金密集型企业的情况就更加复杂，在许多企业内重要的资源不是资金，而有可能是时间或组织成员的创造力。

4）评分等级带有折中性，难免有一些战略事业单位位于矩阵的中间区域，从而导致难以制定战略决策。

综上所述，因方法的缺陷造成决策失误的概率较大。

案例 9—1　波士顿矩阵在航运公司的应用

某航运公司为应对航运市场的风险变化，采取多元化策略，在发展航运板块的同时，积极发展货代、房地产等业务，并取得了一定成效。该公司拥有多项业务，用 A 表示航运单元，B 表示货代单元，C 表示房地产单元。公司总体战略决策者将会面临这些问题：首先确定目前这组业务的吸引力；然后评估有吸引力的业务的未来潜力；最后决定剥离那些没有前途的业务，继续发展需要发展的业务或开拓有前景的业务。该航运公司涉足的各个行业的市场增长率以及本公司该项业务的相对市场占有率如图 9—2 所示。

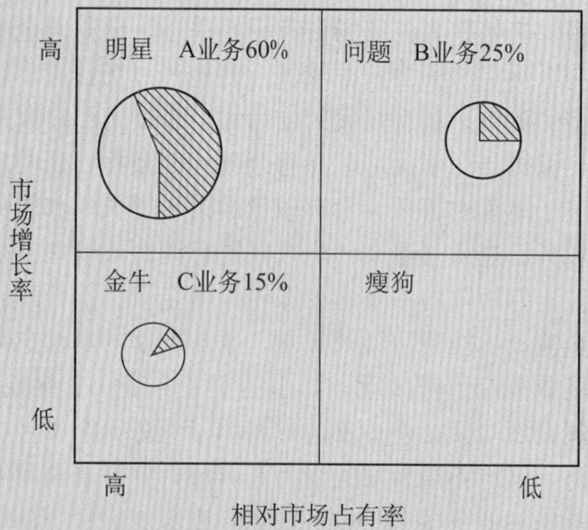

图 9—2　某航运公司的波士顿矩阵图

从图中可以看出：

金牛类业务——房地产单元（C）

从该公司的销售收入统计来看，房地产行业为金牛类业务，对该业务采用业务开发或关联多元经营战略可以进一步增强其优势。

明星类业务——航运单元（A）

航运单元为明星类业务，是公司最佳长期增长和获利机会所在，可以考虑采用加强型战略和一体化战略。

问题业务——货代单元（B）

货代单元为公司的问题业务，企业应考虑是将其剥离还是通过加强型战略来加强其实力。

通过对该航运公司的业务组合的分析，能够了解到公司各种业务的竞争特点、发展趋势及其对资金等资源的需求特性。为了具体实施公司相关多元化战略，更好地获得范围经济和市场竞争力，根据公司的各类资源状况、自身条件、业务特点，扬长避短，制定以下具体措施：实行以航运经营为主的经营模式，稳定货主，广泛建立国内外代理网络。继续经营房地产业务，进一步加强公司的竞争优势。开拓新业务，尝试开辟新的航运业务。清算待运业务，探讨开展国内物流业务。

资料来源：李向阳：《FE航运公司发展战略研究》，中国海洋大学硕士论文，2009。

2. 行业吸引力—竞争能力矩阵

行业吸引力—竞争能力矩阵是由美国通用电气公司（GE）针对波士顿矩阵的局限性提出的业务结构分析方法，也称为GE矩阵。

（1）基本结构。该矩阵首先确定两维基本变量，即行业吸引力和竞争能力，与波士顿矩阵不同的是，这两个变量由若干影响因素决定。

行业吸引力的影响因素取决于外部环境，包括：市场规模、市场增长率、利润率、市场竞争强度、技术要求、周期性、规模经济、资金需求、环境影响、社会政治与法律因素等。

竞争能力的影响因素取决于企业内部的可控因素，包括：市场占有率、制造及营销能力、研发能力、业务质量、价格竞争力、地理位置的优势、管理能力等。

从各变量的影响因素中识别出几个关键因素，然后根据每个关键因素的相对重要程度确定各自的权重，再对每个因素按其对某项业务经营的有利程度逐个评分，这里采用五级制（非常有利为“5”，有利为“4”，无利为“3”，不利为“2”，非常不利为“1”），并用权重乘以评分得出每个因素的加权值，求得各个因素的加权和，最后得出行业吸引力值及竞争能力值，各自归纳为高、中、低三个档次。企业应找出影响行业吸引力高低的若干关键外部环境因素及影响竞争能力高低的若干内部关键因素，以此来评价行业吸引力及竞争能力。

（2）战略选择。行业吸引力的三个等级与竞争能力的三个等级构成一个具有九个象限的矩阵，1，2，4象限为绿灯区，3，5，7象限为黄灯区，6，8，9象限为红灯区（见图9—3）。企业中的每一经营单位都可放在矩阵中的相应位置，但总的来说可以归结为三类：

1）扩张类（绿灯区）。这类经营单位具有较强的竞争能力，同时这类行业也很有发展前途，应采取扩张战略。

2）维持类（黄灯区）。这类经营单位的竞争能力和行业吸引力都处于中间水平，应采取维持战略，即通过市场细分、选择性投资、纵向一体化等努力维持现有市场地位。

3）回收类（红灯区）。这类经营单位的竞争能力和行业吸引力都很低，应采取回收战略，即有计划地降低市场占有率，回收资金。对还有盈利的单位，采取逐步回收资金的抽资转向战略；对不盈利但占用资金的单位则采取放弃战略。

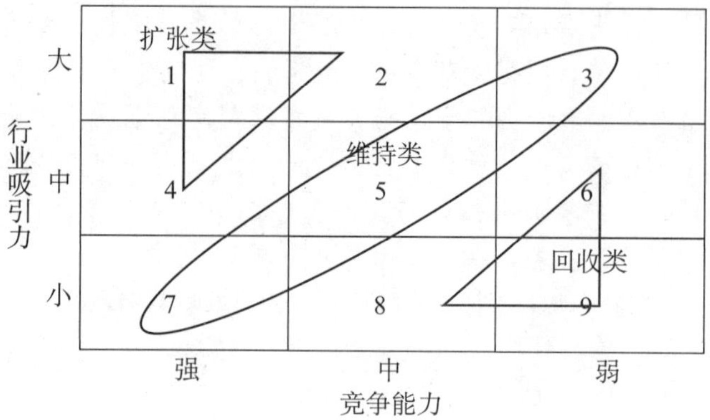

图 9—3　行业吸引力—竞争能力矩阵

（3）局限性。对处于不同行业的企业，可以根据行业特点来选择不同的影响因素，并按照各因素的重要性赋予不同的权重，对两个坐标的档次界限规定也不尽相同，但基本的方法思路是一致的。行业吸引力—竞争能力矩阵相对于波士顿矩阵是一个改进，它考虑了更多的影响因素，而且这些因素在不同时期、不同产业中灵活应用，使之更适合具体情况。由此也带来了该矩阵的局限性，即在评价中采用加权计分法得出的结果受人为因素的影响较大，具有一定的主观性。

（二）物流战略联盟评价

物流战略联盟是以物流业务为合作基础的企业间的联合。物流企业间形成战略联盟主要是为了增强自身规模、扩大市场份额、迅速获取新技术以及降低风险等。物流战略联盟评价主要包括物流企业建立战略联盟的必要性分析、联盟伙伴选择的考虑因素和联盟伙伴企业的实力评价等方面。

1. 战略联盟的必要性

目前，我国物流行业的整体特点是规模小、资金少，分散现象严重，同国外物流企业相比优势不明显，竞争力较低。因此，物流企业要想在激烈的竞争中生存和发展，就应当以企业间结成战略联盟为侧重点进行物流资源整合。下面基于完全信息静态博弈理论，分析物流企业之间建立战略联盟的必要性。

假定有核心企业 A 和目标企业 B，企业 A 和企业 B 都可选择同意联盟或不同意联盟这两种策略。这两种策略对应的收益情况见图 9—4。其中括号中的前一个数字表示企业 A 所获得的收益，后一个数字表示企业 B 所获得的收益。

在这个例子里，给定企业 B 愿意联盟的情况下，企业 A 选择愿意或不愿意联盟所获得的收益分别为 9，10，根据收益最大化原则，它会选择收益为 10 的策略，即不愿意联盟；给定企业 B 不愿意联盟的情况下，企业 A 联盟或不联盟所获得的收益分别为－1，0，同样根据收益最大化原则，它会选择收益为 0 的策略，即不愿意联盟。从而可知，不论企业 B 选择何种战略，理性企业 A 的最

		A 愿意	A 不愿意
B	愿意	(9，9)	(10，−1)
B	不愿意	(−1，10)	(0，0)

图 9—4 不同情况下核心企业和目标企业的博弈状况

优战略都是不与对方组建战略联盟。同理，不论企业 A 选择何种战略，企业 B 也会选择不与其组建战略联盟的战略。因而，该博弈的纳什均衡就是（不愿意，不愿意）。

由图 9—4 可以看出，双方最理想的选择为愿意与对方组建战略联盟，这时两个企业各获得 9 个单位的收益，收益之和为 18，比不结盟的收益之和为 0 要好。但是企业 A，B 都从自身利益出发，结果陷入“囚徒困境”之中。如果两个物流企业联合起来形成联盟，每个企业都可以得到更多的收益。但是每个企业又都想摆脱联盟的限制而寻求自身的发展，结果每个企业都只能得到纳什均衡下的收益。因此，如何打破思维定式，跳出困境，建立有效的战略联盟，是物流企业进行战略规划时必须考虑的问题。

2. 物流战略联盟伙伴的选择

战略联盟面对的是共同的客户以及客户的客户，为使战略联盟获得成功，实现合作双方预期的目标，物流企业在选择联盟伙伴时应从以下几个方面考虑：

（1）战略目标相似程度。联盟企业应在经营战略、管理方式及文化等方面相容或相似。企业首先应根据自己的战略目标寻找与其在经营战略、管理方式及文化等方面相容或相似的企业作为合作伙伴。尤其要注重双方文化是否兼容，因为企业文化往往决定着企业的行为，只有企业文化大体相同的企业才有可能在行为上取得一致，达到建立物流战略联盟的最佳效果。

（2）兼容性。兼容性是一个成功的战略联盟所必须具备的重要条件之一。进行联盟的企业如果缺乏兼容性，就很难经受住时间的考验，也很难应对变化的市场和环境。物流企业在选择战略联盟的伙伴时，必须从企业战略、组织文化、经营方式等方面综合评估双方的兼容性。

（3）可靠性。联盟伙伴的可靠性直接决定着战略联盟的成败。主要从企业信誉、联盟合作的投入以及企业经营状况等方面进行考察。企业信誉反映企业在以往经济活动中是否遵循诚信的原则、遵守诺言等。有实力但缺乏信誉的企业难以成为可靠的联盟伙伴。联盟合作的投入是指备选合作伙伴愿意在联盟中进行的人、财、物等方面的投入。一般来说，联盟伙伴对联盟合作的投入越大，它对联盟的忠诚度越高、可靠性越大。企业经营状况是一个综合性的概念，包括业务运作状况、财务状况、管理状况等。选择一个经营状况良好的联盟伙伴，是联盟能够顺利运行的保证。

从现实统计来看，企业战略联盟的失败率较高，据专家估计，目前战略联盟的失败率超过60%，分析这些失败的症结，大多与联盟的伙伴选择有关。因此，如何选择合适的联盟伙伴是保证企业战略联盟成功，实现战略联盟愿望，获得理想绩效的首要问题。

3. 物流战略联盟伙伴实力评价

无论是核心企业还是目标企业，组建联盟之前必须要对对方进行全面的了解，以选择合适的战略联盟合作伙伴。这是因为物流企业战略联盟的成功与否，在很大程度上取决于合作伙伴的正确选择，所选择的合作伙伴是否具备企业所需要的资源和能力，是否能够帮助企业更好地满足客户的需求。

对物流企业实力进行评价，主要考虑以下影响因素：

（1）响应能力。当时间成为形成竞争优势的一种新资源后，越来越多的企业将竞争手段从价格、品种转向时间。作为物流企业，及时响应客户的能力就显得尤为重要。

（2）服务质量。作为以市场和顾客满意度为导向的物流企业，服务质量的高低直接影响企业的进一步发展。

（3）成本分析。任何企业在选择战略合作伙伴时，成本都是影响其决策的主要因素，必须进行详细的分析。

（4）运输能力。运输车辆的调配以及运输路径的选择是物流管理的重要内容，运输能力是物流企业综合实力的重要度量标准。

（5）技术水平。现代物流需求越来越多样化，信息流动量也越来越大，没有先进的技术和及时的信息处理平台，很难实现物流的高效运作。

物流企业实力评价指标体系如图9—5所示。

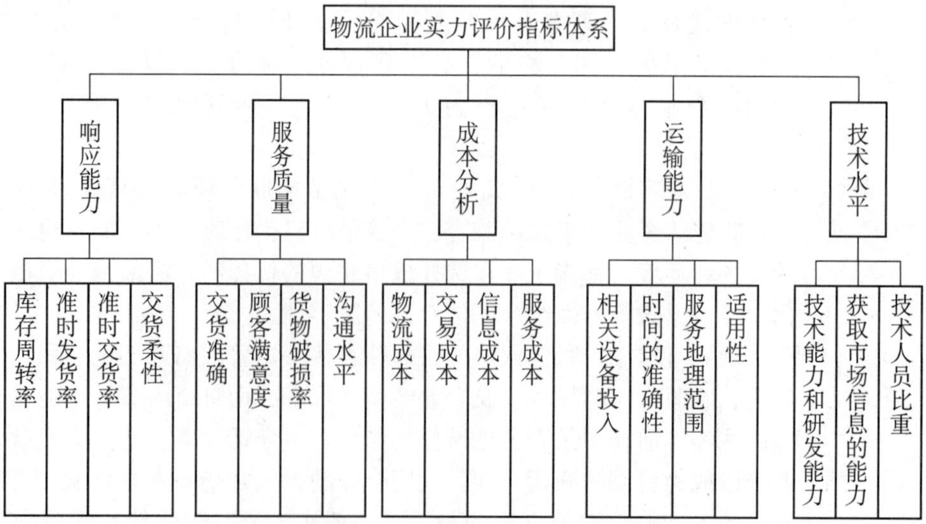

图9—5　物流企业实力评价指标体系

选择组建战略联盟的企业是一个多指标评价问题，应用较多的分析方法有层次分析法（AHP）、网络分析法（ANP）以及双层规划分析法等。下面以层次分析法为例进行分析：

第一，构造两两判断矩阵。由于该评价模型中有许多指标的数据很难用统计的方法获得，因而采用德尔菲法的1～9标度法来构造两两判断矩阵。

第二，计算相对权重，进行一致性检验。

第三，计算重要性权重。

第四，选择与重要性权重最高的目标企业组建战略联盟。

9.1.2 物流事业层级战略评价

物流企业采取有效的事业层级战略，可以取得超过竞争对手的竞争优势并获得超额利润。一般来说，可供选择的战略有以下几种：差异化战略、总成本领先战略和集中战略。下面以差异化战略为例来评价物流事业层级战略。

1. 物流差异化战略评价

差异化战略是指在一定的行业范围内，企业向顾客提供的产品或服务与其他竞争者相比独具特色、别具一格，使企业建立起独特的竞争优势。这种战略的核心是获得某种对顾客有价值的独特性。

物流企业作为第三方物流服务提供方，其服务的有效性不仅能降低货主企业的成本，更重要的是，可以提高顾客的满意度，而提高顾客满意度是企业获得竞争优势最重要的标志。物流差异化战略以价值创造为逻辑思路，提供与其他物流企业不同的、具有独特性的产品和服务，以提高顾客的满意度为核心要求，通过一系列策略的贯彻实施，逐步形成自身的核心竞争力。这是其他的物流企业或竞争对手所不具有的资源和财富，也是真正的差异化所在。

物流企业核心竞争力包括：适应货主企业物流需求的物流服务产品（尤其是增值服务产品）的开发与设计能力；快速响应货主企业物流需求，为货主企业提供定制的专项或一体化服务的能力；基于货主企业价值最大化的物流系统规划与物流活动管理能力；帮助货主企业进行物流运营诊断并使其物流合理化的能力；物流信息系统构建及物流软件开发能力；进行物流追踪并实时提供物流市场信息及预测、决策能力，等等。

物流企业的核心竞争力具有以下特征：

（1）在顾客价值创造方面，就货主企业所看重的价值——物流成本的降低、物流服务的享受、最终客户满意等，能作出超越竞争对手的关键性的贡献；能以货主企业需求为导向，帮助货主企业降低成本、提高效率、拓展市场、争取最终用户，以利于货主企业培植与维护其核心竞争力。

（2）物流企业能在质量、速度、服务与成本方面形成自己的特色，并具备长期的、不易被竞争对手模仿的差异化优势。

（3）在延展性方面，物流企业能够从核心竞争力中衍生出一系列的新产品和新服务以满足客户的需求，不仅是当前的需求，而且包括潜在的需求。

2. 国际班轮公司核心竞争力评价模型

根据物流企业核心竞争力的内涵与特点，以国际班轮公司的物流服务的核心竞争力为研究对象，结合国际班轮公司的业务特点，提出其核心竞争力的评价指标体系和评价方法。

（1）建立国际班轮公司核心竞争力评价指标体系。国际班轮公司的最终产品是按货主要求进行的国际班轮运输及其相关服务，是一种无形产品，在对其进行评价时，除了要考虑客观性、全面性和可比性，还要考虑可操作性。为此，根据公司规模、经营效率和公司形象构建的评价指标体系如图 9—6 所示。

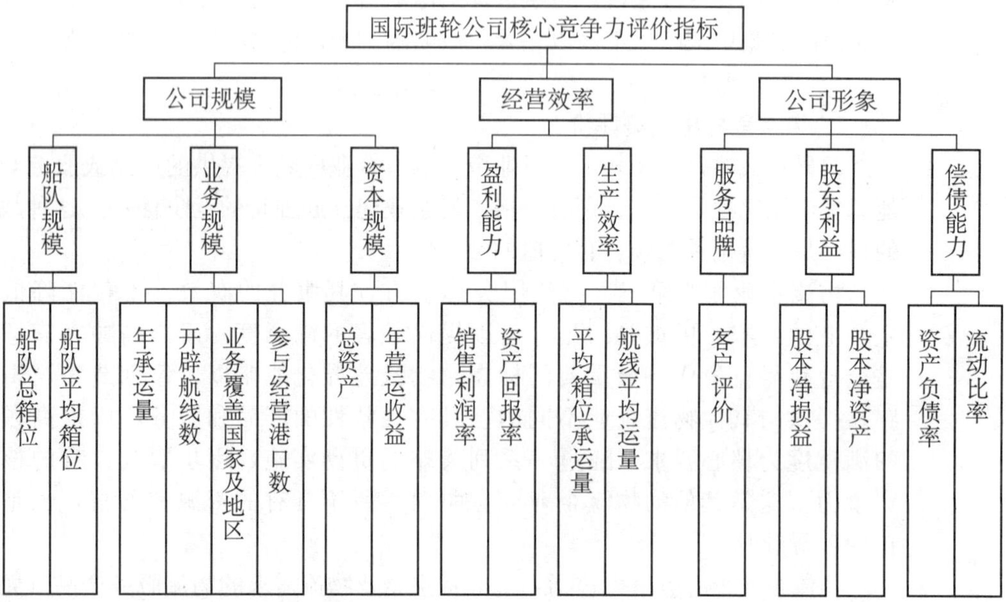

图 9—6 国际班轮公司核心竞争力评价指标体系

（2）选择评价方法。目前用于综合评价的方法主要有专家评价法、资料包络分析法、层次分析法、模糊评价法等。

1）专家评价法。请专家根据经验确定各级指标的权重，同时还需要确定基础指标的标准值或标准区间以及优化方向，然后进行归一化处理，加权累计，计算出各级指标的量化值及最经济值。在这种方法中，权重的确定具有较大的主观性，在具体操作时，可能难以形成统一的意见。

2）资料包络分析法。资料包络分析法即 DEA 法，是以生产函数理论为基础，根据被评价产业的投入和产出指标，评价其相对有效性（即投入产出比的优势）的数学规划方法。该方法可以进行效益分析、规模经济分析，还可以对产业进行动态分析，并找出优势所在，但是计算方法较为复杂，具有一定的局限性。

3）层次分析法。层次分析法即 AHP 法，它把复杂的问题分为若干有序的层次，再把方案两两比较，然后根据对一定客观现实的判断，就每一层次各元素的相对重要性给出定量数字，构造判断矩阵，计算出每一层次元素相对重要性的权值，再进行综合排序评价。该方法将归纳法和演绎法结合成一个完整的逻辑结构，是一种半定量的方法，有一定的主观性。

4）模糊评价法。该方法首先利用评价指标体系给出因素集，继而确定评判等级及其相应的标准，给出评语集，然后进行单因素评判，得出交换矩阵，确定评判指标的权数分配，最后进行综合评判。

9.1.3 物流职能层级战略评价

在企业确立战略目标，并为此选择了公司层级战略和事业层级战略之后，下一步是为每一职能部门制定出相应的职能战略。

平衡计分卡将企业的使命和发展战略与企业的业绩评价系统联系起来，把企业的使命和发展战略转变为具体的目标和评测指标，以实现战略和绩效的有机结合。它可以实现职能战略与企业总体战略间的良性互动发展。下面介绍平衡计分卡的四个方面及其相互之间的关系。

1. 财务

其目标是解决“股东如何看待我们”这类问题，从财务角度说明公司是如何满足股东期望的。通过设置一系列财务指标来告诉企业管理者，他们的努力是否对企业的经济效益产生了积极的作用，是否有助于公司利润的增加，是否实现了公司的财务目标。财务指标包括销售额、利润额、资产利用率等。

2. 顾客

其目标是解决“顾客如何看待我们”这类问题，从顾客角度说明公司是如何满足客户要求的。通过顾客的视角评价企业，从时间（交货期）、质量、服务和成本这几个方面关注市场份额以及顾客的需求和满意度。顾客指标包括送货准时率、客户满意度、产品退货率、合同取消数等。

3. 内部过程

其目标是解决“我们擅长什么”这类问题，从内部角度评价公司运营状况，报告产品内部效率，关注导致企业整体绩效更好的过程、决策和行动，特别是对顾客满意度有重要影响的企业过程。内部过程指标包括生产率、生产周期、成本、合格品率、新产品开发速度等。

4. 学习和创新

其目标是解决“我们是在进步吗”这类问题，从学习和创新角度评价企业运营状况，可用新服务收入所占比例、提高指数、雇员人均收益等指标进行评价。学习和创新指标包括公司技术领先能力、产品成熟所需时间、开创新市场能力、对竞争对手新产品的敏感度等。

一个合理的平衡计分卡（见图 9—7）可以反映企业的策略，可以将企业的策略转化为一系列相互联系的指标（这些指标由长期决策目标和达到这些目标的途径共同决定），明确结果指标和产生这些结果的执行之间的因果关系。

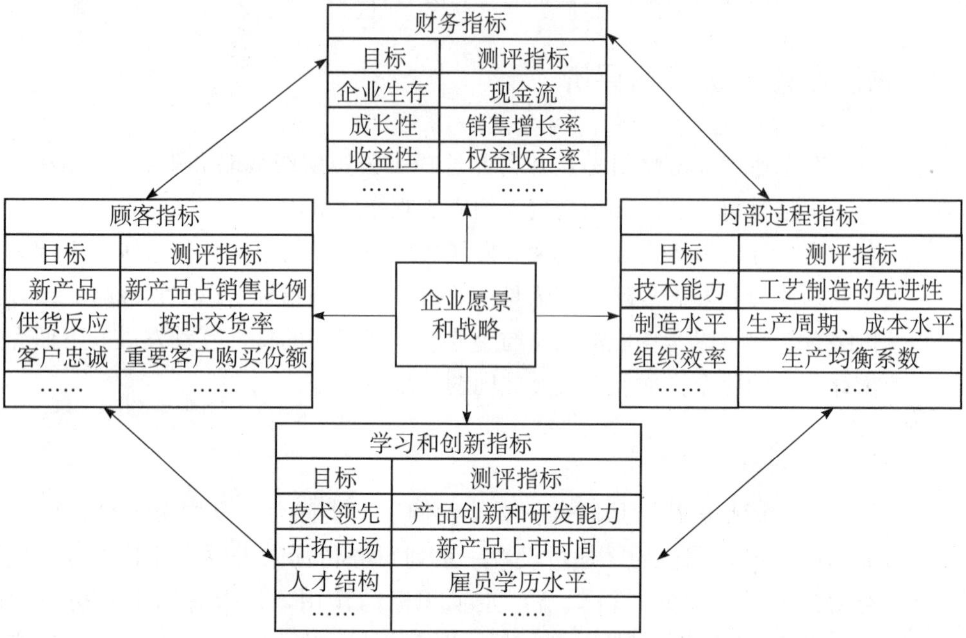

图 9—7　平衡计分卡逻辑框架图

案例 9—2　海航集团引入平衡计分卡

海航集团的前身是海南省航空公司，1993 年 1 月，经股份制改革变更为海南航空股份有限公司，并于 1997 年和 1999 年在上海证券交易所发行 A 股和 B 股，成为我国在 A、B 股都上市的首家民营航空公司。由于海航集团在管理方面存在执行力不足、管理不够灵活、分析不够深入等问题，集团领导高度重视并引入了平衡计分卡。

海航集团首先建立了公司的远景战略：创立世界级卓越企业，用现代服务业的产品推动人们转变消费观，做中华民族传统文化复兴事业的推动者。这就是海航集团的战略目标。

海航在使用平衡计分卡的过程中，基于公司目前的战略构想和经营优势，结合民航企业的特点，在传统平衡计分卡四个维度的基础上加入了安全维度。海航以集团的发展战略为导向，将公司战略目标分解到财务、客户、安全、内部经营、学习与成长五个维度。海航集团的平衡计分卡评价指标如表 9—1 所示。

表 9—1　海航集团的平衡计分卡评价指标

维度	目标	关键指标
财务	收入增长	客运贡献收入、货运收入
	盈利增长	营业利润、单位营运成本、投资报酬率
	提高资产利用率	飞机日使用率、总资产周转率
客户	及时送达	航班正点率
	提升品牌服务	客户满意度
	品牌提升	品牌推广活动
安全	夯实安全基础	人为原因事故征候万时率、公司责任事故征候万时率、地面事故征候万架次率、重特大（航空）地面事故
内部经营	运营管理	机务原因航班中断率、检修频率、维修严重差错万时率、责任原因航班延误、降落时间、准时起飞、旅客需求反应时间、行李/货物运输差错率
	顾客管理	客户有效投诉率、会员客户数量、新客户数量、会员乘机收入占总收入比例
	创新管理	新服务、新产品收入占销售收入比例
	社会关系管理	违法违纪、公益项目数量
学习与成长	高效执行力	核心岗位人员流失率、员工敬业度
	健康成长与士气	员工满意度
	增加培训机会	培训覆盖率、培训完成率
	信息环境支撑	开发完美的信息系统

资料来源：陈秀利：《我国企业集团预算管理引入平衡计分卡的应用研究》，西南财经大学硕士论文，2012。

9.1.4　物流功能战略评价

物流的基本功能要素包括运输、仓储、装卸搬运、流通加工、包装、配送和物流信息，因此，对于物流企业来说，物流功能战略主要包括运输战略、仓储战略、配送战略等。物流功能战略评价包括对各子功能战略的评价及对物流系统功能的整体评价，以实现总体功能最优。下面从运输战略、港口物流战略等方面来介绍物流功能战略评价。

（一）运输战略——承运人选择

物流企业承运人的选择是企业运输战略的重要内容，其服务质量影响着其他物流经营成本和公司的产品需求。承运人的选择决策所承担的任务不仅仅是对不同运输方式费用的评估，还必须考虑与运输方式相关的其他成本。

1. 承运人选择的影响因素

选择承运人的决定性因素是其成本和服务绩效。其中，决定相关服务绩效的因素包括运输成本、中转时间、可靠性、可用性、运输能力和安全性，如表 9—2所示。

表 9—2　　承运人选择的决定性因素及其对用户的意义

决定性因素	对用户的意义
运输成本	土地成本
中转时间	库存、缺货成本、营销
可靠性	库存、缺货成本、营销
可用性	中转时间、货物成本
运输能力	满足实体、营销需要
安全性	库存、缺货成本

（1）在早期的承运人选择中，运输成本是选择承运人的主导性决定因素。运输成本包括运费、最小重量、装卸设备、包装和调度、运输中的损耗，以及可以从承运人那里获得的特殊服务。

运输成本分析要以评估可供选择的模式为核心，因为不同的模式其运费、最小重量、装卸设备、包装和调度都会有所不同。然而，随着商业物流概念的出现，运输成本的重要性已经开始降低。即便如此，在如今撤销管制的环境下，普遍存在的运输成本差异在承运人选择决策中仍然是一个重要标准。

（2）中转时间是指从发货人对货物进行分配到承运人将该货物送达收货人所消耗的全部时间，包括集货和运送时间、货场理货时间，以及从发货点到目的地的递送时间。可靠性指承运人所提供的转运时间的一贯性，主要包括是否能够及时送货、送货过程中物品的损坏程度等。

（3）运输能力和可用性决定了一个特殊的承运人能否提供所期望的运输服务。运输能力是指承运人提供转移特定商品所需要的设备和设施的能力，能够提供温度、湿度控制和特殊处理设施是运输能力的表现。可用性指承运人对设施的实际接近程度，它考虑了承运人在所讨论的路线上提供服务的能力。承运人路线网络（铁路或水路）的地理限制和制度制定机构所授权的经营范围限制了承运人的可用性。

（4）安全性着眼于提交给承运人的商品在相同条件下的到达情况。如果承运人丢失了商品或在已毁坏的条件下递送，就算承运人对所有的损失和破坏负责，也无法弥补因不安全的服务产生的利润损失以及放弃生产的机会成本，因为商品不能再出售或使用了。为了防止这种情况的发生，公司就要提高存货水平，从而导致库存成本的增加。持续使用不安全的承运人反过来会影响顾客满意度，进而影响销售量。

2. 承运人选择决策支持方法

（1）效用理论。多属性效用理论（multi-attribute utility theory，MAUT）作为一种实用的决策分析工具，可以在代理谈判中帮助获取和执行最优策略。可以利用 MAUT，通过效用对决策问题进行定量分析。效用理论可以选择涉及运输领域的多种属性（例如运输价格、运输成本、运输时间、安全性与可靠性等），建立效用函数，评价各种方案的效用值，从而找出效用值最高的方案。

（2）整数规划方法。该方法在进行承运人选择决策时，运用多目标混合整数规划模型，考虑在多货种和多个承运人的情形下，对运输服务供应链中承运人数量及其相应货载份额进行优化决策。该决策模型综合考虑了承运人根据运输收益给予不同折扣价格环境下的运输价格、运输质量和交货绩效等因素，有助于托运人有效而合理地选择承运人和分配货载，因此具有综合性。

（二）港口物流战略

现代港口物流是指以港口作为整个物流过程中的一个重要节点，依托在这个节点上所形成的服务平台所进行的物流活动。很显然，港口物流活动是整个物流系统的一部分，是以港口仓储服务为主要表现形式，整合了内陆运输、货运代理、拆装箱、装卸搬运、包装、加工以及信息处理等功能的服务，而港口物流服务平台是决定港口物流活动的关键因素。

1. 现代港口物流的功能指标

（1）运输中转功能。运输和中转是港口物流的首要功能。据统计，世界贸易90%的货物都要经过港口的中转运输。现代港口物流的功能主要体现在以运输和中转功能为依托，结合多种运输方式以便将货物转运到海外和内陆的广阔腹地，从而建立强大的现代物流系统，继而带动整个临港产业带的发展。

（2）装卸搬运功能。装卸搬运功能在物流活动中起着承上启下的作用。由于港口可连接铁路、公路、水路等多种运输方式，这就决定了装卸在港口物流中的核心地位。港口物流采用种类繁多、规格各异的一流的装卸运输机械，并不断朝多样化、协调化、立体化方向发展。同时，为了提高装卸效率，提高机械化、自动化程度和管理水平，货物的物流单元也在朝大型化方向发展，如采用托盘、货箱、集装箱等。

（3）仓储功能。仓储功能是指转运和库存的功能。由于越来越多的企业应用JIT管理，追求“零库存”，因此港口与这些企业合作，将这些企业的货物先堆存在港口的库场，当企业需要时，再将正确的货物以正确的数量、在正确的时间送到正确的地点，从而完成港口物流的运作。同时由于港口进出口货物种类繁多，对仓储条件的要求也各不相同，因此港口物流的仓储功能应比较齐全，才能适应各种不同的仓储需要。

（4）流通加工功能。港口作为物流网络中的一个节点，不只是被动地为到港船舶、货物提供设施和服务，还是国际贸易和运输的物流平台和服务平台。通常在港区内或毗邻区域配置加工厂或是出口加工区，将运进港口的原材料或半成品加工成服装等商品的制成品。通过流通加工功能，既能有效降低运输成本，同时也可保证上市商品的完整性和合格度。

（5）配送功能。港口物流的配送是物流供应链中一种特殊的、综合的活动形式，是商流与物流的有机结合体，包含了物流中若干功能要素。由于港口有得天独厚的区位、交通、技术和信息优势，随着物流业朝专业化、规模化、信息化、国际化方向发展，依托港口枢纽，提高港口物流的配送功能，对于港口物流的发展显得越来越重要和迫切。

（6）信息处理功能。现代港口物流以高新技术作为其产业运营的支撑。现代港口业发展过程中普遍运用高新技术，体现在运营管理、装卸工艺等诸多方面。港口为了提高运作效率，将广泛运用电子数据交换技术和信息自动集成技术，为用户提供市场与决策信息，其中主要包括物流信息处理、贸易信息处理、金融信息处理和政务信息处理等。港口信息处理能力的强弱，决定了港口物流效益的大小。

（7）保税性质的口岸功能。在港口作业区和与之相连的特定区域实现保税区的功能，并集港口作业、物流和加工为一体，完成港口物流作业的运行。在保税区内设有海关、检验、检疫等监管机构，为客户提供方便的通关通验服务。

（8）其他服务功能。港口物流还应具备其他一些辅助功能，如接待船舶，船舶技术供应，燃料、淡水、一切船用必需品、船员食品的供应，集装箱的冲洗，引航，航次修理，天气恶劣时船舶救助等。

2. 现代港口物流的系统指标

（1）自然地理条件子系统。自然地理条件子系统由港口自然地理因素决定的港口区位条件和自然条件组成，主要包括港口区位条件，港区陆域面积及岸线条件，港口锚地条件，气象、水文、地质、泥沙、潮汐等综合天然条件。

（2）基础设施子系统。基础设施子系统由港口物流运作所必需的设施、装备组成，主要包括港口航道设施、码头及库场生产设施、辅助库场设施以及港口集疏运设施等。

（3）物流规模子系统。物流规模子系统是指港口物流作业规模大小的系统，它是港口物流运作的重要指标之一。一般用货物运输量的变化来衡量物流规模的变化趋势，在港口物流系统中，采用港口货物吞吐量、港口集装箱吞吐量、港口外贸吞吐量、港口航线等来衡量。

（4）集疏运子系统。港口集疏运子系统是由与港口相互衔接的铁路、水路、公路、城市道路及相应的交接站场等交通运输体系所组成的，主要服务于港口吞吐货物的集中与疏散。它是港口与广大腹地相互联系的通道，为港口赖以存在与发展的主要外部条件。因为该系统涉及水路、铁路、公路交通系统，所以一般以内河水运、海铁联运、疏港铁路及海上支线运输等来衡量。

（5）信息技术子系统。它主要包括硬件环境和软件环境。硬件环境主要是指港口物流运作过程中采用的信息技术，如 EDI，RFID，GIS，GPS 等；软件环境主要是指港口利用信息技术进行生产操作及管理服务的协调性，如码头生产管理系统的先进性等。

（6）港口运营子系统。港口运营子系统主要负责完成港口物流活动的计划、控制与实施，主要由港口的码头装卸、集疏港运输以及港口生产监控与调度等涉及港口物流运作的企业或部门组成。

（7）协调支持子系统。协调支持子系统主要负责对港口物流系统运作的管理、监督与协调以及人才的培养，主要由政府监督协调部门、港口行政管理部门、海关联检部门和行业协会等组成。

港口物流评价指标体系如图 9—8 所示。

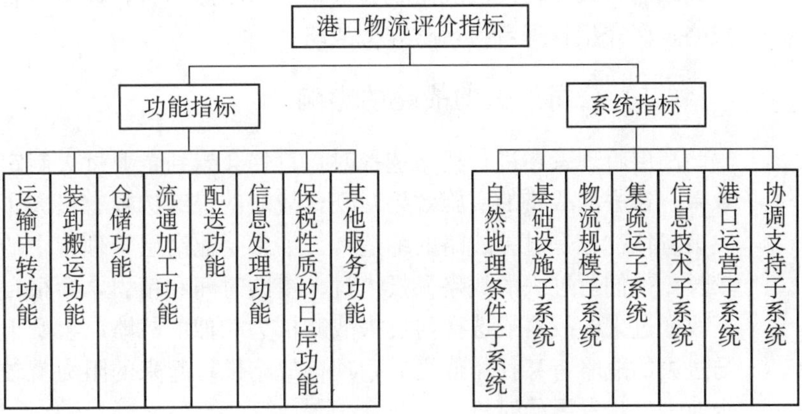

图 9—8　港口物流综合评价指标体系

9.2　物流战略的选择

9.2.1　物流战略选择的考虑因素

企业战略选择是企业战略决策者通过对制定的战略方案进行科学的评估和比较，从中选出一种较为满意的战略的一项重大决策活动。选择某种战略将受多种因素影响，战略选择正确与否直接关系到企业的命运。

战略选择是确定企业未来战略的一种决策，它对未来的战略实施会产生很大影响。影响战略选择的因素有：战略决策者的影响，公司过去的战略的影响，企业文化的影响，企业内外不同利益主体的影响，其他因素的影响等。

（一）战略决策者的影响

1. 企业战略决策者对待外部环境的态度

在战略选择中，企业必然要面对供应商、顾客、政府、竞争者及其联盟等外部环境因素，这些环境因素从外部制约着企业的战略选择。

企业对外部环境依赖程度越高，企业战略选择的灵活性就越小，除非在发生危机的情况下。企业越是依赖于少数几个股东，战略选择的灵活性就越小；企业越是依赖于其竞争对手，它就越不可能选择进攻性的战略；企业的生存和成功越依赖于少数几个顾客，企业越应对他们的期望作出较快的反应；企业越是依赖于政府和社区，它对市场状况和股东的要求越不具有灵敏的反应。

2. 企业战略决策者对待风险的态度

战略决策者对待风险的态度影响着战略范围的选择。如果决策者对风险持乐观态度，战略选择的范围和多样性就会得到拓宽，风险大的战略也能被管理者接受。反之，如果决策者持有畏惧、厌恶风险的态度，战略选择的范围就会受到限制，风险较大的战略就会被排斥。一般而言，风险型管理者喜欢挑战型战略，保守型管理者喜欢防守型战略。

（二）公司过去的战略的影响

高层管理者在进行战略选择时，首先会想到企业过去制定的战略及其实施效果。过去的战略的实施效果对现行战略的最终选择有极大影响。现在的战略决策者往往也是过去战略的缔造者。如果企业高层管理者中的大多数任职年限较长，他们对过去的战略又投入过大量的时间和精力，会很自然地倾向于选择不改变过去的战略或选择与过去战略极为相似的战略。事实上，如果现行战略与过去的战略有某种相似之处，现行战略推行起来的阻力就较小，但可能贻误企业进一步发展的时机。

（三）企业文化的影响

任何企业都存在着或强或弱的文化。企业文化和战略选择是一个互动的过程。企业在选择战略时不可避免地要受到企业文化的影响。只有在充分考虑与以前的企业文化和未来预期的企业文化相互包容和相互促进的情况下，企业战略才能成功地实施。

（四）企业内外不同利益主体的影响

企业内存在不均衡的权力配置结构，对选择的战略既有支持者，也有反对者。从表面上来看，上下游的合作伙伴、消费者和政府等利益相关者会对这一战略选择进行监督，对有益的企业战略选择给予支持，反之会反对。所以，在现实中，战略的选择要充分考虑内外部利益相关者的看法。另外，当企业对外部力量的依赖性特别大时，企业还得邀请外部利益相关者的代表来参加企业战略的选择。

（五）其他因素的影响

1. 时间因素的影响

根据哈默尔和普拉哈拉德的观察，高层管理者把40%的时间用于观察外界，在这些时间中，大约有30%用于关注未来3～5年或者更长时间的情况，不到20%的时间用于形成未来统一的观点。由此看来，高层管理者没有足够的时间思考公司的未来。时间因素主要从以下三个方面影响战略选择：

（1）外部时间的制约对管理部门的战略决策影响很大。如果外部时间紧迫，来不及作全面仔细的分析，管理部门倾向于把否定因素看得比肯定因素更重要，往往不得不选择防御型战略。

（2）作出战略决策必须把握时机。实践证明，如果好的战略出台时机不当，企业内部员工以及外部利益相关者都表示反感，战略实施也可能带来灾难性的后果。

（3）战略选择所需超前时间与管理部门考虑的前景时间是相关联的。如果企业着眼于长远的前景，战略选择的超前时间就会长一些。

2. 社会道德观念的影响

当今的企业界充分认识到企业利益与社会伦理道德保持一致是企业正常发展的必要条件。

在企业的发展中，必须对企业所有者、股东、职员、顾客和供应商等利益相关者负有责任。同时，企业还应对社区的发展承担一定的社会责任，在战略选择中加以充分考虑。

3. 社会环境的影响

企业处在特定的社会环境中，因而其战略选择会受到社会环境因素的制约。比如，社会环境生态意识在世界各国有很大差别，在社会发展的不同阶段也有明显的不同。因此，当企业的战略选择涉及社会环境生态问题时，必须重视决策所带来的正面或负面影响。

全球网络化制造（GNM）模式使得现代物流在提升制造业竞争优势和地区竞争优势中的作用日益重要。数据表明，我国现阶段沿海地区形成的三大核心区域“长三角”、“珠三角”以及“环渤海”，其物流业发展存在着不平衡现象。地理、历史、社会是构成物流业生态环境的三大因素，环渤海地区物流业发展相对滞后，就是这些因素在起阻碍作用。因此，环渤海经济区物流要健康发展，必须充分利用环渤海地区的运输体系及沿海优势，加快老工业基地改革，加快地区一体化进程。

随着我国加入世界贸易组织，物流企业的战略选择将变得更加复杂。战略决策者不仅要考虑原先的诸多因素，更需要面对世界经济一体化格局所产生的各种新的变化情况，考虑企业的生存和发展。如何适应这种新的形势，在激烈的市场竞争中立于不败之地，这是战略决策者必须要面对和解决的问题。

9.2.2 物流战略的选择方法

常用方法有SWOT分析模型、战略选择矩阵、战略聚类模型。下面介绍战略选择矩阵和战略聚类模型。

（一）战略选择矩阵

战略选择矩阵是企业根据自身的优势和劣势以及可运用的内外部资源的情况，为选择适合自己的战略而采用的一种工具（见图9—9）。该矩阵为企业战略选择指明了方向。

第Ⅰ象限：企业可以采用纵向整合战略，以减少原材料供应或顾客渠道方面的不确定性所带来的风险；也可以采用联合型多种经营战略，既能投资获利，又不用转移对原有经营业务的注意力。

第Ⅱ象限：在企业使命保持不变的前提下，企业在内部将资源从一种经营业务转向另一种经营业务，以加强有竞争优势的经营业务；或采用压缩战略，

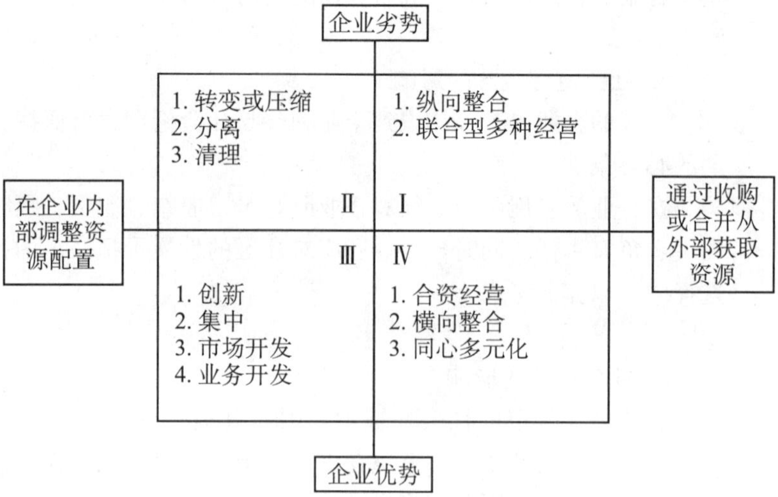

图 9—9　战略选择矩阵

精简现有业务，以提高效率，消除浪费；如果障碍较大，可采用分离战略，同时获得补偿；当该项业务白白耗费组织资源，并有导致破产的危险时，可考虑将其清理。

第Ⅲ象限：集中战略即市场渗透，企业全力倾注于现有业务和市场，力求通过再投入资源，增强优势以巩固自己的地位；市场开发和业务开发都是为了扩大经营范围；也可以通过业务创新达到目的。

第Ⅳ象限：企业通过积极扩大业务活动范围来增强优势，这是一种更加注重外部扩张的战略。横向整合有利于企业迅速增加产出；同时进行多元化经营，使企业平衡、协调地发展；合资经营可以使企业优势扩展到原来不敢独自进入的竞争领域，合伙者的生产、技术、资金或营销能力可大大减少金融投资，从而增加企业盈利的可能性。

（二）战略聚类模型

美国管理学者汤普森（A. A. Thompson Jr.）和斯特里克兰（A. J. Strickland）在波士顿矩阵的基础上提出了战略聚类模型。它是根据市场增长率和企业竞争地位两个指标，为企业选择合适的战略所设计的一种分析工具（见图 9—10）。

第Ⅰ象限：尽管企业所处的市场增长快，但企业却处于不利的竞争地位，此时的首要任务是重新审视现行战略，找出企业经营业绩不好的根本原因。从总体上说，可供选择的战略有四种：重新进行市场开发或业务开发、横向一体化、分离或清理。在增长迅速的市场中，企业可以尽量通过业务开发或市场开发寻找有利可图的机会。如果实力不济而无法获得成本效益，可以考虑横向一体化方式。当然，也可以考虑分离部分投入大、效益低的经营业务或业务领域。如果经营失败，则可以实行清算，以避免产生更大的损失。

第Ⅱ象限：企业处于极为有利的战略环境中，其竞争地位强，市场增长快。此时，企业可以集中精力经营现有业务，并着力进行业务开发或市场开

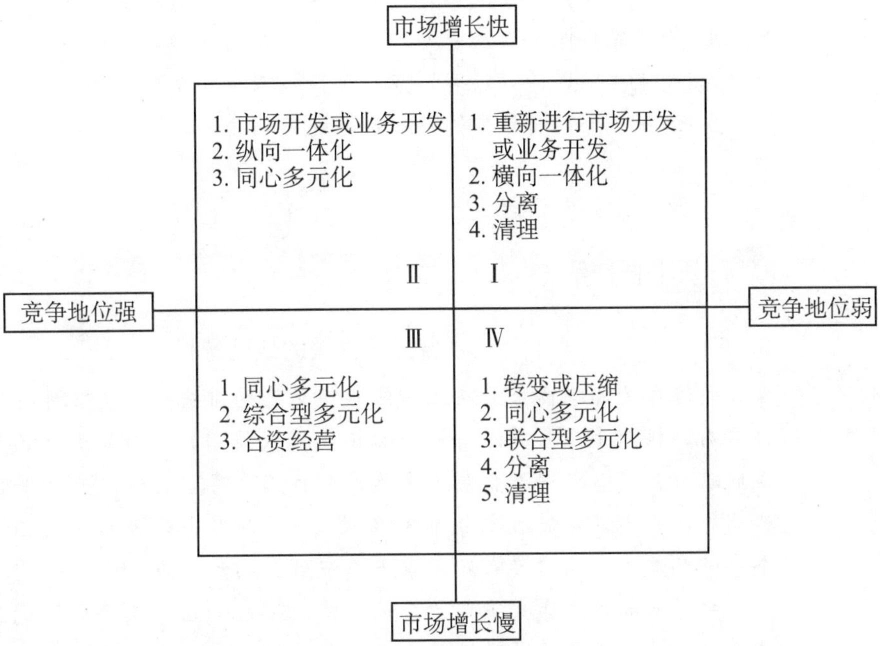

图 9—10 战略聚类模型

发，切不可随意转移既有的竞争优势。如果企业资源有余，也可以考虑进行纵向一体化或同心多元化，最大限度地抓住发展机遇，增强企业竞争力。

第Ⅲ象限：企业竞争地位强，但市场增长慢。企业可以考虑将经营业务拓展到那些市场增长较快的行业领域，充分利用原有的竞争优势来实现同心多元化或综合型多元化战略，这样既能分散风险，又能获取最大利润。另外，合资经营也可以成为企业实施跨国经营战略的有效方式，使企业在国际市场上寻找生存空间。

第Ⅳ象限：企业处于极为不利的战略环境中，其竞争地位弱，市场增长慢。企业通常在战略选择时设法压缩经营业务或转变经营业务，尽量做到既能得到转移投资所需资金，又能提高生产效率和员工积极性。同心多元化或联合型多元化有助于企业进入富有前途的领域。如果能够找到合适的买主，企业不妨采取分离或清理战略。

关键术语

物流战略评价　战略选择　评价方法
波士顿矩阵　平衡计分卡　战略选择矩阵
战略聚类模型

复习思考题

1. 影响物流战略选择的因素是什么？
2. 分析波士顿矩阵的战略选择。

3. 讨论在设计行业吸引力—竞争能力矩阵中所采用的合适的变量。

4. 物流战略评价方法有哪些？你能再举出一些吗？

5. 物流战略选择方法有哪些？选择过程中要注意什么？

6. 选择一个你所熟悉的企业，描述它在物流战略评价时所使用的战略评价方法或工具。

案例分析

当当网物流的战略选择

物流成为各电商企业在三四线城市角力的排头兵。当当网在 2014 年 7 月 3 日宣布“银河 1 号”天津仓储中心正式投入使用，同时与四大民营快递公司达成战略合作。当当网副总裁段宇称，合作后“每单成本仅为对手的 70%，在一线城市，当当网物流成本每单不超过 4 元”。当当网表示将在三年内完成 100 个仓储物流中心的建设布点，重点下沉到三四线城市。

当当网的物流战略采用“仓储自建＋城际同城外部合作”的运作模式，自建仓储构筑全国物流的关键节点，城际运输和同城配送采取开放协同、外包整合策略，打破各管一块的传统弊端，形成物流、数据和管理的一条龙，从而实现比自建模式速度更快、成本更低。当当网之所以采用这种模式是因为完全自建物流体系需要投入大量的人力成本和固定资产，这在渠道下沉的三四线城市并没有优势。当当网采用与第三方物流合作的战略使其竞争力延伸至三四线城市。

当当网借助大型快递、运输公司跨省的班车体系，平均提速 1.1 天。同时，在前期与中铁快运合作的基础上，还将与中铁总公司开展“电商专列”合作，利用全国高铁 1 000 多条线路，以更低成本实现跨省当日速递，例如从北京运抵广州不超过 24 小时，成本预计比航空低 10%以上。《北京商报》记者了解到，当当网将与“三通一达”在分拨中心和落地配环节进行合作，届时可以实现每日 400 万～500 万单规模的配送，在新建仓储周边 300 公里范围内同步实现 111 全天达标准，即“上午 11 点前下单当日达，凌晨 1 点前下单次日达”。

当当网仓储负责人任强表示，当当网目前送货城市突破 1 800 个，全天达城市由去年 180 个增加到目前 400 个城市。已经开始正式运营的“银河 1 号”是目前电商最大的自建仓储物流园区，总占地 460 余亩，规划仓储总面积 20 万平方米，一期 10 万平方米图书仓已投入使用，正在建设中的二期 10 万平方米将用于日用百货品类和平台商家铺货联营。

资料来源：《当当网欲借轻物流模式“超车”》，北京商报（http://www.bjbusiness.com.cn）。

问题讨论

1. 当当网为降低物流成本采取了哪些策略？

2. 当当网为何选择“仓储自建＋城际同城外部合作”的运作模式？

情境案例

网购快递信用指数

中国电子商务研究中心（100ec.cn）的监测数据显示，2013年，全国规模以上快递服务企业业务量累计92亿件，位居世界第二；业务收入累计1 441.7亿元，同比增长36.6%。另据统计，70%以上的网购业务需依靠快递来完成，快递行业50%以上营收来自电子商务。

随着网购的快速发展，物流方面的问题日渐凸显。不能及时送货、送货过程中物品损坏或将货物送错等问题困扰着消费者与商家。为了对物流企业的服务作出评价，淘宝网宣布与宅急送、EMS、天天快递等10余家物流企业联合推出“网购快递信用指数”，以此作为衡量网购过程中物流企业服务的指标。这一信用指数将与卖家、买家信用度等共同组成交易信用评价指标体系（见图9—11）。

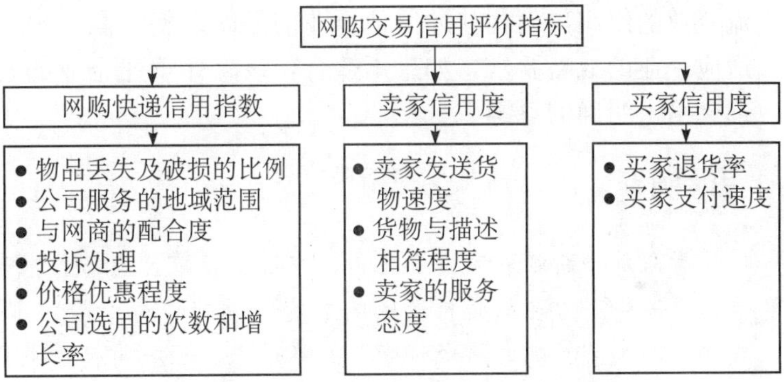

图9—11 网购交易信用评价指标体系

淘宝买家、卖家对物流企业信用指数的重要性进行评价，同时针对各因素对各物流企业绩效进行评价（见表9—3）。

说明：请在1～7的数值范围内进行选择，你所选择的数字体现出这些因素对你的重要程度。1表示不重要，7表示非常重要。

表9—3 物流企业信用指数评价的重要因素

因素	重要性							绩效评价		
	不重要						非常重要	物流企业		
	1	2	3	4	5	6	7	宅急送	EMS	天天快递
1. 物品丢失及破损的比例					5			4	6	5
2. 公司服务的地域范围										
3. 与网商的配合度										
4. 投诉处理										
5. 价格优惠程度										
6. 公司选用的次数和增长率										

问题讨论

请利用综合评价法算出各物流企业的得分，选择绩效最高的物流企业。

第 10 章 物流战略实施

物流战略实施是战略制定的继续，它是物流战略从构想到行动的转化，涉及公司的各方面，除了明确实施的任务，还包括物流企业的资源如何分配，物流企业的组织如何构建才能使企业的战略顺畅、高效地运作；企业文化是否适应企业的战略要求，如果不适合，该怎样重建企业的文化，这些问题本章都会给出明确的答案。

引 例

青岛港与新疆联宇投资公司、中铁集装箱公司乌鲁木齐分公司达成战略合作关系，将努力在新疆打造区域性的物流中心和中国西部的“青岛港区”，积极融入国家“丝绸之路经济带”战略规划。三方将携手共同推进港航、铁路运输优势物流资源及本地物流平台资源的一体化、集成化运营，共建新疆内陆港、发展海铁联运，为新疆客户打通供应链物流上下游环节，全面打造服务链条化、业务全程化、管理精细化的全程物流通道，满足新疆地区日益增长的国际物流发展新需求，带动新疆地区经济社会发展，同时实现合作三方的共赢。

资料来源：《青岛港打造西部区域性物流中心》，中国交通报（http：//epaper. zgjtb. com)。

10.1 物流战略实施的障碍和任务

物流战略实施是把物流企业的战略方案转化为具体的行动，通过战略变革实现战略方案所要求的各项目标，进而达到全局制胜的动态过程。

物流战略实施不是机械地将战略内容逐一分解为每年、每季度、每个部门和每个人的工作任务，而是在日常经营管理的过程中融入实施企业战略所要求的各项任务。但实施的内容会随着环境的变化而变化，并且在实施的过程中会遇到各种障碍。

10.1.1 物流战略实施的障碍

美国《财富》杂志的一项调查表明，在全球范围内只有不到 1/10 的战略能够被企业有效地执行。企业竞争力的缺失，至少 70%归因于战略实施的失败，而非战略本身的错误。战略的实施如此困难主要归因于以下几个方面。

1. 战略意识不足

物流企业战略比一般企业战略涉及范围广、战略环境复杂。在战略实施过程中可能遇到各种困难，所以应充分考虑战略动态性，防止战略失效。在企业范围内要树立战略管理意识，将战略意识贯穿于企业的生存和发展的整个过程中。

2010 年 5 月，中国电信设备制造商华为以 200 万美元收购了美国加州的服务器技术公司三叶。之后，美国外国投资委员会（CFIUS）以将威胁美国国家安全为由，建议华为撤回收购三叶的申请。迫于压力，华为最后收回了这笔交易。华为在美投资失败的主要原因就在于美方的猜疑和不信任。

2. 不能系统地认识物流战略

物流公司战略与物流职能战略在理论上是两个不同的概念，在实施过程中，员工很容易将它们混在一起，认为只要很好地执行物流职能战略就可以很好地实现企业的目标，其实这样做往往偏离了公司的战略目标，因此，在物流战略实施过程中，需要有针对性地对员工实施战略导向培训。

3. 战略制定者与执行者之间缺乏沟通与共识

尽管企业可能认识到沟通与达成战略共识的重要性，但企业战略仍然无法有效地逐层转化为基层员工所能够了解的内涵，并成为其工作的最高指导原则。其原因在于管理者难以用日常管理活动的语言，将战略分解成各个层次、各个职能甚至是与员工工作任务相关的内涵。因此，如何将战略转化成各执行面所能理解的语言成为战略实施的首要任务。

4. 组织及管理系统与战略不协调

许多企业管理层在例行管理会议上花费大量的时间处理业务运作的改善问题，却只用很少的时间关注战略制定及其实施的议题。此外，多数企业的年度预算及业务目标与其战略规划之间缺乏关联性。因此，如何调整或改变企业原有的管理体系及流程，使组织的运作、业务流程及资源分配都围绕着战略的核心而进行，成为企业战略实施的另一项挑战。

5. 企业制定的相关激励制度不合理

缺乏激励制度或现有激励制度不合理是影响战略实施效果的另一个原因。传统绩效管理及目标管理的机制，一向偏重短期的财务指标及成果，忽略了培养企业的长远竞争力。人员的升迁、调薪、奖金及发展机会，都无法反映其对企业战略及竞争力的贡献，绝大多数的员工自然舍远就近、舍难取易。因此，建立以战略为核心的绩效与管理制度，同时配置差异化的激励与奖励制度，才能真正将战略的执行落实到组织每一位员工的工作目标之中。

6. 战略实施过程中信息反馈不利

在战略实施的过程中，企业必须能够找到关键点上的战略绩效指标，以便能实时检验原有的战略假设及判断是否需要修正，判断当初的权衡取舍是否因为假设条件的变化而需要加以调整。在快速变化的竞争环境中，企业具备与环境互动的战略实施与反馈的能力，是其获取竞争优势的重要基础。包装成本、运输成本、仓储成本、运输时间、顾客满意度等信息能否及时传递，都是影响现代物流企业发展的关键因素，但不同企业的战略目标不同，关键绩效指标也不同。

7. 企业内部存在变革阻力

战略实施常常引起组织的变革。企业组织机构、流程及文化等方面的任何变化都不可避免地改变了人们既有的一些观念及相互关系，因此，人们往往抵制变革，变革阻力可以看作成功实施战略的最大威胁。组织变革的困难在于必须克服来自人们抵制改变和组织惯性两方面的阻力，人们阻碍战略的实施往往是由于他们不了解发生的变化以及发生变革的原因。在这种情形下，制定者向雇员提供正确的信息是必要的。也就是说，成功的战略实施取决于管理者能否营造有利于变革的环境。

10.1.2 物流战略实施的主要任务

虽然企业战略实施的内容应与具体情况相符合，但不管组织环境怎样变化，都应包括以下几项主要任务：

（1）建立一个有竞争力的组织以成功地实施战略。

（2）制定预算，将足够的资源投入到对战略成功至关重要的活动中。

（3）建立支持战略的政策和程序。

（4）对企业重要的活动进行最佳运作，实现物流资源有效配置并不断提高其运作水平。

（5）建立信息交流和运营系统。

（6）营造一种支持战略的工作环境和企业文化。

（7）发挥带动战略实施所需的内部领导作用，不断提高实施战略的水平。

不论企业面对的形势如何，这些任务会反复出现在战略实施的过程中。不同的企业还需考虑自身的特殊情况，如组织的财务条件和竞争能力的差别，是否存在需要弥补的重要资源缺陷或需开发的新能力，公司拥有的资源能否满足创建持续竞争优势的资源需求，改变约定俗成的行为模式的力量强弱，企业历史上个人和组织的联系状况，追求结果和提高财务业绩的压力大小等，进而制定战略实施任务。

10.1.3 物流战略实施的原则

在物流战略实施中，企业应遵循以下几项原则，作为实施物流战略的基本依据。

1. 物流服务和成本互相协调的原则

物流服务与成本存在着一定的权衡，在战略实施的过程中，一定要分析企业的内外环境，合理设定企业的战略目标，慎重选择企业的竞争战略。如果选择低成本战略，则要在合理的范围内确定一定的服务水平；如果选择差异化战略，一定要清楚企业的服务和其他竞争对手的差异到底在哪里；如果选择集中战略，前期的调研工作就很重要，必须充分挖掘出市场的空白点。在物流功能战略实施过程之中，也存在这种背反关系，比如物流设施选址不当，可能造成物流企业功能战略的实施受阻，从而不得不付出高昂成本。所以，在物流战略实施的各个层面都存在着物流服务和成本的协调问题。

2. 适度的合理性原则

企业经营目标和战略是通过一定的组织机构分工实施的，也就是要把庞大而复杂的总体战略问题分解为具体的、较为简单的、能予以管理和控制的问题，由企业内各部门以及各基层组织分工贯彻实施。组织机构是适应企业经营战略的需要而建立的，组织机构一旦建立就不可避免地形成本位利益，这种本位利益在各组织之间及其与企业整体利益之间发生一些矛盾和冲突是经常的。为此企业高层领导要对这些矛盾冲突进行协调，甚至是折中、妥协，以寻求能为各方所接受的解决办法，而不能离开客观条件去寻求所谓的绝对合理性，即在战略实施中要遵循适度的合理性原则。

3. 统一领导、统一指挥的原则

对企业经营战略了解最深刻的应当是企业高层领导人员，一般来说，他们比中低层管理人员及一般员工掌握的信息更多，对企业战略的各方面要求及其相互关系了解得更全面，对战略意图体会最深，因此战略实施应当在企业高层领导人员统一领导、统一指挥下进行。只有这样，资源的分配、组织机构的调整、企业文化的建设、信息的沟通及控制、激励制度的建立等各方面才能相互协调、平衡，才能使企业为实现战略目标而卓有成效地运转。

实现统一指挥的原则要求企业每个部门都能接受上级的命令，并且战略实施中所发生的问题，能在小范围、低层次解决的问题，不要放到更大范围、更高层次去解决。这样做付出的代价最小，因为越往高层次去解决问题，其涉及面越大，关系越复杂，代价也就越大。

4. 权变原则

企业经营战略的制定是基于一定的环境条件的假设，在战略实施中，事态的发展与原先的假设有所偏离是不可避免的，战略实施过程本身就是解决问题的过程。如果企业内外环境发生重大变化，以至于原定战略不可能实现，这时就需要对原定战略进行重大的调整，这就是战略实施的权变问题，关键在于如何衡量环境的变化。

权变的观念应当贯穿于战略管理的全过程，从战略的制定到战略实施。要识别关键变量，及时调整原有战略，并制定相应的替代方案。

10.2 物流战略实施的要素和模式

10.2.1 物流战略实施的要素

麦肯锡公司提出的7S模型，为理解战略实施的关键要素提供了一个完整的概念性构架（见图10—1）。麦肯锡公司的两位学者彼得斯和沃特曼在他们合著的《追求卓越》一书中，指出企业在发展过程中必须全面考虑各方面的情况，包括结构、制度、风格、员工、技能、战略、共同的价值观。也就是说，企业仅具有明确的战略和深思熟虑的行动计划是远远不够的，影响战略实施的成败有诸多因素，战略只是其中的一个要素。在模型中，战略、结构和管理制度被认为是企业成功的“硬件”，风格、人员、技能和共同的价值观被认为是企业成功的“软件”。

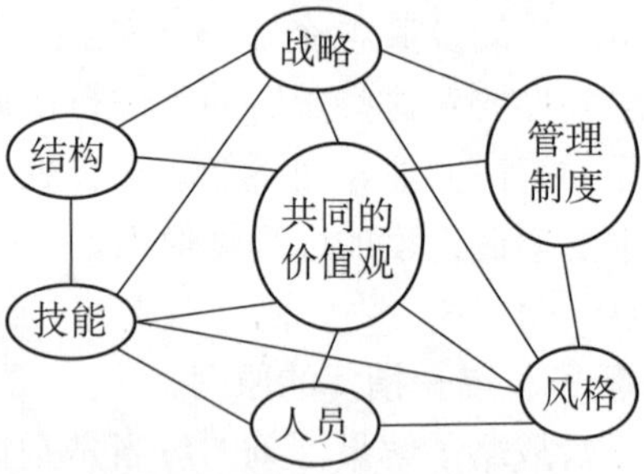

图10—1 麦肯锡的7S模型

（一）硬件要素

1. 战略

战略是企业根据内外部环境及可得资源的情况，为求得企业生存和长期稳定发展，对企业发展目标、达到目标的途径和手段的总体计划。它是企业经营思想的集中体现，是一系列战略决策的结果，同时又是制定企业规划和计划的基础。

日本经济新闻社在1967年曾做过专门调查，在63家给予回答的日本大公司中，99%有战略规划。在美国进行的一项类似调查发现，90%以上的企业家认为，企业经营过程中最占时间、最重要、最困难的就是制定战略规划。可见，战略已经成为企业取得成功的重要因素，企业的经营已经进入“战略制胜”的时代。物流企业获得了独立经营的地位，也应该重视战略管理。

2. 结构

战略需要健全的组织结构来保证其实施。组织结构是企业组织机制赖以生存的基础，它是企业组织的构成形式，即企业的目标、人员、职位、相互关系、信息等组织要素的有效排列组合方式，是由众多部门组成的垂直权力系统和水平分工协作系统所形成的一个有机整体。组织结构是为战略实施服务的，不同的战略需要不同的组织结构与之对应，组织结构必须与战略相协调。

加拿大贝尔公司将物流管理分离出来，建立了独立的物流子公司，实行社会化、专业化经营，向核心经营部门或外部顾客提供库存管理、订单处理、仓储、运输、退货处理以及供应链咨询等服务，从而降低了企业物流成本。

3. 管理制度

企业的发展和战略实施需要完善的管理制度作为保证，实际上各项制度又是企业使命和战略思想的具体体现。所以，在战略实施过程中，应制定与战略思想相一致的制度体系，要防止制度的不配套、不协调，更要避免背离战略的制度出现。

在物流公司，一个员工只要参加创新事业的开发工作或者提出了一个关键性的建议，而这些建议能够使公司的服务水平提高或者服务成本下降，那么他在公司里的职位和薪酬自然会改变，即使开始他只是一名操作工人，也有可能被提拔为主管或者经理助理。这种制度会极大地激发员工创新的积极性，促进企业发展。

（二）软件因素

1. 风格

彼得斯和沃特曼发现，业绩优异的企业都具有独特的管理风格。比如有些企业宽严并济，一方面给予一些部门高度的自主权，另一方面又固守着几项流传久远的价值观。

2. 共同的价值观

由于战略是企业发展的指导思想，只有企业的所有员工都领会了这种思想并用其指导实际行动，战略才能成功实施。因此，战略研究不能只停留在企业高层管理者和战略研究人员这个层次上，而应该让执行战略的所有人员都能够了解企业的整个战略意图。企业成员共同的价值观具有导向、约束、凝聚、激励及辐射作用，可以激发全体员工的热情，统一企业成员的意志和欲望，使员工齐心协力地为实现企业的战略目标而努力。这就需要企业在准备战略实施时，通过各种手段进行宣传，使企业的所有成员都能够理解、掌握，并用它来指导自己的工作行动。许多成功企业在管理方面的一个重要经验就是，注重领导层和执行层的思想沟通，使得领导层制定的战略能够迅速地付诸实施。

3. 人员

战略实施还需要充分的人力准备，有时战略实施的成败在于有无适合的人员。实践证明，人员准备是战略实施的关键。

物流公司提供的是对制造公司或零售公司的服务，要想提高服务质量和服务效率，就要尊重员工，因为员工才是最终提供物流服务的执行者，他们是提高物流服务效能的源泉。物流企业在做好组织设计的同时，应注意配备符合战略思想需要的员工队伍，对他们进行必要的培训，分配给他们适当的工作，并加强宣传教育，使企业各层次人员都树立起与企业战略相适应的思想观念和工作作风。人员配备和培训是一项庞大、复杂和艰巨的组织工作。

沃尔玛中国有限公司要求的“日落规则”、“三米微笑”，为实行公仆领导制度创造了良好的企业文化，促进了物流战略的有效实施。

4. 技能

在执行公司战略时，员工需要掌握一定的技能。很多优秀的管理者都认为，员工只有经过严格的训练才能成为优秀的人才。

物流包括七种基本活动，物流企业提供这七种业务，需要有大量技巧熟练的操作工人、技术熟练的叉车工人、动作快捷的包装工人、驾驶技能高超的司机等。公司可以在适当的时间开展各种技能大赛，通过比赛奖励出色的员工并以此来提高整体公司员工的操作水平。同样，公司基层管理人员也应该有出色的“软技能”，他们要熟悉公司整个业务流程，了解客户基本需求。

麦肯锡的7S模型提醒企业的高层管理者，“软件”和“硬件”同样重要。各公司长期以来忽略的人的性格问题，如非理性、固执、直觉、喜欢非正式的组织等，其实都可以加以管理，这与公司的成败息息相关，绝不能忽视。在实际中，因为各个公司的差异，每个因素的偏向不同，于是就形成了五种物流战略实施的基本模式。

10.2.2 物流战略实施的基本模式

1. 指挥型

这种模式的特点是企业总经理考虑的问题是如何制定一个最佳战略。在实践中，计划人员要向总经理提交企业战略报告，总经理阅后作出结论，确定战略后，向企业高层管理人员宣布企业战略，然后强制中低层管理人员执行。

企业采用这种战略实施模式应具备以下条件：

（1）总经理拥有较高的权威。只有这样，总经理才能靠其权威通过发布各种指令来推动战略的实施。

（2）战略比较容易实施。具体表现在：战略制定者与战略执行者的目标比较一致；战略对企业现行运行系统不构成威胁；企业组织结构采用高度集权的体制；企业环境稳定，能集中大量信息，多元化经营程度低；企业处于强有力的竞争地位，资源较宽松。

（3）准确快速的信息系统。战略实施所需的有关信息只有准确有效地收集并及时汇总到总经理手中，总经理才可能迅速、准确地作出决策。如果信息传递缓慢，甚至发生扭曲，总经理据此作出的决策必然是延迟或错误的。

（4）规划人员客观公正。在权力分散的企业中，各事业部常常会由于过分强调自身利益而影响企业总体战略的合理性。企业需要配备一定数量的有全局眼光的规划人员来协调各事业部的计划，使其更加符合企业的总体要求。

这种战略实施模式的缺点是把战略制定者与执行者分开，即高层管理者制定战略，强制中低层管理者执行战略，因此中低层管理者缺少执行战略的动力和创造精神，甚至会拒绝执行战略。

这种实施模式适用于：（1）新创立的物流公司；（2）员工不多的物流企业；（3）员工素质不是很高，属于操作层面的物流公司；（4）有少数具备领导能力的管理者的物流企业；（5）所处环境的不确定性较小的物流企业。

2. 变革型

与指挥型模式相反，在变革型模式中，企业总经理考虑的主要是如何实施企业战略。他的角色是为有效地实施战略设计适当的行政管理系统。为此，总经理本人或在其他方面的帮助下要对企业进行一系列变革，如建立新的组织机构和信息系统、合并经营范围，以增加战略成功的机会。

这种模式多是从企业行为角度考虑战略实施问题，因而比指挥型模式更容易实施。但是，这种模式并没有解决指挥型模式存在的各种问题，如信息的准确获取问题、各事业单位及个人利益对战略计划的影响问题以及战略实施的动力问题。同时，这种模式还产生了新的问题，即企业通过建立新的组织机构及控制系统来支持战略实施的同时，失去了战略的灵活性，在外界环境变化时实施战略更为困难。所以，从长远观点看，环境不确定性比较大的企业，不适合采用这种战略实施模式，而处于变革中的物流企业可以采取这种模式。

3. 合作型

在这种模式中，企业总经理考虑的是如何让其他高层管理人员同他一起共同实施战略。企业总经理和其他高层管理人员一起对企业战略问题进行充分讨论，形成较为一致的意见，制定出战略，再进一步贯彻和落实，使每个高层管理者都能在战略的制定及实施过程中作出各自的贡献。

合作型模式克服了指挥型模式与变革型模式的局限性，使总经理接近一线管理人员，获得比较准确的信息。同时，由于战略的制定建立在集体智慧基础之上，从而提高了战略成功实施的可能性。该模式的缺点是：由于战略是不同观点、不同目的的参与者相互协商折中的产物，因而有可能使战略的经济合理性降低，同时仍存在着战略制定者与执行者的区别，不能充分调动全体员工的智慧及积极性。这种模式主要适用于员工素质较高的物流公司，他们对战略或者物流都有一定的了解，可以为企业的发展提出相关建议。组织结构比较简单的物流企业也可以采取这种战略实施模式。

4. 文化型

这种模式的特点是企业总经理考虑的是如何动员全体员工都参与战略实施活动，即企业总经理运用企业文化的手段，不断向企业全体成员灌输这一战略思想，建立共同的价值观和行为准则，使所有成员在共同的企业文化基础上参与战略的实施活动。由于这种模式打破了战略制定者与执行者的界限，力图使每一个员工都参与制定及实施企业战略，因此企业各部分人员都在共同的战略目标下工作，企业战略得以迅速实施、风险小，企业发展迅速。

文化型模式也有局限性，主要表现为：

(1) 对员工的素质要求较高。这种模式要求企业员工有较高的文化素质，否则很难真正参与企业战略的制定与实施。而实践中大多数员工尤其是劳动密集型企业中的员工很难达到这种学识程度，这必然影响到对企业战略实施的参与程度。

(2) 企业文化的掩盖性。企业文化一旦形成，往往会掩盖某些问题，企业为此要付出代价。

(3) 流于形式的可能性大。采用这种模式要耗费较多的人力和时间，而且还可能因为企业高层领导不愿放弃控制权，而使员工参与战略制定及实施流于形式。这种模式适合咨询性的物流企业，这种企业没有固定的物流设备和设施，为其他企业提供物流咨询服务，员工素质比较高，属于技术密集型物流企业。

5. 增长型

在这种模式中，为了使企业获得更快的增长，企业总经理鼓励中下层管理人员制定并实施自己的战略。这种模式与其他模式的区别在于，它不是自上而下地灌输企业战略，而是自下而上地提出战略。这种战略集中了来自实践第一线管理人员的经验与智慧，而高层管理人员只是在这些战略中作出自己的判断，并不将自己的意见强加在下属身上。在大型的多元化企业里，这种模式比较适用，因为在这类企业里，高层管理人员面对众多的事业部，不可能真正了解每个事业部所面临的战略问题和作业问题，不如放权给事业部，以保证成功地实施战略。

增长型模式的优点是：给中层管理人员一定的自主权，鼓励他们制定有效的战略并使他们有机会按照自己的计划实施战略。同时，由于中下层管理人员和员工有更直接面对战略的机会，可以及时把握时机，自行调整并顺利执行战略。因此，这种模式适合于变化较大行业中的大型多元化物流企业，具有矩阵结构组织的物流企业也可以采取这种战略实施模式。

上述五种战略实施模式在制定和实施战略上的侧重点不同。指挥型与合作型更侧重于战略的制定，把战略的实施作为事后行为，文化型与增长型则更多地考虑战略的实施问题。在企业实践中，上述五种模式往往是交叉或混合使用的。

10.3 物流战略实施的资源配置

10.3.1 物流战略和资源的关系

1. 资源对战略的保证作用

物流战略与物流资源相适应的最基本关系是指，物流企业在战略实施过程中，应当有必要的资源保证。在现实中既没有资源保证的战略，又没有充分意识到其危险性的企业不在少数。究其原因，大致可归纳为三点：（1）战略制定者在思考程序上存在缺陷，他们没有意识到确保资源的必要性，制定了“空洞”战略。（2）必要的资源难以预测而导致偏差，由于预测不准，结果造成缺乏资源保证的战略。（3）没有充分利用本企业资源尤其是无形资源而出现错误，造成未预料的损失。

2. 战略可以保证资源的有效利用

即使企业具有充足的资源，也不是说企业就可以为所欲为。过度滥用企业资源，不但会使企业丧失既得利益，还会导致企业丧失应得更多利益的机会，因此，采用正确的战略，可以使资源得到有效的利用。此外，如车辆和配送路线的配置，仓储量、仓库数量和地理位置的设定等，还可促使企业充分挖掘并发挥各种资源的潜力，特别是在人、财、物上体现出来的无形资源的潜力。

3. 战略可促使资源的有效储备

由于资源是变化的，因此在企业实施战略过程中通过现有资源的良好组合，可以在变化中创造出新资源，从而为企业储备资源。所谓有效储备，是以低成本、快速度，在适宜时机对必要的资源进行的储备。战略可通过两种途径来实现这一目的：（1）战略推行的结果可附带产生新资源；（2）这种新资源可以成为其他战略必要的资源而被及时使用。

10.3.2 物流企业战略实施中的战略资源

物流企业战略的实施，就是将人、财、物等资源按照一定的规则进行使用和消耗的过程。这其中也包括时间与信息，因为它们是无形的，所以很少有人关注，但时间和信息在某种条件下可能会成为影响企业战略实现的关键战略资源。物流企业战略实施中要关注的战略资源归纳如下。

1. 物流企业与客户的合作能力

包括物流企业在整个供应链中是否具备有利的地位，与客户的关系是否协调，是否有足够的销售渠道保证，能否留住客户等。

2. 物流企业开发市场与促销实力

包括物流企业是否具备开发市场的强大实力，是否有一支精干的销售队伍，市场策略是否有效。

3. 物流企业的财务实力

包括物流企业的获利能力与经济效益是否处于同行前列，企业利润的来源、分布及趋势是否合理，各项财务指标及成本状况是否正确，融资能力是否强大等。

4. 物流企业的人力资源实力

包括物流企业的领导者、管理人员、技术人员等素质是否一流，其知识水准、经验技能是否有利于企业发展，其意识是否先进，企业的凝聚力如何等。

5. 物流企业的经营管理实力

包括物流企业是否拥有一个运行有效、适用广泛的管理体系，企业对新鲜事物的灵敏度如何，反应是否及时、正确，企业内是否有良好的文化氛围，在企业内是否形成良好的分工与合作，能否进行有效的组织。

6. 物流企业对时间、信息等无形资源的把握能力

包括企业是否能充分获取、存储和应用各种信息，时间管理是否合理等。

7. 物流企业品牌效应建立能力

包括物流企业能否树立正确的品牌经营观念，定位品牌价值，全面宣传品牌并且提升企业的品牌效力。如中海物流以其完善的内部管理和良好的信誉与IBM、美能达、联想、三星电子、诺基亚、宏碁电脑等几十家国际著名的跨国公司建立了长期稳定的合作关系，为其提供国际物流配送服务，成为中国物流行业首家开展高科技电子产品料件配送业务的企业。

这些战略资源的整合基本上构筑了企业的竞争实力。同时，战略资源本身具有如下特点：

（1）战略资源的流动方向和流动速度取决于战略规划的确定。

（2）企业支配的战略资源总量和结构具有一定的不确定性。在战略实施过程中，资源的稀缺程度、结构会发生各种变化。

（3）战略资源的可替代程度高。由于战略实施周期长，随着科学技术的进步，原来的稀缺资源可能会变得十分丰富，但也可能发生相反的变化。

（4）无形资源的影响程度难以准确预料。例如，信息资源对企业获取公众支持、政府帮助会产生很大影响，信息也会给企业的战略实施带来不同程度的影响。正因为如此，企业战略管理者实施战略时，必须充分了解这些战略资源的内在性质，并采取适当的预防措施，只有这样才能确保战略的平稳运行。

10.3.3 物流企业战略资源分配

物流企业战略资源的分配是指，按物流战略资源配置的原则，对企业所属战略资源进行的具体分配。企业在推进战略实施过程中所需的战略转换往往是通过资源分配的变化来实现的。由于企业战略资源中无形资源很难把握，而除人力资源之外的有形资源均可以用价值形态来衡量，因此，企业战略资源的分配一般可分为人、财、物、信息的分配。

1. 人力资源的分配

人力资源的分配一般有三方面的内容：(1) 为各个战略岗位配备管理和技术人才，特别是对关键岗位的关键人员的选择；(2) 为战略实施建立人才及技能的储备，不断为战略实施输送有效的人才；(3) 在战略实施过程中，注意整个队伍的综合力量搭配和权衡。

2. 资金资源的分配

企业一般采用预算的方法来分配各资金资源。预算是一种通过财务指标或数量指标来显示企业目标和企业战略的文件。通常采取以下几种现代预算方式：

(1) 零基预算。它不是根据上一年度的预算编制的，而是从彻底的成本效益分析开始，以防止预算无效。

(2) 规划预算。它是按规划项目而不是职能来分配资源。规划预算的期限较长，常与项目规划期同步，以便直接考察一项规划对资源的需求和成效。

(3) 灵活预算。它允许费用随产出指标而变动，有助于增加预算的灵活性。

3. 物力资源的分配

物流服务的质量和成本有关，为了追求二者的协调，就要做好车辆、仓库等物力资源的规划，例如车辆的租赁和购买，仓库位置、数量的选择。

4. 信息资源的共享

信息资源的有效利用可以大大提高物流效率，降低物流成本，因此在企业范围内要做好物流信息资源的共享。

10.3.4 物流战略与物流资源的动态组合

物流企业在发展过程的不同阶段，其战略将不断推陈出新，战略资源不断地积累。企业在制定战略时，应充分预测未来环境、资源的变化，并对资源进行必要的、合理的配置。在这个过程中应当注意，资源的配置不是单纯的资源分配，而应与战略联成一体，形成密不可分的关系。因此，我们说战略资源的配置、动态组合实际上是指战略与资源的动态组合。

随着战略的展开，资源不断储备，新的储备与现有资源的储备交织在一起，形成了将来资源的储备。企业以这些新的储备为基石，进一步制定将来的战略。因此，处于现在战略和将来战略中间的新的资源储备，就成为联结这两个战略的媒介。当现在战略为将来战略的展开有效地积累资源时，将来战略就能够有效地利用这些积累的资源，这就形成了企业中战略与资源的动态组合过程。为了实现这个动态组合过程，企业首先必须考虑两个问题：现在战略应选择什么样的战略，将来战略应该怎样，然后才能在二者之间调配适当的资源。资源在这个过程中将达到动态相辅和动态相乘两种效果。

根据企业的资源，可以将这种动态效果划分为三种类型。

1. 固定资产的动态效果

这是指企业的现在战略和将来战略能在多大程度上共同利用固定资产资源，或者是现在战略运行中所储备的战略资源能在多大程度上作用于将来战略。从这个意义上讲，有转化可能性的资源储备较好。企业在选择现有产品和市场等基本战略时，应预先设定使这种转化成为可能的某个相关将来战略，这时采取与将来联系较多的战略是十分必要的。例如，物流企业在添置新的设备时，必须考虑这种设备将来有多大的利用价值。如果这种可能性没有，企业则要做好发掘设备在其他方面的利用价值的准备。一个仓储型的物流企业在选择仓库的货架时，不但要充分考虑货架托盘目前的可利用性，还要在一定的时间范围内考虑到将来如果企业战略发生变化，如何处理或者利用这些货架。

物的动态相辅效果主要取决于以下几个因素：（1）物的属性，包括物的柔性、经济性。柔性指物的万能性，比如在购置一辆卡车时，卡车有很多种，企业应该根据自己的特点选择功能尽可能多的车，这样将来可以应用于其他的战略。经济性是指在购买时比较经济，在现在战略的末期，这些物资用在将来战略上的转换成本最小。（2）企业现在所采取的战略和以后将要采取的战略的关联性。通常，现在战略和将来战略关联性越大的公司，物的动态相辅效果越明显。

2. 流动资金的动态效果

流动资金对于企业的日常经营来说是至关重要的，其影响面大。企业必须在战略上考虑资金投入与资金回收这两方面的相辅效果。

企业首先应确定资金的组合效应。企业现在会同时经营诸多充满希望的领域。从发展的眼光来看这是无可厚非的，但数年后这些领域若同时需要大量的发展资金，企业应当如何处置，这需要企业动态地考虑。企业这时应做好资金储备工作，以备不时之需。另外，一个领域中的流动资金在时间序列上会表现出不同形式，在某个时期需投入资金，另一时期该资金又回到企业中。这就要求企业能在某一领域内实现资金的动态平衡。决定上述资金流动变化形式的主要有：企业的竞争战略、企业的市场规模和成长速度、企业在竞争中的优势。

实现资金流动的动态相辅效果，要求物流企业必须同时涉及有不同类型资金流动的服务与市场领域，在此基础上实现资金流动的平衡。

3. 无形资源的动态效果

这是指企业的将来战略能有效使用现在战略运行中产生的看不见的资源，也就是说，企业现在某个领域中所使用和储备的看不见的资源可被将来的领域使用。如果利用这种相同资源的期间重叠，则能形成强有力的动态合力。

看不见的资源在战略实施过程中被储备起来。企业在现实的市场角逐中，如果努力开展活动，就能为将来积累更多看不见的资源。动态相乘效果是企业成长的本质。当人们描述保证企业长期发展的战略形象时，动态相乘效果常是其中心内容。这是因为：（1）企业之所以能适应不断变化的环境，就在于能动态组合企业活动中的无形资源。（2）在产生动态相乘效果的某两个领域之间，资源的动态相辅效果容易产生。企业可以从以下六方面构筑其动态相乘效果：

（1）企业应选择无形资源较易积累的领域。

（2）战略设计不能忽视动态的企业活动的阶段及程序。

（3）为了实现动态相乘的良性循环，有必要现在就选择一些表面上不合理、在一定程度上缺乏资源保证的战略，这样有助于培育企业内在动力，获得意料不到的成功。当然，具体采用哪种思路，还要根据企业的实际情况而定。

（4）培养物流企业的品牌，选择品牌战略，这可以通过市场营销战略来实现。

（5）树立物流企业特有的文化和企业形象，在确立企业使命和目标时，要考虑到这一点。

（6）树立良好的企业信誉。现在社会是讲究信誉的社会，如果企业信誉好，在融资能力以及发展新客户方面就会有意想不到的效果。

案例 10—1　烟草行业的物流资源动态配置

以“优质、高效、低成本”为目标的烟草行业现代物流建设正在如火如荼地进行。现代物流作为一种先进的组织方式和管理技术，被广泛认为是企业在节约原材料和提高劳动生产率以外的第三种利润源，并在国民经济和社会发展中发挥着重要作用。它的最重要特征是强大的信息处理能力和快速响应能力，即在适当的时间、地点、条件下，把适当的商品以适当的成本、方式送到适当的消费者手中。目前我国烟草行业显然达不到这种要求。为了提高整个行业物流资源利用率、降低物流成本、增强行业的整体核心竞争力，提出了烟草行业的物流资源整合与动态配置方案。

1. 整合运力，资源共享

物流资源共享是一种服务。共享的内容有很多，既可以是有形的如托盘、配送车辆等物流设备，也可以是无形的物流信息，当然更高层次的是综合配套的系统级物流资源共享，如仓储系统、分拣系统、配送系统等。目前，行业物流资源共享类型按照共享对象和资源所有者间的关系可以分为：工商之间、工工之间、商商之间。工商之间的物流资源共享是行业内最先提出来的，也是最早有成功案例的。例如，安徽中烟工业公司的高架自动立体库在解决自身仓储管理问题的同时，还为同城商业公司提供仓储管理服务。浙江中烟工业公司杭州制造部在实施其提出的工商之间托盘联运方案时，由杭州制造部免费提供的周转托盘也是典型的行业工商资源共享案例。工工之间、商商之间的物流资源共享是十分有潜力的。

2. 建设物流资源信息平台

通过信息平台，生产销售企业可实现动态实时查询和可视化功能：实时掌握商品销售动态，实时了解仓储品种、数量、质量和储存时间；查询特定线路运力资源动态情况，选择合适的运输企业和运载工具；选择联盟企业的冗余储存能力，自动与仓储商仓储管理系统接口，实现对库存商品的动态管理。物流信息共享平台建设是一项综合性系统工程，需要对生产企业、物流企业的业务流程进行再造，统一行业标准和规范；需要全行业的全力配合。同时建议在物流企业特别是单一功能运输企业中普及信息化管理，为下一步实现物流信息共享打好基础。

资料来源：《烟草行业物流资源共享》，中国烟草资讯网（http：//www.echinatobacco.com）。

10.4 物流战略实施组织调整

10.4.1 组织结构的基本类型

由于企业数量众多，形成条件和规模各不相同，所以组织结构的形式也是千差万别的，但仍可以大致概括为以下几种基本类型。只要掌握了它们的特点和运行规律，就可以据此对其他类型的组织进行分析。

1. 简单型组织结构

简单型组织结构是企业构建之初经常采用的一种组织形式。它的特点是职权或命令的流向呈一条直线，从上到下实行垂直领导，各级主管负责人对所属单位的一切问题负责，一切管理职能基本上由行政主管自己执行。简单型组织结构的优点在于结构比较简单，管理者和作业人员之间没有其他管理层次，信息传递快，责任分明，命令统一，沟通简洁。其缺点在于它要求负责人通晓多种知识和技能，亲自处理各种业务，费时低效。这在业务比较复杂、企业规模比较大的情况下是很难实现的。因此，简单型组织结构只适用于规模较小、生产技术比较简单的企业。

2. 职能型组织结构

职能型组织结构是使用最为广泛的一种组织结构。职能型组织结构将任务和活动按业务职能，如生产、营销、财务、研究与开发等进行分类，如图 10—2 所示。这种结构除了简单易行和成本较低，还可以促进劳动的专业化分工，提高效率，减少对复杂控制系统的需求，有利于迅速作出决策。其缺点在于各部门容易过分强调本部门的重要性而忽视与其他部门的有效协调，当组织规模不断扩大达到某一程度时，职能型结构的适用性会越来越差。

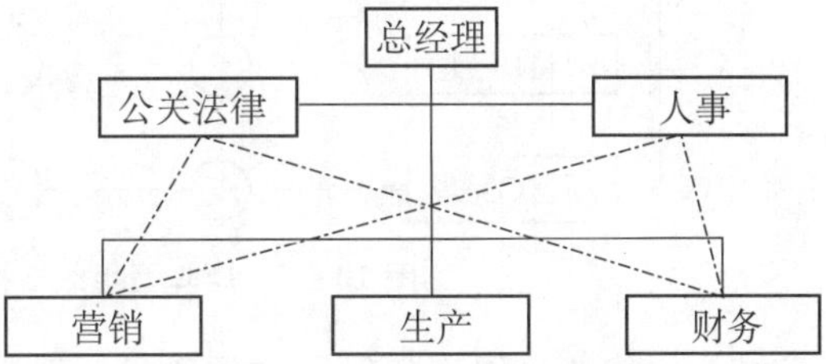

图 10—2　职能型组织结构

职能型组织结构主要适用于产品品种单一、生产技术发展较慢、外部环境比较稳定的中小型企业。当企业规模、内部条件的复杂程度和外部环境的不确定性超出了职能型组织结构所允许的限度时，就不应再采用这种结构形式。

3. 事业部型组织结构

这是一种大企业普遍采用的组织结构形式，是在产品部门化基础上建立起来的，如图 10—3 所示。其决策权不是完全集中于公司最高管理层，而是分给事业部，这样的结构设置既有利于公司总部集中精力于企业未来长期的发展战略，又有利于高层管理人员的培养。事业部型组织结构的缺点在于，管理层次的增多使总部对事业部的控制愈发困难并增加了管理费用。另外，由于事业部高度自主经营，每个事业部都相当于一个独立的企业，易产生各自为政、本位主义倾向。

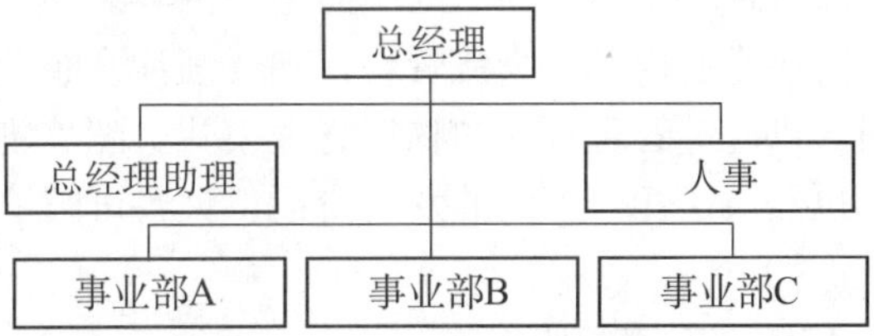

图 10—3　事业部型组织结构

4. 矩阵型组织结构

矩阵型组织结构是由按职能部门化建立的结构和按产品部门化建立的结构重合而成的一个双重结构，如图 10—4 所示。在这个矩阵组织中，每一个成员既隶属于纵向的职能单位，同时又隶属于一个或几个横向的产品单位或项目单位。这也就是说，矩阵中的每一个成员要接受至少两个上级的指示，同时也必须至少向两个上级报告。

尽管存在上述的复杂性，矩阵结构仍被广泛地应用于众多产业，包括建筑、广告、国防等。矩阵结构的优越性在于能针对特定的任务进行人员配置，

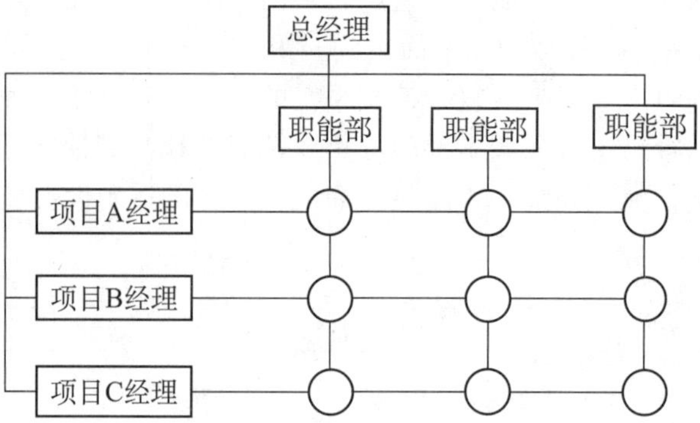

图 10—4 矩阵型组织结构

有利于发挥个体优势，提高项目完成的质量，提高劳动生产率；各部门人员的不定期组合有利于信息交流，增加互相学习的机会，提高专业管理水平；有利于增强组织对外适应性；项目目标明确，沟通渠道众多，员工可以看到自己的工作成果；取消项目相对容易，等等。

为了使矩阵结构更为有效，企业需要高度参与式的计划制定机制、良好的业务培训、雇员之间对各自任务与责任的理解以及充分的内部沟通和相互信任。由于现今企业广泛采取增加新产品、新用户群和新技术的战略，矩阵型组织结构日益广泛地为各公司所采用。这种变化产生了更多的产品经理、职能经理和区域或地区经理，他们都负有重要的战略责任。当各种变量，如产品、用户、技术、地理和职能领域、行业等具有大致相同的重要性时，矩阵结构将成为一种有效的组织形式。

10.4.2 物流组织结构

物流管理是企业管理活动中的主要内容之一，它经历了多个发展阶段：从早期仅关注企业内部的物流管理，到逐渐涉及企业外部物流，再到应用信息技术、引入供应链管理概念的物流管理模式。随着物流管理模式的改变，物流组织结构也经历了几个不同的发展阶段，大致可归纳为以下几种。

1. 传统型物流组织结构

传统型物流组织结构是按职能分工的组织形式，如图 10—5 所示，在这种结构中，运输、仓储等物流环节分散于企业的多个部门之中，因此出现了业务复杂且重叠，整个工作缺乏协调性，缺少信息交流和共享，管理责任不明确的现象，这样的组织结构还有可能引发集团内部各子公司之间的恶性竞争。

2. 功能独立型物流组织结构

物流环节在各部门过于分散，会造成物流效率低、成本高、管理混乱等现象，这些问题促使企业重新设计组织结构，从而出现了物流管理功能独立的组织形式，如图 10—6 所示。在这种结构中，运输和仓储等物流环节独立出来，从全局的角度服务其他部门。

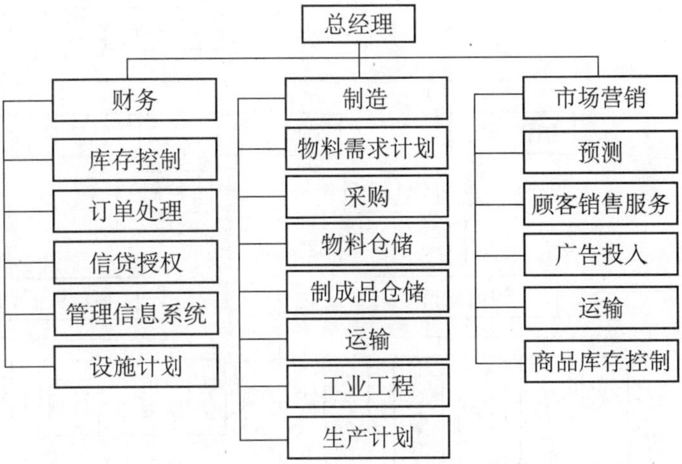

图 10—5 传统型物流组织结构

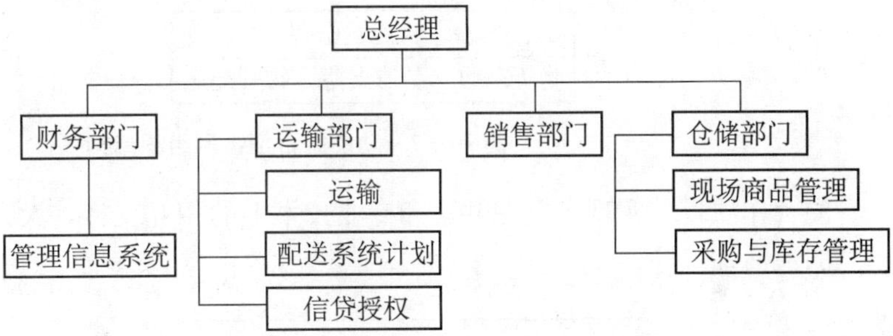

图 10—6 功能独立型物流组织结构

3. 功能整合型物流组织结构

在物流功能独立的组织结构中，企业的物流成本小幅降低，但是出现运输、仓储等环节配合不协调的现象，这促使企业进一步改善组织结构，随之产生了物流管理功能整合的组织形式，如图 10—7 所示。在这种结构中，由物流部门统一所有的物流功能和运作，目的是对所有产品的运输和储存进行战略管理，以使企业产生规模效益。这一时期计算机管理信息系统的发展促进了不同部门间的信息交流，便于物流部门根据总体需求制定物流方案，协调物资采购、制造支持和物资配送之间的利益，有利于从整体把握全局观念。

4. 基于流程的矩阵型物流组织结构

随着消费者需求的多样化、产品生命周期的缩短、市场竞争的加剧、经营风险的增加，管理者开始认识到组织结构必须充满活力，即组织必须具有适应环境变化要求的快速重组的能力。因此，矩阵型组织结构应运而生。

在矩阵型组织结构里，企业物流运作管理贯穿于企业组织结构的各职能中。物流与其他功能领域诸如营销和制造等相结合，将运输、库存、新产品开发、柔性制造和顾客服务整合起来，构成一些现代企业采用的矩阵型组织结构，如图 10—8 所示。在此结构中，物流管理者负责物流与其他几个职能部门

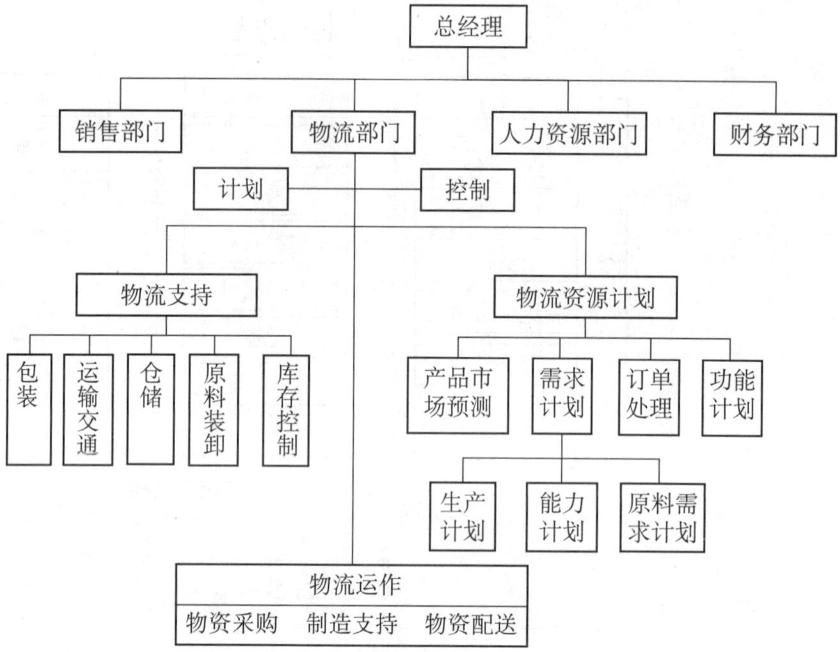

图 10—7 功能整合型物流组织结构

的合作项目，实现了资源共享和专业技术上的相互支持，大大提高了物流运作的灵活性。

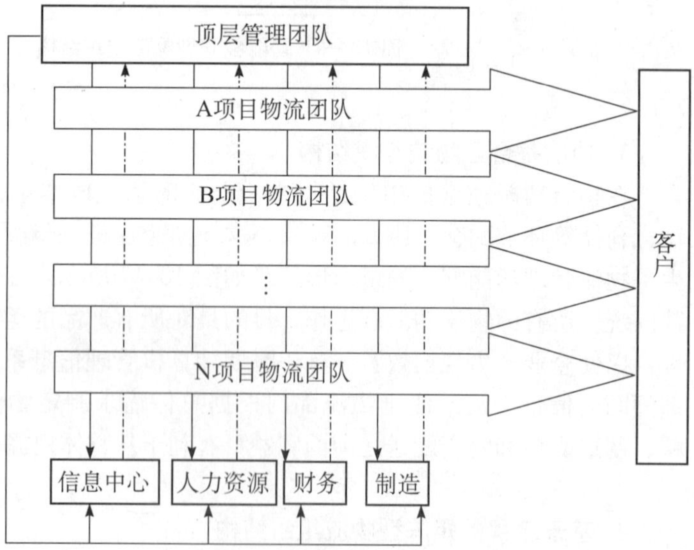

图 10—8 基于流程的矩阵型物流组织结构

5. 网络型物流组织结构

随着信息时代的来临，国际互联网深入各处，原有的市场竞争边界逐渐消失，物流领域成为新的利益争夺点。为了进一步降低成本、增加利润，物流企业由“职能间分工，组织部门间整合”的传统组织，转变为“专业价值创造，跨组织间整合”的网络组织。它只设置很小的中心组织，依靠其他组织，通过信息平台，以合同为基础进行制造、分销、营销、物流或其他经营活动，其结构如图 10—9 所示。这样的组织结构能够高速传递信息，减少时间浪费。联邦快递公司就是采用这种组织结构实现全球物流运作的。

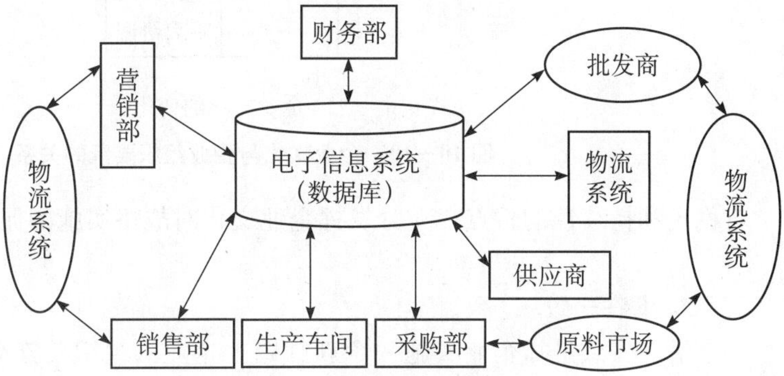

图 10—9　网络型物流组织结构

通过对上述几种组织结构的分析可以看到，随着市场经济的发展、信息时代的到来，物流企业的组织结构由传统组织形式逐步朝扁平化、网络化、无边界、柔性化、虚拟化方向发展。这种结构上的自由必将带来更大的创造力，保证物流战略的有效实施，促使企业快速对市场作出反应，降低经营风险。

10.5　物流战略实施中的企业文化

10.5.1　物流企业文化与战略的关系

在物流战略管理中，企业战略与企业文化有着十分密切的关系。优秀的企业文化能突出企业特色，形成员工的共同价值观，而且企业文化具有鲜明的个性，有利于企业制定出与众不同、克敌制胜的战略。战略制定以后，可以利用企业文化所具有的导向、约束、凝聚、激励等功能，统一员工的价值观念和行为准则，促使他们共同为积极有效地贯彻实施企业战略而努力奋斗。当然，企业文化并不总是适应战略的。当企业制定了新的战略，并要求企业文化与之相配合时，却往往由于企业文化的刚性和连续性，很难马上为新战略作出相应的变革，这时原有的企业文化就可能成为实施企业战略的障碍。因此可以说，企业内部新旧文化的更替和协调是战略实施获得成功的保证。企业文化与企业组织要素之间的关系有四种情况，如图 10—10 所示。

1. 一致

一致是指企业实施一个新战略，企业的组织要素变化不大，而这些变化与企业原有的文化相一致。在这种情况下，高层管理者主要考虑两个问题：一是利用目前的有利条件，巩固和强化现有的企业文化；二是利用企业文化具有相

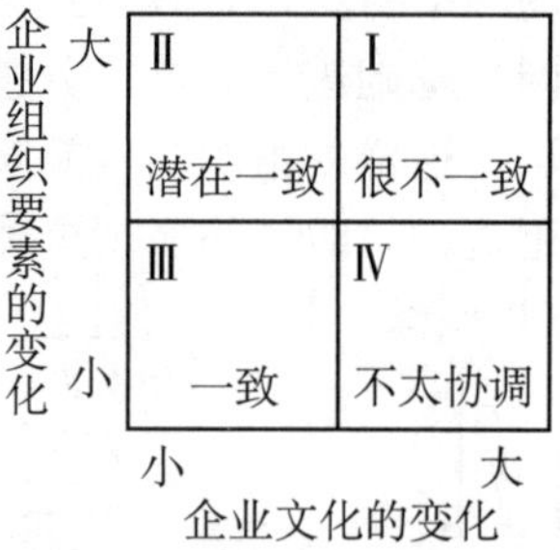

图 10—10 企业文化与企业组织要素的关系

对稳定和持续性的特点，充分发挥企业文化对战略实施的促进作用。

2. 潜在一致

潜在一致是指企业实施一个新战略，企业的组织要素会发生很大的变化，但这些变化与企业原有文化有潜在的一致性。这种情况大多是以往企业的效益比较好，它们根据自己的实力寻找可以利用的机会，以求得更大的发展，或者它们试图扩大自己的主要产品或市场，以求得发展。总之，这种企业处于一种非常有前途的地位，它们可以在企业原有文化的大力支持下实施新战略。在这种情况下，企业处理战略与企业文化关系的重点是：

（1）企业进行重大变革时，必须考虑和企业的基本性质与地位的关系问题，即企业的基本性质与地位是确定企业文化的基础。高层管理人员在处理战略与企业文化关系的过程中一定要注意到，企业的任务可以发生变化，但这一变化由于并没有从根本上改变企业的基本性质和地位，因而仍与企业原有文化保持不可分割的联系。

（2）要发挥企业现有人员的作用，由于这些人员仍保持着企业原有的价值观念和行为准则，因此可以保证企业在与原有文化一致的条件下实施变革。

（3）在必须调整企业的奖励制度时，要注意与企业目前的奖励措施相衔接。

（4）企业高层管理者要着重考虑与企业原有文化相适应的变革，不要破坏企业已经形成的行为准则。

3. 不太协调

不太协调是指企业实施一个新战略，企业的组织要素变化不大，但这些要素的变化却与企业原有文化不太协调。在这种情况下，企业高层管理者应在企业总体文化保持一致的前提下，对某些特殊的业务领域实行不同的文化管理。例如，美国瑞奇百货是一家长期为高收入阶层服务的百货公司，在 20 世纪 70 年代，公司决定开拓收入较少的中低层顾客市场，但这个市场的文化与公司以往获得成功的价值观念和行为准则极不一致，为此，公司决定在零售业中新开一个联号商店，培育不同的企业文化，独立经营。结果，公司在两个市场上都获得了成功。

4. 很不一致

很不一致是指企业实施一个新战略，企业的组织要素发生了巨大的变化，而这些变化与企业原有文化很不一致。在这种情况下，企业高层管理者首先要考虑的是企业是否有必要大动干戈推行这个新战略，因为企业为实施这个新战略要冒改变原有企业文化的风险，可能付出巨大的代价，而这一改变能否取得预期的效果，还不好预料。如果企业高层管理者认为没有必要冒这一风险，就要考虑重新制定与企业现有文化基本一致的具有可操作性的战略。但是如果外部环境发生重大变化，迫使企业不得不制定使企业文化发生重大变革的战略，就必须考虑如何进行企业文化的重建。

10.5.2 物流企业文化的重塑

重塑企业文化是一项难度相当大的系统工程，费时费力，因此，对这一工作的艰巨性必须有一个明确的认识，切不可操之过急。一般来说，改变一个大而复杂的企业的文化要比改变一个小而简单的企业的文化更加困难，改变一个文化同质性高的企业的文化要比改变一个文化同质性低的企业的文化更加困难。据此，我们用组织大小和复杂性表示企业的人数、结构、产品种类等物质因素，用文化的同质性表示企业成员坚持价值观和信念的刚性程度，就可以得出改变企业原有文化的四种难易状况，如图 10—11 所示。

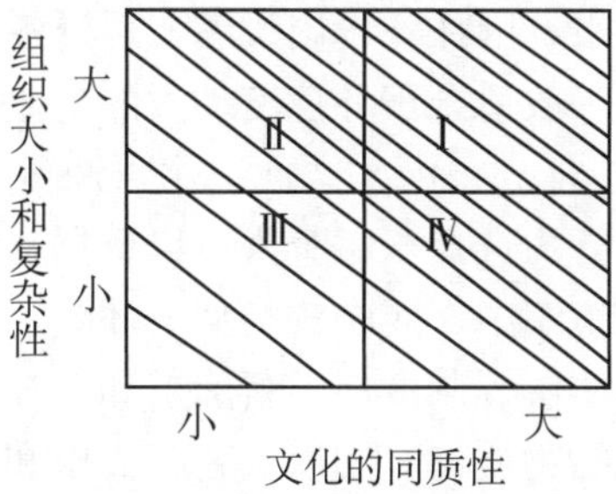

注：线条密度表示改变文化的难度。

图 10—11 企业文化改变的难易程度

（1）物流企业文化重塑是一项系统工程，渐进式比激进式更易成功。改变旧文化，重建新文化，一般来说，逐步的、细致入微的渐进式比急剧的、全面的激进式更容易成功。其原因在于，渐进式改革往往以给人们带来一定的好处为开端，容易获得人们的支持，从而可以顺利推进；而激进式改革往往在开始时给原有的文化以较大的冲击，引起人们对改革的反对，阻碍改革的顺利实施。当然，采用激进式改革，能够在人事安排上作出重大变动，如更换领导人员、聘用新员工、加强教育与培训等，往往可以比较迅速地实现企业文化的变革。例如，延长集团收购兴化集团、陕西化建等企业时，在输入技术和资金的同时也积极地注入延长的精神和理念。通过体制创新、制度创新、科技创新，重新设置组织机构，理顺上下管理体制，完善各项规章制度，加大科技投入和创新的力度，逐渐在全公司范围内形成了“埋头苦干、开拓创新”的企业精神，从而实现企业文化的整合，使这些企业迅速成为延长集团新的经济增长点。

（2）根据新战略的要求选择适宜的企业文化类型。从权力分配的角度看，企业文化可以分为四种类型，如图 10—12 所示。

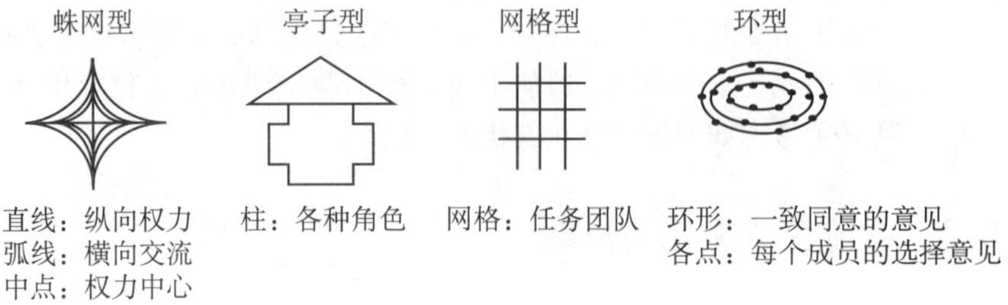

图 10—12　企业文化的类型

1）权力导向型文化。这种企业文化强调权力的支配作用，上级对下级具有绝对的控制权，但距权力中心越远，权力的影响越弱，其结构类似于蜘蛛网。

2）角色导向型文化。这种文化强调对企业忠诚奉献，因事定岗，因岗定人，每个人都是企业不可缺少的角色，企业的正常运行依靠各角色的努力工作，其结构类似于亭子。

3）任务导向型文化。这种文化强调一切为完成任务服务，为了完成任务将资源集中起来，因任务设岗设编，通过各种具体任务的顺利完成来实现企业的整体目标，一般适合于环境变动大的企业，其结构类似于网格。

4）员工导向型文化。这种文化强调员工参与民主管理与决策的作用，充分尊重员工的行为选择，每个人可以根据自己的兴趣决定自己的工作，一般存在于俱乐部等组织中，其结构类似于环线。

（3）从物质层、制度层、行为层和精神层四个结构层次进行文化重建。物流企业文化包括物质层、制度层、行为层和精神层四个结构层次。物质层包括厂容厂貌、各种物流设备特性等方面。制度层主要包括企业的工作制度、责任制度和非程序化制度等方面，是企业文化的中间层次，规定和约束了企业成员的行为准则，集中体现了物质层及精神层对企业成员和组织行为的要求。物流企业的物流表现能力更多的是通过其核心管理团队，甚至是一两名核心高层管理人员的表现能力得以反映的，而具体物流运作的效率和效益却是通过每一个实际操作人员的能力和水平来体现的，因此物流企业文化的行为层主要指的是企业员工的行为。精神层包括经营理念、企业精神、企业风气、愿景目标和职业道德等方面，是企业文化的核心与灵魂，是形成物质层和制度层的基础和原则，是衡量一个企业是否形成企业文化的标志。因此，重建企业文化时，不能偏废这四个层次中的任何一个，而应该通过不同途径分别采取措施进行全面重建，以达到新的协调。

案例 10—2　新宁物流企业文化

江苏新宁现代物流股份有限公司自创建以来一直重视企业文化建设，把企业文化建设作为企业发展的助推剂和润滑剂，有效推动了企业发展。企业文化建设是新宁物流发展中的一个亮点。公司成立十多年来，在组织经营、完善日常管理、推进制度改革、发挥职能、规划发展的同时，在创新企业文化建设方面也做了积极的探索与尝试，并取得了明显的成效。

首先，加强文化建设，企业树立形象。目前国际国内形势瞬息万变，公司非常重视把企业文化建设和产业转型相结合，依靠文化变革激发出来的精神力量解决各种各样的新矛盾、新问题，同时在危机中积极寻找转机，努力探索成长型物流经营模式，增强企业市场竞争力。通过创新经营模式，形成具有国际物流公司特色的物流业品牌。新宁物流从实现公司战略目标、完善与提升管理、实现员工自身价值出发，加强和完善企业文化建设，在服务企业、树立形象等方面收效明显。

其次，彰显文化特色，激发内在活力。新宁物流着力培育和彰显企业文化的特色，在构建过程中坚持把企业文化建设与学习型企业建设、提高员工素质等相融合，激发全体员工的内在活力，彰显企业文化的巨大魅力。它围绕提升提质增效、夺旗争星，通过干部培训等形式积极开展"创建学习型企业，争做知识型职工"活动；创新学习机制，营造"尊重学习、尊重知识、尊重人才"的良好氛围；建立内网和外网，为方便交流沟通、展示企业形象搭建有效平台。

最后，创建"新宁文化"，引领企业科学发展。新宁物流把2013年确立为"企业文化创建和实施年"，以"聚和文化"为根基，融合新宁文化和物流文化，全面构建综合型物流公司建设的新思路，助推企业转型升级、提质增效。"新宁文化"是与公司发展战略相适应的国际物流价值导向，是维系公司凝聚力、向心力的纽带，同时也是激发员工积极性、主动性和创造性的精神动力和实现"一个平台三个六"的力量源泉。它的创建标志着国际物流企业文化建设掀开新的篇章，标志着该企业开始向文化管理迈进，对于以后制定管理措施、更好地完成年底目标任务乃至制定公司未来规划具有十分重要的引领作用。

资料来源：《新宁物流：重视企业文化建设　增强企业凝聚力》，至诚财经（http：//www.cnfol.com）。

案例10—3　深圳海事文化的构建

海事文化可以定义为，为了满足海上航行安全和系统自身发展的需要，在长期的海上安全监督管理工作中形成的管理方式、群体意识和行为规范的总和。具体包含三个要素，即物质文化、制度文化和精神文化。

1. 物质文化建设

海事文化作为社会文化的一个子系统，其显著特点是以物质为载体，物质文化是它的外部表现形式。不断完善工作场所基础设施建设，塑造海事执法良好形象，为"文明达标"、"青年文明岗"等创建活动做好铺垫，完善职工的文化设施，积极开展健康有益的文体活动，有力地促进海事中心工作顺利开展。另外，先进的海事技术装备也是体现深圳海事形象的重要载体，深圳海事指挥中心一期已经建成，“十一五”期间，将继续建设海事指挥中心二期工程，以保持在海事系统中的领先地位。不断完善海事立体监控，逐步实现“全天候运行、全方位覆盖和应急快速反应”的要求，确保海上安全。

2. 制度文化建设

深圳海事局要加强制度文化建设，一是要发扬开拓创新的深圳海事精神，加强在管理制度和模式上的创新，伴随交通事业的跨越式发展，不断改革创新海上安全监管模式，以科技创新带动信息化，最终不断提高管理水平；二是要积极倡导宽松和谐、张弛有度，工作高效快捷、公正透明，在内部真正形成一种既有民主又有集中，既有自由又有纪律的良好氛围，形成“心齐、气顺、风正、劲足”的工作环境；三是要教育干部职工树立全局一盘棋的理念，工作中讲大局、求合力，勤奋研究，勇于创新，努力探索监管新思路、新方法，实现决策的前瞻性和科学化；四是建立深圳海事新形象，深圳海事通过创新执法理念、服务理念、监管理念，通过文明安全辖区的构建，不断塑造深圳海事新形象，通过不断提升服务，扩大深圳海事的影响，追求社会的最高满意度，树立良好的深圳海事新形象，得到地方政府和行政相对人的认可。

3. 精神文化建设

海事精神文化是海事文化的核心部分，重点解决海事价值观问题。海事价值观是指海事安全管理过程中所推崇的基本信念和目标，是海事人共同的行为准则和行为规范。它直接影响海事的根本信念和发展方向，并形成相对稳定的文化氛围，凝聚成一种活力与整体倾向，激发每一位海事人的积极性和创造性。因此，要精心提炼出最适合深圳海事局发展、最有价值、最有特色的海事精神和核心价值观，并加以确立和塑造。通过《公民道德建设实施纲要》的贯彻，增强广大干部职工建设“三个海事”的使命感和责任感，促进海事队伍整体素质的提高。根据深圳海事局的发展历史、所处地域、自身特点和所追求的目标，将深圳海事文化的价值观定义为“创新、务实、包容、奉献”。将以人为本、执法为民的理念深入贯彻其中，通过树立典型、大力宣传海事精神，使之深入到每一位执法人员的日常行为之中，共同创建深圳辖区绿色文明安全航区，服务于航运经济的发展，促进深圳地区经济不断前进。

从上面两个例子中可以看到，新宁物流和深圳海事同时注重物质层面、制度层面、精神层面的文化建设，建立了强大的基础设施、完善的管理机制，培养了高素质的人员。良好的企业文化为物流战略的有效实施创造了环境，加快了物流战略目标的实现。

10.6 物流战略管理变革

10.6.1 企业为什么需要战略变革

1. 战略变革的定义

当物流战略实施的实际效果与预期目标偏差很大，而仅仅通过战略调整又难以达到纠正偏差的目的时，战略变革便成为一种战略选择。关于战略变革，有不同的角度和观点：

（1）自然选择的观点。能够提供给组织的战略选择方案是非常有限的：环境是非常重要的因素，以至于大多数组织，包括大型企业，都不能影响它们的经营环境；企业受制于环境的变化，或者根据其变化作出相应对策。

（2）计划的观点。战略仅仅能够而且应该通过高度系统化的计划方式来产生，其中包括：设定方向和目标；分析组织的环境和资源；产生战略方案并进行评估；建立组织结构并设计控制系统。

（3）逻辑渐进的观点。由于组织经营所处的环境和组织的复杂性，管理者不可能考虑所有可能的战略方案。管理者应当通过比较，考虑哪个方案能带来最大的产出并且有实现的可能性，从而进行战略选择。这意味着管理者持有关于组织在未来几年内如何发展的看法，但他们是逐步朝这个方向努力的。

（4）文化的观点。环境压力和组织能力自身并不能产生组织战略，战略是由人来制定并执行的。来自环境方面的压力，以及组织处理这些压力的能力都是通过信仰和假设来发挥作用的。

（5）政治的观点。组织是政治实体，强大的内部和外部利益集团会影响其决策的输入，不同的利益集团（或者利益相关者）可能是矛盾的、冲突的。实权者或团体对关键事件的确认，甚至对选择最终战略都有很大的影响。

（6）想象中的观点。战略发展也可以看作是受爱幻想的领导们影响的结果，当组织由一个有号召力的领导所控制时更是如此。

（7）战略发展的综合观点。大多数组织中的管理者是通过将上述观点整合来理解战略管理的。

2. 企业变革的必要性

在道琼斯进行百年庆典时，只有一家公司作为百年的幸存者参加，它就是通用电气公司。据统计，1970 年《财富》杂志 500 强企业到 1983 年时有 1/3 被兼并或者分立为不同的小企业，或者与其他公司进行了合并。荷兰皇家壳牌公司在 1983 年对北美、欧洲和日本企业的研究也表明，在北半球，公司的平均预期寿命低于 20 年。研究者发现，那些最有生命力的公司都具有对环境敏感和对新思想宽容的特征。

洛克希德-马丁公司的董事长兼首席执行官诺曼·奥古斯丁（Norman

R. Augustine）说："世界上只有两类企业：一种在不断变化，另一种被淘汰出局。"我们经常可以看到世界知名企业由于未能及时实施战略变革而陷入困境甚至倒闭，或者由于成功地实施变革而走出困境，或者主动进行变革而保持持续的成功。这样的例子不胜枚举。

很多企业在快速多变的时代中成为失败者，在每一行业中，胜利者常常由于产品的更新换代而成为失败者。在竞争要求企业进行改变时，未能进行转变的管理者的数量，要远远多于成功进行转变的管理者数量。以前成功的模式，在今天可能包含着失败的种子。即使是管理得很好的公司也容易落后，或是因为错失时机而未能成功地实现战略变革。众多大公司的兴衰历史表明，无论公司处于多么有利的市场地位，资金多么雄厚，技术多么先进，管理者多么优秀，它们都有可能陷入困境。

案例 10—4　国美的物流系统改革之路

国美是国内家电品牌的佼佼者，近些年来，国美通过不断分析市场得出目前的家电销售企业如果单纯通过价格战或者依靠不断增加连锁店的数目，来打击对手、抢占市场、赢得顾客会得不偿失的结论。只有在充分分析家电销售特点的前提下，制定合理的物流战略，选择适当的物流运作模式，才能提高客户服务水平，降低运作成本，在激烈的家电市场竞争中脱颖而出。

国美认为供应链决定零售企业的生存状态。家电连锁企业如果自建物流，不但要具备相应的资金条件，还要配备相应的人才、车辆、仓库、信息系统，这是一笔不菲的支出。基于此，国美制定了以下改革措施：

1. 倚重第三方物流

自建物流使企业负担沉重，在各个地区与当地优秀的第三方物流公司合作减轻了这种负担。不过目前社会上大部分第三方物流公司的服务水平低、增值服务不完善。于是国美在有些地区开始着手扶持和培养专业的第三方物流公司。

2. 改造物流配送中心

将各地区的"大库"逐步改造成集仓储管理、配送管理、信息处理和流通加工等功能于一体的现代化的物流配送中心，开始全面实施集中配送的物流模式，即将所有冰箱、洗衣机、空调、彩电等大件商品和一部分小件商品集中储存在配送中心，所售商品由配送中心集中配送到顾客家中。在一个地区，国美只设立一个配送中心，供该地区和与之相邻的地区共同使用。这样一来，在国美商店里摆放的除了小件商品，其余商品只有样机。

3. 完善基础物流设施

国美现已拥有北京、上海、广州、大连、香港等 25 个具备成熟物流运营经验的物流中心，标准库房总面积 23.2 万平方米。另一方面，国美积极建立稳定的物流团队，现在自有运输车辆 186 辆，签约运输车辆 4 800 辆，拥有物流服务专业从业人员 2 000 人，送货服务人员 11 000 多人。

4. 完善物流信息系统

国美完善了物流信息系统，总部与26个分公司、各分公司与门店、各物流中心之间通过ERP系统连接，商品进、销、存等数据可以实时在线查询。国美销售的商品通过ERP系统传送到配送中心，再由中心给客户进行配送，实现了资源共享。

5. 提升顾客满意度

对顾客的服务时间更灵活。顾客不需要与商品同行，可以在购买、登记后随意支配自己的时间，还可以预约送货时间。国美为大多数顾客提供2～5小时的送货服务，同时也提供1～2小时的加急送货，通过上门提供优质服务，加深顾客对企业的印象，提高顾客忠诚度。国美还建立了有效的客户服务体系以监督服务质量，通过电话回访和顾客免费电话的方式在企业与顾客间建立起有效的沟通渠道。

6. 适应电子商务的发展需要

随着电子商务的发展，越来越多的客户接受了网上购物方式。集中配送与电子商务的物流模式基本相同，企业可以利用这种方式开展电子商务。

集中配送非常适合家电连锁企业的低成本运营。伴随着市场竞争，越来越多的企业会发展这种配送模式或建立共同配送中心，以降低运营总成本。物流服务最主要的目的就是为企业降低成本，快速满足客户各种不同的需求，提高服务水平。无论是借助第三方物流企业，还是实施一体化物流配送，家电销售企业都需要在标准化管理的前提下，搭建信息化平台，提高信息共享的能力，从而使物流改革顺利进行。

资料来源：《国美物流改革案例》，邦捷国际物流（http：//www.ne56.com）。

10.6.2 物流战略变革的方法

1. 战略变革的三阶段

变革是指用现行的计划和概念将企业转换成新的状况的渐进和不断变化的过程。激发人们变革通常需要三个阶段：解冻、转变和再冻结。

（1）解冻是指刺激个人或群体，改变他们原有的态度，使他们接受新观念。在解冻阶段，高层管理人员认识到现在的情况已经不能适应公司的发展，必须以全新的做法打破（解冻）现有模式。解冻措施常常是公司对自己针对现存环境的调整及其适应未来的能力的评估结果，这种诊断必须详尽且客观、公正。如果管理者认为公司不能适应现有的或预期的环境，变革就是必需的。比如，传统物流公司向现代物流公司的转变，就需要打破工作人员对仓储、运输等物流环节的传统定义，建立现代物流观念。

高层管理者特别要注意采取措施解冻过去的企业文化，必须让人们认识到原来的某些思维方式、感知方式以及行为方式已经过时，并且提出有效的解决办法。解决这一问题最有效的方法就是通过与旧模式的比较，比如通过仿真软件的模拟，进行新旧生产物流方式的对比，向人们展示原有模式的负面影响。管理人员可以向员工提供有关成本、质量和效率的统计数据，但是不能直接指责他们，否则会引起他们的抵制。

认识到业绩差距的存在对解冻很有帮助，它是重大变革的促进者。业绩差距是指实际业绩和应有的或可能达到的业绩之间的差异。这一差距反映了业绩的落后，例如，销售额、利润、准确率、货物破损率以及其他评价指标的下降，会引起管理者的关注，他们会采取变革措施来改变这种状况。

业绩差距还有另一种很重要的表现形式，这种形式出现在公司业绩已经很好但还有可能更好的时候，这种差距是实际业绩和可能达到的业绩之间的差距，这也正是战略管理者能够抓住机遇以及那些实施战略方案的公司能够获得竞争优势的地方。比如，家电物流在完善供应链管理的基础上，大力发展逆向物流追求更低成本，很多变革一开始往往从负面的情况下手，然而从积极的角度充分认识到它的潜力和优势并且制定新的运作模式会更有价值。作为变革的推动力，业绩差距不仅作用于整个企业，而且也作用于不同的部门、团队或个人。如果某一部门或工作群体的表现不如公司内的其他团体出色，变革就会被激发。比如企业对运输、装卸等环节工作出色的员工予以奖励，这种做法会激励其他员工努力提高工作质量。在这些情况下，解冻就开始了，同时这种业绩差距的存在也使得人们对变革更具有热情。

（2）转变指通过倡导新的价值观、态度和行为方式，逐步使其得到员工的认同并内化为员工的思想和行为指南。在转变阶段，首先要建立起有关公司发展方向的愿景，这种愿景可以通过战略的、结构的、文化的以及个人的变化来实现。战略思想应贯穿变革的始终，结构的变革涉及向事业部型、矩阵型或其他适当形式的组织结构转变，文化的变革要通过有效的领导才能制度化，而每个人在公司接纳新成员或者领导人的愿景规划在全公司范围内被普遍接受时也都自然发生着变化。

（3）再冻结是指利用有效的强化方式，使员工接受新的观念、态度和行为方式并长久保持下去。在物流企业中，再冻结体现在对物流各环节的工作人员的再培训方面。如施乐公司从改进质量、灌输全员质量意识入手，提出通过质量实现领导的转变。变革必须在全公司内得到传播并达到稳定状态，再冻结涉及建立支持该变革的控制体系，必要时采取更正措施，以及强化变革日程中所支持的行为和表现。管理部门应该对所有顺应趋势的转变给予支持和奖励。然而在今天的企业中，再冻结这一步并不总是正确的，如果它导致的结果同原来的行为一样呆板，再冻结就不是最佳选择了。理想中的新文化应是一种持续变革的文化，再冻结能把那些反映核心价值观的行为永久地固定下来，增进企业的适应能力和灵活性，促进其持续发展。换句话说，要锁定关键的价值观、能力和战略使命，而不要锁定具体的管理方法和步骤。

2. 不同战略变革方式的选择

关于变革的进度一直存在两种不同的观点：渐进式变革和激进式变革。渐进式变革通常只对一两个组织构成要素进行调整，而激进式变革则对组织的每一个要素同时进行变动，对组织的使命、任务、文化以及正式的组织结构进行调整。

渐进式变革的进度容易控制，其前景也更容易预测，一般不会遇到太大的阻力，比较容易施行。渐进式变革的缺点在于：当事者只见过程不见结果，为变革而变革。渐进式变革只限于局部，只能影响整个进程的一小部分。尽管总体前进了一些，一种职能的内部可能会有所改进，但这些改革措施却不能带来跨职能、跨组织的改革所产生的更大的成果。为了保证渐进式变革的成功而尽可能多地搜集信息，拖延变革行动，有时会使企业陷入一种误区，使那些已经做好接受变革准备的员工失望，真的进行变革时，反而会导致更大的伤害。

与之相对的是激进式变革，它是一种全方位变革的方法，即组织结构的变革要与新的人员培训活动、新的组织文化和重新设计的工作流程相适应。激进式变革在改善企业短期效益上效果显著，并且有助于显示企业变革的决心，从而有利于变革的推行。激进式变革的副作用在于，大幅精简机构和裁员会严重挫伤员工的积极性和士气，短期成本的降低可能不利于企业的长期利益。

案例 10—5　日产汽车公司的激进式变革

日产汽车公司创立于 1933 年，是日本三大汽车制造商之一。从 20 世纪 40 年代末开始，日产汽车开始进入快速发展阶段，并在国际市场上占据一定的市场份额。然而由于官僚主义、成本控制不力、开工率不足、日元升值等原因，从 1991 年到 1999 年，日产有 7 年亏损，全球市场占有率从当初的 6.6%下降到不足 5%，公司债台高筑，至 1999 年净负债额已达 21 000亿日元。在崩溃的边缘，日产汽车选择寻求外部支持，接受法国雷诺汽车公司的收购。

在收购日产后，雷诺共有 17 人进入日产高层，其中卡洛斯·戈恩进入日产董事会，并担任首席营运官。在戈恩的领导下，日产汽车进行了大刀阔斧的改革：裁员 2.1 万人，关闭 5 家工厂；卖掉非汽车制造部门；将零部件和原材料供应商压缩到 600 家，实行竞争性采购；将开展融资的银行数量压缩到 20 家左右，降低融资成本；改变年资序列薪酬体系；减少交叉持股并剥离企业联盟中的资产，优化现金流并增加对产品研发的投资等。

通过这些措施，日产大幅降低了公司运营成本，借助美国市场对日本汽车需求强劲的契机，成功地使公司起死回生，仅用不到两年的时间便实现扭亏为盈，在 2000 财政年度（2000 年 3 月到 2001 年 3 月）实现 27 亿美元的盈利；在 2001 财政年度，营业利润达到 39.2 亿美元。

资料来源：刘涛：《企业管理模式演化机制研究——基于惯例分析的视角》，首都经济贸易大学博士论文，2014。

10.6.3　战略变革的管理模式

从管理权变理论的角度看，环境的变动必然要求实施战略变革，战略变革管理模式的选择将影响战略变革能否顺利进行。

（一）战略变革的管理风格

战略变革的管理风格主要有四种类型（见表10—1）。

表10—1　　战略变革的管理风格比较

<table>
<tr><th>风格/类型</th><th>方法</th><th>缺点</th><th>优点</th><th>有效的环境</th></tr>
<tr><td>教育和交流</td><td>互相尊重、互相信任、小团体</td><td>耗费时间，方向或进展不明</td><td>解决缺少信息或信息错误的问题</td><td rowspan="2">长期的渐进式变革或全局变革</td></tr>
<tr><td>参与</td><td>小团体、工作小组、干预</td><td>耗费时间，解决方法仍在旧战略框架内</td><td>增强员工主人翁意识，提高决策质量</td></tr>
<tr><td>干预</td><td>由变革机构保持控制和协调的权力</td><td>有被认为是操纵的危险</td><td>过程得到指导和控制</td><td>渐进式或无风险的全局变革</td></tr>
<tr><td>强制/法令</td><td>通过强制/法令实施变革</td><td>如果有危机，则很少成功</td><td>在危机或混乱的情况下会成功</td><td>迅速的全局变革，或专制文化下的变革</td></tr>
</table>

1. 教育和交流

如果是由于缺少信息或信息错误而产生战略变革的问题，就需要建立管理人员和雇员之间相互信赖、相互尊重的氛围。战略变革的阻碍往往基于那部分不容易被说服的感情因素。这些心理障碍包括：害怕失去地位，对自己现有能力的否定，对放弃传统战略的不安全感等。因此，如果在战略变革中涉及的人数很多，解决这类问题就需花费大量的时间。现在，许多组织已经意识到，要使交流有效，最好进行小团体的讨论。但是，战略变革的方向和过程常常不太清晰，单单依靠交流不能很好地解决变革问题。

经理们的言谈举止时时刻刻都在传递关于战略变革的信息。作为经理，切不可认为交流只是人力资源或公关部门的事，事实上，任何一级经理与员工的交流对成功地进行战略变革都是十分重要的。

2. 参与

让更多的人或小团体参与变革过程，有助于增强决策和变革过程中员工的主人翁意识，从而强化内部的交流。这可能需要建立项目小组或者工作小组，那些参与进来的人会对整个决策制定过程作出有意义的贡献，使最终的结果更好，决策的质量更高。

3. 干预

通过干预变革过程，变革机构是整个变革过程的权威协调者，只是将某些方面的变革交由其他人员或部门负责。这种做法也有风险，那些参与到变革过程中的人也许会认为他们正在受人操纵，从而采取不合作的态度。

4. 强制/法令

强制或法令是强加于变革的事物或者是关于变革的详细指令，显然，需要使用权力才能做到。除非时间很短或者组织中出现危机和混乱，人们将强制或法令作为一种处理现有混乱、理清组织状况的一种方法，否则，强制和法令是最不受欢迎，也是最无效的一种变革管理风格。

总之，教育和交流及参与等方式最适用于渐进式变革，也适用于那些要经历很长时间才能实现的转型式变革。强制和法令只有当出现危机或者需要快速实现转型式变革时才有效，如果变革发生在独裁的文化环境下，这种风格也比较适用。干预是一种介于中间的管理风格，可以在较小的风险下实现转型式变革，同时，它也适用于渐进式变革。

（二）成功地实施战略变革的步骤

1. 在企业范围内产生紧迫感

随着经济全球化、网络化和信息化的发展以及社会分工的细化，物流在社会经济中的地位不断提高，传统的物流组织结构已不能适应新的市场环境的变化和客户多元化的需求，对物流组织结构进行创新，成为企业对内提高组织工作效率和对外增强核心竞争力的关键。

2. 建立领导联盟

建立领导联盟是指组织一个小组并赋予它领导变革的足够的权力。变革的努力常常由于没有形成强有力的领导联盟而失败，在重大的企业内部改革中，各高层管理部门首先应团结一致，收集有用信息，制定有效的实施步骤。但是随着时间的推移，这种集权必须逐渐地扩散到整个企业。中层管理者和基层管理者很关键，还有各个层次上的小组，它们是各种变革努力的黏合剂，是传达变革的媒介，是实践新行为的途径。

3. 制定愿景和战略

制定愿景和战略有助于引导变革的方向，这一过程涉及变革实施之后所要达到的理想的、预期的状态。在重大的组织变革中，困惑普遍存在，因此，必须尽可能明确未来愿景，并向每个人说明。这种愿景将成为一种指导方针，它能澄清期望、打破谣言和挖掘人们的潜能。对未来的勾勒还应该说明转变如何发生、为什么要实施变革以及这一变革将如何影响人们等。一个强有力的愿景是变革很重要的内容，它的作用不可小看。

4. 沟通变革愿景

运用一切可能的渠道和机会讨论并强化愿景和战略，以引起人们的兴趣。那些有志于变革的领导者常常由于沟通不到位而大幅降低了成功的机会。沟通来自言和行两方面，后者常常更有力，没有什么比重要人物的言行不一更容易危害变革的。

5. 广泛的授权

这意味着排除通向成功的障碍，包括那些不能提供支持的、限制性的体制和结构。要鼓励冒险，鼓励非传统的观点、活动和行为。向人们提供信息、知识、权力以及奖励，使他们更有力量。

6. 计划并夺取短期胜利

不要只等待愿景的完全实现，要计划并取得一些小的胜利，让每个人都能看到进步。要注意发现并奖励为这些胜利作出贡献的人，并尽可能公开，让大家都注意到，把这种积极的影响带到整个企业。

7. 巩固成果，深化变革

利用日益提高的信誉，改变与愿景规划不相适应的体制、结构和政策。对那些能够执行愿景规划的员工进行聘用、晋升和开发，利用新项目、新论点和变革推动者，再次激活整个过程。

8. 将新方法融入文化

要使变革在企业文化中根深蒂固，两个要素尤为重要：第一个要素是有意识地向人们表明新方法、新行为和新态度是如何帮助他们改进工作绩效的；第二个要素是利用各种手段，确保领导的培训开发和后继有人。

10.6.4 传统物流企业走向现代物流企业的变革

一般来说，传统物流企业向现代物流企业变革有两条基本途径：一是内部自主式转化；二是外部带动式转化。内部自主式转化就是在一定的战略目标下通过内部资源的整合运作，克服障碍，逐步走上第三方物流服务之路。外部带动式转化指主要依据外部资源、外部力量来克服障碍，逐步完成向第三方物流服务的转化。此外，传统物流企业向现代物流企业变革还可以通过结合式转化来实现。结合式转化就是针对不同阶段和不同的目标要求选择内部或外部的方法来克服障碍，完成向第三方物流服务的转化。

1. 内部自主式转化

实施内部自主式转化，第一，要根据第三方物流的基本要求，针对实际情况制定相应的战略，并在战略的指导下分阶段地实施；第二，加强内部培训工作，促进现代物流观念的形成，为转化提供坚实的思想基础；第三，加强基础设施的投入，特别是信息系统方面的建设，创造开展增值服务的条件。通过这一路径实现转化的具体方式有：

（1）逻辑渐进方式。逻辑渐进方式就是按物流战略的主导逻辑推进，在实施的过程中对物流战略某些部分作必要的修正。逻辑渐进方式是传统物流企业实现转化的一个主要方式，也是最易着手实施的方式。这种方式的主要优点是以现有业务为基础，充分地挖掘现有优势，实现优势的有效发挥，有利于业务的延伸。同时，还可促进现有业务的发展和核心能力的形成。实施逻辑渐进方式，其重点思路是如何将现有业务节点间（如仓库、货运站等）的货物位移与两端点上的延伸增值服务（如订货、取货、分拣、包装、仓储、装卸、咨询及信息服务等）紧密结合为一体，使货物从最初供应者到最终用户这个过程中的各个物流环节组成完整的物流链管理系统。

（2）技术跳跃方式。技术跳跃方式指通过采用先进的物流核心技术，在战略组织实施过程中使物流变革能直接在一个较高的技术水平上进行。传统物流业的转化也可直接采取技术跳跃方式，如把资源集中于某一关键技术上，使其达到先进的水平，并以此作为先导，提供优质的增值服务并带动其他增值服务的进行，或以此为主要纽带，建立战略联盟，提供系统的物流服务，促进转化。这种方式有利于传统物流企业迅速摆脱内部困扰，为自己提供一个较高技术水平的平台，利用这个平台提升市场地位，从而促进转化。

（3）分步迂回推进方式。在战略目标下，根据自己的实际和环境的要求，由易到难地进行，并且以战略目标为主，不纠缠眼前的得失，为了战略目标的实现，甚至可以牺牲部分眼前利益，在具体方法上是迂回的而不是直接的。采取分步迂回推进方式，传统物流企业可以暂时绕开自己无法直接进行的业务或暂时无法克服的内部障碍，将业务逐步推开。通过业务的开展不断克服内部障碍，从而达到目标，实现转化。

（4）全面综合推进方式。按既定战略内容和目标全面展开，同时迅速实现转化。业务来源有保证，又具有良好基础和实力的大企业，可采取全面综合推进方式，以迅速占领市场，取得优势和竞争力。

2. 外部带动式转化

采取外部带动的转型方式，关键是如何选中外部目标企业以及如何与选中的外部目标企业结盟。其实这种外部带动式转化也是一种战略联盟，是一种"伴随巨人同行"的方式。传统物流企业可以利用从事某环节物流服务的条件，积极主动地创造条件去寻找具有经验与实力的物流企业，通过联盟甚至是不平等的联盟，在对方的战略框架或物流业务统一领导下开展物流服务，放弃目前的主动权，充当对方的从属协作单位或一个战略环节。通过这种一次次不平等的结盟，完成自己的经验、业务积累和清除内部障碍，实现向第三方物流企业的转化。传统物流企业也可以选择具有强大业务来源保证和需要更好服务的企业，通过不断满足其要求、不断超越自己、不断克服内部障碍来实现转化。

作为一个传统物流企业，锦程物流仅用短短几年的时间便完成了向现代物流企业的转型。锦程物流战略转型（突变）模式总体上可归纳为：首先通过信息网络技术的应用，支持以连锁经营为核心的商业模式来实现实体网络布局，迅速扩大客户资源；然后凭借网络技术的优势，利用输出标准软件和管理信息系统，将船东、运输、仓储等资源整合在一起，实现物流资源的优化配置，为客户提供增值服务。这一模式可归结为逻辑渐进式和技术跳跃式完美结合的产物。

在实际操作中，对于部分中小型传统物流企业来说，选择逻辑渐进式和分布迂回式这种稳健的转化方式会由于转化速度较慢，适应时间较长而遭到市场的淘汰。对部分企业来说，选择技术跳跃或全面综合推进方式又受到资金和实力的制约，企业心有余而力不足，而外部带动式转化无异于交出公司的控制权，这更是众多传统物流企业所不能接受的。现有的物流企业转化方式并不适合我国物流企业的现状。面对激烈的市场竞争，国内许多企业依据自身优势和条件，设计出了许多极富创造性的发展战略，并使企业走上了快速发展的轨道。如国内的宝供、宅急送等，都有其自身的特点和优势。

案例 10—6　德国铁路改革：职能分离与开放市场

1. 变革的背景

德国和世界各国一样，汽车产业以及水上运输、空中运输快速发展，铁路在运输市场上的主导地位迅速下滑。1950—1990 年间，铁路货物运输所占的市场份额从 60%下滑到 29%；在客运方面，市场份额由 36%下降到 6%。这导致一个原本利润丰厚的企业变成赤字越来越大的国有公司。德国铁路的债务从 1970 年的 139 亿马克增加到 1990 年的 470 亿马克。当时联邦运输部预测德国铁路的债务和赤字会越来越高，到 1996 年可能增加到 800 多亿马克。但是，德国铁路作为一家国有企业，既要像政府机构一样运行，又要像企业一样运行，需要自负盈亏，产生良好的投资回报。为改变这种不利的局面，德国铁路变革进行了 17 次尝试。

2. 变革的目的

德国铁路变革的目的是使它能够在市场经济的竞争中摆脱亏损的困境，成为独立的以盈利为目的的服务性企业。具体目标包括：(1) 通过股份制的形式使国有控股的铁路企业的私有化程度不断加大，这样可以减轻国家财政的负担；(2) 分解职能，开放市场，为铁路和其他运输部门开展合作和竞争创造公平的条件；(3) 面对日益激烈的市场竞争局面，筹资能力将成为增加企业竞争力的重要方面，通过变革，实行股份制经营能够增强铁路企业的筹资能力。

3. 变革的进程

德国铁路的整个变革步骤按十年计划实施，分两阶段共四步进行。

第一阶段解冻：德国铁路有限公司在五年时间内为第二阶段进行结构变革、建立法定公司做准备。这一阶段分三步走：

第一步，从 1994 年 1 月开始，将原东德国铁与西德联邦铁路合并，组成联邦铁路资产局，这是一种过渡形式。在这一阶段，企业的国家垄断性质、运作方式并没有根本改变，只是逐渐改变结构和经营方式。

第二步，成立德国铁路股份公司及相应的铁路联邦管理局，仍然保留联邦铁路资产局从事企业经营、裁决和行政管理。

第三步，根据德国铁路有限公司基本章程的规定，组建了四个分公司，即路轨基础设施分公司（包括转运站、铁路网建设）、短途旅客服务公司、长途旅客服务公司和货运公司。

第二阶段变革，即德国铁路变革的第四步，其主要任务是第一阶段为之准备的结构变革，结构变革主要按照公司法通过分离的方法进行。德国铁路公司按照公司法的要求组建成由一个控股公司管理的多层次的集团公司。德国铁路股份有限公司是这个集团公司的母公司。这个集团公司被分成集团公司的管理部门和五个分公司，每个分公司都有权以股份有限公司的身份独立经营各自的业务。这五个公司同时还分别是指定给它们的联营公司和参与公司的管理公司。按照计划，1999 年以后，德国铁路股份公司依法解散，解除国有控股，五个公司独立运作、自主经营。

再冻结。变革给德国的铁路注入生机，德国的铁路正朝健康的方向发展。在德国铁路变革的第一个五年，铁路企业取得了较好的成绩。铁路的运输量 1993—1998 年增长了 10.7%，运输的人数增加了 18%；客运量从 1993 年的 1.428 亿增加到 1998 年的 1.599 亿，增长了 12.0%；货运量从 1993 年的 63.791 亿吨增加到 1998 年的 73.273 亿吨，增加了 14.9%；1998 年的营业额是 30.188 亿马克，比 1993 年的 27.285 亿马克增长了 10.6%；1999 年德国铁路全年营业额是 300 亿马克，比 1998 年增加了 1.4%。由于价格问题，劳动生产率提高了 113%。整体上，德国铁路通过变革改善了企业的亏损状态，变革前制定的目标，即希望通过十年的变革，减轻国家 100 亿马克的负担，已经实现，而且比预期的还要好。

德国铁路集团公司通过一个强有力的控股管理机构采取相互制约的管理形式，确保铁路行业的壮大。上述结构的优势在于：促进跨所有制、跨行业的创新；通过路轨设施与运输操作分离和并行实现最佳业绩；把市场划分成网络进行管理，从而减少成本；确保整个制度的有效性，同时兼顾安全、高效；通过分权决策使铁路行业具有灵活性并实现明确的市场定位；通过明晰产业责任、增加透明度来提高效益。

资料来源：《德国铁路改革：职能分离与开放市场》，中国铁道论坛（http://bbs.railcn.net）。

关键术语

物流战略实施　　企业文化
战略变革　　战略变革管理

复习思考题

1. 在物流战略的实施过程中存在哪些障碍？
2. 物流战略实施的主要任务和原则是什么？
3. 物流战略实施的模式和要素是什么？
4. 物流战略和资源的关系如何？
5. 物流战略和物流资源的动态组合关系是什么？请详细说明。

6. 组织结构设计的基本原则和基本类型是什么？详细说明各种组织结构基本类型的优缺点和适用性。

7. 物流组织结构经历了哪几种发展模式？有什么不同？

8. 物流战略实施和物流企业文化的关系如何？

9. 当企业文化不适应企业的战略时，应该从哪几方面重建企业文化？

10. 什么是物流战略变革？战略变革的阶段有哪些？

11. 物流战略变革的步骤和内容分别是什么？

案例分析

海上能源运输通道安全保障机制的部门职能设计

海上能源运输通道安全保障是一个涉及战略层面及对策层面的问题，同时也是一个具备长效机制和应急应对机制的综合问题。基于此，安全保障机制的部门职能设计从长效机制和应急应对机制两个层面进行分析，两者通过海上风险评估平台进行有效的连接，如图 10—13 所示。

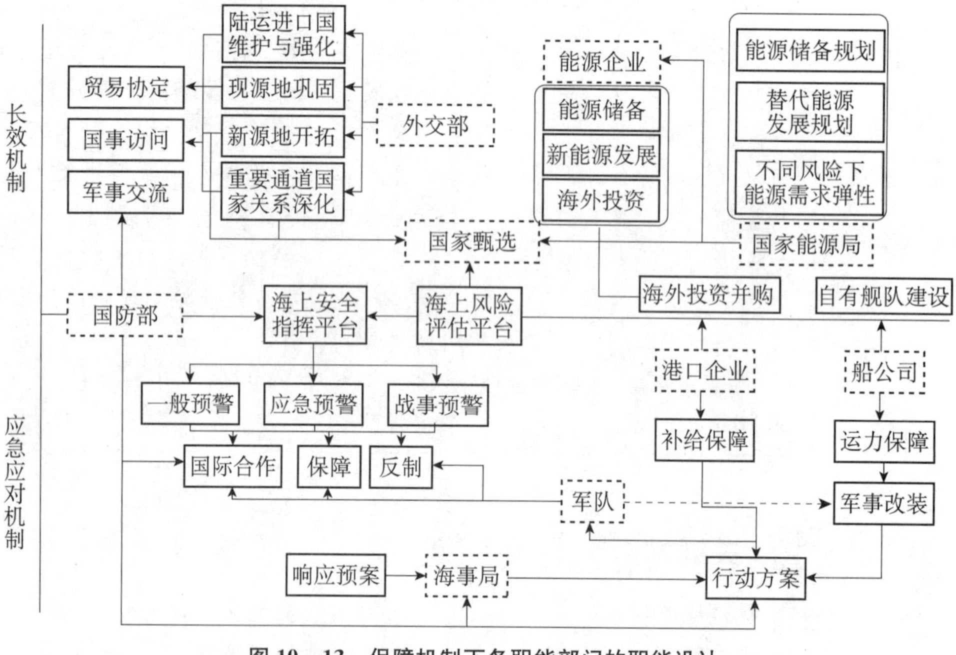

图 10—13　保障机制下各职能部门的职能设计

（一）外交拓展机制及职能设计

（1）外交部应深化与现有主要能源进口源地国之间的贸易关系。

（2）外交部与国防部应强化与现有陆运能源进口国及通道国的经贸合作和军事交流。

（3）外交部与国防部应深化与现有海运通道主要节点或附近国家的经贸合作，增强政治互信，着力朝军事交流方向发展。

（4）外交部与国防部应开拓新的能源进口源地国，加大对此类国家的扶持、合作，引导国内资本尤其是能源企业、港航企业进入此类国家市场。

（二）港航管理机制

(1) 航运管理部门应鼓励港口企业在海外进行港口投资，并加大对此类港口企业政策及资金的扶持力度。

(2) 交通运输部水运局与国际合作司应该针对海上可能会遇到的一般风险、应急风险、战事风险分别建立预警体系，并且根据相应的风险种类建立反应预案，预警信号发出时应当具备迅速制定行动方案的能力。

（三）港航企业配合机制

(1) 船公司应当将自有船队的建设作为经营的一个重要着力点，建立基于国家利益驱动的特殊任务响应预案，保证有足够的运力满足国家层面的运输需求。

(2) 港口企业应加大海外投资力度，尤其是在重要的海上通道节点或附近国家，满足特殊条件下能源运输船舶的补给及停靠需求。

(3) 港航企业应在特殊时刻随时准备按照国防部或海事安全部门的要求更改航线，以躲避潜在的海上威胁。

(4) 港航企业尤其是船公司应该接受特殊时期军事部门对船舶的改装，以适应特定时期对船舶安全的要求。

（四）海事安全机制

(1) 国防部应根据海上风险评估平台设立海上安全指挥平台，保证特殊时期对海上安全的指挥权，应对海上可能面临的安全威胁，同时根据预警的情况编制相应的行动方案，保证军队对海上安全威胁的响应度维持在较高的水平。

(2) 海事局通过与国防部共同制定相应的预案与行动方案，保证在海上安全预警与行动方案中与企业层面的及时沟通。

（五）能源管理机制

(1) 国家能源局应负责编制详尽的能源储备规划、替代能源的发展规划，并且分析不同状态下国内能源的需求与弹性，通过颁布相应的政策法规引导能源企业加大对替代能源与能源储备基础设施的投资力度。

(2) 能源企业除了响应国家能源局的政策之外，还应加大海外投资，与外交机制形成呼应，扩大我国能源进口的源地，加强对现有源地的控制。

资料来源：赵旭，高建宾，林玮：《我国海上能源运输通道安全保障机制构建》，载《中国软科学》，2013（2），8～15页。

问题讨论

1. 我国海上能源运输通道安全保障机制各部门的职能特点是什么？
2. 如何实现各部门间的有效协调？

山东半岛东北亚国际航运中心港口整合与发展具体实施

（一）战略组织

1. 成立港口资源整合领导小组，形成有效协调机制

山东半岛东北亚国际航运中心的建设不能只靠青岛一个港口和城市的努力，而是山东省所有港口、所有城市的机遇和任务，需要山东省整个半岛城市群和港口群的参与。要完成这项复杂的系统工程，必须加大政府对国际航运中

心建设的宏观调控力度。鉴于目前“一城一港一政”的模式不利于实现港口间跨区域整合，借鉴天津、浙江、上海、广西等省市经验，山东省应成立由省领导任组长的省港口资源整合领导小组，协调解决跨区域及重大港口资源整合事宜，有效推动全省港口资源整合工作；成员由省发改委、国土局、海洋渔业厅、交通厅及各市政府组成。各市成立类似的领导小组，协调解决各市港口资源事宜。

2. 加强政府宏观管理和调控职能以规范市场竞争环境

（1）政府应加强港口总体规划，对岸线资源进行有效管理，合理规划港口布局和定位港口功能，确保港口资源的合理开发和科学利用，避免重复建设和乱占岸线资源情况发生。各沿海市政府给予港口管理部门在港口规划上的主导权。港口、土地、海洋、城建、环保等管理部门密切配合协作，保证港口规划与综合规划体系相互协调。按照深水深用、浅水浅用的原则，加强对岸线的审批管理，合理有效利用岸线资源。加强港口建设前期工作，搞好沿海港口建设项目储备。

（2）依法治港，加强港口市场监管，提高行业管理和市场调控能力，建立和完善公平竞争、规范有序的港口市场体系，避免无序竞争、恶性竞争及垄断行为，为港口持续、快速、健康发展提供保障。规范港口航运市场，把好市场准入关，逐步建立起规范、公平、成熟的市场环境和竞争机制。打破地区封锁和市场分割，完善市场准入制度和退出制度，打击不法行为，制止违规经营，营造统一开放、公平竞争的市场环境，保障港口运输市场健康有序发展。

（3）在许可范围内，出台扶持港口资源整合的倾斜政策和优惠政策，包括制定投资、财政、金融和建设等方面的优惠政策，如建立政府港口建设基金，保证港口公共基础设施和公益性配套设施的建设与维护。

（二）战略资源的建设和培养

1. 构筑以青岛为核心的黄淮沿海组合港

构筑以青岛为核心的黄淮沿海组合港，在港口之间实现更为密切的业务联系和功能融合。一要打破行政区划的限制，应注意对山东省内不同地市间的港口进行整合，尤其是注意对青岛、烟台、日照和威海四个港口城市的协调与整合，分别按照地域或者功能进行港口整合；二要在港口群整合中，注意发挥青岛港的优势和作用，以充分利用青岛港在东北亚区域的竞争实力，发挥青岛港对其他组合港的示范与带动作用；三要在港口群组合中，注意对冀南与苏北地区港口的吸引，山东南北两个相邻省份江苏与河北均缺乏核心港口，尤其是苏北地区面积广阔，徐州与山东历史上联系密切，连云港与青岛和日照海陆相邻，为此应注意加强连云港与山东港口的分工协作与资源整合。

2. 建立投资主体多元化的港口投融资机制并有效集聚各种资源

探索建立投资主体多元化的港口投融资机制，实现国有、民营资产和外资的顺利整合，是山东半岛城市群港口资源整合的重要金融保障。发挥市场在资源配置中的基础性作用，打破行业垄断和地区封锁，废止妨碍公平竞争、设置行政壁垒、排斥外地企业的各种分割市场的规定，改变港口发展多头管理、相互交叉、合力不强的状况，在全省范围内建立和完善统一开放、公平竞争、规范有序的港口市场体系，吸纳各方资金投入港口建设。

山东省各港口企业应积极吸引省内外、境内外的大货主、航运企业、港口相关企业投资港口建设，实现港口投资主体的多元化。通过这种方式与上述企业形成利益共同体，变多家为一家，实现更加紧密的合作，使各种资源得到有效的集聚。

3. 加快建设港口信息网络

规划建设互联互通、实时高效的港口信息网络，是实现港口资源整合，特别是港口信息资源整合的重要技术支持。一是发展先进的通信网络。二是建立港口信息资源整合数据库，实现港口之间、港口与其他运输方式之间、港口与其他部门之间非保密信息的交换、共享、整合。三是建设开放、公共、规范的港口信息公共服务平台，为港口管理部门、货主、企业的各类信息系统应用提供资源交换、共享与整合的基础支撑服务。四是在各港口之间、港口与其他运输方式之间、港口与其他部门之间、港口管理部门与货主、各企业之间，建立高标准的数据处理及决策信息系统，对不同的运输要求进行优化，提出优质的服务方案，从而加强对整个运输市场的管理。五是建立专门化、大型化的港口信息发布网站。六是充分考虑各港信息系统之间的互联互通，制定统一的信息技术标准、制度法规和管理规范。七是健全和完善港口信息网络安全管理体系。

4. 统筹配置港口相关资源并为港口发展预留空间

山东省政府和各港口应树立“规划即是整合”的观念，在制定城市发展规划、港口布局规划及其他相关规划时，按照港口优先原则，充分考虑第四代港口建设发展需求，即港口发展对土地、岸线、水域等资源的需求，统筹配置各种港口相关资源，合理布置港区、保税区、临港工业区、物流园区，对具备建港条件的区域，预留出充足的岸线和陆域纵深地带，以满足港口和物流以及临港工业发展用地的需要。

资料来源：迟焕然，吕靖：《山东半岛东北亚国际航运中心发展战略研究》，170～172页，北京，人民交通出版社，2009。

问题讨论

山东半岛东北亚国际航运中心如何实现港口资源整合？具体措施有哪些？

情境案例

配送中心战略选择

（一）情境假设

你现在想成立一个专业的第三方物流企业，但市场上资源有限，只有三种类型的配送中心供你选择。限每次十个同学一组进行比赛。每个同学需快速作出选择哪种类型的配送中心这个决策。

1. 高度自动化、科技化的配送中心

这里包括了配送中心所有的固定资产和流动资产，有立体仓库、自动分拣设备、各式堆垛机、运输车辆等。这种配送中心的特点是：在运营过程中要支付很高的固定成本（折旧费用），折旧费用是当期所消耗掉的，所以要体现在总成本当中，但是相对的可变成本却很低。这种类型的配送中心的效率很高，能保证订单的准确率（包括配送及时率、货损货差率等）。

2. 机械化、人工化的配送中心

这种配送中心的大多数活动都需要人来完成，所以在运营过程中，需要支付很高的可变成本，当然它所耗费的固定成本非常少。另外很重要的一点是：这种类型的配送中心作业效率很低，不能保证配送的准确率。在这种情况下要对配送中心进行罚款，即要把收入去掉一部分。

3. 半自动、半人工的配送中心

这种配送中心的特点是：固定成本和可变成本介于高度自动化的配送中心和传统的人工化的配送中心之间。配送的准确率是不确定的。

对这三种配送中心的定位虽然考虑的因素简单，但是总体上符合实际情况。表 10—2 和表 10—3 是对三者的比较。

表 10—2　三种配送中心比较情况说明

比较项目 / 中心类型	固定成本（主要包括折旧费用）	可变成本（包括主要的日常营运费用）	配送准确率（包括配送及时率、货损货差率）
高度自动化	最高	最低	总是能保证
半自动半人工	介于两者之间	介于两者之间	不一定
机械人工化	最低	最高	总是不能保证

表 10—3　配送中心具体费用表　单位：万元

比较项目 / 中心类型	初始固定资产总值	固定成本（主要包括折旧费用）	可变成本（包括主要的日常营运费用，具体有装卸搬运、简单加工、运输费用等）			
			订单量 100 万	订单量 200 万	…	订单量 n 百万
高度自动化	1 000	100	10	10×80%	…	$10\times80\%^{n-1}$
半自动半人工	500	50	30	30×80%	…	$30\times80\%^{n-1}$
机械人工化	100	0	50	50×80%	…	$50\times80\%^{n-1}$

注：受规模经济的影响，三种配送中心的可变成本呈下降趋势，下降到的比例分别是 80%，85% 和 90%。

（二）订单的生成：采取循环做法

第一期订单采取随机生成方式。这种方式是可取的，也是符合现实情况的。因为是一个新型的行业，所以所有企业的初始状态都一样，没有特别优秀的企业，也没有特别差的企业。市场是一种完全自由竞争的局面。客户对第三方物流企业的选择是随机的。

但是到第二期的时候，客户对所有物流企业第一期的运营特点有了一定的了解，这时就会倾向于选择第一期运营业绩比较好的物流企业，这样的物流企业第二期的订单量自然就多。为了体现这一事实，做法是加权重。在给配送中心生成第二期订单的时候，根据上一期评价的结果，给经营良好的企业在第一期订单量的基础上加权重。经营越好的企业加的权重越大，经营相对较差的企业要减去一定的权重。以后每期的订单量都是按照这种规则生成的。

为了方便进行比较，客户订单上的信息只包括订单的成本，即配送中心接这个订单时获得的收入，单位是万元。

系统在第一期随机生成初始订单，初始订单量为200万～400万。第一个作出决策的企业订单量为400万，第二个作出决策的企业订单量为380万，依次递减20万，最后作出决策的企业订单量为200万。以后每期的订单量都是依据前一期营运业绩的排名在第一期订单量的基础上加不同的权重得出的。

订单生成总共进行十期。

（三）评价比较

系统采取自动赋权打分的方法给出每个物流企业的运营业绩评价。用收入、总成本、净盈利率和配送准确率以及固定资产总值这五个指标来评价。

固定资产总值：固定资产总值＝上一期的固定资产值－本期的折旧。如果下一期进行了战略转换，则固定资产总值按上一期的固定资产值减去本期折旧后的一半来计算。

收入：收入＝订单收入－罚款。如果不能保证配送的及时性，企业就会被罚款。系统设定的罚款额为订单收入的一定比例。罚款比例定为订单收入的30％。

总成本：总成本＝固定成本＋可变成本。系统将会给每种配送中心的固定成本和可变成本设置一定的数值。

净盈利率：净盈利率＝（收入－总成本）/收入。

首先，给这五个指标分别设置一个权重，总数加起来等于1。固定资产总值给10％的权重，收入和总成本各给20％的权重，净盈利率和配送准确率各给25％的权重。对配送中心而言，配送准确率的权重高于成本和收入。但是，无论什么类型的企业，追求利润是企业的根本宗旨，所以给净盈利率比较高的权重。

其次，按照一定的规则对每个企业的五个指标值打分。具体做法是：把每个小组（每个公司）本期的五个指标值从大到小进行排序，指标值越大的企业得分越高，分值介于－5～5之间。

最后，计算出每个企业的得分。得分总数就是用企业五个指标的权重乘以指标的分值。总分越高的企业说明运营效率越好，下一期的订单就越多。

（四）注意事项

每人每次只能选择一个或者两个类型的配送中心，每种配送中心只有一个供一人选择。这里体现了物流公司战略中的三种最基本的竞争战略。如果选择人工配送中心，则选择的是低成本战略，如果选择两种类型的配送中心，则选择的是相关多元化战略。如果选择两种类型的配送中心，不管两个是否都用到，固定成本按照两者之和计算，可变成本按照每种类型的计算规则计算。

问题讨论

1. 你在做决策的时候遇到什么难题？为什么需要每个人快速作出反应？这和实际情况有何联系，请举例说明。

2. 做完这个练习之后，你对战略管理的过程是否有了新的认识，请详细说明。

3. 如果企业中途进行战略转换，什么时机最为恰当，代价最小？

第11章 物流战略控制

物流战略控制是战略管理中的最后一个环节，但它贯穿于物流战略管理的整个过程，在战略管理中起着非常重要的作用。本章讲述了物流战略控制的基本方法和理论，并加入了物流的风险控制和危机管理的内容，以便读者系统地了解物流战略控制。

引 例

南通化轻是一家集贸易、仓储、物流于一体的大型化工企业。由于化工产品品种多、变化快，而这些产品中还有相当一部分属于液体原料，这些产品在运输、储存的过程中存在着一定的途耗、库耗，如果不能加以有效管理，企业经营成本就难以得到有效的控制。为此，南通化轻公司成立物流管理中心，提出了三流分离的新型管理模式，即资金流、物流、商流分轨运行。采用三流分离的模式，主要是为了对企业经营活动中的各个环节进行控制，对各部门的经营活动形成有力的监督、监察机制，实现企业物流管理的精细化。

资料来源：《南通化轻仓储物流现代化实践》，模考网（http：//www. kaogo. com)。

11.1 物流战略控制的产生及作用

物流战略控制主要是指在物流企业经营战略的实施过程中，检查企业为实现目标所进行的各项活动的进展情况，评估企业战略实施后的绩效，把它与既定的战略目标与绩效标准相比较，找出战略差距，分析产生偏差的原因，纠正偏差，使企业战略的实施更好地与企业当前所处的内外部环境、企业目标协调一致，最终保证企业战略目标得以实现。

11.1.1 物流战略控制的产生

战略在实施过程中，有时与人们的期望并不一致，这种非理想状态在战略学上称为战略失效。战略失效按时间来划分有早期失效、偶然失效和晚期失效三种类型，如图 11—1 所示。

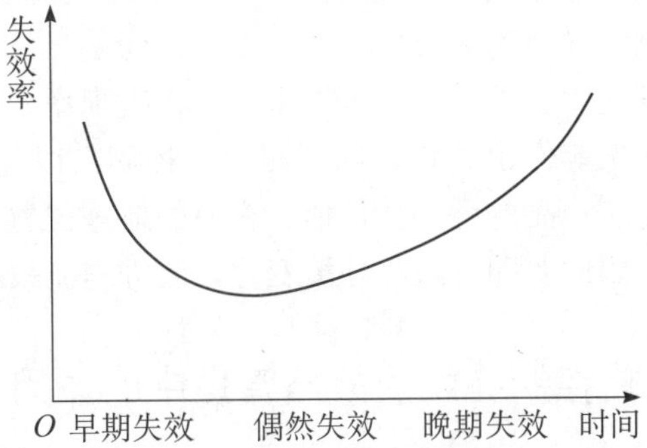

图 11—1　战略失效的浴盆曲线

一项战略开始实施时，就有可能遇到早期失效。实践表明，大量的战略实施早期失效率特别高，这是因为新战略还没有被员工理解和接受，或者实施者对新的环境、工作不适应。这时，战略决策者不应该立刻全盘否定原定战略，而应分析失效原因，对战略作出必要修改，并且充分考虑战略效用发挥的延滞效应，也不可以一味地坚持原有战略，忽略内外环境的变化。例如家乐福进入日本后，沿用其原先的经营战略，但与日本的环境不相容，导致四年后无奈退出日本市场。

早期失效后，工作可能步入正轨，战略进入平稳发展阶段，但此时有可能出现偶然失效，在图 11—1 中以“浴盆曲线”的盆底部分表示。所谓偶然失效是指在战略的平稳实施阶段所出现的一些意外情况。当出现偶然失效时，战略决策者应分析失效原因，关注战略的每个细小的目标在现实执行中能否得以实现，及时、慎重地处理问题，维持战略的平稳推进，并且注意当战略推进一段时间以后，失效的概率又可能会提高。

随着时间的推移，外部环境的变化制约着战略的实施，这时进入了晚期失效阶段。此时，战略决策者应该适应外部环境的变化，积极创造条件推进战略。战略失效的“浴盆曲线”揭示了战略在不同时间的效率高低，分析了不同阶段战略失效的本质区别，为制定正确的战略实施控制策略提供了理论依据和战略推进方法，同时，还可以防止战略在早期失效阶段来回反复，又避免了晚期失效阶段仓促修改或维持原状的错误。

在物流战略实施过程中会出现战略失效现象，其原因主要有：

（1）制定企业战略的内外部环境发生了变化。比如，伴随着经济全球化的趋势，港口业所处的市场环境发生了实质性的变化：产品生命周期缩短，产品投入市场的速度加快，产品运输总量和运输频率增加，运输批量缩小。

（2）企业战略本身有重大的缺陷或者比较笼统，在实施过程中难以贯彻，企业需要修正、补充和完善既定的战略。例如，百世物流于 2008 年 12 月开始进入淘宝的“推荐物流公司”之列，但由于业务网络尚未搭建，无法承接零散货物，几个月后便无奈退出。此后，它避开传统的取件、派件业务，转向“以先进的 IT 系统做平台，整合现有社会物流资源”的物流发展模式。

（3）在战略实施的过程中，受企业内部某些主客观因素变化的影响，偏离了战略计划的预期目标。

（4）在物流战略实施过程中，某些行为偏离预期效果，没有及时进行物流战略控制，导致物流战略失效。以运输为例，应对物流服务的车辆满足率、紧急订车满足率、准时率、投诉率、货物破损率、异常事件处理效果、运价随市场调整状况等作出统计，随时跟踪、控制，以免发生战略失效。在仓储方面，市场需求、产品的种类、价值、客户的地理位置都会影响仓储量，进而影响物流成本，因此要随时跟踪环境变化，改进物流战略。

11.1.2 物流战略控制在物流战略管理中的作用

物流战略控制主要是解决大多数物流战略管理中的既定战略和变化环境之间的矛盾。它的作用主要表现在以下几个方面：

（1）物流战略实施的控制是企业战略管理的重要环节，能保证企业战略的有效实施。战略决策能决定哪些事情该做，哪些事情不该做，而战略实施的控制好坏将直接影响企业战略决策实施的效果与效率，因此，企业战略实施的控制虽然处于战略决策的执行层面，但对战略管理是十分重要的，是必不可少的。

（2）物流战略实施的控制能力与效率高低是战略决策的重要制约因素，它决定了企业战略行为能力的大小。企业战略实施的控制能力强，控制效率高，则企业高层管理者可以作出较为大胆的、风险较大的战略决策，若相反，则只能作出较为稳妥的战略决策。

（3）物流战略实施的控制与评价可为战略决策提供重要的反馈，帮助战略决策者明确决策中哪些内容是符合实际的、正确的，哪些是不正确的、不符合实际的，这对于提高战略决策的适应性和水平具有重要作用。

（4）物流战略控制可以促进企业文化水平的提高，为战略决策的实施奠定良好的基础。战略控制要重视人文管理，提高物流管理人员的整体素质并且发挥人的主观能动性，从而保证战略快速响应环境变化能力的实现。

（5）战略控制兼顾降低成本与提高用户服务水平双重目标。成本和顾客服务水平是一对矛盾，降低成本是企业永恒的追求，而用户服务这一新生理念却后来居上，具有更为重要的意义。企业在物流战略控制的过程中，在强化总成本观念的同时，还要注意提高顾客对服务的满意度。

11.2 物流战略控制过程

11.2.1 物流战略控制过程的步骤

战略控制的一个重要目标就是使企业的效益尽量符合战略计划。为了达到这一点，战略控制过程可以分为四个步骤。

1. 确定评估标准

企业可以根据预期的目标或计划制定战略绩效目标，明确实现目标需要完成的工作任务。评价的重点应放在那些可以确保战略实施成功的领域，如组织结构、企业文化和控制系统等。要着眼于短期目标与长期目标，实现企业的可持续发展。要重视非财务性绩效评价，如顾客满意度、交货效率、订发货周期、均衡排程。

2. 监测绩效信号

在这一步骤，企业主要是判断和评估实现企业绩效的实际条件。物流管理人员需要收集和处理数据，进行具体的职能控制，并且监测环境变化时所产生的信号。环境变化的信号有两种，即外部环境信号和内部环境信号。外部环境信号比较重要，难以预测，所产生的影响也难以确定。内部环境信号则比较容易控制，而且时间比较短。

3. 评估实际绩效

在这个步骤，企业要用实际的绩效与计划的绩效目标相比较，确定两者之间的差距，对物流各环节如运输、仓储、加工、包装等进行评价，根据评价确认客户服务水平、服务能力和满足客户要求的最大限度，做到既不失去客户，又不因为过分满足客户的要求而损害企业利益，并尽量分析形成差距的原因。

4. 纠正措施和应变计划

在战略控制的最后一个步骤，企业应考虑采取纠正措施或实施应变计划。在生产经营活动当中，一旦企业判断出外部环境的机会或威胁可能造成的结果，就必须采取相应的纠正或补救措施。当然，当企业的实际绩效与目标绩效出现很大的差距时，也应及时采取纠正措施。应变计划是指企业在战略控制过程中为应对发生的重大意外情况所制定的备用计划。这种计划也是一种及时的补救措施，可以帮助企业管理人员处理不熟悉的情况。

11.2.2 战略控制系统的组成和特点

1. 战略控制系统的组成

战略实施有三个基本的控制系统，即战略控制系统、业务控制系统和作业控制系统。战略控制系统是以企业高层领导为主体，关注的是与外部环境有关的因素和企业内部的绩效，如制定或更改物流战略、绩效标准。业务控制系统是指关注企业的主要下属单位，包括战略经营单位和职能部门两个层次，考察物流战略的各部分及中期计划目标的实现情况，检查它们是否实现了企业战略所规定的目标，如日常运输情况、仓库储存情况、产品到达率。作业控制系统是对具体负责作业的工作人员日常活动的控制，关注的是员工履行规定的职责和完成作业目标的情况。通常，作业控制由各层主管人员执行。

战略控制系统和业务控制系统有很多不同之处，主要表现在以下四个方面：

（1）两个控制系统的执行主体不同，战略控制主要由高层管理者执行，业务控制主要由中层管理者执行。

（2）战略控制具有开放性，业务控制具有封闭性。战略控制既要考虑外部环境因素，又要考虑企业内部因素，根据环境变化改变具体策略。而业务控制主要考虑企业内部因素，通过优化流程以达到战略目标。

（3）战略控制的目标比较定性、不确定、不具体，业务控制的目标比较定量、确定、具体。

（4）战略控制主要解决企业的效益问题，衡量企业的盈亏情况。业务控制主要解决企业的效率问题，如某项具体的物流活动完成的好坏程度。

2. 物流战略控制系统的特点

（1）物流战略控制系统的标准必须与整个企业的长远目标和年度目标、资源的分配导向、外部环境的关键因素相联系，根据未来物流发展趋势对企业的影响，控制物流战略的发展方向。以美国为例，20 世纪 90 年代以来，随着供应链物流发展趋势的增强，为顺应现代物流的发展方向，近 70%的企业纷纷将物流业务交由第三方物流公司或通过与外部企业缔结战略联盟来加以运作，只有 30%的企业实行物流自营，且主要采用物流服务部或物流子公司的形式。因此企业应根据不同的需求和市场上的物流趋势来控制物流战略，选择不同的物流业务模式。

（2）物流战略控制要与激励制度相结合。物流过程涉及很多工作人员，要优化配置人力资源，配以奖罚制度，做到低成本、高效率。比如，根据人员不同的工作层级设定不同的工资级别，对那些效率高、创新型的员工给予奖励，激发其工作热情。在员工的行为期望目标并不十分清楚时，有效的战略控制能够提供科学的控制标准，使员工的期望目标明朗化、具体化。

（3）控制系统要有早期预警系统。早期预警系统可以告知管理者在战略实施过程中存在的问题或偏差，使管理者在危机到来之前变更战略。如美国次贷危机影响了全球的进出口贸易，航空物流、海运物流都受到了很大冲击，如果预测到经济危机对物流业的影响，及时改变物流战略，发展新的物流业务，就可以减少经济损失。

（4）物流战略控制系统与电子计算机及信息网络技术关系密切。信息流加速运动，实现了物流少批量、多频率、高性能、快速度、低成本运行，以满足各类用户的需要。只有建立了良好的信息平台，才能对物流进行有效控制。

（5）物流战略控制系统需根据市场经济运行规律，对企业物流战略规划和运营进行调整，对企业自身行为进行约束，降低物流风险，最终获得更大的物流成本优势。

（6）物流战略控制系统涉及多个企业节点，想要较好地实现控制功能，就要把各节点的相关业务协调统一起来。

11.3 物流战略控制的实施

11.3.1 物流战略控制的方式

从控制时间来看，企业的战略控制可以分为如下三类。

1. 前馈控制

在战略实施之前，要设计好正确有效的战略计划，该计划在得到企业高层领导人的批准后才能执行，其中重大的经营活动只有得到企业领导人的批准才能开始实施，所批准的内容往往成为考核经营活动绩效的标准。这种控制多用于重大事宜，如任命重要人员、签订重大合同、购置重大设备，等等。戴尔公司对部分供应商生产的零部件直接提货、组装、出售，这种免检做法就属于前馈控制。

由于前馈控制是在战略行动结果尚未实现之前，通过预测考察战略行动的结果是否会偏离既定的标准，因此，管理者必须对预测因素进行分析与研究。

2. 反馈控制

这种控制方式发生在企业实施经营活动之后，把战略活动的结果与控制标准相比较。这种控制方式的工作重点是要明确战略控制的程序和标准，把日常的控制工作交由职能部门人员去做，即在战略计划实施之后，将实施结果与原计划标准相比较，由企业职能部门及各事业部将定期的战略实施结果向高层领导汇报，由领导者决定是否有必要采取纠正措施。

反馈控制方法的具体操作主要有两种形式：

（1）联系行为。即对员工战略行为的评价和控制直接与他们的工作行为挂钩。这种方式比较容易被员工接受，并能明确战略行动的努力方向，使个人的行动导向和企业经营战略导向保持一致；同时，通过行动评价的反馈信息修正战略实施行动，使之更加符合战略的要求，从而强化员工的战略意识。

（2）目标导向。即让员工参与战略行动目标的制定和工作业绩的评价，既可以看到个人行为对实现战略目标的作用和意义，又可以从工作业绩的评价中看到成绩与不足，使员工从中得到肯定和鼓励，为战略推进增添动力。

总部设在美国阿拉斯加的德尔菲公司，生产深海鱼油和各种保健品。它在产品设计和开发方面始终保持优势，但随着交易额的增加，利润却不断下降。公司通过分析发现问题在于其复杂、昂贵和无效率的物流系统。过多的承运人和过多的系统仓库节点造成德尔菲公司失去全面管理控制。为了重新获得控制，德尔菲公司重新组织其物流作业，将全部物流作业转移给联邦快递的一家分支机构，该物流公司的任务是重新构造、改善和管理德尔菲公司供应链上的货物和信息流动。

3. 过程控制

这种控制方式通过提高仓库的利用率，采用定量、定期订货法控制库存水平，借鉴日本模式采用JIT等方法来控制库存成本，加速库存周转，达到降低库存成本的目的。

通过效率化的配送、一贯制运输和物流的外包等方法实现对运输成本的随时控制。对制造商到最终消费者之间的商品搬运，随时提供相应的运输方式，大大缩短商品的在途时间，从而减少运输成本。随时控制还可以减少一些突发事件、额外费用的发生，增加了工作的有序性。

企业高层管理者要控制企业战略实施中的关键过程或全过程，随时采取控制措施纠正实施中产生的偏差，引导企业沿着战略的方向经营。

以上三种控制方式所起的作用不同，不同企业在不同阶段应该根据自己的情况选择不同的控制方式。

11.3.2 物流战略控制的内容

从控制的切入点来看，物流企业战略控制的内容有以下五大类。

（1）物流节点的地理位置选定。这种控制属于事前控制，配送中心、仓储中心、生产中心地理位置的选定，将决定日后运输路线、车辆数量、运输成本等问题。

（2）物流服务控制。即对物流企业服务质量、成本、交货期等方面的控制。

（3）质量控制。质量控制包括对物流工作质量和产品质量的控制。工作质量包括产品的装卸搬运时间、产品的破损率、事故发生率等，服务质量包括准时到达率、顾客满意度等。质量控制的范围包括生产过程和非生产过程等一切控制过程。应该说，质量控制是动态的，着眼于事前和未来的过程，其难点在于全员质量意识的形成。

（4）物流成本控制。通过成本控制使各项费用降到最低水平，达到提高经济效益的目的。物流成本控制可划分为运输成本控制、库存成本控制、物流管理费用控制、物流环境成本控制，还包括对会议、时间等无形费用的控制。

（5）风险控制。物流企业发展存在诸多风险因素，必须重视物流风险控制，在下一节中将专门讲解物流的风险控制。

11.4 物流风险控制

物流业是一种极具风险的行业，不可预测的因素很多，易发生毁机沉船、翻车、伤亡、错收错发、货损、质变、错单、延误等事故。近几年，频频发生的物流事故与蓬勃发展的物流服务的矛盾日趋尖锐，困扰和威胁着物流业的生存和发展。我国物流业每年因包装事故造成的损失约150亿元，因装卸、运输事故造成的损失约500亿元，因储存事故造成的损失约30亿元。因此，加强对物流风险管理的研究，减少和控制物流风险已成为学术界和物流业重大的理论问题与不可回避的现实问题。

11.4.1 物流风险管理的研究内容

物流业是服务性行业，其自身运作存在较大的风险。企业最终目标是满足客户的物流需求，因此，物流风险应当考虑两方面的内容：一是不良事件发生的可能性；二是不良事件对目标实现产生的后果，包括正面和负面两个方面。风险管理流程模型可以将风险管理流程归纳为三个核心步骤，即风险因素识别、风险评估和风险控制三个方面。其中，风险因素识别是指明确潜在的不良事件，即产生风险的来源，是风险管理的基础；风险评估是指判断不良事件发生的可能性及不良事件产生的后果，是风险管理的定量分析；风险控制一方面是通过风险评价选择实施风险控制的最佳措施，另一方面是付诸行动，并对控制结果进行反馈。

综上所述，可以得到物流风险管理的研究内容，包括物流风险因素识别、物流风险评估和物流风险控制三个方面，如图11—2所示。

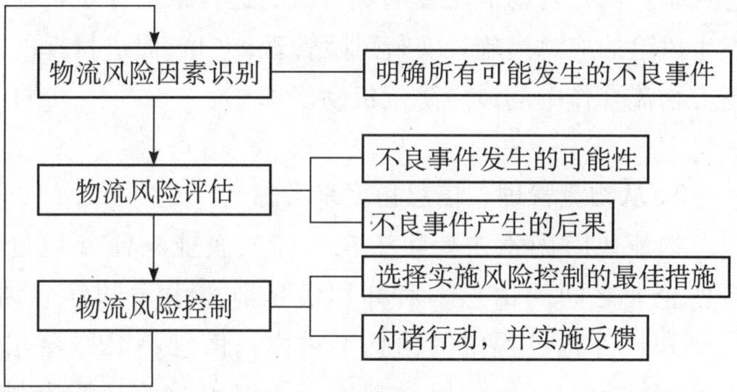

图11—2 物流风险管理的研究内容

关于物流风险管理的研究，可以分为两个部分：一是企业选择第三方物流运作的风险管理，即物流外包的风险管理；二是第三方物流企业自身的风险管理。

11.4.2 物流外包的风险管理

1. 从物流业务操作过程来考虑

物流风险因素主要有：（1）在业务外包分析阶段，存在物流外包市场不成熟以及物流外包目标不明确的风险；在物流外包决策规划阶段，存在物流业务范围确定不当和与承包商关系定位不准确的风险。（2）在物流外包设计阶段，存在选择承包商失误、错误的物流外包决策以及与承包商签订不恰当合同的风险。(3) 在业务外包实施过程中，存在内部工作人员产生抵触情绪以及内部核心技术泄露的风险。(4) 在物流外包运作过程中，存在没有有效的服务绩效测评、不能有效地沟通协商的风险。(5) 在物流外包终止阶段，存在不能对物流外包的阶段性结果作出正确评价的风险。

应对这些风险的控制措施有：(1) 应在充分竞争的外包环境中构建有效的外包项目管理团队。(2) 实施有效的物流外包业务管理方法。(3) 建立物流外包信息共享机制。(4) 建立利益共享、风险共担机制。

2. 从企业角度来考虑

物流风险因素主要有：(1) 失控。企业不能直接控制物流职能，不能保证供货的准确和及时，不能保证顾客服务的质量和维护与顾客的长期关系等。(2) 合作风险。存在服务商的稳定性和质量下降或不履行现有的承诺等风险。(3) 未来的不确定性增加。生产环节的增多、销售区域的广泛性、公司雇员文化的差异等商业环境的变化，都为企业的发展带来不确定的影响。(4) 物流外包业务自身的复杂性是企业面临的风险。(5) 被竞争对手模仿和超越。(6) 物流服务商因承诺过高而无法履行。

应对这些风险的控制措施主要有：(1) 建立高效的信息传递渠道，促进信息共享。(2) 对物流服务的经营情况进行跟踪评价，建立监督机制。(3) 制定发生风险的应急措施，实行风险管理。(4) 促进目标的灵活性。(5) 加强与第三方物流合作中的风险防范机制。

3. 从物流管理、信息角度来考虑

物流风险因素主要集中在：(1) 企业物流外包过程中的管理风险。(2) 合作企业之间的信息不对称和信息泄露引发的信息风险。物流外包的风险主要来自外包过程中的信息不对称，信息不对称存在于物流外包的全过程，不确定性越大，外包风险越大。同时，物流风险和物流外包方式有关，外包方式不同，风险的分摊程度则不同。(3) 企业物流外包隐藏费用带来的财务风险。(4) 物流外包企业损失投资资本以及企业失去物流创新。(5) 信任危机风险。

应对这些风险的主要措施有：(1) 重视物流管理人才。(2) 建立信息共享及保密机制。(3) 明确物流外包的绩效评价指标。(4) 建立有效的利益/风险分担机制。(5) 加强客户关系管理。(6) 加强物流外包过程的监督和控制。(7) 削弱外包的牛鞭效应，建立合同的网络化物流外包机制。(8) 降低对第三方物流企业的依赖程度，建立第三方物流企业的竞争机制，保持在联合外包过程中的独立性，做好物流外包过程的合作和信任工作。(9) 避免先天的物流外包风险，加强对物流外包过程成本的控制，注意物流外包的阶段性回顾评价，合理利用法律维护切身利益。

11.4.3 物流企业自身的风险管理

1. 物流风险识别因素

（1）物流项目可行性风险：业务流程重组使物流项目失去了服务和应用的对象；高新技术的出现降低了项目自身的价值。（2）第三方物流企业的风险：技术能力、政策支持能力、持续发展能力、经营策略、管理思维、企业文化等。（3）物流用户企业管理策略的风险：企业管理组织的短期性、管理政策的不连续性、管理人员的流动性、管理技术的不稳定性。

上述风险的应对措施有：（1）建立第三方物流运作的绩效评价机制。（2）完善激励机制。（3）设计有效的运行策略。（4）实施客户关系管理。

2. 物流合同风险因素

（1）第三方物流企业与客户所签合同的责任风险。（2）物流企业与分包商之间可能产生的合同风险。（3）物流企业与信息管理系统提供商的合同风险。（4）物流实施过程中的第三者责任风险。

上述风险的应对措施有：（1）提高法律观念，增强风险防范意识 。（2）建立行业协会，加强行业自律。（3）密切关注国家和政策的宏观调控和动向，尽量规避法律法规和制度所带来的风险。（4）将风险转移到保险公司，提高企业抵御风险的能力。

3. 其他风险因素

（1）运作风险：货物运输风险、货物保管风险、货物移交风险、单证传递风险、操作人员工作失误风险、商品特性的风险。（2）投资与金融风险：投资风险、提供金融服务的风险。（3）物流企业与托运人之间可能产生的风险，主要包括运输、储存、装卸搬运、包装、流通加工、配送、信息处理等环节可能发生的风险。（4）网络化管理模式下企业物流组织过程中所产生的运作风险，包括信用风险、系统风险和环境风险。（5）文化冲突的风险。

应对上述风险的措施有：（1）提高财务风险的防范能力。（2）实施国际质量认证，加强控制，规范管理，从根本上提高物流企业化解和抵御风险的能力。（3）研究适应网络及现实环境的现代物流组织方式。（4）改善物流管理与运作环境。（5）提高自身的信用意识，研究和倡导有助于沟通并达成双赢的商业运作模式。（6）建立防范信用风险的物流管理体系和风险控制机制，提高企业的物流计划决策和市场应变能力。

总之，物流风险无处不在，管理者应该高度重视物流风险管理，将物流风险管理提高到公司战略层面，在全公司中树立风险管理的意识，进而在基层提高物流业务操作的安全性，在管理层面考虑各种风险因素，制定好风险控制的措施，从而提高整个物流企业抗风险的能力。

案例 11—1　海上能源运输通道的系统风险分析

我国海上能源运输通道系统安全存在诸多风险，主要体现在以下四个方面：

1. 储量、产量、消费量的不平衡，导致对进口依赖度过高，从而对海上能源运输通道系统的依赖度较高。从我国近些年的能源进口情况来看，石油进口依赖度已经达到55%左右，天然气的进口量与对外依存度也有攀升的趋势，即便是传统的煤炭产业，也已经达到每年1亿多吨的进口量。能源进口的持续增加必然导致我国对海上能源运输通道的过度依赖。

2. 陆运系统的局限，导致过多的能源进口依赖海上通道，且进口通道较为单一。能源进口一般有海上油轮运输、陆地管道运输、陆上铁路运输三种主要运输方式，但是后两种方式承担的运输数量很少，我国能源进口大部分还是采取海上运输方式。我国能源80%以上从中东、非洲进口，海上运输通道较为单一，马六甲海峡、霍尔木兹海峡等通道狭窄，海盗、恐怖活动、突发事件等都有可能造成海上能源运输的中断。

3. 进口区域相对集中，导致对通道系统的某些子系统依赖程度过高。就我国的能源进口区域来讲，以石油为例，中东地区占我国石油进口的50%以上，经过马六甲海峡的进口能源占我国总能源进口量的80%以上，这些子系统的安全状况必然影响整个通道系统。从宏观来看，某些依赖性不强的系统之间存在一定的替代关系，但是从微观来看，系统中的一些子系统和节点并不具有可替代性或者可替代性很弱。这样一来，这些子系统便成了我国能源进口最脆弱的一环。

4. 我国海上能源运输通道所经地区和海域情况复杂、矛盾交织，多是国际政治敏感地带，传统安全和非传统安全因素交织，不确定性因素众多。传统安全因素主要包括有关国家主权与领土完整、军事或裁军等问题，部分海上运输通道沿岸国家对海上能源运输通道施加影响甚至控制，如印度借美国之力扩大自身对印度洋海域运输通道的控制。同时，包括环保、跨国犯罪、恐怖主义、海盗、走私、贩毒以及贩卖人口等问题在内的非传统安全因素也在威胁我国海上能源进口。具体说来，日益严重的海盗问题，使包括我国在内的多国船舶在马六甲海峡、索马里海域遭到劫持或者袭扰。海上能源运输船舶装载的都是易燃易爆物品，一旦发生危险，影响巨大，如果这些船舶被劫持，后果不堪设想，一旦载运的原油泄漏，会对环境造成巨大的污染。

资料来源：赵旭，高建宾，林玮：《我国海上能源运输通道安全保障机制构建》，载《中国软科学》，2013（2），8～15页。

11.5　危机管理

近几年，人们总是不断遭遇各种灾难事件：从“9·11事件”、“非典”、苏丹红事件，到伦敦爆炸案、印度尼西亚海啸、汶川大地震……人们对自身安全的关注上升到前所未有的高度。对企业与社会来说，这些灾难事件往往会带来不同程度的财产损失，有时甚至是毁灭性打击。危机管理作为一种预防和应对企业突发性事件并将其化险为夷的科学管理方法，在充满变数、竞争激烈的市场经济体系中，逐渐成为现代企业管理活动的重要组成部分和战略发展的有力保证。

11.5.1 危机与危机管理

(一) 危机的含义

危机（crisis）一词源于希腊语中的 krinein，原意是筛选。危机管理理论认为，危机是事物的一种不稳定状态，在危机到来时，当务之急是要实行一种决定性的变革。我们认为，危机是指企业所遭遇的突发性、灾难性的事故或事件，通常会给企业与公众带来较大损失，会严重毁损企业声誉，使企业陷入难以摆脱的困境甚至危及企业的生存。表 11—1 所列为当前国内外企业发生的一些主要危机事件。

表 11—1　　国内外最近几年发生的重大危机事件

国外企业的主要危机事件	国内企业的主要危机事件
2008 年，金融风暴席卷全球	2009 年，三鹿奶粉事件
2004 年，禽流感肆虐亚洲 10 个国家和地区	2008 年，全国众志成城抗冻灾
2003 年，美国发动伊拉克战争	2008 年，四川汶川“5·12”大地震
2002 年，美国环球电讯公司进入破产程序	2004 年，禽流感肆虐亚洲 10 个国家和地区
2001 年，9 月 11 日美国遭受恐怖袭击	2003 年，“非典”在我国广泛传播
2001 年，美国能源巨头安然公司破产	2001 年，南京“冠生园”陈馅月饼事件
2000 年，日本“疯牛病”化妆品事件	2000 年，中美史克的康泰克 PPA 风波
2000 年，日本三菱帕杰罗越野车事件	1999 年，“爱多危机”
2000 年，日本雪印牛奶受污染事件	1999 年，“伟哥风波”
2000 年，日本东芝笔记本电脑事件	1998 年，杏花村汾酒集团受山西假酒案影响而遭遇形象危机
1999 年，法国和比利时等国中小学生饮用可口可乐饮料中毒事件	1998 年，“济南七商场联合拒售长虹”事件
1999 年，比利时二噁英污染事件	1998 年，“七旬老翁投诉乐喜纯净水公司”导致杭州乐喜集团在沈阳面临信任危机
1998 年，微软的反垄断事件	1998 年，“八瓶三株喝死一条老汉”的“三株危机”
1996 年，美国百事可乐公司注射器事件	1997 年，“巨人危机”
1982 年，美国强生公司泰诺药片中毒事件	1997 年，万家乐的“中原事件”
1972 年，日本名古屋褚木电力公司下属发电厂的海水污染事件	1997 年，秦池酒厂的瓶盖事件

危机的发展可分为六个阶段：潜伏、生成、高潮、爆发、转化、消退。从企业经营的角度看，最好的办法是在潜伏期内根据各方面的预警信息，估计可能出现的危机并加以防控，将危机消除在萌芽状态。如果危机发展到生成期，尽管危机程度较低，但如不及时遏制住就会出现上升的势头，必然把危机推向

高潮。危机发展到高潮后，在它尚未爆发之前，如果有及时得力的措施，反危机成功，就会步入转化、消退阶段，完成一个周期。但如果错过了时机，反危机无效，企业将在危机程度最高处继续恶化，最终促使危机大爆发，导致企业破产。因此，危机管理首先应着眼于企业顺利发展阶段，即危机潜伏阶段，这就要求企业管理者树立危机意识。

（二）危机和风险的区别

1. 数学方面的差别

风险指事件在未来可能出现若干个结果，但可以有根据地确定各结果出现的概率。与风险恰恰相反，危机指事件在未来可能出现的结果以及每个结果出现的概率都是未知的。由此可以看出，危机比风险存在更大的不确定性。例如，物流企业在运输的过程中，结果一般会有两个，一是发生事故，二是不发生。发生和不发生事故的概率通过历史数据可以统计出来，这属于物流风险。2008 年爆发的金融危机对物流企业和航运企业来说就是一场危机，因为金融危机的爆发和爆发的概率都是未知数，随时都有可能发生。

2. 给企业带来的后果方面的差别

风险事件一般作用于企业局部，对企业造成的危害不大，企业通过建立日常的风险管理机制就可以抵御。危机事件则作用于企业整体，会给企业带来灾难性的破坏，应对不慎可能导致企业破产。例如，物流企业在运输过程中发生了事故，对物流企业而言，只是造成一个订单失败，没有给企业的整体带来影响，而且可以通过保险公司进行索赔弥补损失。而 2008 年的金融危机给物流业尤其是航运业带来灾难性的破坏，一些没有抵御危机能力的企业就在这场灾难中消失了。

（三）危机管理

危机管理的理论和方法起源于欧美。1915 年莱特纳在《企业危险论》中首次提出了危险管理，1921 年马歇尔在《企业管理》中也提出了危机的处理方法。其实，危机管理作为决策学的一个重要分支，最初运用于外交和政治、军事领域，后来由于国际经济的发展，特别是跨国公司在全球的兴起，人们才开始将危机管理理论引入企业。20 世纪 80 年代，美国企业界开始在企业内部运用危机管理方法。90 年代之后，由于企业危机复杂多样，危机管理的研究更加受到重视。各种企业问题如果处理不当或置之不理，就有可能出现危及企业生存的危机。

由此可见，危机管理以市场竞争中危机的出现为研究起点，分析企业危机产生的原因和过程，研究企业预防危机、应付危机、解决危机的手段与策略。危机管理通过增强企业的免疫力、应变力和竞争力，使管理者能够及时准确地获取所需信息，迅速捕捉到企业可能发生危机的先兆，进而采取有效的措施，在危机发生之前对其进行控制，趋利避害，最终使企业适应迅速变化的市场环境，保持长久的竞争优势。因此，危机管理就是指企业为了预防、摆脱及转化危机而采取的一系列维护企业生产经营正常运行，使企业脱离逆境、避免或减少财产损失，最终将危机化解为转机的积极主动的企业管理行为，包括企业为应付各种危机所进行的信息收集、信息分析、问题决策、计划安排、措施制定、化解处理、动态调整、经验总结及自我诊断的全过程。其目的正如华为公司基本法第九十八条中所言："危机管理的目的就是变危险为机遇，使企业越过陷阱进入新的发展阶段。"正是由于一些小事件、小缺点和小灾害有时足以毁掉一个组织，所以危机管理又称为"零缺点管理"，甚至称为"末日管理"。

危机实际上是一个中性词，它表示组织由于内在矛盾的激化，已经不能按照原有的轨道发展下去，同时新的秩序又没有建立起来，新旧秩序的摩擦使新旧两种机制都不能发挥作用，于是出现了大量的失控、失范、混乱和无序。只是单纯看到危机的负面作用是不全面的。危机管理中体现着种种生机，它是企业战略管理过程中的重要一环，是危险和机遇的分水岭。物流企业管理者应该了解危机的管理之道，充分掌握危机管理的精髓，善于把危机转化成机会。危机转化的一般程序如下。

1. 迅速查明、公布危机原因

一般来说，危机事件出现后，规模有一个从小到大的过程，公众态度也有一个由轻度不满到严重敌视的过程。物流企业必须正视危机的发生，采取对危机事件不回避、对危机事件造成的后果不避重就轻、积极主动的态度，在全力减少危机损失的同时，尽快查明危机真相，并通过新闻媒介和自身信息网络对外公布，让社会公众彻底了解事件发生的原因，获得公众的谅解。为增强公众对企业的信任感，可邀请公正的权威机构（如质检部门、政府部门、专业机构、消费者协会、行业专家）和新闻媒体参与调查，利用权威意见处理危机。

2. 全力挽回顾客损失

危机爆发在给企业造成重大的人、财、物损失的同时，也使公众的利益受到损害。物流企业应主动担负起维护公众利益的责任，站在公众利益的立场上，发现公众的损失和利益需求，并给予及时的弥补和满足，不惜一切代价挽回顾客损失，赢得公众赞誉。对物流企业来说，形象、品牌与声誉重于一切，必须要有强烈的社会责任感和形象意识，以消费者的利益为第一选择，主动承认错误，主动承担责任，并向公众公布补救措施，对利益受损的有关人员给予精神补偿与物质补偿，不能只算金钱账而不算信誉账和品牌账。

3. 利用传媒引导公众

危机一旦发生，不管是应付危机的常设机构，还是临时组织起来的危机处理小组，均应迅速各司其职，尽快搜索一切与危机有关的信息并挑选一个可靠的、有经验的发言人，及时向公众通报事情的进展。如举办新闻发布会或记者招待会，告知公众企业正在进行补救，并经常透露一些有价值的信息，做好同新闻媒介的联系工作使其及时准确地报道，以此影响公众和舆论，使不正确的、消极的公众反应转化为正确的、积极的社会舆论，使观望怀疑者消除疑虑，成为企业的忠实支持者。同时，当物流企业与顾客出现分歧、矛盾、误解甚至对立时，应该本着以诚相待、先利他人的原则，运用协商对话的方式，认真倾听和考虑顾客意见，化解积怨、消除隔阂。

4. 重塑良好的公众形象

企业危机处理完毕后，一项重要的工作就是如何重新塑造企业良好的形象。此时，物流企业需要针对形象受损的内容和程度，大力开展弥补形象缺陷的公关活动，密切保持与公众的联络和交往，随时向公众展现自己全新的经营状态和质量一流的服务产品，并将企业每一个进步和发展通过新闻报道与公关专题活动等方式向公众进行宣传，让公众了解企业、支持企业，从而变危机为提高企业知名度和美誉度的机会，达到重塑企业形象的目的。同时通过危机培训，树立全员危机意识，让危机管理深入人心，使每位员工在危机来临时都知道怎样与物流企业一起转化危机、再造形象。

11.5.2 物流危机的来源

（1）经济全球化趋势促进了物流业务的发展，同时带来了很多危险因素。在这个信息畅通和爆炸的年代，经济全球化的进程进一步加速，经济活动的触角遍布世界各地。任何地区发生的任何经济事件，不仅能立刻被别的地区所知晓，而且对其他企业，尤其是有密切关系的企业，将产生不同程度的影响。置身于这样一个经济大背景下，物流企业不可避免地会受到各方的干扰与影响。如果不能快速处置或处理不当都可能引发严重的后果。如 2008 年爆发的金融危机使物流企业在很长一段时间内处于物流危机之中。

（2）日趋庞大的供应链模式、复杂的网络结构带来了很多不确定性和连锁效应。随着企业专注主业、培育核心竞争力等理论在实践中不断深入发展，越来越多的企业将自己的非核心业务外包，形成了复杂的供应链结构，而且供应链之间交错关联，呈现出更加复杂的网络化趋势。众多外包商的存在意味着大量不确定性，同时也意味着风险，在这种情形下，公司的控制能力将会受到严峻挑战。因此，供应链的复杂性给企业的运作带来了更多的风险。

（3）由于消费市场变幻莫测，因此强调物流模式的灵活性。市场上可选择的商品越来越多，产品的生命周期不断缩短，消费者需求不断更新，市场的变化也越来越快。在快速变化的市场中，物流模式的灵活性变得更为重要。如今企业大多依赖于供应链，供应链常常强调准确和协同，而意外事件的发生往往会扰乱供应链，对各节点造成不同程度的破坏。增加物流模式的灵活性可降低破坏程度。

11.5.3 物流危机的特点

1. 物流危机的突发性

企业的内外部环境突变，如经济变化、重要人事变动及自然灾害等，都有可能导致物流危机的爆发。比如，2009 年北方大雪使很多快递公司仓库“爆棚”，业务几近瘫痪。

2. 物流危机的潜在破坏性

物流涉及生产、运输、储存等环节，其构架日趋复杂，每个环节都潜伏着危机，一个环节出现问题，整个链条就会崩溃，导致当前的正常生产秩序被破坏，企业陷入混乱。

3. 物流危机难以预测

物流危机的出现及其后果具有不确定性，在正常条件下难以预测，特别是那些由企业外部原因造成的危机，如自然灾害、经济危机、科技新发明带来的冲击等，往往是企业始料不及的。2008 年爆发的金融危机对物流企业和航运企业来说就是一场危机，由于金融危机的爆发是未知数，所以无法预测到物流危机的发生。

4. 电子商务发展加速物流危机的爆发

电子商务急速发展，物流企业发展却相对落后，于是出现了电子物流危机。例如，阿里自 2009 年开展“双十一”活动以来，“双十一”当天的销售额年年攀升，2014 年 11 月 11 日，阿里全天交易额达 571 亿元，其他购物网站也纷纷在“双十一”当天开展优惠促销活动。与此相对应的是每年“双十一”过后，各个物流公司虽然对情况有所判断，投入大量的人力，预备较多的车辆，但还是出现仓库爆满、货物积压、快递市场混乱的现象。

11.5.4 物流危机管理策略

任何事物都有两面性。危机本身就是一个危险与机遇共存的矛盾统一体，关键在于怎样更大限度地抑制风险，抓住机遇，并把握住发展的方向，这样才能在危机过后实现新的突破和发展。“非典”虽是一次公共卫生危机，但它给物流管理带来了一个警示：日常物流管理工作应该围绕危机管理进行并加以规范。应建立快速应变机制，保证现代物流管理工作在危机状态下也能应对自如，有效地处置和化解危机，使之成为新机遇。加强物流危机管理，可以从以下几个方面展开：

（1）物流危机管理要渗透到日常物流管理中。众所周知，运输行业是物流市场的载体，运输资源应全部进入市场，在市场上自由买卖，通过市场对物流资源进行优化配置。然而，目前行政管理体制把这些基础资源分割了，横向的经济联系常常被纵向切断。比如，现有的铁路网与公路网接点不同，各自规划，甚至完全分离，相互之间转换起来很困难，需要不断地重新装卸、运输和组织，由此带来一系列问题。

（2）以危机意识为契机，为物流管理建立良好的宏观制度保障环境，减少行政割据对区域间物流整合的影响。物流管理既是企业内部管理活动的重要组成部分，也是企业之间完整供应链的重要组成部分。运输、仓储等物流功能的实现不仅需要企业与企业之间的衔接与协同合作，更需要企业与地方、地方与地方之间的沟通与配合。宏观环境方面的制度保障对于物流管理渠道是否顺畅具有直接的影响，因为行政割据最终会导致物流交易成本的增加。因此，在行政割据的情况下，应当通过建立有效的行政协调机制来消除地方保护主义或条块分割对物流管理所产生的负面影响。

（3）加强供应链上各企业之间的物流管理合作，协同防范危机风险。为了减少危机造成的负面影响，处于供应链上的各企业应该增强风险意识，加强在物流整合和物流联盟等方面的合作。

（4）在日常物流管理中要建立各种应急预案，对风险做到“早发现，早预防”。在企业的物流管理活动中，在树立危机意识的同时更要建立应急机制来贯彻危机意识，并将其制度化、规范化和长效化，从而实现对危机常态管理的目的。当危机发生时，能够在最短的时间内作出真正有效的，并且与社会应急机制相配合的响应，是降低不利影响的重要保证。

（5）积极倡导“零库存”管理模式。在现代物流体制下，“零库存”管理模式被越来越多的企业所接受。它可以为企业大量节约仓储费用。通过实施特定的库存控制策略，实现企业库存的最优化，消灭呆滞物资，避免出现资金周转不灵等。比如，物流企业充分利用买方市场的有利形势，尽可能地利用上游企业的库存，从而降低自身的仓储费用，减少资金积压。

（6）加强一体化的供应链管理，降低物流管理的危机发生概率。供应链管理可以加强一体化运作，提高信息传输的速度和准确度，优化物流资源，避免基础设施过剩（过多的重复），从而减少物流活动中的风险因素，降低危机发生概率。

（7）当物流危机发生时，要立刻查明并公布危机发生的原因，尽量弥补顾客损失，利用大众传媒引导公众，重塑良好的公众形象。

案例 11—2　云南省昭通市地震灾害应急物流的处理

2014 年 8 月 3 日 16 时 30 分，云南省昭通市鲁甸县龙头山镇（北纬 27.1 度，东经 103.3 度）发生 6.5 级地震，震源深度 12 千米。云南瑞丽、大理等地均震感明显。对于灾害应急而言，救援的最佳时间是地震发生后的三天，因此救援人员、物资和设备的快速到达对于保证人民生命安全尤为重要。此外，灾后恢复重建、伤员转移、灾民安置、人道主义援助、废弃物处理等都需要应急物流系统的良好运转。由此可见，应急物流系统的完善是有效缓解灾情，保障救援工作顺利、有序、成功开展的基础。我国属于突发事件的高发国家，1998 年的水灾、2003 年的“非典”、2008 年初的雪灾和“5·12”汶川地震等重大灾情，都说明应急物流的建设与发展直接关系着我国对各种突发事件及灾害的有效应对能力。灾害应急物流在我国尚属一个新兴概念。我国应急物流体系还很不完善，需要加强理论与实践研究，下面是几点建议：

（1）灾害应急物流指挥体系的建立。灾害应急物流的顺利实现是一个系统工程，除了完善应急物流的基础保障，还涉及应急物资的筹措与采购、储备与调度、运输与配送等方面，这些工作需要一个统一的机构来组织协调才能顺利完成。从我国以往的情况来看，这个协调机构都是由政府根据应急方案从各单位紧急抽调人员临时组成的，虽然取得了一定的效果，但也暴露出灾情信息滞后、救援工作效率不高以及严重影响政府其他工作正常开展等问题。因此，有必要根据我国的政府机构和灾害应急物流的运作流程，建立一个常设的、专业的灾害应急物流指挥中心，专门用于救灾指挥工作，保障应急物流高效、顺利实施。

(2) 灾害应急物流配送体系的建立。在灾害应急物流系统中，应急物流配送体系十分重要。通过政府工作人员、救灾部队将救灾物资分发给群众的做法效率低，分发面窄，效果不尽如人意。政府可以通过以下几点来建立高效、发达的应急物流配送体系：1）政府可通过灾害应急物流指挥中心，结合实际情况，整合现有社会资源，联合配送行业内信誉高、价格合理的物流企业进行协同式配送。2）在紧急情况下，可与军方联系救灾抢险事宜，动用军用运输装备、军用运输专用线路及相关设施，实现灾害应急物资的快速配送。3）政府应大力推进国内电子商务的发展，着重优化电子商务系统的应急物流配送网络，建立应急物流信息平台，加强应急物流指挥中心与电子商务的联系，减少物流环节，简化物流过程，提高应急物流配送的快速反应能力。4）在应对危机时，政府可根据应急工作的需要，通过行政手段和舆论召唤动员人民群众参与应急工作，通过组织地方干部、民兵、部队、公安、志愿者、防疫人员、医务人员等多方力量，以最快的速度将应急物资发放到受灾地区，从而保证应急物流配送的速度和广度。

(3) 灾害应急物流系统运营方案的选择。灾害的突发性、不确定性等特点决定了平时必须着眼于预案的准备。当灾害发生时，必须在最短的时间内在多个应急物流预案中确定一个最合适的方案并付诸实施，这样才能使灾害应急物流在实现最高效率的同时兼顾效益目标。因此，如何对各个应急物流预案进行评价和排序，从而选出一个最佳方案是一项重要且值得研究的工作。在方案的选择上应该主要考虑两大方面的因素：1）应急物流服务能力。灾害应急物流系统本身是一个服务系统，其物流服务能力理应成为衡量方案优劣的依据。灾害应急物流服务的核心是满足因灾害产生的物流需求，如应急物资的及时送达、保质保量等，由于应急物流“急”字当先，其服务主要应考虑及时性、安全性和缺损率三个方面。2）物流成本。灾害应急物流系统同时应该注意物流成本的节约，避免出现“帕累托无效率”状态。我国作为一个资金尚不宽裕的发展中国家，这一点显得更加有意义。

资料来源：赵泽旭：《浅谈中国灾害应急物流体系建设——以云南省鲁甸县6.5级地震为例》，中国知网（http：//www. cnki. net/）。

11.5.5 物流企业危机转化策略

当危机来临时，既有危难的存在，又有机会的诞生。物流企业应善于在危难中把握机会，通过设计和实施一系列具体的危机管理与转化策略，创造最佳的公共关系状态，以此提高企业的知名度和美誉度，使新世纪的物流发展跃上一个更高的台阶。

1. 及时性策略

这一策略的关键是积极主动，包括及时发现危机隐患，及时了解危机情况，及时采取有效处理措施，及时进行信息沟通。物流企业采用及时性策略，既能够抑制危机事态的发展，赢得时间，减少损失，又能够体现严谨科学的工作作风和认真负责的态度，为有效处理危机、转化危机创造条件。

2. 危机中止策略

物流企业预计即将出现危机或已爆发危机时，要灵活采取各种针对性的策略，以使企业危机被消灭在萌芽阶段或避免危机所导致的灾难性后果。企业应根据危机发展的不同阶段、不同程度和不同范围，采用停止运营、改进服务等方法，主动承担危机造成的损失。

3. 危机隔离策略

危机发生具有涟漪效应，一种危机发生后如果处理不及时或不恰当，往往会引发另一种危机。当某一危机产生之后，物流企业应迅速采取措施，切断这一危机与企业其他经营方面的联系，及时将爆发的危机予以隔离，避免其扩散蔓延。

4. 危机排除策略

这一策略是指企业采取措施消除危机或转化危机。可采取的措施有工程物理法和员工行为法。工程物理法以物质措施排除或转化危机，如通过投资建立新流程、购置新设备来改变服务运营方向，提高经济效益；员工行为法是通过企业文化、行为规范来提高士气，激发员工的创造性。

5. 危机分散策略

这一策略是指企业在重点发展物流的同时，积极实行多角化经营，以分散单一经营的风险；采用合资合作、股票上市、战略联盟等联合经营方式，由合作伙伴、股东共同分担企业风险，以避免独家承担经营风险的后果；实行多域化经营，以避免部分区域市场形势恶化给物流企业带来的毁灭性打击。如果危机在短时间内不可能消除，就需要选择使危害最小化的策略。

6. 危机利用策略

危机利用策略是变危机为转机的重要一环，即在综合考虑危机的危害程度之后，形成有利于物流企业某方面利益的结果。尤其在市场疲软的情况下，物流企业不要忙着做广告、降价，而应该向内看，利用危机造成的危机感，发动员工提合理化建议，搞技术革新，降低综合成本，开发新产品，并果断推行脱胎换骨式的重大变革，使企业走出低谷、转危为安。

案例 11—3 航运企业应对危机

2002 年，美西海岸劳资双方就原合同延期和新合同条款一直未能达成协议，工会采取怠工手段，致使几乎所有船公司的装卸作业均无法在规定期限内完成，造成全线脱班，与此同时仍需支付大量加班费用，资方宣布全部封港，随后美国工会宣布罢工，美西各港滞留船舶总数 130 多艘，封港事件造成的经济损失每天达 20 亿美元。美国的贸易伙伴也遭受巨大损失，其中出口导向型的亚洲经济深受拖累。我国最大的三家运输公司中远、中海运和中外运的损失比较惨重。在封港事件发生后，中远、中海运和中外运三大航运公司都密切关注事态的发展并采取积极的应对措施。中远派人赶赴美西现场，与码头公司和工会沟通，协调船期安排、货物接转等问题，以保证在罢工结束后有足够的工班和场地进行作业。中远公司为此还专门成立了疏港货物动态查询服务小组，通过扩大电话服务容量和推广电脑服务系统等手段，提高服务效率和质量，并及时调整班期。中海运集团则采取了让部分船只改靠他处口岸，并调整航班让部分船只延后到达时间等措施。中外运对于船上可能会发生问题的货物及时采取了应对措施。由于采取了相应措施，三家公司在一定程度上减少了损失。具体的危机转化策略如图 11—3 所示。

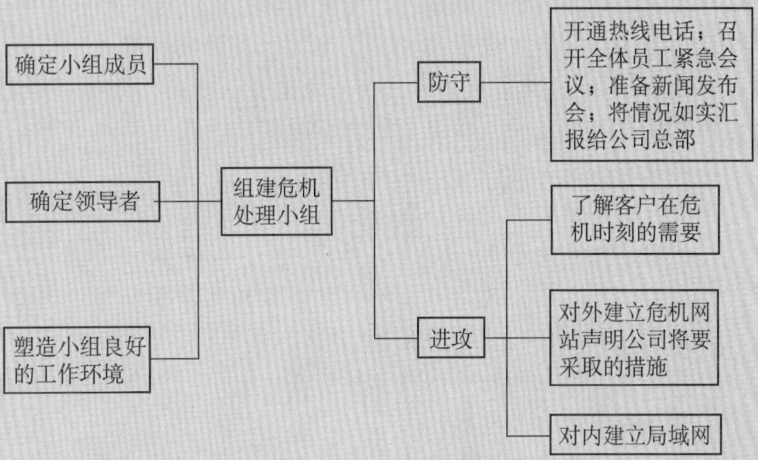

图 11—3 危机转化图

资料来源：《造成巨大损失的美西海岸封港事件暂告平息》，载《法制日报》，2002-10-11。

案例 11—4　晋江象屿物流园区应对物流市场的低迷

晋江象屿物流园区开发有限公司（以下简称象屿物流园）坐落在制造业相当密集的福建省晋江市，金融危机对其的影响尤为明显。泉州高度外向型经济使得众多 OEM（代工）工厂遭受重大打击，最主要的表现就是工厂订单减少，工厂倒闭。制造业的不景气很快就反映到物流上，因为象屿物流园的主要客户正是这些处于物流链条上游的厂家和大宗原料贸易商。

此时，民生产品进入象屿物流园的视野，以快速消费品为主的民生产品不仅周转率较快，而且受经济大环境影响较小，所以把经营重点从原材料物流转向终端物流，是象屿物流园解决当前问题的最佳选择。

象屿物流园在物流业低迷的市场中取得成功得益于两点：一个是用于内部管理的 ERP（企业资源计划）软件，一个是用于外部营销的电子商务平台，而这两者几乎和公司成立时间一样长。

早在象屿物流园成立之初，公司领导就决定把信息化当做一个非常重要的项目来抓，这不仅是因为物流行业的信息化水平正在逐渐提高，而且行业竞争力也越来越依靠信息化作为后盾。

因此，精准而高效地掌握库存和车辆运输状况成为象屿物流园的迫切需求，尤其是在处理仓储物流结合的业务时，一批货物从入库到出库再到结账一般需要经过客户部、仓储部、配送部、财务部四个部门的十几个确认环节才能完成，而 ERP 可以让一切流畅地实现，各个部门的人员不需要碰面就可以了解货物的流通情况，不仅节约了处理时间，也避免了库存账目不清、发货准确率低等问题的出现。

中国联通最新推出的“沃”商务解决方案就包含为物流行业提供信息化支持的服务——物联网，其主要功能是为物流行业提供商品在流通运输、库存等各环节中包括温度、湿度、物流路线、物流车辆调度等内容的信息管理服务。“沃”商务系列业务的推出，拓展了行业用户信息化应用的深度和广度，带动企业信息化进入 3G 应用时代，实现随时、随地、随身的信息化应用。

公司成立的初期，象屿物流园最急需的就是提高知名度，这是因为泉州的仓储业处于散、小、乱的阶段。在厂家或贸易商聚集的地方都会有成片的小型私人仓库，一般仅提供仓库实体，管理方面由贸易商或厂家自行负责。所以在民营经济发达的晋江，真正能提供全套仓储服务的企业数量非常少，而象屿物流园的优势就在于此。只要把这些优势宣传出去，就能促进企业的业务发展。

于是象屿物流园选择电子商务平台作为提高企业知名度的基地，无论是在公司简介里还是发布供求信息时，都不忘把公司的优势带上，尤其是突出“综合物流”和“仓单质押”这两大特点。目前，不少电子商务平台都具备网络支付功能，这些功能可以很好地配合“仓单质押”等服务，快捷实现资金的流通。

然而，伴随网上支付而来的是随时随地查账的烦恼。有时候客户打了钱，象屿物流园却没有办法立即确认，这就会耽误发货时间。中国联通与银行合作推出的借助手机终端办理各类银行业务的手机银行使象屿物流园的难题迎刃而解，手机银行满足了用户对“实时金融”的需求。用户不仅可以快速查询行情、汇率、要闻等金融信息，而且还可以利用多重加密和认证的客户端及数据传输，高速、安全地进行账户查询、业务办理、交易处理等网上银行业务。与传统银行相比，手机银行服务时间更长，服务范围更大，真正实现了24小时全天候服务。有了手机银行，象屿物流园资金的流通比以前更顺畅，因此电子商务成为象屿物流园在危机中取得成功的重要因素。

资料来源：《物流信息化让企业在危急中解冻》，全国物流信息网（http：//news.56888.net/2010116/977324275.html）。

关键术语

物流战略控制　　物流风险控制
物流风险管理　　物流危机管理

复习思考题

1. 物流战略控制在物流战略管理中的地位如何？请具体分析。
2. 物流战略控制的内容主要有哪些？
3. 物流战略控制的类型有哪些？请举例说明。
4. 物流风险控制研究的主要内容是什么？
5. 物流战略控制还应该研究哪方面的内容？
6. 物流危机转化策略有哪些？
7. 物流危机管理和物流风险管理有哪些区别？各自的侧重点是什么？

案例分析

海上通道人员或船舶遇险事故的应急反应机制分析

海上突发事件是指在海上突然发生的，可能危害国家安全和海洋权益，影响沿海地区经济发展和社会稳定，扰乱海上治安秩序，威胁海上生产作业人员生命安全的各类事态、事件。海上通道人员或船舶遇险事故的应急反应机制如图11—4所示。

(1) 在突发事件信息获取方面，海上通道人员或船舶遇险事故信息的来源包括船舶及其所有人、经营人、承运人或代理人，目击者或知情者，国内其他接获报警的部门，我国驻外机构，国际组织，船舶报告系统（CHISREP），船舶交通管理系统（VTS）。信息报告的途径包括海上通信无线电话、海事卫星系统、海岸电台（CRS）、卫星地面站（GES）、各种应急示位标（EPIRB，

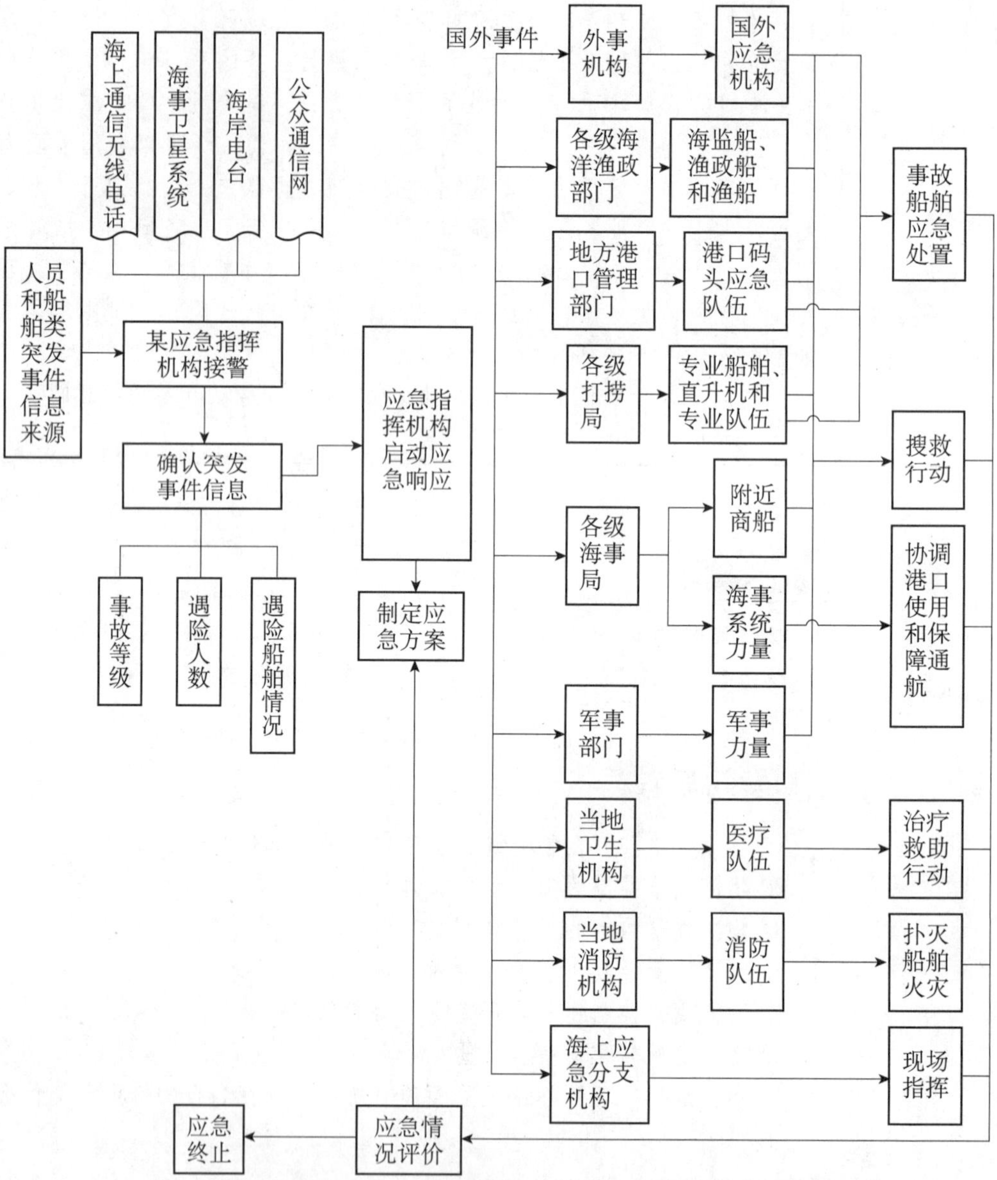

图 11—4　海上通道人员或船舶遇险事故的应急反应机制

ELT，PLB)，以及公众通信网。信息的内容包括事件发生时间、位置，遇险状况，船舶或遇险者信息，事发直接原因，已采取的措施和救助请求，气象状况，海况等。

(2) 在突发事件评价方面，海上通道人员或船舶遇险事故的评价内容主要包括遇险区域、遇险人员数量、遇险船舶大小和危险程度。接警的应急指挥机构可以通过以下手段确认这些信息：直接与遇险船舶及其所有人、代理人、经营人、承运人联系，向始发港或目的港查询，通过过往船舶、人员或知情者核实，通过船舶自动识别系统（AIS)、船舶远程识别跟踪系统（LRIT）核实，通过船舶卫星应急示位标数据库查核，派出飞机、船舶等现场核实，向中国船舶报告中心查询，向中国海上搜救中心核实，通过国际海事组织或国外海事机构核实，向我国驻外机构核实，等等。

(3) 在应急处置行动方面，在国外应急反应中主要依靠我国外事部门和海事部门。一方面，我国外事部门联系、协调事发地附近国家的海上应急机构，及时调动当地海上应急力量开展应急行动；另一方面，我国海事机构调动事发地附近的船舶参加应急行动。

在国内应急反应中各相关部门需要密切合作开展搜救行动，主要应急措施包括以下几方面：1）当地港口主管部门组织港口、码头、船舶开展搜救行动。2）各级海事局组织海事系统力量和附近商船参加搜救行动，协调港口设施使用，保障通航，保障应急专用通信网畅通，并发布航行警告信息。3）各级救助打捞局出动专业船舶、直升机和专业队伍搜救遇险人员、修复船舶或进行应急拖带。4）海洋渔政部门组织协调海监船舶、渔政执法船舶和社会渔船参与海上搜救。5）当地卫生机构负责组织协调医疗机构进行现场救护、医疗移送和收治伤员工作。6）当地公安部门组织专业消防队伍扑救船舶火灾。7）军事部门负责指挥协调军事力量参与搜救行动。

(4) 在应急反应终止方面，应急指挥机构在遇险人员已完全获救，未获救遇险人员生存可能性已完全不存在，遇险船舶恢复正常行驶状态或被拖到安全港口，遇险船舶完全废弃并且不影响正常通航等情况下终止应急处置和应急行动。

资料来源：赵丹：《海上通道应急反应机制研究》，大连海事大学硕士论文，2012。

问题讨论

1. 海上通道人员或船舶遇险事故的应急反应机制主要包括哪些环节？各环节间是如何有效协调的？

2. 我国国内应急处置行动主要有哪些措施？

参考文献

[1] 巴纳德．经理人员的职能．北京：机械工业出版社，2013

[2] 鲍艺平．传统物流企业向现代物流企业转型研究．商业时代，2012 (24)

[3] 柴燃．基于区域经济发展的城市物流战略规划研究．浙江工业大学硕士学位论文，2011

[4] 陈静．我国农产品物流现状及第三方物流模式的建立．安徽农业科学，2011 (20)

[5] 程娟等．现代企业仓储物流的发展模式与对策．物流工程与管理，2013 (6)

[6] 大连海事大学课题组．宁波市水运业发展规划．宁波市港行管理局，2006

[7] 大连海事大学课题组．山东半岛东北亚国际航运中心发展战略研究．山东省交通厅项目，2007

[8] 大连海事大学课题组．深圳港口供应链发展体系研究．深圳市政府，2012

[9] 大连海事大学课题组．我国海上能源运输通道安全保障机制研究．教育部人文社科规划基金，2010

[10] 丁俊发．中国物流业发展的新动力新机遇新模式．中国流通经济，2014 (2)

[11] 冯春福．试论中小型物流企业从战略联盟视角出发的发展路径．现代商业，2014 (3)

[12] 弗雷德·R·戴维．战略管理（第 13 版全球版）．北京：中国人民大学出版社，2012

[13] 郭召海．物流服务供应链风险管理研究．东北石油大学硕士学位论文，2013

[14] 哈里森．物流管理与战略．北京：中国人民大学出版社，2010

[15] 何海燕，杨万荣，纪新华．战略管理．北京：北京理工大学出版社，2009

[16] 何艳华．辽宁 LH 第三方物流公司市场竞争策略研究．辽宁大学硕士学位论文，2012

[17] 贺镜帆．航空运输企业合并经营协同效应：理论与案例分析．财会通讯，2012 (18)

[18] 胡天石．冷链物流发展问题研究．北京工商大学学报（社会科学版），2010 (4)

[19] 胡艳．浅谈商业银行客户关系管理．湖北经济学院学报（人文社会科学版），2014 (5)

[20] 黄丹，余颖．战略管理．北京：清华大学出版社，2009

[21] 黄桂红，饶志伟．基于供应链一体化的农产品物流整合探析．中国流通经济，2011 (2)

[22] 江莹，陈德良．基于合作博弈的融通仓业务模式研究．现代商贸工业，2012 (5)

[23] 蒋长兵，王姗姗．企业物流战略规划与运营，北京：中国物资出版社，2009

[24] 蒋长兵等．企业物流战略与运营．北京：中国物资出版社，2009

[25] 金占明．战略管理：超竞争环境下的选择．北京：清华大学出版社，2010

[26] 孔月红，章良．基于因子分析法的第三方汽车物流绩效评价．中国电子商情：科技创新，2014 (2)

[27] 兰洪杰．物流战略管理．北京：清华大学出版社，2011

[28] 兰仁昌．物流战略管理．北京：高等教育出版社，2006

[29] 李佛赏．信息化环境下我国第三方物流企业发展策略的研究．价值工程，2014 (1)

[30] 李捷思，郭宁．医药物流企业发展战略研究．现代商业化，2008 (6)

[31] 李开．我国中小物流企业实施集中化战略的必要性与途径．科技创业月刊，2007 (1)

[32] 李雪松．现代物流仓储与配送．北京：中国水利水电出版社，2007

[33] 李严锋，张丽娟，冉文学．现代物流管理．大连：东北财经大学出版社，2013

[34] 丽莎．基于层次分析法的集装箱多式联运分运承运人选择．集装箱化，2011 (3)

[35] 利少波．供应链一体化的第三方物流增值服务需求研究．物流工程与管理，2011 (1)

[36] 梁金萍．现代物流学．大连：东北财经大学出版社，2014

[37] 梁钦．港口物流功能综合评价研究．大连海事大学硕士学位论文，2008

[38] 林诗杰．电子商务环境下第三方医药物流模式研究．江西理工大学硕士学位论文，2013

[39] 刘贵容，刘军．B2C 电子商务企业的物流危机管理．物流技术，2013 (11)

[40] 刘健桂．全球经济一体化背景下中小企业物流战略研究．物流技术，2012 (21)

[41] 刘龙青，张国庆．逆向物流渠道管理研究现状与展望．商业时代，2014 (30)

[42] 刘念，刘逸伦，刘一沙．我国第三方物流企业融通仓业务风险因素评价．中南林业科技大学学报（社会科学版），2014 (3)

[43] 刘庆元主编．企业战略管理．北京：中央广播电视大学出版社，2006

[44] 刘小红．服装企业物流模式研究．物流工程与管理，2009 (1)

[45] 刘寅斌等．物流战略规划与实施．北京：电子工业出版社，2008

[46] 刘玉奇．精捷化配送——现代物流配送的创新与发展．全国商情（经济理论研究），2009 (2)

[47] 刘昱环．基于内部价值链理论的低成本航空公司核心竞争力研究．内蒙古财经大学硕士学位论文，2014

[48] 陆子平，聂鸿飞．我国第三方物流企业顾客满意度评价体系的实证分析．物流技术，2014 (1)

[49] 毛禹忠．物流管理（第二版）．北京：机械工业出版社，2009

[50] [美] 唐纳德，戴维．物流管理：供应链过程的一体化．北京：机械工业出版社，2003

[51] [美] 约翰·科伊尔，爱德华·巴蒂，小约翰·兰利．企业物流管理供应链视角．北京：电子工业出版社，2008

[52] 阮喜珍．现代物流企业管理．北京：机械工业出版社，2011

［53］邵晓峰，张存禄，李美燕．供应链管理．北京：机械工业出版社，2006
［54］施李华．物流战略．北京：对外经济贸易大学出版社，2004
［55］孙家庆，冯茹梅，唐丽敏．航运与物流市场营销（第二版）．大连：大连海事大学出版社，2014
［56］孙小婷．中国冷链物流模式选择与发展对策研究．东北农业大学硕士学位论文，2011
［57］田金玉，马莉．物流企业差异化竞争策略研究．企业导报，2012（18）
［58］汪传旭．运输服务供应链中承运人选择和货载分配的优化决策．系统工程理论方法应用，2008（4）
［59］王超峰，闫英，张强．第三方物流纵向合作机制的形成分析．商业现代化，2007（5）
［60］王方华等．企业战略管理．上海：复旦大学出版社，2007
［61］王景敏．港口物流功能评价模型构建与实证研究．中国管理信息化，2010（5）
［62］王娟．再生资源回收物流网络体系研究．中南大学硕士学位论文，2008
［63］王莉敏．浅谈企业物流战略定位与实施策略．物流工程与管理，2011（10）
［64］王利，许国银，黄颖．现代物流管理．北京：中国物资出版社，2006
［65］王启慧．基于多方博弈的逆向物流研究．兰州交通大学硕士学位论文，2013
［66］王雪梅．电子商务环境下我国物流企业文化初探——以德邦物流为例．经济师，2014（6）
［67］文书生，叶怀珍．企业实施物流服务差异化战略的途径．交通企业管理，2006（2）
［68］翁卫兵，邵举平．多重不确定环境下战略联盟供应链物流计划优化．机械工程学报，2014（4）
［69］吴迪．物流外包战略分析——上海大众汽车有限公司物流战略．上海汽车，2006（7）
［70］Martin Christopher. 物流与竞争战略．物流技术，1998（3）
［71］夏文汇．物流配送管理．成都：西南财经大学出版社，2009
［72］向华．我国铁路货运发展现代物流的战略思考．铁道货运，2006（9）
［73］谢雨蓉．国际班轮公司核心竞争力研究．大连海事大学硕士学位论文，2004
［74］徐丙臣．基于循环经济的逆向物流发展战略．中国流通经济，2009（4）
［75］徐丽群．运输物流管理．北京：机械工业出版社，2007
［76］徐琪．基于服务科学的物流服务创新模式研究．科技进步与对策，2008（4）
［77］杨焕．第三方物流企业服务质量的现状、问题和对策研究．延安大学硕士学位论文，2014
［78］杨锡怀，冷克平，王江．企业战略管理理论与案例．北京：高等教育出版社，2010
［79］姚冠新，钱芝网．物流管理．北京：中国时代经济出版社，2005
［80］尹立新．差异化战略在企业物流服务中的运用．黑龙江对外经贸，2005（8）
［81］尹涛．物流信息系统建设战略探讨．交通企业管理，2006（4）
［82］约翰逊·斯科尔斯．公司战略教程（第3版）．北京：华夏出版社，2002

[83] 詹姆士·R·斯托克，道格拉斯·M·兰伯特．战略物流管理．北京：中国财政经济出版社，2006

[84] 张革．当前我国冷链物流存在的问题及完善对策．科技情报开发与经济，2009（4）

[85] 张会云，谢泗薪．物流竞争战略效率决定系统：资源、能力和环境的三足鼎立．价格月刊，2013（1）

[86] 张理，李雪松．现代物流运输管理．北京：中国水利水电出版社，2005

[87] 张俐华，时炼波．我国第三方物流企业发展与物流人才培养策略．企业经济，2011（5）

[88] 张明玉等．企业战略理论与实践．北京：科学出版社，2011

[89] 张毅，李景峰，牛冲槐．中国上市物流企业多元化战略与绩效：成本效率中介作用研究．管理评论，2013（2）

[90] 张志辉．物流企业如何进行危机管理．物流科技，2007

[91] 赵津绪．简析李嘉诚的多元化经营战略．中国论文下载中心，2009

[92] 赵泉午，卜祥智．现代物流与供应链管理．上海：上海交通大学出版社，2010

[93] 朱斌．东北装备制造业物流战略目标研究．商业研究，2005（10）

[94] 朱宏翔．供应链物流成本的库存运输联合优化．天津理工大学硕士学位论文，2014

[95] Maersk Line，http：//www. maerskline. com

[96] 邦捷国际物流，http：//www. ne56. com

[97] 宝供物流，http：//www. pgl-world. com

[98] 德邦物流，http：//www. deppon. com

[99] 凤凰网，http：//nb. ifeng. com/qyzx/detail _ 2014 _ 11/18/3166937 _ 0. shtml

[100] 普洛斯，http：//www. glprop. com. cn/

[101] 申通快递，http：//www. sto. cn

[102] 顺丰速运，http：//www. sf-express. com

[103] 四川东方物流有限公司，http：//www. dfwl. net

[104] 新华网，http：//news. xinhuanet. com/tech/2014-10/21/c _ 127120995. html

[105] 宜家家居，http：//www. ikea. com/cn/zh/

[106] 至诚财经，http：//www. cnfol. com

[107] TNT 中国，http：//www. tnt. com. cn

[108] DHL 中国，http：//www. cn. dhl. com

[109] UPS 中国，http：//www. ups. com/cn

[110] 中国集装箱运输股份有限公司，http：//www. cscl. com. cn

[111] 中国交通新闻网，http：//www. zgjtb. com

[112] 中国物流产品网，http：//www. 56products. com

[113] 中国物流与采购网，http：//www. chinawuliu. com. cn/information/201501/27/298016. shtml

[114] 中国烟草资讯网，http：//www. echinatobacco. com

[115] 中国远洋物流有限公司，http：//www. cosco-logistics. com

[116] 中金网，http：//news. cnfol. com/130315/101,1598,14629003,00. shtml

图书在版编目（CIP）数据

物流战略管理/赵旭等编著．—2 版．—北京：中国人民大学出版社，2015.8
21 世纪物流管理系列教材
ISBN 978-7-300-21817-5

Ⅰ.①物… Ⅱ.①赵… Ⅲ.①物流-物资管理-高等学校-教材 Ⅳ.① F252

中国版本图书馆 CIP 数据核字（2015）第 197664 号

21 世纪物流管理系列教材
物流战略管理（第二版）
赵　旭　刘进平　编著
Wuliu Zhanlüe Guanli

出版发行	中国人民大学出版社		
社　　址	北京中关村大街 31 号	**邮政编码**	100080
电　　话	010－62511242（总编室）		010－62511770（质管部）
	010－82501766（邮购部）		010－62514148（门市部）
	010－62515195（发行公司）		010－62515275（盗版举报）
网　　址	http://www.crup.com.cn		
	http://www.ttrnet.com（人大教研网）		
经　　销	新华书店		
印　　刷	北京市鑫霸印务有限公司	**版　　次**	2010 年 7 月第 1 版
规　　格	185 mm×260 mm　16 开本		2015 年 9 月第 2 版
印　　张	20.75 插页 1	**印　　次**	2023 年 1 月第 7 次印刷
字　　数	426 000	**定　　价**	36.00 元

教师教学服务说明

中国人民大学出版社工商管理分社以出版经典、高品质的工商管理、财务会计、统计、市场营销、人力资源管理、运营管理、物流管理、旅游管理等领域的各层次教材为宗旨。

为了更好地为一线教师服务，近年来工商管理分社着力建设了一批数字化、立体化的网络教学资源。教师可以通过以下方式获得免费下载教学资源的权限：

在中国人民大学出版社网站 www. crup. com. cn 进行注册，注册后进入“会员中心”，在左侧点击“我的教师认证”，填写相关信息，提交后等待审核。我们将在一个工作日内为您开通相关资源的下载权限。

如您急需教学资源或需要其他帮助，请在工作时间与我们联络：

中国人民大学出版社　工商管理分社

联系电话：010-62515735，82501048，62515782，62515987

电子邮箱：rdcbsjg@crup. com. cn

通讯地址：北京市海淀区中关村大街甲 59 号文化大厦 1501 室（100872）